New Product Development Management

신제품 개발 관리

New Product Development Management

신제품 개발 관리

김종배 지음

신제품 개발의 클래식

한빛아카데미
Hanbit Academy, Inc.

지은이 김종배

현재 성신여자대학교 경영학부에 재직 중이며 신제품 개발, 마케팅 전략, 광고 관리, 시장 조사 등에 관심을 가지고 있다. 저서로는 「생활 속에서 발견하는 마케팅」(2004), 「마케팅노트」(2009, 5판), 「마케팅 노변담화」(2011), 「2030 젊은이에게 전하고픈 삶의 법칙」(2018), 「처음 배우는 통계학」(2020), 「광고론」(2022, 2판), 「마케팅」(2022, 2판)이 있고, 편역서로는 「고객을 행복하게 하는 50가지 법칙」(1992), 「마케팅에서의 리스렐」(1997) 등이 있다. 서비스마케팅학회(2012년), 한국마케팅관리학회(2018년), 한국신용카드학회(2019~21년)의 학회장을 역임하였다.

신제품 개발 관리

초판발행 2022년 8월 30일

지은이 김종배 / **펴낸이** 전태호
펴낸곳 한빛아카데미(주) / **주소** 서울시 서대문구 연희로2길 62 한빛아카데미(주) 2층
전화 02-336-7112 / **팩스** 02-336-7199
등록 2013년 1월 14일 제2017-000063호 / **ISBN** 979-11-5664-624-2 93320

책임편집 김현용 / **기획** 권오상 / **편집** 권오상
디자인 표지 최연희 / **전산편집** 인투 / **제작** 박성우, 김정우
영업 김태진, 김성삼, 이정훈, 임현기, 이성훈, 김주성 / **영업기획** 길진철, 김호철, 주희

이 책에 대한 의견이나 오탈자 및 잘못된 내용에 대한 수정 정보는 아래 이메일로 알려주십시오.
잘못된 책은 구입하신 서점에서 교환해 드립니다. 책값은 뒤표지에 표시되어 있습니다.
홈페이지 www.hanbit.co.kr / 이메일 question@hanbit.co.kr

Published by HANBIT Academy, Inc. Printed in Korea

머리말

신제품 개발 관리: 신제품 개발의 클래식

우리는 하루가 다르게 새로운 제품과 서비스를 접하며 살고 있다. 이들 대부분은 바람처럼 스쳐 지나가지만 어떤 것들은 오랫동안 삶의 일부가 된다. 그리고 이들 중 극소수는 삶과 사회의 작동방식을 송두리째 바꿔 놓기도 한다(예: 라디오, 텔레비전, 냉장고, 에어컨디션, 신용카드, 개인용 컴퓨터, 인터넷, 스마트폰, 무인자동차 등). 삶이 예전과 다른 이유 중 하나는 이러한 신기술, 신제품들이 속속 등장하기 때문이다.

휴대전화가 있었다면 '로미오와 줄리엣(ROMEO AND JULIET)'의 비극은 일어나지 않았을 것이다.

"신제품(new products)은 어떠한 과정을 거쳐서 개발(開發)되고 시장에 도입(導入)되는가?" 그리고 "개발과 도입을 어떻게 관리(管理)해야 더 나은 성과를 얻을 것인가?" 이 책은 이러한 주제를 다룬다. 즉 '기업에서 수행하는 신제품 개발 과정'과 '완성된 제품을 시장에 도입'하는 내용을 중심으로 논의를 전개한다. 아울러 이들 중심 주제와 연관되는 다음의 내용도 다룬다.

- 신제품 개발은 어떤 경우에 성공하고 어떤 경우에 실패하는가? 성공과 실패를 결정짓는 결정 요인은 무엇인가? (16장)
- 신제품 아이디어는 어디서 비롯되는가? 아이디어를 어떻게 찾을 것인가? 개인 및 조직의 창의력 활성화 방안은 무엇인가? (7장)
- 어떤 특성의 조직구조와 형태, 어떤 성향의 리더 또는 사람들이 신제품 개발 업무에 적합한가? 이들의 역량을 최대한 발휘하게 하는 조직 운영은 무엇인가? (14, 15장)
- 신제품 개발팀은 기업 내부 및 외부의 조직들과 어떻게 협력하는가? 글로벌 환경에서 신제품 개발팀의 조직과 운영 방식은 어떻게 다른가? (15장)
- 신제품의 시장 확산은 어떻게 이뤄지는가? 신제품에 대한 소비자 행동은 기존 제품의 경우와 비교해서 어떻게 다른가? (13장)
- 신제품 시장조사는 어떤 방법으로 이루어지는가? (17장)

신제품과 연관된 주제는 이처럼 다채롭다. 처음에는 단순해 보이지만 이를 파고들수록 다양한 주제가 속속 등장한다. 그리고 이러한 주제는 다시 서로 거미줄처럼 얽혀서 전에 없던 새로운 주제를 생성하기도 한다. 사정이 이렇다 보니 한 권의 책에 신제품에 대한 모든 주제를 만족스럽게 다루기는 어렵다. 더욱이 세계의 어딘가에서는 새로운 기술, 이론, 기법, 사례들이 지금도 속속 등장하고 있다. 물이 가득 찬 항아리에 소나기가 쏟아지는 것처럼 지식 창고는 이미 가득한데 여기로 물밀듯 새로운 것이 쏟아져 들어오는 형국이다. 그렇기에 한 권의 책에 모든 것을 담으려는 욕심을 부린다면 이는 완성하기도 어려울 뿐 아니라 설혹 운 좋게 완성했다 하더라도 독자들이 읽기 힘든 책이 되고 말 것이다.

그래서 이 책은 신제품 입문서의 역할에만 충실하고자 한다. 신제품에 관심을 가지기 시작한 독자를 대상으로 신제품의 개발 과정 및 시장 도입에 대한 '기본적이면서도 쉽게 변하지 않는 내용'을 소개하고자 한다. 그래서 책 제목에도 '신제품 개발의 클래식'을 넣었다. 클래식(classic)이란 말에는 여러 뜻이 담겨 있지만 여기서는 유행을 타지 않고 오랫동안 지속되는 지식과 지혜를 의미한다. 즉 시대를 초월해 보편타당성을 획득한 그 무엇, 시대를 거듭한 지혜의 산물이란 의미로서 클래식을 사용한다.

이 책의 특징은 다음과 같다.

첫째, 담긴 내용: 입문 단계에 필요한 기본적이면서 핵심적 내용을 소개한다. 또한 신제품 전체를 조망할 수 있는 큰 그림(big picture)을 제시한다. 이러한 기반과 뼈대는 추후 한 단계 높은 지식의 탐구에 디딤돌이 될 것이다.

둘째, 설명 방식: 명료하고 쉽게 설명한다. 어렵고 복잡한 이론도 가능한 한 쉽게 풀었다. 신제품 이론과 기법에는 계량적, 수리적 내용도 있지만 가능한 이러한 내용은 배제하였다. 이 책은 신제품 개발의 전략 및 관리 차원에 주안점을 두었다. 물론 읽기 쉽게 집필하였지만 재미있는 소설책도 아니고 또 편히 읽히는 교양서적도 아니다. 조금은 신경 쓰면서 봐야 하는 전문 서적이다. 까다롭고 익숙하지 않은 용어와 내용도 적지 않다는 점을 미리 언급한다.

셋째, 다양한 사례의 제시: 실제 사례를 통해 독자들은 이론 및 기법의 이해에 도움받을 뿐 아니라 신제품 개발의 현황도 실감할 것이다. 신제품이 개발되는 스토리는 영화나 드라마와 같이 흥미로운 요소가 종종 개입되기에 재미도 있을 것이다. 한편 사례는 현재의 4차 산업혁명(4IR, Fourth Industrial

Revolution)과 연관된 것도 있지만, 과거 시대적 배경에서 나타났던 사례도 다수 있다. 젊은 층의 독자에게 오래전 사례는 익숙하지 않겠지만, 여기 언급되는 과거 사례는 신제품 분야에서 주목할 만한 것이므로 이를 소개한다.

한편 사례들은 많은 교훈을 제시하지만, 기술적 여건, 기업 내부 사정, 외부 시장 상황이 각기 다르기에 자신이 처한 '지금 여기의 문제'와 부합하지 않는 경우가 많을 것이다. 그렇기에 다른 기업들의 사례로부터 도출되는 교훈을 지금 자신의 문제에 기계적으로 적용해서는 안 된다. 물론 기존 사례들로부터 공통으로 나타나는 교훈들(예: 문제를 규명하고 이의 해결책을 찾는 접근법, 보편타당한 관리 방안, 신제품 개발팀의 열정 및 자세 등)은 현재 당면한 자신의 고유 문제 해결에 분명 어떤 실마리를 제공할 것이다. 물론 근원적 지식과 지혜를 얻기 위해서는 자신만의 안목과 지혜를 키워야 한다.

이 책은 신제품 개발 분야에 관심 있는 독자들(예: 경영학의 기초 과정을 이수한 학부생 또는 대학원생, 신제품 개발의 실무 경험은 있지만 이의 체계적 지식이 부족한 실무자)을 염두에 두고 집필하였다. 이 책을 통해 다져진 기초 지식과 안목은 앞으로 한 차원 높은 내용의 이해뿐 아니라 현장의 문제 해결에도 도움이 될 것이다.

이 책에 담긴 내용은 국내외 연구와 사례들을 정리한 것이다. 내용을 정리하는 과정에서 저자의 설익은 주관적 해석이 들어간 경우도 있고, 본의 아니게 잘못된 내용을 전달하는 경우도 있을 것이다. 이러한 허점과 부족함은 독자들의 현명함과 분별력으로 거르고 또한 채워 주기를 부탁드린다. 여러분의 서가 한 귀퉁이에 이 책이 자리 잡기를 소망하며 머리말을 마친다.

2022년 5월 김종배 드림

차례

PART 05 신제품 개발 과정(4)

L: 완성된 신제품의 시장 도입

PART 06 신제품 개발과 연관된 분야

신제품에 대한 개관

01 신제품의 중요성

02 신제품의 개념과 유형

PART 01

PART
01

신제품에 대한 개관

책을 펼쳐 지금 이 페이지를 읽고 있는 독자들을 환영한다. 책에 담긴 내용은 여러분의 일과 삶에 많은 도움이 될 것이다. 신제품 개발 관련 업무를 하지 않는 독자라도 이러한 유용성은 여전하다.

PART 01(1장, 2장)에서는 신제품에 대한 기초를 소개한다. 구체적으로 1장에서는 기업에서 신제품이 왜 필요한지, 신제품의 역할은 무엇인지를 살펴본다. 2장에서는 신제품의 개념에 대해 설명하고 어떠한 유형들로 구분할 수 있는지 살펴본다.

PART 01에서 많은 내용이 언급되겠지만 한마디로 요약하면 "신제품 개발은 기업에 꼭 필요한 과업이고 이의 성공 여부가 기업의 운명을 좌우하므로 충분한 관련 지식을 갖추는 것이 중요"하다.

생존과 성장을 위해 기업은 신제품 개발을 반드시 해야 하고 또한 성공시켜야 한다. 그리고 이러한 개발은 쉼 없이 계속해야 한다. 또한 소비자, 기술, 경쟁사, 시장은 끊임없이 변화하므로 과거의 성공 방식이 현재의 문제에 그대로 적용되지 못하는 경우가 허다하다. 그래서 끊임없는 학습이 필요하다.

PART 02~05(3장~13장)는 이 책의 중심이다. 여기서는 신제품 개발 과정과 시장 도입에 관한 내용을 본격적으로 다룬다. PART 01의 내용은 PART 02~05를 이해하는 데 도움이 된다.

CHAPTER

01 신제품의 중요성

신제품 개발은 쉬운 과업이 아니다. 자금과 개발 인력이 많이 필요하고 시간도 오래 걸린다. 그렇다고 성공이 보장되는 것도 아니다.

> 단팥빵 전문 제과업체에서 더운 여름을 겨냥해서 새로운 팥빙수 제품을 개발한다고 생각해보자. 이러한 경우, 기존 제품과는 다른 생산 기술, 장비 및 소재가 필요하고 기존과는 다른 유통(판매망, 냉동 물류 등)을 구축해야 한다. 또한 기존과 다른 소비 욕구를 호소하기에 익숙한 판매 방식과 광고 등은 접어야 한다. 이러한 수고에도 불구하고 시장에 나온 신제품이 성공한다는 보장은 어디에도 없다.

어려움이 따르지만, 기업은 신제품 개발을 끊임없이 시도해야 한다. 시장(market)은 계속 변화하고 기업(company)도 변화하기 때문이다. 그래서 '한때 시장에서 가치를 인정받던 제품'도 시장과 기업의 변화에 따라 언젠가 그 가치를 상실한다. 기업은 이러한 변화 대응 노력, 즉 신제품 개발 노력을 부단히 기울여야 한다.

1장에서는 기업의 신제품 개발이 왜 필요한지를 살펴본다. 그런 다음 신제품이 기업과 사회에 미치는 역할을 살펴본다. 마지막으로 신제품 개발과 관리의 전체를 조망하는 큰 그림(big picture)을 제시한다. 이러한 기반과 뼈대는 신제품 개발의 전반적인 내용을 이해하는 데 도움이 된다.

그림 1.1 시장과 제품의 조화

시대 상황에 맞게 제품 변화를 꾀해야 함

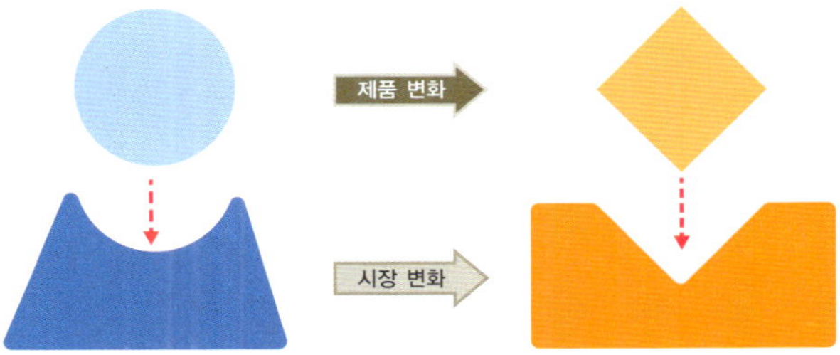

Section 01

신제품은 왜 필요한가?

지금의 제품이 기업에 안정적 수익을 가져와도 계속 이에만 의존할 수는 없다. 소비자의 기호는 언젠가 바뀌고 경쟁사는 더 나은 제품을 시장에 내놓기 때문이다. 또한 신기술이 등장하고 경제 상황과 행정 규제도 변화한다. 이같이 시장은 지속해서 변화하고 이러한 시장 변화는 새로운 제품을 요구한다.

그림 1.2 시장 변화와 신제품 개발의 관계

기업의 신제품 개발로 인해 시장도 변화하므로 양방향 화살표로 표기

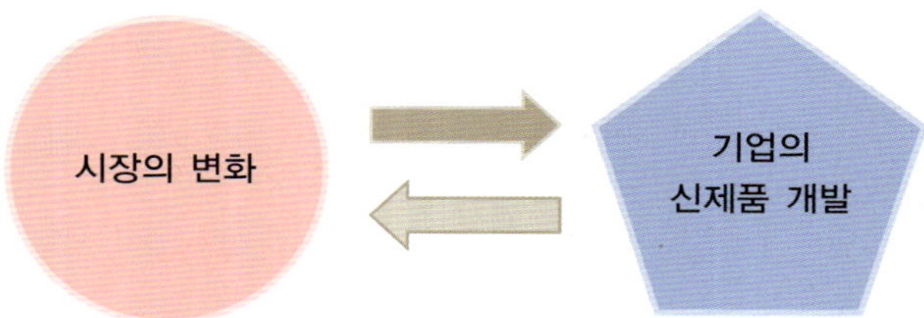

바뀐 시장 상황에 적합한 제품을 시장에 내놓지 않으면 기업의 생존은 보장받기 어렵다. 기업은 흔히 자전거 페달을 계속 밟아야 넘어지지 않는 '두 바퀴로 가는 자전거'에 비유된다. 새로운 노력을 하지 않는다는 것은 자전거 페달 밟기를 멈추는 것과 같다.

끊임없이 노력하지 않고도 잘 운영되던 기업은 환경이 급격히 바뀌면(예 혁신 기술의 등장, 무역장벽 철폐로 인해 강력한 해외 경쟁기업의 등장, 새로운 유통체계의 발현 등), 새로운 환경에 적응하지 못하는 '온실 속 꽃'과 같이 소멸한다. 이런 점에서 볼 때, 평소 치열한 시장 경쟁을 겪었던 기업들은 비록 혹독한 상황을 겪겠지만 대내외적 경쟁력을 갖추게 된다. 이러한 경쟁력은 추후 만만치 않은 해외 시장 진출에서 중요 역량으로 발휘될 것이다.

1 시장 변화를 유발하는 요인

여기서는 시장 변화를 유발하는 요인을 기업의 외부와 내부로 나누어 살펴본다.

- 세상에서 변하지 않는 것은 단 한 가지뿐이다. '모든 것은 변한다는 사실'이다. 가장 안정된 기업은 불안전하고, 가장 불안정한 기업이 안전하다. – 고바야시 고지(小林宏治, NEC 회장)
- 행동에는 위험과 대가가 따른다. 그러나 이때의 위험과 대가는 안락한 나태함으로 인해 생길 수 있는 장기적 위험보다는 훨씬 정도가 약하다. – J. F. Kennedy(미국 35대 대통령)
- 지금 제품 개발 노력을 하지 않으면 앞으로 10년을 넘기기 힘들다. – 박용성 두산중공업 회장(2005년 3월 사내 임원 간담회에서)

1.1 기업 외부의 환경 요소

시장 변화를 일으키는 외부 요소들로는 소비자, 경쟁자, 유통, 공급상, 거시 환경이 있다.

그림 1.3 **시장 변화를 일으키는 기업 외부의 요소**

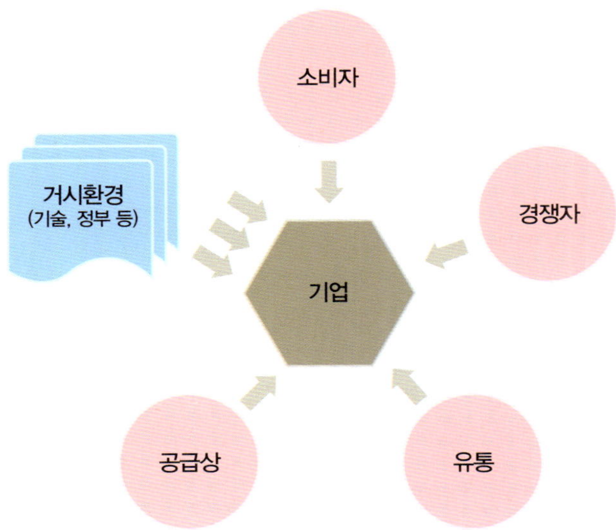

1.1.1 소비자

오랫동안 사람들이 즐겨 찾는 장수 제품(예 바이엘 아스피린, 코카콜라, 농심 새우깡, 오리온 초코파이, 박카스, 까스명수, 맥도날드 등)이 있다. 장수 제품을 보유한 기업은 기존 제품을 유지만 잘해도 존속할 수 있다. 그러나 대부분의 제품과 서비스는 소비자의 기호, 취향, 태도, 선호, 구매 성향 등에 의해 끊임없이 변화한다.

- '뉴욕 버거'로 불리는 '쉐이크쉑(Shake Shack)'이 2016년 7월 서울 강남에 공식 1호 매장을 열었다. 오후 2시 기준, 찌는 듯한 폭염에도 150m 줄에 평균 대기시간은 3시간이 걸릴 정도로 사람들이 몰렸다. 그러나 지금(2022년)은 거의 줄을 서지 않아도 된다. '블루보틀'도 이와 마찬가지 현상을 보였다.
- 2016년 신개념 증강현실(AR)게임 '포켓몬 고'에 사람들은 열광하였다. 이를 경험하려고 속초, 울산으로 젊은 이들이 많이 몰렸다. 그러나 그 열기도 시간이 지나면서 시들해졌다.
- 개그우먼으로서 무엇이 가장 두려울까. 강유미와 김신영 모두 입을 모아 '재미없다'라는 말이라고 했다. 아무리 '재미있는' 캐릭터도 시간이 흐르면 싫증이 나므로 '자기가 만든 캐릭터를 스스로 깨고 나가야 하는' 숙명과 같다. 김신영은 "지금 아무리 인기가 높아도 '다음에는 또 어떤 캐릭터로 웃길 것인가'가 가슴을 내내 짓누르고 있다."라고 했다. 강유미도 "시간만 나면 외국 시트콤도 찾아보고, 영화 시나리오도 공부하면서 별별 구상을 다 한다."라고 했다. – 참조: 조선일보, 2005년 7월 5일

고객 변화는 신제품 개발의 주요 실마리가 된다. 물론 자사 고객의 변화만 해당되는 것은 아니다. 고객과 비고객을 포괄하여 소비자 전체의 변화가 신제품 개발을 유발한다.

1970년대까지 우리나라 주류 시장에서 고량주의 위치는 확고했다. 고량주는 옥수수, 감자로 빚은 도수 높은 술로서 폭넓은 소비층을 가지고 있었다. 그런데 1970년대 후반부터 소비자 취향이 변화하였다. 즉 소주의 수요는 늘었지만, 고량주 판매는 줄어들었다. 이에 위기의식을 느낀 당시 고량주 업계의 선도기업인 동해 양조공업은 신제품을 개발하였다. 1년여 개발기간 끝에 알코올 도수는 소주보다는 높고 기존의 고량주보다는 낮으면서 동시에 고량주의 풍미를 살린 30도짜리 제품을 개발하여 '동해 백주'란 이름으로 출시하였다. 그러나 고량주 자체에 대한 수요는 여전히 체감하였기에, 결국 동해양조는 개발비와 광고비의 부담으로 신제품 개발 8개월 만에 파산에 이르렀다. – 참조: 윤석철, 2001, 49쪽.

한동안 선풍적 인기를 누렸던 보리 음료, 식혜 음료, 막걸리, 고량주는 소비자 입맛에 따라 시장에서 그 인기가 예전 같지 못하다. 이러한 소비자 변화는 갑자기 나타나기도 하고 서서히 나타나

기도 한다. 소비자 변화를 기업이 통제하기 어려우므로 변화하는 소비자를 붙잡는 것보다 이에 적응하는 것이 더 현명하고 현실적이다. 소비자 기호가 변할 때 기존 제품의 범주나 동일 계열 내의 개선만 고집하는 것보다 아예 다른 범주의 제품으로 변화를 시도할 필요도 있다.

> 칠판을 아무리 개선해봐야 빔프로젝터를 이길 수는 없다. 마차를 아무리 좋게 하여도 자동차의 속도를 이길 수 없다. 수류탄을 아무리 가볍게 해도 미사일만큼 멀리 날아갈 수는 없다.

1.1.2 경쟁기업

경쟁기업(competitors)은 소비자의 동일한 욕구를 충족시키는 다른 개인 또는 조직체들이다. 기업이 상대하는 경쟁사 역시 가만있지 않는다. 경쟁사의 공격은 아마도 가장 흔한 시장 변화 요인일 것이다. 경쟁사는 항상 더 나은 제품과 더 저렴한 제품을 시장에 도입함으로써 시장을 지배하고자 한다.

1.1.3 유통망

유통경로 구성원(intermediary)은 제조업체에서 최종소비자에게 제품 및 서비스를 전달하는 과정에 참여하는 조직체, 기관이나 개인을 말한다. IT 기술, 운송 수단, 포장 등의 발달로 인해 유통은 빠르게 변하고 있다. 이러한 새로운 유통은 이에 적합한 제품을 요구한다.

1.1.4 공급상

공급상(suppliers)은 기업의 제반 활동에 필요한 원자재, 부품, 보조용품 등을 공급하는 판매업체들(vendors)이다. 공급상 측면에서의 기술개발, 신소재 발견 등은 신제품 개발의 계기가 된다.

1.1.5 거시 환경

거시적 환경 요소로는 기술, 경제, 정치(규제), 문화, 인구통계 등이 있다. 이 중 몇 가지만 아래에 언급하겠다.

a) 정부 정책 및 행정 규제

정부 정책은 기업의 신제품에 영향을 미친다. 즉 정부 정책, 법적, 행정적 규제의 변화(예 자동차의 배기가스 규제, 김영란법, 탄소중립)로 인해 기존과는 다른 제품의 개발이 요구된다.

- 벤틀리, 롤스로이스, 람보르기니 등 내연기관차 특유의 매력을 최대 경쟁력으로 내세웠던 글로벌 명품 차들이 전기차 전환을 선언하고 있다. 탄소 규제가 강화되면서 엔진 배기량이 클수록 더 큰 벌금을 맞을 수밖에 없게 되자 엔진에 대한 고집을 꺾고 투항한 것이다. 이탈리아 슈퍼카 페라리는 2016년 제네바 모터쇼에서 페라리의 매력은 요란한 엔진 소리이기에 전기로 움직이는 페라리는 절대 생산되는 일이 없을 것이라고 단언했지만, 2025년 첫 순수 전기 스포츠카를 출시한다는 계획을 추진하고 있다. 동시에 내연기관차에 미련을 못 버리는 임원들을 줄줄이 내보내기도 했다. – 참조: 한국경제, 조선일보, 2022년 1월 27일
- 저상버스의 운행은 서울시가 해결해야 할 문제이다. 저상버스는 낮은 차체구조로 인해 투입할 수 없는 노선이 발생하고, 높은 유지관리 비용으로 인해 운수업체의 참여율 저조 등이 문제점으로 지적되고 있다. 이에 대한 해결 대안으로 중저상버스의 도입이 제시되는데, 이것은 저상버스보다 가격과 유지비가 저렴하며, 구조상으로 안정성도 더 높다는 장점이 있다. 그러나 정부는 저상버스에만 국비보조금을 지급하고 있어 서울시 재정만으로는 충분한 중저상버스 도입에 대한 지원을 하지 못하고 있다. – 참조: 서울대학교 대학신문, 2013년 11월 18일

b) 기술

기존 기술을 대체하는 신기술이 등장하면 이에 기반한 신제품이 속속 등장하기에 과거 기술 기반의 제품은 퇴출당한다(예 분필과 칠판 vs 빔프로젝터, 필름 카메라 vs 디지털 카메라, 플로피디스크 vs 디스크 vs USB, 비디오 대여점 vs OTT(Over The Top: Netflix, WATCHA, Disney Plus)). 제조 공법, 공정, 소재, 유통 등 다양한 분야에서 신기술은 나타난다.

시장은 결코 고정된 상태로 존재하지 않는다. 살아 움직이는 역동적 개체들로 구성된다. 신기술로 무장한 게임체인저(game changer, 예 델 컴퓨터, 페이스북, 애플, 넷플릭스 등)는 파괴적 혁신(disruptive innovation)을 통해 기존 시장의 작동 방식을 뒤엎는다. 이들의 등장은 기존 기술에 뿌리 박힌 기업에 커다란 위협이 된다. 예를 들어 통신산업의 경우, 획기적 무선전파 기술의 등장은 유선 통신망 구축에 이미 많은 투자를 한 기업을 무력화시킨다.

c) 외부 환경 요소

기업 관점에서 주로 거론되는 거시 환경 변수는 기술, 경제, 정치/규제, 사회, 문화, 인구통계 등이다. 물론 이러한 변수 이외에도 많다(예 지형, 기후, 토질, 전쟁, 자연재해, 전염병 등). 이러한 환경 요소들 모두 신제품을 유발하는 힘이 있다.

- 2019년 12월 중국 우한(武汉)에서 발생한 바이러스성 호흡기 질환인 신종 코로나바이러스 감염증(코로나19, COVID-19)은 많은 신제품 개발을 유발하였다(예 진단키트, 백신, 치료제, 방역물품 등).
- 유괴, 아동 성폭력 등 아이들에 대한 사회적 불안은 비디오 게임기(Wii)의 판매량 증가와 연관성이 있다. 이러한 현상에 대해 게임업계 전문가는 "미국, 유럽 등 치안 상황이 좋지 않은 외국에서는 예전부터 게임기를 사서 아이들을 집안에 두는 일이 많았다. 또한 9.11테러가 미국 사회를 가족 중심의 사회로 바꿔놓았다는 말이 나올 정도로 사회적 불안은 비디오 게임기 판매량의 증대와 밀접한 연관이 있다."라고 하였다. - 참조: 스포츠동아, 2008년 5월 10일

신제품의 바람직한 속성은 고정불변은 아니다. 기업은 이러한 변화 흐름을 예의주시해야 한다.

백신이 한참 모자랐던 시기에는 백신 한 방울도 낭비하지 않기 위해 '잔류량이 남지 않는 주사기' 개발이 중요하였다. 그러나 백신이 충분히 확보되고 또 백신 부작용 및 효능에 대한 우려가 커지자 이러한 주사기에 대한 개발 필요성은 줄어들었다.

1.2 기업의 내적 요소

신제품 개발을 유발하는 기업 내부의 요소들은 다음과 같다.

1.2.1 성장 전략의 추구

성장 기회를 발견하는 방법의 하나로 제품-시장 확장 격자(product/market expansion grid)가 있다(Ansoff, 1957, p.114).

그림 1.4 **제품-시장 확장 격자에 의한 시장 기회의 발견**

<table>
<tr><th>제품 / 시장</th><th>μ_0(기존 시장)</th><th>μ_1(신시장-1)</th><th>μ_2(신시장-2)</th><th>---</th><th>μ_m(신시장-m)</th></tr>
<tr><td>π_0(기존 제품)</td><td>1. 시장 침투</td><td colspan="4">2. 시장 개발</td></tr>
<tr><td>π_1(신제품-1)</td><td rowspan="4">3. 제품 개발</td><td colspan="4" rowspan="4">4. 다각화</td></tr>
<tr><td>π_2(신제품-2)</td></tr>
<tr><td>:</td></tr>
<tr><td>π_n(신제품-n)</td></tr>
</table>

[그림 1.4]에는 네 가지 성장 대안이 있다. 첫 번째 대안인 '시장 침투'는 기존에서 크게 변동이 없는 대안이다. 기업은 기존 시장과 제품을 대상으로 시장 점유율을 높이는 방법을 모색한다. 이 방법은 새로운 시장을 개척하거나 신제품을 개발하기가 쉽지 않은 상황에서 사용하기 쉬운 접근법이다. 가격 인하, 판매촉진, 광고물 개선, 유통방식 개선, 더 좋은 진열 위치 확보, 포장 개선 등을 통해 현재 고객을 놓치지 않으면서 다른 경쟁 상표의 고객을 끌어오고자 한다.

기존 시장과 기존 제품으로 성장의 한계에 봉착한 기업은 이제 기존 영역을 벗어나 새로운 대안을 찾게 된다. 그중 하나가 두 번째 대안인 '시장 개발'이다. 이것은 기존 제품으로 새로운 시장 개척을 통해 성장을 도모하는 것이다. 마케팅 활동의 영역으로 여기지 않던 세분시장, 미개척시장, 해외시장 등이 이에 해당한다.

- 소주는 원래 중장년층 남성이 시장의 중심이었다. 그렇지만 지난 몇 년 동안 알코올 도수를 낮추고 또한 과실을 섞기도 하면서 젊은 여성층을 새롭게 공략하고 있다.
- 아로나민 초창기에는 직장 남성의 피로회복 중심이었다가 피부 건강, 눈의 피로, 노화 방지 등을 소구하면서 주부, 젊은 여성, 수험생, 노년층 등으로 시장을 확대하였다. 이러한 세분시장에 따라 약의 성분 조합도 세분되어 현재는 총 다섯 종류의 아로나민 제품이 출시되어 있다.

세 번째 대안은 '제품 개발'이다. 여기서는 기존 시장을 대상으로 여기에 신제품이란 새로운 무기를 가지고 성장을 꾀하는 것이다. 네 번째 대안은 '다각화'로 지금과는 다른 시장에서 새로운 제품으로 시장 성장을 꾀하는 방법이다. 세 번째와 네 번째 대안에서 볼 수 있듯이 신제품은 기업의 성장을 도모하는 데 중요한 전략의 일환이다.

(2) 기업 유휴자원(예 인력, 공장, 자금 등)의 활용

(3) 새로운 기회의 발견(예 새로운 소비자 욕구의 발견, 신소재 개발 등)

기업은 시장 기회를 적극적으로 찾아야 한다. 기회는 결코 '나 여기 있어.' 하고 친절하게 나에게만 속삭이지 않는다.

"그래 맞네, 잘못된 길이지! 이렇게 '잘못된 길'만이 발자국을 남길 수 있는 거야. 아직 단단하게 굳지 않은 땅, 즉 새로운 분야로 가야만 깊은 발자국을 남길 수 있다네. 이미 단단하게 굳은 땅, 그러니까 많은 사람이 수없이 거쳐 간 곳에는 발자국이 찍히지 않아." – 1898년 아인슈타인이 스위스 취리히 국립공과대학을 다니던 시절, "어떻게 하면 과학계에서 발자취를 남길 수 있을까요?"라는 아인슈타인의 질문에 지도 교수였던 수학자 민코프스키는 대답 대신 엉뚱한 길로 안내했다. 위의 내용은 "선생님, 혹시 엉뚱한 길로 들어오신 것 아닙니까?"라는 아인슈타인의 물음에 대한 민코프스키 교수의 답변이다.

(4) 신제품 개발을 통한 시장의 주도력 장악

뒤처진 기업 또는 시장에 늦게 진입한 기업이 시장을 장악하는 경우는 드물다. 그렇지만 신제품을 통하면 이것이 가능하다.

- 현재를 파괴하는 기업만이 미래를 가질 수 있다. 창조는 파괴의 또 다른 이름이다. 리스크를 두려워하면 창조는 없다. 새로운 것에 대한 도전은 엄청난 리스크를 떠안는다. 반면 도전의 성공은 미래 시장 지배라는 천문학적 가치의 과실을 보장받는다. – Joseph Schumpeter(이론경제학자)
- 생존하려면 환경에 적응하고, 1등이 되려면 환경을 창조하라. – 서울대 조동성 교수
- 신제품 개발을 잘하면 기업 위상은 크게 변할 수 있다. 성공 사례로 기아자동차의 봉고, 애플의 아이팟과 아이폰, 삼성의 갤럭시 등과 같은 최첨단 제품도 있고, 하이트 맥주, 컵라면과 같은 일상 식품도 있으며, 포켓몬, 따조, 100원이 들어갈 수 있는 딱지 등과 같은 일견 단순한 아이디어도 있다.

이상 몇 가지 요인을 살펴보았지만, 이외에도 시장을 구성하는 요인과 주체는 무수히 많다. 이들 중 어떤 것의 변화에 의해서도 시장은 움직인다. 다양한 내적 또는 외적 이유(동기, 계기)로 인해 기업은 신제품 개발 활동을 시작하게 된다. 시장 변화의 발화점이 무엇이든 시장이 변화하면 기존 제품의 수명은 다하게 된다. 이러한 변화에서 살아남기 위해서 기업은 적응해야 하고 신제품 개발은 이러한 적응 수단 중 하나이다.

2 시장 변화에 대처하는 기업 전략: 선제적 vs 수동적

시장이 변화하는 것은 불변의 사실이다. 이러한 변화에 대처하는 기업 자세는 크게 둘로 나눌 수 있다. 즉 시장 변화를 기업이 주도적으로 선제하는가(proactive), 아니면 누군가에 의한 변화에 수동적으로 반응을 하는가(reactive)이다.

> 토머스 에디슨, 스티브 잡스 등의 공통점은 무엇인가? 우리의 삶을 바꿔준 그 무언가를 세상에 선제적으로 내놓았다. 스티브 잡스가 사망한 기사에는 다음과 같은 댓글도 있었다. "우리 형이 내게 해준 것보다 잡스 형이 내게 해준 것이 더 많았다."

선제적 전략을 취하는 기업은 시장 기회를 경쟁사보다 더 빠르게 감지하고 여기에 대응하는 여러 과업을 수행함으로써 시장 변화를 주도한다. 이에 비해 수동적 전략을 취하는 기업은 누군가 이미 만들어 놓은 기술 규칙/표준, 플랫폼 등에 기반하여 뒤늦게 신제품을 개발하게 된다.

선제적 전략의 선택 여부에 영향을 미치는 요소로는 기술 역량, 자금력, 최고경영자의 철학, 조직문화, 브랜드 히스토리, 인적자원 등이 있다.

어떠한 전략을 선택하는 것이 더 좋은가에 대한 정답은 없다. 시장 상황과 기업 여건을 고려해서 그 시점에 자신에게 가장 적합한 것을 선택하는 것이 중요하다. 이와 연관된 내용은 4장에서 좀 더 살펴보겠다.

Section 02

신제품의 다양한 역할

앞에서는 신제품 개발을 유발하는 시장과 기업 요인에 대해 살펴보았다. 여기서는 신제품 개발로부터 초래되는 다양한 영향력을 살펴보겠다.

기본적으로 신제품은 변화하는 시장에서 '기업이 생존하고 성장'하는 데 필요하다.

> 스콜은 회의에 모인 사람들에게 이제 자기네들은 늙었으며 미래에 대한 준비를 전혀 해두지 못했다고, 그리고 역사상 가장 위대한 제국들은 권력의 승계를 위한 뚜렷한 계획이 없었던 탓으로 단 하룻밤 새에 망해 버렸다고 역설했다. – 소설 '모레'(Allan Folsom, 1994)

기본 역할 이외에도 신제품은 다양한 역할을 한다. 예를 들어 신제품은 기업뿐 아니라 사회와 국가에도 다양한 영향을 미친다. 또한 신제품 개발은 긍정적 영향만 미치는 것은 아니다. 이로 인한 어두운 그림자도 있다. 여기서는 이들을 소개하겠다.

1 신제품이 기업에 미치는 영향

1.1 기본 역할: 생존과 성장의 견인차

모든 생명체는 생존하고 성장하기 위해 매 순간 노력한다. 인류의 노력과 지식은 결국 생존과 성장에 연관된다.

> 도서관에서 책을 읽는 학생들은 지난 학기보다 나은 성적을 받기 위해 공부한다. 육상트랙에서 땀 흘리는 선수는 기록 단축을 위해 훈련한다. 시장에서 물건을 파는 장사꾼은 더 많이 팔기 위해 목소리를 한껏 높인다. 기업체 중역들은 자신의 자리를 보전하기 위해 시장 성과를 끌어올리는 데 최선을 다한다.

기업 역시 하나의 생명체이다. 어떤 조직체보다 기업은 생존과 성장을 가장 절실히 원하는 집단일 것이다. 그렇지만 생존과 성장은 원한다고 해서 달성되는 것이 아니다. 목표를 달성하기 위해서는 그 방법을 제대로 알아야 하고 또한 이를 제대로 실천해야 한다.

고양이 목에 방울을 다는 것이 가장 좋은 방법이라는 것이 규명되었더라도 이를 실천에 옮기지 못한다면 무의미한 계획에 불과하다.

기업의 지속 생존 및 성장 가능성을 확보하는 방안은 여러 가지가 있다. 예를 들어, 광고를 많이 한다, 가격 할인을 한다, 유통망을 넓힌다, 사회적 책임을 다하는 착한 기업의 이미지를 심는다 등이 있다. 그렇지만 무엇보다도 기업의 지속 성장 가능성(sustainability)을 위해서는 '시장에 제공하는 것'의 가치(value)가 있어야 한다. 그래야 소비자들은 이러한 가치를 인정하고 지갑을 기꺼이 열게 된다.

가치의 시대가 도래했다. 최고의 상품을 세계 최저 가격으로 팔지 못하면 당신은 게임에서 도태될 것이다. 고객을 잃지 않는 최선의 방법은 고객에게 더 많은 것을 더 낮은 가격에 제공하는 방법을 끊임없이 강구하는 것이다.
– Jack Welch(GE의 회장)

가치에 대한 평가는 시장 상황이 변화하면 달라진다. 변화에 대응하는 가치창조 활동 중 하나가 바로 신제품 개발(new product development, NPD)이다. 기업은 소비자들이 원하는 제품 그리고 경쟁사보다 더 나은 제품을 제공해야만 시장에서 존속한다.

조사에 따르면 산업을 주도하는 기업들은 매출액 중 평균 49%가 최근 5년 동안 개발된 신제품에서 나오지만, 산업에서 바닥권에 있는 기업들은 매출액 중 11%만이 신제품에서 나오는 것으로 조사되었다(참조: Business Week, 1993, "Flops" 16(August), 39).

- 미국 경제 전문지 포천(Fortune)이 1955년 '500대 기업'을 선정하기 시작한 이래 듀폰(Dupont)은 한 번도 이름을 거르지 않았다. 높은 유가와 미국 경제 침체로 세계 기업들이 잔뜩 움츠린 2008년에도 1분기 9%, 2분기엔 12% 성장했다. 더욱 놀라운 것은 전체 매출 294억 달러(약 32조 원)의 36%를 출시된 지 5년 이하의 신제품에서 벌어들였다는 사실이다. 신제품을 도입하는 한편, 오래된 제품의 생산은 중단한다. 그래서 지금의 듀폰은 화약과 나일론과 같은 의류용 섬유도 더는 생산하지 않는다. 듀폰은 200년이 넘은 회사다. 그러나 항상 새롭게 기업을 운영하기에 항상 새로운 환경에서 살아남고 있다. – 참조: 조선일보 2008년 8월 30일

- 2012년 한 해에만 무려 50개가 넘는 아이돌 그룹이 데뷔했다. 회사 규모에 따라 다르지만 아이돌 그룹 한 팀을 키우는 데 대략 4억 원 정도가 든다. 그러나 성공률은 5% 미만이다. 투자비 회수가 쉽지 않음에도 불구하고 연예기획사들이 굳이 아이돌 그룹을 무대에 올리는 이유는 대박의 꿈, 즉 성공하면 로또에 당첨된 것과 같다는 데 있다. 대표적인 성공 사례로 꼽히는 '인피니트'의 경우, 준비기간 2년여 동안 17억 원이 들어갔는데 데뷔 후 2년 만에 약 120억 원의 매출을 올렸다. – 참조: MBC 뉴스, 2012년 10월 14일

신제품 개발은 기업의 생존과 성장의 견인차 역할을 한다. 성공적 신제품을 통해 매출이 증가하면 이를 담당할 우수 직원의 고용이 늘어나고 주가도 상승하고 투자를 유치할 수 있다.

1.2 조직의 활력소

신제품 개발, 성공적 시장성과 등은 조직 구성원과 협력 업체 등의 심리에 지대한 영향을 미친다. 사람들은 정체된 기업보다는 변화하고 발전하는 기업에서 일하고 싶어 한다.

눈에 보이는 회계상 수치보다 눈에 보이지 않는 성과가 때로는 더 중요하다. 신제품은 기업 구성원의 사기, 기업문화, 사회에 대한 자부심 등에 영향을 미친다.

- 해태제과의 종업원은 2014년 허니버터칩의 성공으로 주변 지인들로부터 부러움과 따스한 시선을 느꼈을 것이다.
- 과학적 연구에 의하면, 목표를 달성하고 나면 인간 두뇌의 활성도가 둔화한다. 따라서 사람은 끊임없이 새로운 목표를 세우고 도전하지 않으면 점점 추락하게 된다. 이러한 불행을 피하기 위해서는 하나의 목표를 달성하고 나면 그 즉시 다음 목표를 세워 뇌에 새로운 프로그램을 입력해 주어야 한다. – 村上和雄(무라카미 가즈오, 2005) '성공하는 DNA, 실패하는 DNA'

2 개인의 삶, 국가 경제 및 사회 발전에 미치는 영향

신제품은 개별 기업의 흥망을 좌우하고 소속된 구성원에게 영향을 미치며 이와 연관된 주변 기업의 운명을 바꾸기도 한다. 때로는 이러한 영향에 그치지 않고 개인의 삶, 사회 및 국가에도 영향을 미친다.

신제품이 때로는 전쟁에 영향을 미치기에 국가 운명을 좌우하기도 한다. 오늘날 통조림의 원조 격인 유리병에 식품을 장기 보관하는 것은 나폴레옹에 의해 주도되었다. 사실 그전까지는 군대가 움직일 때마다 식량 보급부대가 무거운 식량을 운반하고 끼니때마다 대량의 식사를 준비하는 것으로 인해 부대의 움직임은 그만큼 지체되었다. 그러나 유리병 보관방식으로 인해 식량 보급부대로 인한 지체가 줄어들었고 개인별 휴대가 간편해지고 언제 어디서나 식사할 수 있게 되어 나폴레옹의 프랑스 군대는 막강한 기동력으로 허기지지 않은 상태에서 상대를 무찌를 수 있게 되었다.

어떤 기업이 사라진다는 것은 직원의 실직뿐 아니라, 사회 전반에도 많은 폐를 끼치게 된다. 고객들은 더 이상 그 기업 제품의 A/S를 받지 못하고 기업과 거래했던 여러 공급업체, 유통업체, 금융기관도 막대한 손실을 보게 된다.

신제품은 기업, 사회, 국가 등과 같이 조직 집단에만 영향을 미치는 게 아니다. 개인의 소소한 삶에도 많은 영향을 미친다.

- 만약 휴대전화가 있었다면 '로미오와 줄리엣'의 비극은 발생하지 않았을 것이다. SNS에 올렸던 글과 사진으로 인해 뒤늦게 손해를 보는 정치인, 연예인들이 있다. 만약 세상에 SNS가 없었더라면 이런 낭패는 없었을 것이다.
- 저자의 경우에는 다음의 혁신 제품들을 살면서 처음 경험했다. 컬러TV, 비디오테이프, 워크맨, 개인용컴퓨터, 아래아한글 소프트웨어, 디지털카메라, CD 플레이어, MP3 플레이어, 인터넷, 휴대전화, 스마트폰, 드론, 전기자동차, 신용카드, 코로나19 등 앞으로 어떠한 신제품이 등장하여 삶을 바꿀지 자못 궁금하다.
- 의료 기기의 발달로 손재주가 없는 의사도 매우 정밀한 수술이 가능하게 되었다.

3 신제품 개발의 그림자

앞에서는 신제품 개발이 기업, 사회, 국가, 개인 등에 미치는 여러 긍정적 역할을 살펴보았다. 성공적 신제품은 이처럼 좋은 파급 효과를 미친다. 이러한 긍정적 효과를 알고 있음에도 불구하고 대다수 기업은 신제품 개발 과업을 쉽게 착수하지 못한다. 빛이 있으면 당연히 그림자도 따르게 마련이다. 여기서는 신제품 개발의 그림자에 대해 살펴보겠다.

3.1 대량 투자(비용, 시간, 인력)에 대한 부담

> 신제품 개발에는 일반적으로 많은 시간과 비용이 들어간다. 예를 들어, 산업은행이 국내 120개 기업을 대상으로 조사한 바에 따르면 신상품을 개발하는 데 평균 31개월 동안 11억 원이 투입되는 것으로 나타났다. – 참조: 한국경제신문 1993년 8월 5일

수치로 잡히는 투자도 중요하지만, 수치로 잡히지 않는 비용과 희생에 대해서도 고려해야 한다.

3.2 실패에 따른 부담 및 스트레스

엄청난 비용과 시간 등이 들어가도 신제품이 성공한다는 보장만 있으면 신제품 개발은 그리 부담스럽지 않다. 신제품 개발을 머뭇거리는 이유는 이렇게 힘들여 개발하는 신제품의 성공 가능성이 불확실하기 때문이다.

실패 후유증은 여러 가지 있는데 자신감 상실도 이에 해당한다. 신제품의 실패 원인과 관계없이 연속해서 신제품이 실패하면 누구라도 능력과 한계에 대한 심각한 회의에 빠지고 의욕을 잃게 된다. 기업의 중요한 정신적 에너지는 '하면 될 것이다'라는 의욕이다. 이러한 손실은 미래 성장을 어둡게 한다.

> 성공에 이르지 못하는 데는 여러 가지 이유가 있지만, 위험과 모험을 피하고 부딪치지 않는 태도가 그 첫 번째 이유에 해당한다. – Benjamin Franklin

신제품 개발이 실패하면 기업 차원에서는 실패의 원인과 책임을 누군가에게 묻게 된다. 이에 따른 신제품 개발팀 내부의 불화는 심할 경우 팀 와해로 이어지기도 한다. 성공은 사람의 마음을 너그럽게 하지만 실패는 너그러운 사람마저도 속 좁게 만든다.

3.3 새로운 것의 시도에 대한 조직 구성원의 저항

> 디지털 인재 수요가 국내 은행도 늘고 있지만, 이들을 채용하는 문은 여전히 좁다. 그 이유 중 하나는 오프라인 운영체제를 온라인으로 전환하면 기존 오프라인 인력을 배치할 곳이 없다는 것이다. 또한 점포 축소나 기존 인력의 전환배치에 반발하는 노조도 걸림돌이다. 기존 인력들의 일자리 보호를 위해 디지털 전환 속도를 늦출 수밖에 없기에 디지털 인재 수요는 제한되고 있다. – 참조: 한국경제신문, 2021년 5월 7일

4 신제품 영향력(또는 파급 효과)에 대한 예측의 중요성

신기술, 신제품의 파급 효과에 대한 종합적이고 입체적 예측은 쉽지 않다. 좋은 의도를 가지고 개발한 것이 나쁜 결과를 초래할 수도 있다.

- 미야자키 하야오(宮崎駿)는 어린이들이 밖에서 맘껏 뛰어노는 것을 조장하기 위해 '이웃집 토토로'를 만들었다고 한다. 그런데 결과는 아이들이 만화를 보기 위해 TV 앞으로 더 많이 몰려들었다. 다이너마이트, 원자 에너지, 유전자 지도 등도 이와 마찬가지로 선의를 가지고 즉 인류에게 혜택을 제공하기 위해 개발되었다. 그러나 이렇게 개발된 것들은 동시에 부정적으로도 사용되고 있다.
- 흡연으로 인한 피해를 줄이기 위해 니코틴 함량이 낮은 담배를 개발했더니 담배 소비량이 두 배로 늘어났고, 종이 없는 사무자동화를 위해 컴퓨터가 도입된 이후 사무실에서 출력되는 종이량이 더 늘었다. – 참조: Matthijs van Boxsel(마티아스 반 복셀)의 '어리석음에 대한 백과사전'(휴먼 앤 북스, 2005년).

신제품 개발의 초기부터 기업이나 사회에 신제품이 어떤 영향을 미칠 것인지를 예상하기는 쉽지 않을 것이다. 그렇지만 개발자는 모든 가능성을 염두에 두고 그 무언가를 개발하고 이를 세상에 공표할 필요가 있다. 세상이 이를 받아들일 준비가 되어 있지 않다면, 이러한 공표는 조금 연기할 필요도 있다. 그렇지 않다면 초등학생에게 실탄이 장전된 총을 주는 것과 마찬가지로 세상을 위태롭게 만든다.

5 신제품 개발의 딜레마, 그리고 성공적 극복

딜레마(dilemma)란 이러지도 못하고 저러지도 못하는 상황, 즉 진퇴양난을 의미한다. 신제품의 개발 상황과 연관하여 설명하면 다음과 같다.

첫째, '그저 가만히 있을 때의 위험': 기업들은 급변하는 기술과 치열한 경쟁 상황에 처해 있기에 현재 기업에 이익을 가져다주는 지금의 효자 제품도 언젠가는 진부하게 되고 새롭게 등장하는 제품들에 의해 대체되고 만다. 제품의 생존 주기는 과거보다 점차 단축되는 추세이다. 급변하는 시장과 짧아진 제품수명주기를 고려해볼 때, 새로운 제품을 개발하지 않고 현실에 안주하고 있다면 기업의 앞날은 그리 밝지 않을 것이다.

둘째, '무언가 새로운 것을 도전할 때의 위험': 그렇다고 신제품 개발이 쉬운 것도 아니다. 신제품 개발 및 시장 도입에는 막대한 비용과 시간이 들고 실패 위험 또한 높다. 신제품 개발과 도입에 투여되는 금액, 시간, 인원 등을 고려해 볼 때 만족스러운 성과를 거두지 못한다면 기업은 상당한 타격을 받게 된다.

이처럼 기업은 '개발하지 않고 가만히 현재에 안주(安住)함에 따른 고사(枯死)'와 '개발에 따른 비용부담 및 실패 위험'이라는 딜레마에 처해 있다. 즉 개발하지 않고 가만히 있을 수도 없고 그렇다고 개발에 무턱대고 뛰어들 수도 없다.

딜레마(dilemma)의 상황을 몇 가지 묘사하면 다음과 같다. 산속에 있는데 멀리서부터 땅이 서서히 무너져 내리는 것이 보인다. 지금 위치에 그대로 있다가는 조만간 땅속으로 꺼지게 된다. 따라서 새롭고 탄탄한 길을 모색해야 한다. 그런데 새로운 길이라고 해서 모두 다 안전한 길은 아니다. 가장 좋은 길을 찾아야 한다. 그 다음에는 가장 좋은 길을 향해 점프해서 도달해야 한다. 이것 역시 위험이 내포되어 있어서 자칫 잘못 점프하면 절벽으로 떨어질 수도 있다. 이처럼 지금의 자리에 가만히 있어도 안 되고, 그렇다고 다른 길로 가는 것도 위험하다. 이렇게 이도 저도 못 하는 불편한 상황이 딜레마이다. 신제품 개발에 봉착한 대부분 기업은 이러한 불편한 상태에 처해 있다.

이러한 딜레마를 성공적으로 벗어나려면, 기업은 "신제품을 개발하되 이것을 꼭 성공"시켜야 한다. 이를 위해서는 신제품 그 자체, 신제품 개발 과정의 이해를 바탕으로 좀 더 효율적이고 효과적 관리 방안을 마련할 필요가 있다. 신제품 개발 과정(New Product Development Process)을 이 책의 중심 주제로 삼은 이유가 여기에 있다. 즉 신제품에 대한 지식으로 무장하면 이러한 딜레마를 성공적으로 극복할 수 있다.

Section 03 신제품 개발 및 관리에 대한 조감도

이 책은 '신제품 개발 및 시장 도입'을 중심으로 전개한다. 그리고 이와 연관된 주제들도 다룬다. 구체적으로 다음과 같은 질문의 해답을 찾고자 한다.

- 신제품 개발은 어떠한 과정을 통해 이뤄지는가? 어떻게 관리해야 성공적인 신제품을 산출할 수 있는가?
- 개발이 완료된 신제품을 시장에 어떻게 도입할 것인가? 언제, 어디에서, 누구를 대상으로 마케팅 활동을 펼칠 것인가?
- 신제품 아이디어는 어떻게 창출되는가? 아이디어 원천들로는 어떤 것들이 있으며 이의 관리는 어떻게 해야 하는가?
- 신제품 개발 조직으로는 어떠한 것들이 있고 이를 어떻게 운영할 것인가?

1 신제품 개발에 대한 전체 모습

제품 개발은 어느 날 갑자기 일어나는 것이 아니다. 첫째, 이에 대한 방대한 사전 준비 단계를 거치는 것이 일반적이다. 사전 단계에서의 충분한 자료 축적과 고민을 거친 다음 어떤 하나의 유망한 제품 아이디어를 선택하고 이를 집중적으로 개발한다.

둘째, 신제품 개발은 크게 보면 한 단계이지만 보통은 이를 유사한 성격으로 나눈다. 이 책에서는 4단계, 즉 S-C-D-L로 구분하겠다(3장).

셋째, 일련의 신제품 개발 과정(4단계)을 거쳐 신제품이 완성되면 이의 성공적 시장 도입 노력을 기울이고 더 나아가 여러 시장으로의 확산을 추구한다.

이처럼 초기에는 방대한 범주였던 것이 점차 범위가 좁혀지면서 하나의 제품 개발로 이어진다. 제품 개발이란 하나의 집중된 흐름이 길게 이뤄지다가 어떤 산출물이 완성된다. 완성된 제품은 초기에는 좁은 시장을 공략하다가 점차 넓게 확장되어 간다. 이를 개념적으로 도식하면 [그림 1.5]와 같다.

그림 1.5 漢字 '공(工)'의 모습과 유사한 개념도

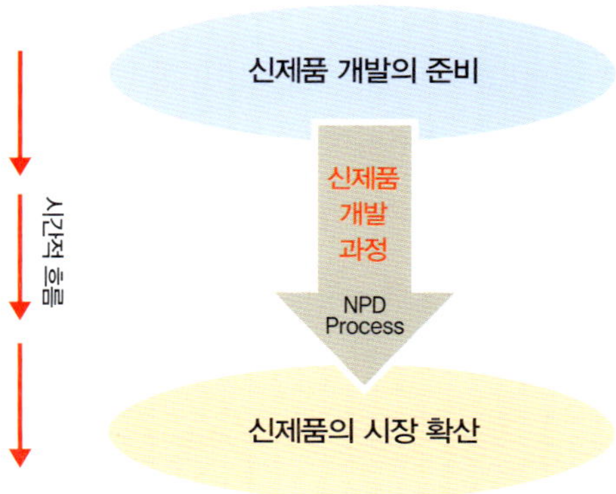

2 책의 구성

PART 01(1장, 2장)에서는 신제품의 기본 내용을 소개하고 있다. 1장에서는 기업에서 신제품이 왜 필요한지, 신제품은 어떠한 역할을 하는지, 신제품의 전반적 모습은 어떠한지를 살펴보고 있다. 2장에서는 신제품의 개념은 무엇이고 어떠한 유형들로 구분되는지를 다룬다.

PART 02~05(3장~13장)가 이 책의 중심이 된다. 신제품 개발 과정 및 시장 도입에 관한 내용을 다루고 있고 각 장의 구성은 다음과 같다.

우선 3장에서는 신제품 개발 과정의 전반 흐름을 살펴본다. 여기서는 이 책의 특징인 네 가지 신제품 개발 과정(S-C-D-L)의 개요를 살펴본다.

4장에서는 신제품 개발 과정의 전반에서 고려할 이슈 중에서 가장 중요한 신제품 개발 과정의 가속화를 다룬다.

5장은 신제품 개발 과정의 1단계인 '신제품 개발 전략'에 대해 다루고 있다. 1단계(S)를 통해 '신제품 개발의 선언문'이 도출되는데 이는 앞으로 전개되는 신제품 개발의 노력에 대한 전반적 지침을 제시한다.

6장은 '제품 개념의 정립'으로 2단계(C)에 해당한다. 여기서 정립된 제품 개념에 따라 제품이 구체적으로 개발되므로 올바른 제품 개념의 정립은 매우 중요하다.

7장은 신제품 아이디어의 원천과 이의 관리에 관한 내용으로 제품 개념과 연관된 내용이다. 양적으로 풍성하고 질적으로 수준 높은 아이디어들이 확보될수록 더 나은 제품 개념을 창출하기에 아이디어 관리는 중요하다.

8장은 신제품 개발 과정 중 선별(평가)에 관한 내용이다. 여기서는 선별의 의미, 중요성, 선별에 내재하는 위험, 선별 방법, 그리고 선별과 관련된 주요 이슈들을 살펴본다.

제품 개념의 선별을 중심으로 설명하기에 편의상 책의 앞쪽인 8장에 위치하지만, 이러한 평가 및 선별은 신제품 개발의 매 단계를 마무리할 때마다 수행한다는 것을 명심할 필요가 있다.

9장은 제품 프로토콜에 관한 내용이다. 다각적 평가를 통과한 제품 개념은 이를 실물로 개발하기에 앞서 제품 프로토콜로 한 단계 더 구체화해야 한다. 제품 개념에서 언급된 내용이 제품 프로토콜에서 좀 더 세부 항목별로 명확히 규정된다.

10장은 3단계(D)에 해당하는 내용으로 신제품의 실물화 개발 과정을 다룬다.

11장은 제품 개발(D)을 통해 산출된 초기의 완성도 높은 결과물을 원형 제품 또는 시제품(Prototype)이라고 한다. 시장 출시에 앞서 기업은 시제품을 테스트하고 여러 다양한 시험(제품 테스트, 시장 테스트 등)을 거치면서 최종 제품으로 진화 발전한다.

12장은 4단계(L)로 신제품의 시장 도입에 관한 내용이다. 신제품과 연관된 STP, Marketing Mix에 대해 다룬다.

13장은 시장에서의 확산과 수용에 관한 내용이다. 시장에 도입된 신제품이 어떠한 과정을 거쳐 시장에서 확산(擴散)되고 수용되는지에 대한 이해는 신제품의 성공적 시장 도입을 위해 유용한 지침을 제공한다.

PART 06에서는 신제품 개발과 연관되는 분야에 대해 살펴본다.

14장과 15장은 신제품 개발팀에 관련된 내용을 살펴본다.

16장은 신제품 개발 성과를 결정짓는 핵심 요인에 대해 살펴본다.

17장은 신제품 개발에서의 제반 시장 조사 기법에 대해 다룬다.

3 신제품 분야(또는 신제품의 연구 영역)에 대한 다양한 관점

신제품 개발은 기업의 여러 부서들(예 연구개발, 생산, 엔지니어링, 재무/회계, 기획, 마케팅 부서 등)의 협조 속에서 이루어진다. 따라서 연구개발/공학, 마케팅, 생산, 조직(사람과 조직), 재무 및 회계(자금의 흐름) 등의 기능적 관점으로 각기 다르게 신제품을 볼 수 있다. 한편 산업 구조, 경제, 사회, 문화, 특허/기술평가, 법적/행정적 규제 측면에서도 신제품을 살펴볼 수 있다. 이처럼 '신제품'을 보는 관점은 다양하다.

그림 1.6 신제품을 보는 여러 관점

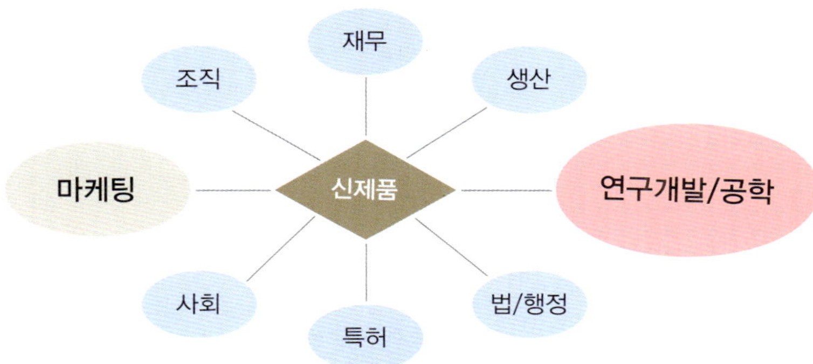

신제품 개발의 주요 핵심은 마케팅, 연구개발/공학이지만 그 밖의 다른 연관 분야에 대한 지식도 도움이 된다.

신제품에 관한 책은 다양한 전공 분야(예 마케팅, 생산, IT(소프트웨어, 앱), 엔지니어링, 디자인, 법학, 경제학 등)에서 집필된다. 전공 분야에 따라 특색이 있다. 예를 들어, 기계 공학적 관점에서 저술한 책은 특정 제품의 기술적 사양의 개발 중심으로 제품이 어떻게 공학적으로 발전하는지를 보여준다.

이 책은 기업의 마케팅 관점에서 신제품 개발을 다루고 있다. 마케팅 관리에서 볼 때 신제품 개발은 제품 관리의 하위 영역이다.

그림 1.7 기업의 마케팅 관점에서의 신제품

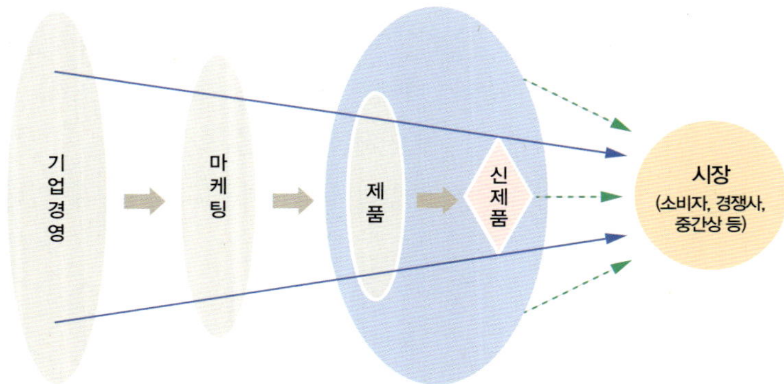

신제품 개발은 마케팅에 포함되는 포지셔닝, 제품수명주기, 브랜드, 마케팅 믹스 등과 밀접히 연관된다. 그래서 신제품 개발에 대한 학습은 경영학과 마케팅의 기초를 다진 다음에 하는 것을 권장한다.

한편 기업 내부에서 발생하는 신제품 개발은 시장 도입을 통해 시장으로 진출한다. 시장에 도입되면서 제품수명주기가 시작된다. [그림 1.8]에서 보이듯이 두 가지 활동은 일정 부분 겹치는 부분이 있다.

그림 1.8 신제품 개발 과정과 제품수명주기의 관계

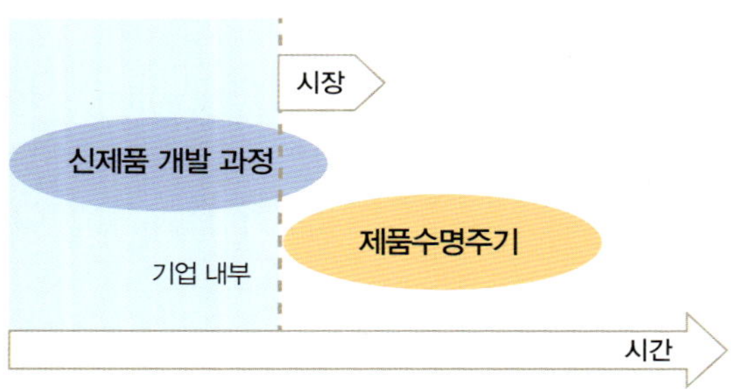

Section 04 신제품 분야를 배우는 데 필요한 도움말

이 부분의 내용은 신제품 개발에 대한 이론적 내용은 아니다. 이 분야를 연구하면서 저자 나름의 경험과 고민을 기록한 극히 개인적이고 주관적 내용이다. 앞으로 신제품을 연구 분야로 채택하는 사람에게는 유용할 수 있겠지만, 그렇지 않다면 이 부분은 읽지 않고 건너뛰어도 무방하다.

신제품을 저자의 박사 학위 논문 주제로 삼으면서 가장 우려했던 점 중의 하나는 신제품 개발 경험이 없는데 어떻게 이런 분야를 연구하는가였다. 마케팅 학위 논문으로 주로 채택하는 주제인 소비자 행동, 광고론 등은 연구자 자신이 소비자이고 또한 주변에 광고물이 흔하기에 익숙한 내용이 많다. 그렇지만 신제품 개발은 기술, 또는 제품 전문가들이 기업 내부에서 하는 과업이고 또한 개발 내용은 폐쇄성이 강하기에 외부인 접근도 어렵다.

> 반려견을 키우는 사람이 개를 연구한다면 평소 경험이 있기에 그만큼 사전지식이 많다. 그러나 한 번도 개를 키워본 적도 없고 더 나아가 개를 보지도 못한 사람이 개를 연구한다는 것은 쉽지 않다.

어렵사리 학위 논문은 완성하였다. 그리고 그 후에도 이 분야 연구를 계속하였다. 그렇지만 실무 경험의 부족과 관련한 자신감 부족은 여전하였다. 이러한 걱정 및 우려는 신제품 개발 분야를 연구하는 국내뿐 아니라 해외 학자들과의 대화를 통해서도 공감되는 부분이었다. 물론 이 분야의 연구자 중에는 실제 기업에서 제품 개발을 담당한 경력(예 삼성전자, GE, Intel 등의 실무)을 갖춘 자도 있고, 또는 학부에서 공학을 전공하여 기술에 익숙한 사람들도 있다. 실무 경력과 기술적 소양을 갖춘 사람들이 유리한 것은 사실이지만, 그렇다고 해서 이들만이 이 분야의 연구를 할 수 있는 것은 아니다.

- "나는 이 책('이윽고 슬픈 외국어')을 쓰기 전에도 여행기랄까, 체류기라고 할 만한 책을 한번 낸 적이 있다. [먼 북소리]라는 책이 그것으로, 나는 그 책에서 약 3년간에 걸친 유럽 체류에 관한 이야기를 썼다. 하지만 지금 생각해보니 그 책에 담겨 있는 글 대부분은 '첫인상' 내지는 기껏 해봐야 '두 번째 인상'을 적은 것이었다. 나는 상당히 오랫동안 그곳에 머물러 있었지만, 결국은 스쳐 지나가는 여행자의 눈으로 주위 세계를 바라보았던 듯하다. 그것이 좋다거나 나쁘다고 말하는 것이 아니다. 스쳐 가는 사람에게는 스쳐 가는 사람의 관점이 있고, 그곳에 뿌리내린 사람에게는 뿌리를 내리고 사는 사람의 관점이 있다. 양쪽 다 메리트가 있고, 보이지 않는 사각이 있다. 반드시 첫인상을 토대로 글을 쓰면 깊이가 없고, 오래 살면서 차분히 사물을 지켜본 사람의 관점이 깊이가 있고 올바른 것은 아니다. 그곳에 뿌리를 내리고 있는 만큼 거꾸로 보지 못하는 점도 있다. 얼마만큼 자신의 관점과 진지하게, 또는 유연하게 관계 지을 수 있는가, 그것이 이런 글에서 가장 중요한 문제라고 나는 생각한다." – 무라카미 하루키 [이윽고 슬픈 외국어] (문학사상사, 2013년 번역, 285~286쪽)
- "여행지에 사는 사람도 일부분만 알 뿐이다." – 김영하, [여행의 이유] (2019, 문학동네)

한 사람이 평생 신제품 개발 프로젝트에 참여하는 횟수는 얼마나 될까? 프로젝트의 성격에 따라 다르겠지만 보통 하나의 프로젝트가 짧게 1년이라 하더라도, 많아야 20~30개 남짓일 것이다.

- 경험 시간의 길이, 참여 프로젝트의 횟수 자체가 중요한 것은 아니다. 거기서 어떠한 역할로 어떠한 일을 하였는가 하는 것이 중요하다. 군대에서 취사병으로 있던 사람에게 2년간 취사병 경험을 하였으니 요리는 선수겠네요 말했더니, 자기는 감자만 깎다 왔기에 요리는 전혀 못 한다고 했다.

물론 경험이 있는 것이 신제품 연구에 유리하지만 그러한 경험이 없다고 해서 '연구'가 불가능한 것은 아니다. 더구나 지금 독자들이 하는 '학습'이 불가능한 것은 절대 아니다.

이 책을 읽는 대부분 독자는 아마도 신제품 개발과 연관된 실무 경험이 부족할 것이다. 다음의 방법들은 이러한 실무 경험의 부족함을 보완해줄 것이다.

- 뉴스, 홈페이지, 서적 또는 SNS 등을 통해 기업의 여러 신제품 개발 사례를 접함
- 기업 실무자와의 대화, 또는 제품 개발 과정에 소비자 참여자, 또는 피실험자 등으로 참여
- 신제품 개발 사례 연구를 접하거나 직접 사례를 작성해 봄. 또는 이와 관련된 서적(예 Walter Isaacson(2011)의 'Steve Jobs')을 접함

- 신제품 개발의 내용이 담긴 영화, 드라마 등을 접함(예 '하얀 양복을 입은 사나이(The Man in the White Suit, 1951)', 'Pirates of Silicon Valley(1999)', 'Joy(2015)', '변두리 로켓(下町ロケット, 시즌1–2015년, 시즌 2–2018년)

이들은 신제품 현상에 대한 이해의 폭을 넓히는 데 도움이 되며 또한 딱딱한 신제품 이론을 보다 현실적으로 이해하는 데 도움이 될 것이다.

여러분 모두는 신제품 개발을 사실 여러 번 해왔다. 중고등학교 때 글짓기 시간, 대학생 때 과제물의 준비, 그리고 새로운 요리의 시도 등 무언가 새로운 것을 궁리한 경험은 모두 신제품 개발과 연관된다.

CHAPTER

02 신제품의 개념과 유형

일상에서 '신제품'이란 용어를 자주 접하게 된다(예 TV 광고, 상점 간판, 매대 진열대, 포장, 옥외 광고, SNS 등). 새롭게 출시하는 제품에 '신제품(new products)'을 흔히 붙인다. 그렇지만 모든 신제품이 동일한 성격은 아니다. 어떤 신제품은 그야말로 '새로움(新, new)'이란 이름에 걸맞게 기존에 없던 제품이다. 예를 들어, 전화기, 만년필, 볼펜, 라이터, 라면, 라디오, TV, 컴퓨터, 휴대전화, 자동차, 드론 등 제품들이 세상에 처음 소개되었을 때를 생각해보자. 이에 비해 대다수는 기존 제품을 약간 수정하거나 외관만 약간 바꾼 것에 '신제품'을 붙인다(예 소고기 라면, 김치 라면, 카레 라면; 먹물 새우깡, 카레 새우깡, 녹차맛 새우깡; Sedan/Hatch Back/Wagon 자동차; 딸기/민트초코/바나나 맛의 초코파이).

신제품이 모두 동일한 성격이라면 신제품 개발 관리는 단순해질 것이다. 그러나 현실은 그렇지 않다. 어떤 신제품에 적절한 방식이 다른 신제품에 적절하지 않은 경우가 흔하다. 기존 제품에 약간의 수정 또는 개선만 한 신제품에 흔히 사용되는 방식을 인류의 삶에 혁명적 변화를 일으킬 신제품에 그대로 적용하기는 어렵다. 신제품 특성에 맞는 관리를 위해서는 우선 적절한 기준으로 신제품을 분류해야 한다.

신제품의 유형 분류에 앞서 신제품의 개념을 우선 살펴보겠다. 그런 다음 신제품 개념 정의에 기반하는 다양한 신제품 유형을 살펴보겠다.

Section 01

신제품의 개념

신제품은 '신+제품'의 합성어이다. 말 그대로 새로 만든 물건이 신제품이다. 마케팅 관점에서 '제품(product)'은 '소비자 욕구를 충족시킬 수 있는 것'은 무엇이든 제품으로 간주한다. 제품은 소비자 욕구를 충족시킬 수 있는 어떤 것(something)이다. 결국 '신(新, 새로움, newness)'의 성격이 신제품(new product)의 정체성을 결정짓는다. 이제 '새로움'에 대해 살펴보겠다.

새롭다는 것은 여러 측면에서 인지되거나 평가될 수 있다(예 시간 및 공간 차원, 평가 주체 등). 여기서는 새로움을 지각하는 주체의 관점(~perceived as new by ○○)을 중심으로 설명하겠다. 이러한 주체로는 주로 기업, 고객이 거론된다.

1 기업 관점의 신제품

기업 스스로가 신제품으로 간주하는 상업화된 제품을 총칭한다. 이러한 신제품은 독창적이고 혁신적 신제품(genuine innovation)만 해당하지 않는다. 기업이 새롭다고 여긴다면 기존 제품에 개량이 많이 된 경우 혹은 기존 제품이 새로운 시장에 적용된 경우도 이에 해당한다.

자동차는 시장에서 더 이상 신제품이 아니다. 그러나 이전에 이를 취급하지 않았던 기업에서 자동차 제조를 새롭게 착수한다면 그 기업에 자동차는 신제품이다.

2 고객 관점의 신제품

(잠재) 고객의 입장에서 새롭게 지각하는 제품, 서비스, 아이디어를 말한다. 이미 시장에 존재하였던가 여부에 대한 객관적 사실보다는 소비자의 주관적 판단으로 평가된다.

김밥, 된장찌개, 비빔밥은 한국인에게는 신제품이 아니다. 그러나 이것을 처음 접한 외국인들에게는 신기한 신제품이다.

고객이 제품을 보는 시각은 기업의 시각과 사뭇 다를 수 있다. 기업 관점에서 보면 충분히 신제품으로 인정되지만, 고객 관점에서 신제품으로 취급받지 못하는 경우([그림 2.1]의 II 영역)도 있고 또 그 역의 관계(III 영역)도 존재한다.

그림 2.1 새로움의 지각 주체에 따른 신제품의 분류

	고객 관점의 신제품	고객 관점의 기존 제품
기업 관점의 신제품	I	II
기업 관점의 기존 제품	III	IV

기업 관점의 신제품 정의는 기업의 제품 개발 관리와 주로 관련된다. 신규성 여부에 따라 신제품 개발 과정에서 기존과 다른 '차별적 관리'를 마련한다.

고객 관점의 신제품 정의는 고객의 구매 결정을 분석하는 데 의미가 있다(참조: 13장 혁신의 수용). 그래서 표적 시장에서 마케팅 믹스 전략의 마련에 유용하다. 한편 신제품은 '새로움의 수준(정도)'에 따라 세분될 수 있다.

Section 02 신제품의 유형

신제품의 유형은 개념 정의에서 언급된 두 가지 차원(① 새로움의 정도, ② 새로움의 인식 주체)과 밀접히 연계된다.

① 새로움(newness)의 정도: 새로움의 정도가 낮음 ↔ 새로움의 정도가 높음

② 새로움의 인식 주체 기준: 기업, 고객(시장)

Booz, Allen & Hamilton(1982)에서는 이러한 두 가지 기준을 결합하여, 즉 기업과 시장에서 인지하는 새로움의 정도에 따라 신제품을 여섯 종류로 분류하였다.

그림 2.2 **신제품의 유형(%는 각 유형의 상대적 빈도를 의미)**

기업에 대한 새로움(높음 - 낮음)

2. 새로운 제품 계열(new product lines): 20%	A	1. 세계적으로 새로운 신제품 (new-to-the-world products): 10%
4. 기존 제품의 수정 및 개량 (revisions/improvements to existing products): 26%	3. 기존 제품 계열에 대한 추가 (additions to existing product lines): 26%	B
6. 가격 절감(cost reductions): 11%	5. 재위치화(repositionings): 7%	C

시장에 대한 새로움(낮음 - 높음)

신제품 유형별로 개발되는 빈도는 조사 시점, 조사 대상, 산업 등에 따라 다르다(참고: Cooper, 1993). 수치에서 알 수 있듯이, 대다수 신제품은 '3. 기존 제품 계열에 대한 추가'와 '4. 기존 제품을 수정/개량'한 경우인 것을 알 수 있다(두 영역을 합치면 50% 이상을 차지). 반면에 기업과 시장에 있어서 새로운 신제품(1. new-to-the-world products, 2. new product lines)은 빈도가 낮다. 그러나 기업에 엄청난 수익을 가져오는 신제품은 주로 이러한 혁신적 신제품으로부터 나온다.

Booz, Allen & Hamilton(1980) conclude that the most innovative categories (New-to-the-World and New Product Lines) represented only 30% of introductions, but 60% of the "most successful" new products.

참고로 [그림 2.2]에 빈칸이 3개 있다(A, B, C). 이는 개념 정의상 빈칸의 셀에 속한 신제품 유형이 존재하기 어렵기 때문이다. 예를 들어 재위치화(5), 기존 제품 계열에 대한 추가(3)를 아무리 새롭게 하더라도 이것은 시장에 이미 있던 제품이기에 A, B 위치, 즉 시장에서 매우 새롭다고 평가받기는 어렵다. 또한 기존 제품 계열에 대한 새로움의 추가(3)를 아무리 하더라도 기업은 이미 이와 유사 제품을 취급하고 있기에 C 위치, 즉 기업에서 매우 새롭다는 평가를 받기 어렵다.

새로움의 정도가 강한 것부터 약한 것의 순서대로 설명하면 다음과 같다. 참고로 새로움의 정도가 약하다는 것은 그만큼 신제품 개발이 용이하다는 것을 시사한다.

1 세계적으로 새로운 신제품(New-to-the-world products or really-new products)

기존에 존재하지 않던 것이기에 전적으로 새로운 시장을 창조하는 신제품이 여기에 해당한다. 주로 첨단 기술에 기반하는 경우가 많다. 전화기, 복사기, 팩시밀리, 텔레비전, 인터넷 등이 세상에 처음 나왔을 때를 생각하면 된다.

'스타워즈', '007 제임스 본드' 등의 SF영화나 첩보 영화를 보면, 거기에 전혀 새로운 무기, 자동차, 생활용품 등을 보게 된다. 이러한 것들이 '세계적으로 새로운 신제품'에 해당한다.

마케팅 이론과 기법은 기업의 현상을 연구하여 도출하는 경우가 대부분이다. 물론 이와 반대로 어떤 새로운 이론과 기법이 개발되고 이를 기업이 수용하면서 경영 현장이 바뀌는 경우도 있다. 이러한 관계를 신제품과 고객 욕구에 비유하면 다음과 같다. 대부분의 신제품은 기존 기술 또는 흔히 알려진 고객 욕구에 기초해서 도출되는 경우가 대부분이다. 그러나 때로 기업의 기발한 발상으로 전에 없던 신제품이 개발되면서(예 신용카드, 컴퓨터, 인터넷 등) 소비자 및 사회를 변모시키기도 한다.

일상생활에 혁신을 가져오는 제품은 보통 '세계적으로 새로운 신제품'이다. 이는 대다수 기업이 익히 알고 있는 고객 욕구나 기존 기술에 기초해서 만든 제품이 아니다.

그림 2.3 신제품과 세상 사람과의 상호 관계

사람이 신제품의 방향을 결정하지만, 때로는 신제품이 사람의 삶의 방식을 바꾸기도 한다.

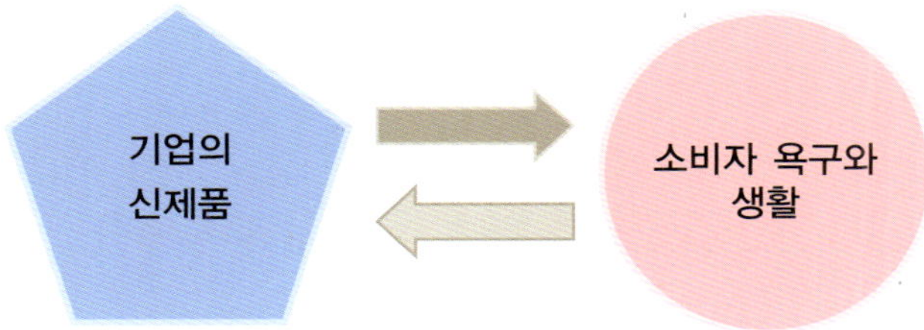

대부분 기업은 기존 제품 계열의 개선 및 수정을 하는 제품을 주로 시장에 내놓는다. 그러다가 기술 및 마케팅 역량이 증가하면 현존하는 기술 수준에 기초한 새로운 제품 계열을 시도한다. 그리고 이러한 역량이 점차 누적되면 시장에 아주 새로운 신제품을 개발하게 된다.

> 애플의 아이폰 개발 과정은 순탄하지 않았다. '한 번도 전화기를 만들어 본 적이 없는 회사'가 휴대전화 개발에 도전하는 것은 기존의 휴대전화 기업들에 큰 위협이 되지 못할 것이란 평가도 받았다. 그렇지만 애플은 '단순한 전화기가 아니라 전화를 거는 기능을 갖춘 컴퓨터'로 신제품을 정의하였고, 이러한 프로토콜에 기초하여 화면에 손을 대면 키보드가 생겨나는 아이폰을 개발했다. 물론 이러한 결과를 거두기까지 수많은 실패가 거듭되었다. 결국 2007년 아이폰을 출시하여 세계 스마트폰 시장을 창출하고 이를 석권하였다.

기술과 마케팅 역량이 일천한 기업이 단기간에 세계적으로 새로운 제품을 개발하기란 사실 불가능하다. 참고로 이러한 유형의 신제품은 초기 진입자의 우위(Porter, 1985)가 크므로 개발 속도 가속화, 시장 선점, 특허 획득, 산업 표준 설정 등이 중요하다. 또한 유통망의 선점, 소비자 마음의 선점도 중요하다.

혁신적 신제품에 대한 시장 예측은 종종 완벽하게 빗나간다. 위대한 발명가, 산업계 리더들 역시 예외는 아니었다.

- "아이폰이 유의미한 시장 점유율을 차지할 가능성은 전혀 없다." - 2007년, Steve Ballmer(마이크로소프트 CEO)
- "개인이 가정에 컴퓨터를 갖출 이유는 전혀 없다." – 1977년, Kenneth Olsen(당시 세계 최대 컴퓨터회사였던 디지털이퀴프먼트의 회장)
- 축음기를 음악 감상에 쓰는 사람은 없을 것이다. - 1877년, Thomas Edison(축음기를 발명한 사람)

2 기업의 새로운 제품 계열(new to the firm products or new product lines)

이미 알려진 현존하는 기술 수준에 기초한, 그러나 기업 입장에서는 예전에 만들지 않았던 제품 계열을 새롭게 시작하는 것이다. 따라서 시장에서는 새롭지 않지만, 기업에는 매우 새로운 것으로 인식되는 제품이다.

삼성 그룹에서 자동차를 처음 만들었을 때, 소주만 만들던 진로에서 카스맥주를 만들었을 때, 맥주회사인 Kirin에서 콜라를 만들었을 때, 코카콜라에서 미닛메이드를 만들었을 때가 이에 해당한다.

기업은 전에 만들지 않던 제품 계열을 새롭게 착수하는 것이기에 제조뿐 아니라 판매 경험도 일천하다. 그래서 신제품 개발과 시장 출시에 여러 어려움을 겪는다. 또한 기존에 취급하던 제품과 다르기에 다른 유통 방식으로 접근해야 한다.

'기존 제품 계열로부터의 개선/수정에 따른 신제품(4)'은 바뀐 내용만을 중심으로 기존 방식에 약간의 수정을 가미하면 된다. 새롭게 부가된 특성을 알리고(촉진) 그에 따라 약간의 가격을 조정하고 기존 유통을 그대로 이용하면 된다. 그러나 '새로운 제품 계열'은 전에 해오던 것이 없기에 새롭게 유통, 촉진, 가격 전략을 구축해야 한다. 공급자, 유통업자와도 새롭게 관계를 확립해야 한다.

3 기존 제품 계열에 추가(additions to existing product lines)

기존 제품 계열에 새로운 제품을 추가하는 것이다. 새롭게 추가된 제품은 이미 존재하던 기존 제품 계열에서 비롯된다. 기업으로서 아주 새롭지 않기에 중간 수준의 새로움으로 지각된다. 또한 유사 제품이 이미 시장에 있기에 시장에서도 중간 수준의 새로움으로 지각된다. 예를 들어 와인 냉장고, 화장품 냉장고는 기존의 냉장고 제품 계열에 새로운 제품의 추가이다.

- 가루(고체) 세탁세제를 만들던 회사에서 액체 세탁세제를 추가하는 경우, 데스크톱 PC 회사에서 노트북 PC를 추가하는 경우, 초콜릿바를 만들던 회사에서 초콜릿 아이스크림을 추가하는 경우, 막걸리 업체에서 캔막걸리를 추가하는 경우.
- 비아그라 껌: 껌으로 씹는 비아그라(발기부전 치료제)가 만들어졌다. 껌 제조회사인 미국 리글리(Wrigley)사는 미국 특허청으로부터 비아그라 성분인 실데나필 구연산염이 들어간 껌의 특허를 받았다. 리글리 껌 연구소는 "비아그라와 달리 이 껌은 위장이 약한 환자들에게도 부담이 없다"라며 "발기부전 환자들에겐 손쉬운 치료법이 될 것"이라고 설명했다. 의약품으로 분류될 이 껌은 앞으로 비아그라처럼 미국식품의약국(FDA)의 승인 절차를 밟아야 하며 상품화돼도 의사 처방이 있어야 환자들에게 판매될 수 있을 것이다. – 참조: 중앙일보, 2003년 6월 14일

4 기존 제품의 수정 및 개량(Improvements and revisions to existing products)

성능의 개선, 디자인 향상, 새로운 부가 기능 등의 신제품으로 기존 제품을 대체하는 것이다. 매년 조금씩 수정/개량되는 현대 쏘나타 자동차가 여기에 해당한다(예 쏘나타 – 뉴 쏘나타 – EF쏘나타 – NF쏘나타 등). 새로운 성분이 추가된 박카스-F, DHA 함유 새우깡 등도 이에 해당한다. 기존 제품에 대해 수정 및 개량한 것이므로 "3. 기존 제품 계열에 대한 추가"에 비해 상대적으로 시장에서 새롭게 인식되는 정도가 약하다.

1999년 9월 방영된 이래 연일 40%대의 시청률을 기록하며 전국적 화제를 모았던 MBC 월화 드라마 '국희'는 1930년대 항일 투쟁기에 태어나 해방을 거쳐 맨주먹으로 제과 기업을 일으키는 한 여인의 의지를 그린 드라마이다. '국희'는 주인공 김혜수의 극 중 이름이다. 이 드라마에는 두 번에 걸쳐 인상적인 신제품 개발 장면이 나온다. 그중 하나는 태화당 빵집의 운명을 짊어진 국희가 기존의 방부제를 대체하기 위해 식용 글리세린을 개발하여 이를 단팥빵에 발라서 판매한 경우이다. 오래도록 촉촉하게 보존할 수 있는 단팥빵은 분명 기존에 없던 신제품으로 간주될 수 있다. 물론 이것은 고객 입장에서 보면 그리 새로운 것은 없지만 기업 입장에서는 의미 있는 신제품 생산 기술의 결과이기에 '기존 제품의 수정 및 개량(3)'이다. 보통 이러한 유형의 신제품 개발은 경영자의 문제 해결 동기에서 비롯될 뿐 아니라, 정부의 규제 변화에 의해서도 유발된다. 또 다른 하나는 빵만 만들던 국희가 천막 공장에서 땅콩 샌드 '동그라미' 과자를 개발한 경우이다.

이는 전에 만들지 않던 '제품 계열을 새롭게 착수(2)'하는 것이다. 이 경우 제조뿐 아니라 판매에도 경험이 일천하기에 신제품 개발과 시장 출시에 여러 어려움을 겪는다. 드라마에서도 여러 시행착오를 겪어 최종 제품을 개발하던 모습이 있었고, 기존 제품과는 다른 유통 방식을 사용하였다.

5 재위치화(repositionings)

소비자, 경쟁, 시장의 변화에 따라 기존 제품의 위치(소비자 마음속의 자리매김)를 새롭게 조정하는 것을 의미한다. 기존 제품의 물질적 차원에서 큰 변경을 하지 않고 다시 시장에 나오는 것이다. 즉 기존에 소비자들이 알던 위치(position)와 전혀 다르게 포지셔닝 하는 것이다. 이러한 기업의 노력이 성공하면 시장에서는 포지셔닝이 달라졌기에 이를 새롭게 받아들인다.

- Warner-Lambert는 Trident sugarless gum을 (무설탕 껌으로부터) 충치예방껌으로 시장에 재위치화 하였다.
- Listerine의 구강청정제는 (입 냄새 제거 제품으로부터) 플라크와 잇몸질환에 효과가 있는 것으로 재위치화 하였다. (재위치화는 기존 제품 그대로 가는 것이기에 기업 입장에서 별로 새로운 것이 없지만, Target/Benefit/Occasion의 수정을 통해 고객에게는 새롭게 다가설 수 있다.)

재위치화는 제품에 대한 고객들의 기존 인식을 크게 바꿈으로써 새로운 변화를 꾀하거나 시장을 활성화할 때 사용된다.

2008~2009년 SBS TV에서 인기리에 방영되었던 '아내의 유혹' 주인공(장서희)은 복수를 위해 얼굴에 점을 하나 붙이고 아예 다른 사람인 것처럼 연기하였다. 즉 순진하고 착하기만 했던 부인에서 영악한 복수의 화신으로 자신을 재위치화 하였다.

이 방법은 실질적으로 제품을 변형하는 것보다 비용, 시간, 위험이 적기에 기업이 선호하기도 한다.

식품업계에 따르면 2018년에 출시된 스낵 28종 중에서 신제품은 7종이고 나머지 21종은 기존에 있던 제품을 새로운 맛으로 출시하거나 단종되었던 제품을 재출시한 것이라고 한다. - 참조: 연합인포맥스 기존 시장에 기존 제품을 재위치화하는 경우도 있지만, 새로운 시장(세분시장)을 대상으로 하여 재위치화하는 경우도 있다.

약물 재창출(Drug Repurposing): 원래 다른 목적(예 항암제)으로 개발하던 약물을 예를 들어 코로나19에 적용해 약물 효능성과 부작용을 파악하는 것이다. 코로나19의 급박성을 고려해 많은 기업은 속도가 가장 빠르고 비용이 절감될 수 있는 약물 재창출 방식을 이용하여 치료제를 개발하고 있다.

6 가격 절감(cost reductions)

이 경우의 신제품은 기존 제품과 동일하거나 또는 유사하다. 다만 기존 제품보다 훨씬 낮은 가격으로 시장에 새롭게 등장하는 것이다. 고객 관점에서도 그리고 기업 관점에서도 그리 새롭지 않다. 컴퓨터, 스마트폰 등의 전자제품이 기술 진보, 규모의 경제, 경험곡선 효과에 의해 좀 더 저렴한 가격으로 시장에 등장하는 경우가 이러한 유형에 속한다.

동양매직의 '포터블 세척기' 크기 줄이고 가격 낮춰 시장 점유율 20% 차지: 동양매직은 2004년 8월부터 출시한 신제품 '포터블 식기세척기'가 내수 부진이라는 악조건 속에서도 '대박'을 터뜨렸다. 이 제품은 주부들의 입소문을 타고 2005년 9월 말까지 4만 대가 팔렸다. 이는 올해 식기세척기 시장의 20%를 차지하는 것으로 식기세척기 단일 제품으로는 유례가 없는 기록이다. 동양매직의 포터블 식기세척기는 삼성전자의 반도체처럼 획기적 기술력을 자랑하는 것은 아니다. 동양매직은 우선 1,500가구에 대한 현장 조사를 통해 소비자들이 기존 주류 제품인 10~12인용 빌트인 제품보다는 5~6인용으로 싱크대 위에 간편하게 설치할 수 있는 중소형 사이즈를 더 선호한다는 사실을 확인했다. 그래서 나온 것이 아파트든 주택이든 세입자든 '누구나 언제 어디서나 설치할 수 있다'라는 포터블 콘셉트로 제품 사이즈를 줄이면서 가격도 30만 원 후반대로 기존 빌트인 제품의 절반 수준으로 확 낮췄다. 동양매직은 신제품 개발팀을 만들 때 아예 처음부터 개발 분야 직원들뿐 아니라, 생산 · 마케팅 · 애프터서비스 · 디자인 등 유관 부서 직원들을 모두 참여토록 했다. 애프터서비스 직원들이 가정을 방문해 시장 조사를 하고, 개발팀이 시제품을 만들면 곧바로 생산팀에서 시험생산까지 해보는, 이른바 논스톱 개발인 셈이다. 생산본부장은 "대기업은 보통 신제품을 개발하는 데 3년 정도 걸리지만 우리는 1년 안에 끝냈다"라면서 "이런 필사적인 응집력이 없이는 중견 기업이 삼성 · LG 같은 대기업과 경쟁해서 살아남을 수 없다"라고 말했다. – 참조: 조선일보, 2005년 10월 6일

가격 절감과 관련하여 공정혁신과 제품혁신의 두 가지 개념을 설명하겠다.

6.1 공정혁신

기술 진보(동일 제품의 생산을 위한 공정혁신, process innovation)가 일어나면 같은 양의 생산요소를 투입해도 더 많은 생산량을 거둘 수 있다. 이러한 공정혁신은 가격 인하, 품질 개선을 가져오기에 시장 침투 전략을 사용하는 경우에 큰 성과를 거둔다. 공정혁신은 '가격 절감(6)' 유형과 밀접하다.

> 붕어빵 만드는 기계가 좋아지면 더 많은 붕어빵을 더 싸고 좋게 만들 수 있다. 그렇다고 붕어빵 자체가 바뀌는 것은 아니다.

6.2 제품혁신

혁신적인 제품(product innovation)을 만드는 것을 의미한다. '가격 절감(6)' 유형 이외의 신제품 유형들과 밀접하다.

> 붕어빵이란 제품 자체를 바꾸는 것이다. 붕어빵의 외피를 바꾸거나 속에 들어가는 식재료를 바꾸는 것이다. 여기에 더 나아가 산삼잉어빵, 황금참치빵을 개발하기도 한다.

이상의 신제품 유형은 연구자에 따라 다르게 분류되기도 한다.

첫째, 위의 여섯 가지 유형을 세 가지로 나눈 방식

① 기존 제품 계열로부터 새로운 개발: 위의 가격 절감(6), 재위치화(5), 기존 제품의 수정 및 개량(4), 기존 제품 계열에 대한 추가(3)가 여기에 해당

② 이미 알려진 현존하는 기술 수준에 기초한 새로운 제품 계열

③ 새로운 기술에 기초한 신제품

둘째, 소비자 구매 행동에 미치는 변화 정도에 따른 구분

① 연속선상의 혁신(Continuous innovations): 새로운 학습과 행동 변화를 거의 요구하지 않는다. 칫솔의 재질 변화, 자동차 디자인 개선, 포장 변화 등이 이에 해당한다.

② 역동적인 연속선상 혁신(Dynamically continuous innovations): 중간 수준의 학습이 요구되며 소비 패턴에 약간의 괴리를 수반한다. 전동 칫솔이 이에 해당한다.

③ 단절적 혁신(Discontinuous innovations): 매우 높은 수준의 학습과 행동 변화가 요구된다. 양치질에 칫솔이 필요 없는 혁신이 이에 해당한다. 또한 개인용컴퓨터, 신용카드, 스마트폰 등이 이에 해당한다.

Section 03

신제품의 개념 정의와 유형에 대한 향후 과제

신제품 개발 관리는 신제품 속성에 대한 이해로부터 비롯된다. 본 장에서는 신제품의 개념 정의로부터 신제품 유형을 정리하였고, 이러한 유형의 특성을 살펴보았다.

아래에 제시하는 사항은 향후 신제품 속성을 이해하고 이에 적합한 관리 방안을 마련하는 데 도움이 될 것이다.

첫째, 신제품 제반 속성들의 규명과 이들 간의 관계: 본 장에서는 '새로움'의 속성을 기준으로 신제품 유형을 분류하고 이에 관한 내용을 살펴보았다. 그러나 신제품 속성에는 '새로움(newness)' 이외에도 복잡성(complexity), 위험(risk) 등의 중요한 속성들이 많이 있다. 이러한 속성들 간의 관계에 대한 이론 정립과 실증 연구는 신제품을 이해하고 관리하는 데 매우 유용한 정보를 제공할 것이다.

둘째, '새로움' 크기의 신제품 성과에 대한 영향력: 선행 연구에서 '새로움'은 성과에 긍정적 영향을 미치는 것으로 나타났다. 그러나 그 관계는 산업 특성, 기술 및 제품수명주기 등에 따라 다르다. 산업과 시장별 영향력 차이에 대한 규명은 각 시장 상황에 적합한 전략을 구축하는 데 도움이 될 것이다. 이를 위해 우선 산업별 신제품의 유형별 개발 빈도를 파악하고, 이들 성과와 성공 확률에 대한 기초 데이터의 수집이 요구된다.

참고로 신제품의 혁신성 크기와 시장 성과는 일반적으로 'U자'의 형태를 띠는 것으로 밝혀졌다(Kleinschmidt and Cooper, 1991).

그림 2.4 **혁신성과 시장 성과의 관계**

중간 수준의 혁신보다는 아주 높거나 낮은 혁신의 시장 성과가 더 높다.

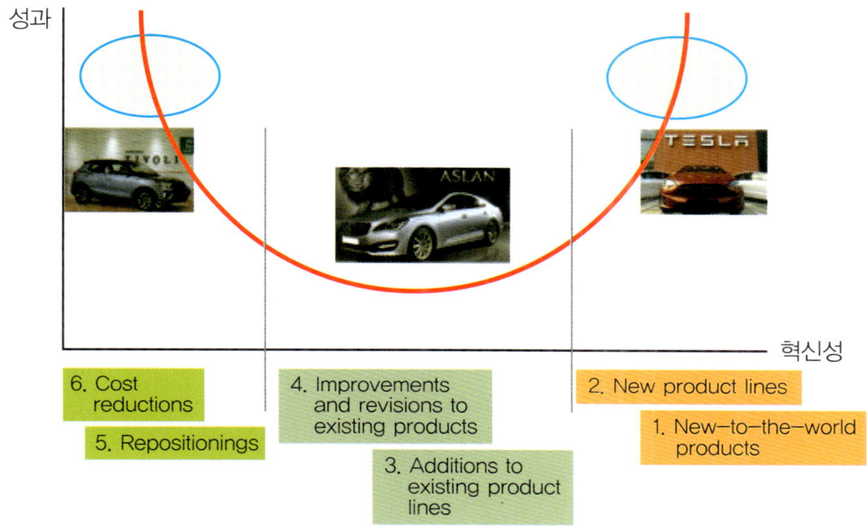

물론 이러한 관계는 산업, 제품에 따라 다르다. 이러한 관계에 대한 자료는 향후 자신이 속한 시장에 어떠한 유형의 신제품 개발에 비중을 두는 것이 바람직한가를 결정하는 데 도움이 된다.

셋째, '새로움'의 질적 내용에 따른 관리 방안: 신제품에서 새로움은 그 내용과 종류가 여러 가지이다. 부품이나 소재가 새로울 수도 있고 내부는 변함없지만, 디자인이 새로울 수도 있으며, 또는 사용 방법 및 기능이 새로울 수도 있다. 이처럼 새로움은 양적 크기뿐 아니라 그 내용에 따라 질적 분류가 가능하다. 이러한 내용 차이에 따라 관리 초점은 충분히 달라지므로 이에 대한 검토가 요구된다.

향후 신제품의 개념과 유형에 대한 이론적 토대가 건실해지고 이를 객관적으로 평가하는 측정 도구가 마련된다면 이러한 영역의 신제품 연구는 활발해질 것이다. 또한 이러한 연구 결과의 축적을 통해 기업은 신제품 속성에 더욱 적합한 관리 방안을 마련할 것으로 기대된다.

신제품 개발 과정(1)

SCDL: 신제품 개발에 대한 전반적 고찰

PART 02

PART

02

신제품 개발 과정(1)

PART 02~05(3~13장)는 이 책의 중심으로 '신제품 개발 및 시장 도입'을 본격적으로 다룬다.

PART 02에서는 신제품 개발 전반에 걸친 내용과 이 책에서 제시하는 4단계 모델(S-C-D-L)의 전반적인 흐름을 살펴보고 4단계 모델의 각 단계에 대한 구체적인 설명은 PART 03부터 시작된다.

또한, 신제품 개발 과정에서 고려해야 할 전반적인 이슈들을 살펴보고 개발 기간 단축이 왜 중요한지와 그에 따른 장점은 무엇인지 알아본다. 가속화 방법에 대해서도 알아보고 가속화에 따른 문제점은 무엇이 있는지 살펴본다.

CHAPTER

03 신제품 개발 과정

신제품 관리란 "신제품을 어떻게 성공적으로 개발하고 이를 시장에서 성공시킬 것인가"에 대한 내용이다. 기업 실무자, 학계 연구자들은 이를 위한 이론 및 방법을 탐구하고 있다. 과거보다 현대 기업의 신제품 개발 활동이 향상된 이유는 그동안 축적된 지식과 정보들이 '신제품 개발 관리에 반영'되었기 때문이다. 국경 없는 경쟁에서 더 나은 신제품 개발을 하려면 경쟁사보다 신속히 최신 이론과 기법을 이해하고 이를 자신의 신제품 개발 과정에 반영해야 한다.

여기서는 신제품 개발 과정의 전체 모습(전반적 흐름)을 살펴보겠다. 단계별 상세 내용을 학습하다 보면 종종 전체 모습을 잊게 된다. 3장에서 제시된 '신제품 개발의 전체 모습'을 항상 숙지하기를 권한다. 그래야 전체적 맥락을 가지고 세부 내용을 이해할 것이다.

책을 읽다가 가끔 1~3장의 [그림]을 참조하길 권한다. 신제품 개발 과정의 전체 여정을 지도(map)처럼 한눈에 보여줄 것이다.

여기서는 신제품 개발 과정의 개요, 이 책이 제시하는 4단계 모델(S-C-D-L), 신제품 개발 과정에서 고려할 이슈들을 다룬다.

Section 01

신제품 개발 과정의 개요

1 신제품 개발의 이상(理想)과 현실(現實)

흔히 기대하거나 상상하는 기업에서 일어나는 신제품 개발은 아마도 다음 모습일 것이다.

- 신제품 개발은 기업에 있어서 중요하고 비용이 많이 드는 과업이기에 어떤 정해진 공식 절차를 따라 체계적으로 수행된다.
- 신제품 개발팀에 속한 사람들은 모든 정보를 공유하고 일사불란하게 어떤 목적을 향해 자신의 과업을 수행한다.
- 신제품 개발은 어떤 전형성과 보편성이 있기에 거의 모든 제품과 서비스의 개발 양상은 유사하다.
- 신제품 개발은 이 분야의 오랜 전문성을 가진 사람들이 주로 참여한다.
- 무엇을 개발할지에 관한 생각은 초기부터 비교적 확실한 편이다.

기대와 상상에 그리 어긋나지 않는 신제품 개발도 많을 것이다. 그러나 실제 현장에서의 모습은 그렇지 않은 경우가 적지 않다. 몇 가지 예를 들겠다.

1.1 우연한 행운과의 조우

세렌디피티(serendipity)란 의식적으로 어떤 걸 찾지 않았지만, 우연히 값진 발견이나 발명을 하게 된 것을 의미한다.

> 세렌디피티의 어원(語源)은 '실론(Ceylon)에서 우연히 발견한 것'으로 옛날 고고학자가 실론 섬에서 유적 발굴을 하다가 우연히 해적이 묻어놓은 보물을 찾으면서부터 생긴 말이다. 또는 옛날 페르시아의 우화 '세렌딥의 세 왕자(Three Princes of Serendip)'에서 주인공들이 행운을 불러오는 힘을 가진 데서 유래했다고도 한다.

전혀 다른 생각지도 않은 것을 발견하는 능력을 세렌디피티라고 하는데, 신제품에서 이러한 예는 적지 않다.

> 콜럼버스가 인도로 가는 새 항로를 찾으려다 신대륙 아메리카를 발견. 알렉산더 그레이엄 벨이 실험을 거듭하다 입고 있던 바지에 산(酸)을 실수로 쏟은 순간 마침내 전화를 발명할 어떤 실마리를 포착. 어떤 화학자가 말라리아 약인 키니네 합성을 시도했으나 실패하고 그 대신 우연히도 아니린 염료를 획득. 다이너마이트 공장에서 일하던 협심증 환자가 공장에만 가면 멀쩡해지자 폭발물 제조용 니트로글리세린의 협심증 치료제 가능성을 포착. 고혈압 치료용으로 개발되던 비아그라 성분에서 남성 발기 부작용이 나타나자 이를 실마리로 발기부전 치료제의 개발.

윈스턴 처칠은 이렇게 말했다. "숱한 사람들이 발견에 발이 걸려 넘어지지만 대부분은 다시 살펴보지 않고 그대로 일어서서 툭툭 털고 지나쳐버린다."

1.2 각양각색의 신제품 개발

'무언가' 새롭게 개발하는 것은 모두 신제품 개발이다. 그런데 '무언가'에 해당하는 것은 정말이지 다양하다. 포테이토칩(potato chips)부터 컴퓨터칩(computer chip)에 이르기까지 각기 고유성이 있기에 그 특성에 좀 더 적합한 개발 절차가 존재한다.

> 제품과 서비스; 국내 제품과 국제 제품; 영리 제품과 비영리 제품; 혁신 제품과 개선 제품; 최첨단 기술 제품과 기존 기술 제품; IT 제품과 BT 제품 등 다양한 범주가 존재한다. 상식적으로 볼 때도, 컴퓨터, 인터넷, 무인자동차, 스마트폰, 드론, 로봇청소기, 허니버터칩, 포켓몬 고, 짜파구리, 김밥, 샴푸, 치약, 카카오뱅크, 유튜브, 넷플릭스, 아래아한글, 마이크로소프트 오피스 등이 모두 동일 절차로 개발되리라 생각하기는 어렵다.

1.3 신제품 개발 상황의 다변성

기술, 소비자, 경쟁사, 유통망, 기업 여건, 거시 환경 등 신제품 개발에 영향을 미치는 요소들의 변화 예측이 어렵기에 어떤 정해진 신제품 개발 과정을 고지식하게 따르기보다는 변칙적으로 운영되는 경우가 적지 않다.

1.4 모호함과 불확실성의 연속

새로움(newness)의 정도가 높을수록 개발 초기에는 막연한 아이디어만 있을 뿐이다. 기술, 제조, 유통, 자금, 인력 등 무엇 하나 확실하게 정해진 것은 없다. 그래서 '이미 밝혀진 확실한 목적지'를 향해 여행을 떠나는 것과는 다른 양상을 띤다. 실제로 길을 걸어가면서 하나씩 새로운 것을 알게 되고 그에 따라 개발의 방향성을 달리해야 한다. 특히 신기술에 많이 의존하는 첨단 제품일수록 개발 도중 급격한 기술 변화에 많이 좌우된다.

- 무엇을 그릴 것인지 알려면 그리기 시작해야 한다. – Picasso
- 창작 활동에 몸담은 사람들 대부분은 도착한 다음에야 목적지가 어디인지 알게 된다. – William Boyd ("Bill") Watterson II(만화가)
- 전해 들은 얘기: 'Diffusion of Innovations'(1962)를 저술한 Everett M. Rogers에게 누군가 이렇게 물었다. "어떻게 그렇게 훌륭한 책을 쓸 생각을 하였나요?" 그러자 Rogers는 "나도 처음에 쓸 때 이렇게 좋은 책이 될 줄 몰랐습니다."라고 하였다.

이처럼 신제품 개발 양상이 변화무쌍하다면 "과연 어떤 하나의 '전형적 신제품 개발 과정'을 굳이 배울 필요가 있을까?" 하는 의문이 생길 것이다. 여기에 대한 대답은 "그래도 어떤 전형적 신제품 개발 과정을 하나쯤 배워 두는 것이 좋다!"이다.

- 소설을 쓰는 작가의 경우 작가마다 서로 다른 방식으로 자신의 소설을 쓴다. 또한 동일 작가도 작품마다 다른 접근 방식으로 소설을 집필한다. 그럼에도 불구하고 '소설을 쓰는 방법'에 대한 이해는 소설을 쓰는 데 도움이 된다.
- 사회 현상에서 일어나는 일의 80%는 보편적 내용이고 20%는 특수한 내용이다. 이론을 배우면 80%에 해당하는 지식을 일단 손쉽게 얻게 된다.

2 공식적 개발 과정의 보유와 이의 준수의 중요성

신제품 개발 모습은 제품, 기술, 기업, 시장 등에 따라 다양하다. 그럼에도 불구하고 어떤 공식 과정을 가지고 이를 체계적으로 따르는 것은 바람직하다. 그 이유는 다음과 같다.

2.1 더 나은 신제품 성과

신제품 개발을 즉흥적, 임시방편, 주먹구구식으로 하는 기업보다 체계적(문서화, 공식화 등)으로 행하는 기업의 신제품 성과가 장기적으로 더 낫다. 연구 결과, 신제품 개발 과정에 대한 체계를 갖추고 이러한 매뉴얼을 따르는 기업들의 신제품 성과는 그렇지 않은 기업들보다 높게 나타났다. 체계적 접근의 역사가 길수록 더욱 효과가 좋았다.

- 신제품 개발을 체계적으로 잘 수행하는 역사가 긴 기업의 성과가 우월한 이유는 여러 가지가 있다. ① 신제품 개발에 포함되는 행위 및 단계에 대한 상세한 청사진을 통해 중요 활동 및 단계의 생략 방지, ② 유사 상황에서 반복 발생하는 의사결정 문제의 신속한 해결, ③ 부서 간 갈등 및 조정의 효율적 단축 등
- "장기적 관점에서 볼 때 어떤 원칙을 가지는 것은 임시방편보다 중요하다. 11명의 뛰어난 선수들이 훈련에 최선을 다하고, 체중을 유지하고, 충분히 숙면하고, 정확한 시간에 경기장에 나타난다면 승리의 절반은 이미 이룬 셈이다. 그러나 놀랍게도 많은 구단이 이 간단한 일을 해내지 못한다." – 알렉스 퍼거슨(영국 프로축구팀 맨체스터 유나이티드의 전성기를 이끈 감독)의 책 [리딩(Leading)]에 나오는 글
- 개발 단계를 빠짐없이 충실히 수행하는 것과 성과와는 매우 깊은 관련이 있다(Cooper and Kleinschmidt, 1986). 기업에서 공식적 제품 개발 과정의 채택 증가 추세는 충실한 제품 개발 과정 수행의 중요함을 인식한 결과이다(Moore, 1987).

2.2 개발팀의 통제력

아이디어 단계부터 시장화 단계까지 일련의 논리적 흐름을 가지는 규제된 접근 방식을 행할 때, 개발의 많은 부분이 통제 가능하다고 신제품 관리자는 인식한다. 즉흥적, 주먹구구식 방식으로 운영하면 통제 불가능한 운이나 외부 요소 등에 더 많이 노출되는 위험이 있다.

Section 02

S-C-D-L

이 책이 제시하는 신제품 개발의 4단계 모델

신제품 개발 과정은 때에 따라 절차와 내용이 달라진다. 신제품 개발 과정을 일반화하기 어렵지만, 이 책에서는 'S-C-D-L'의 4단계 모델을 제시한다.

그림 3.1 4단계(SCDL) 신제품 개발 과정

단계별 명칭과 거기서 도출되는 '주요 결과물'은 다음과 같다.

① 1단계(S): 신제품 개발 전략의 설정 → '신제품 전략 성명서(Product Strategy Statement, PSS)'

② 2단계(C): 개별 신제품 개념의 창출 → '제품 개념(Product Concept)', '제품 프로토콜(Product Protocol)'

③ 3단계(D): 제품 개발 및 시험 → '원형 제품(Prototype)', '최종 제품(final Product)'

④ 4단계(L): 시장 도입 → '상업화 제품(commercialized Product)', '시장 성과(Product/Market Performance)'

그림 3.2 결과물 중심의 과정

신제품 개발 과정은 다양한 방식으로 도식화된다. 다각적 도식화를 통해 개발 흐름의 이해는 향상된다.

1 네 가지 단계에 대한 설명

단계별 내용을 개괄적 소개하면 다음과 같다.

1.1 1단계: 신제품 개발 전략의 설정(S: Strategy Setting)

특정 제품의 개발에 앞서 신제품 활동의 전반적인 방향(틀, 지침) 설정은 의미가 있다. 그래서 이를 [1단계]에 위치시킨다.

> 1981년 10월 닌텐도 사장 야마우치 히로시는 개발부장 우에무라 마사유키에게 'TV 게임기' 개발을 주문하면서 까다로운 조건을 내걸었다. '3년간 경쟁자가 나오지 못할 고사양', '게임을 교환할 수 있는 카트리지 방식', '저렴한 가격' 등이었다. 주어진 개발 기한은 2년도 채 되지 않았다. 닌텐도를 게임업계의 명가로 만든 '닌텐도 패밀리 컴퓨터(패미컴)'의 시작이었다. – 참조: 한국경제신문, 2022년 4월 14일.

[1단계]의 주요 내용은 다음과 같다.

첫째, 어떤 개별 신제품의 개발에 앞서 이의 성격을 제시하는 큰 방향을 정립한다. 이러한 신제품의 전략적 틀은 일반적으로 기업 성장의 방향과 맥락을 같이 한다. 그래서 기업의 비전과 사명, 역사, 문화 등을 반영한다.

그림 3.3 기업, 마케팅, 신제품의 연관성

한편 신제품 전략은 신제품 활동 영역을 규정하고 한정 짓기에 어떤 아이디어 원천(sources of ideas)을 탐색할지에 대한 방향성을 제시한다. 또한 전략은 초기 아이디어의 선별에도 유용하게 활용된다.

둘째, [1단계] 활동의 주요 산출물은 '신제품 전략 성명서(Product Strategy Statement)'이다. 여기에는 목표, 표적고객, 신제품 유형, 기업의 강점과 약점, 개발 소요 시간과 비용 등의 내용이 포괄적으로 담긴다. 이는 개발하려는 신제품의 성격을 미리 규정하는 것이다.

> 전략은 느슨한 경계선(울타리)이다. 초반부터 세밀한 부분까지 완벽히 설정하는 것은 가능하지도 않고 cost performance 차원에서도 바람직하지 않다. 중요한 내용 위주로 개략적으로 설정하는 것이 좋다.

셋째, '신제품 전략 성명서'에 대한 조직원의 공감대 형성이 중요하다. 참여와 커뮤니케이션은 개발 초기부터 노력해야 하는 부분이다.

현실적으로 대다수 신제품 개발은 기존 영역에서 크게 벗어나지 않기에 매번 신제품 개발 전략을 마련하지 않는다. 또한 구성원 간 이미 상식화되었기에 이를 별달리 강조하지 않는다. 그렇다고 해서 이러한 큰 틀의 전략 방향을 무시해도 되는 것은 아니다. 모든 개별 활동은 어떤 신제품 전략을 염두에 두고 집행해야 한다.

1.2 2단계: 개별 신제품 개념의 창출(C: Concept Generation)

[2단계]부터 이제 개별 신제품의 개발이 시작된다. 즉 [1단계]에서 설정된 전략적 틀이란 울타리에서 어떤 하나의 개별 신제품 개발 노력을 시작한다.

우선 신제품 아이디어를 창안하고 이 중 유망한 것을 선택해서 제품 개념으로 구체화한다.

> '신제품 아이디어'란 기술 가능성, 시장에서의 실현 가능성과 관련 없이 떠오르는 모든 생각을 의미한다. 한편 '제품 개념'이란 고객 또는 기업 관점으로 아이디어를 구체화하여 표현한 것이다.
>
> 영화 '부시맨'(1980년)에 다음의 장면이 나온다. 아프리카를 비행하던 경비행기 조종사가 다 마신 콜라병을 창밖으로 던졌는데, 그 콜라병이 우연히도 아프리카 원주민 부시맨 마을에 떨어졌다. 하늘에서 떨어진 낯선 물건을 본 부시맨 부족은 '하늘의 신이 보낸 물건'이라고 생각하였다. 콜라병의 용도를 모르기에 부시맨들은 온갖 상상을 하면서 그것을 사용한다. 예를 들어, 곡식 빻는 데 쓰기도 하고, 악기처럼 다루기도 했다. 콜라병의 용도는 점차 무궁무진해졌고, 그래서 평화롭던 부족민들은 이렇게 유용한 물건을 서로 가지겠다고 싸우게 되었다. 콜라병 하나로 갈등을 겪게 되자, 마을 족장은 신으로부터 온 물건이므로 신에게 돌려주어야 한다는 판단을 내리고 마을의 한 사람을 뽑아서 콜라병을 멀리 떠나보내게 하였다. 부시맨들에게 콜라병은 여러 제품 개념을 가진 것이다.

한편 도출된 제품 개념은 제품 프로토콜(Product Protocol)로 한층 심화 발전한다. 이는 실물로 개발하기에 앞서 미리 약속해 두는 최종 제품계획안이다.

그림 3.4 **신제품 아이디어, 제품 개념, 제품 프로토콜의 관계**

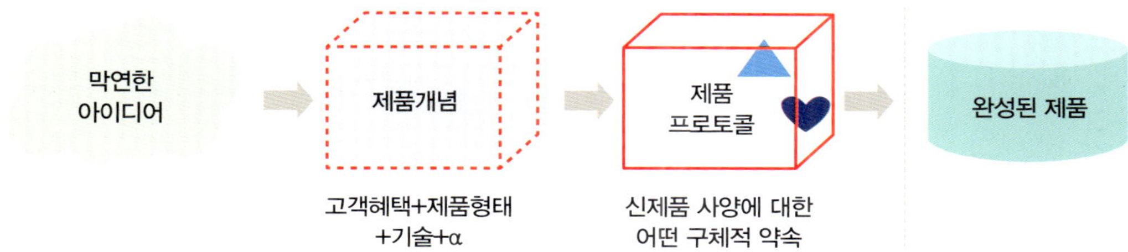

[2단계]는 어떤 하나의 신제품 개념을 구상하고 기획하는 단계이다. 실물로 구현하는 것은 [3단계]부터이다. 기획 단계인 1, 2단계를 묶어서 신제품 개발 과정의 초반 국면(upfront or fuzzy front-end phase)이라고도 한다.

주요 산출물인 제품 개념과 제품 프로토콜을 중심으로 [2단계]를 소개하면 다음과 같다.

첫째, '제품 개념'이란 소비자가 어떤 제품에 대해 가지는 생각과 느낌의 구체적 내용을 의미한다. 제품 개념을 기업 관점에서 본다면 개발하려는 어떤 제품의 내용을 의미한다. 기업은 이러한 제품 개념에 근거하여 제품 개발 활동을 수행한다.

제품 개념은 핵심 아이디어를 기반으로 하여 구체화한다. 이 책에서는 고객 혜택, 제품 형태, 기술 등의 요소를 중심으로 개념화하는 방법을 소개하겠다. 이러한 방법은 기업 관점에서 신제품 개발을 할 때 유용하다.

둘째, '제품 프로토콜'이란 개발에 참여하는 기능 부서, 내부와 외부 조직이 향후 개발하려는 신제품의 사양에 대한 어떤 구체적 약속이다. 즉 마케팅, 기술, 생산, 디자인 등의 신제품 참여자들이 실질적으로 제품을 만드는 작업에 들어가기에 앞서 우리 제품은 '~이러이러할 것이고 이를 위해 저러저러한 것을 해야 한다'라고 규정한 약속이다.

품질-기능의 전개(QFD, Quality Function Deployment)는 프로토콜을 위한 유용한 방법이다. 이 방법은 시장 조사를 통해 도출된 일련의 바람직한 고객 속성(CAs, Customer Attributes)을 이와 연관(/대응)되는 엔지니어링 속성(ECs, Engineering Characteristics)으로 해석해서 연결한다.

트럭 사용자들이 원하는 어떤 승차감이 있다면(CAs), 엔지니어들은 이러한 승차감 혜택을 제공하는데 필요한 좌석의 쿠션, 차축 스프링 등, 즉 엔지니어링 요소(ECs)로 해석해서 변환시킨다. QFD는 마케팅 부서와 엔지니어 및 제조 요원들 간의 의사소통을 원활하게 해준다.

소비자들은 '매운맛'(CAs) 라면을 좋아한다고 얘기할 뿐이다. 소비자가 원하는 매운맛을 제품으로 구현하려면, 라면 개발자들은 청양고추를 몇 그램 넣어야 할지, 후추는 몇 봉지 넣을지 등 제조 관련 과업(ECs)으로 전환해야 한다.

한편 공식 단계에 포함하지 않았지만, 각 단계의 중간 또는 마무리 시점에는 여러 평가 및 선별 과정이 개입된다. 중간결과물이 이러한 평가를 통과하면 다음 단계로 진행하고('GO'), 그렇지 않다면 다음 단계 진행을 그만두거나 아니면 잠시 멈춰야 한다('STOP' 또는 'HOLD'). 특히 실제의 개발 단계(3단계)부터 막대한 개발 비용이 필요하므로 제품 개념과 제품 프로토콜은 반드시 평가되고 정리되어야 한다.

"제품 개념이 어느 정도 정립되면 이에 대한 평가가 요구된다. 고객의 수용도, 예상 수입과 비용, 운영 측면에서 실현 가능성 등을 기준으로 예측되고 평가된다. '고객이 원하는 제품인지, 만들고 운영할 수 있는지, 시장 수익성이 있는지' 등 즉 고객/기술/사업성 분석이 평가 단계에서 다각적으로 수행되어야 한다." – Urban and Hauser(1993)

이러한 선별(Concept/Project Evaluation)과 시험(Tests)에 관한 내용은 8장과 11장에서 다루고 있다.

아이디어를 생성한 다음에 바로 선별하기도 하지만, 때로는 아이디어를 충분히 숙성시킨 다음에 선별하기도 한다. 아이디어 성격, 기업 여건, 관리자 성향, 조직문화, 제품 개발 비용 등에 따라 다르다.

1.3 3단계: 제품 개발 및 시험(D: Product Development and Testing)

[3단계]는 실질적 제품 개발을 수행하는 단계이다. 여기서 산출된 완성도 높은 초기의 결과물이 원형 제품(시제품, Prototype)이다. 일정 부분 완성된 초기 제품은 다양한 시험(기술 테스트, 시

장 테스트 등)을 거치면서 '최종 제품(final Product)'으로 진화 발전한다.

참고로 이 책에서는 초기 제품에 대한 다양한 테스트를 3단계 활동으로 포함시켰다. 기업, 제품, 상황에 따라서는 시장 도입(4단계: L)에서 이를 일부 수행하기도 한다(예 2021년의 코로나19 백신). 추후 이에 대해 언급하겠지만 자신의 여건에 적합한 신제품 개발을 실행하면 된다. 무엇이 맞고 무엇이 틀렸다는 경직된 생각을 가질 필요는 없다.

3단계 활동의 주요 산출물은 '원형 제품'(Prototype), '최종 제품'(final Product)이다.

[3단계]의 주요 내용은 다음과 같다.

첫째, 기획 및 관념 차원의 제품 개념은 이제 연구개발부 또는 엔지니어링부로 이송되어 실제 유형적 형태를 띠는 제품으로 개발된다. 개념화 단계에서는 아이디어만 있으면 누구라도 할 수 있지만, 실물화 단계는 엔지니어, 생산기술자, 디자이너 등의 능력이 요구된다.

실물화 단계부터 막대한 시간, 비용, 인력이 투자된다. 만약 제품 개념이 실물 제품으로 개발되지 못하면, 그때까지 투입된 노력은 (이 과정에서 획득한 몇 가지 유용한 정보와 경험 자산을 제외하고는~) 모두 수포로 돌아간다.

둘째, 제품 개념에 들어있던 표적고객의 요구사항은 유형 제품으로 모두 구현되어야 한다.

> 새로운 스마트폰의 개발에 앞서 이 제품은 어떤 혜택을 제공하는 제품에 대한 분명한 약속이 우선 있어야 한다. 동시에 이들 혜택을 실현하기 위해 어떤 기술적 사양을 갖춰야 한다는 즉 '혜택에 대한 기술적 재해석'을 내려야 한다. 예를 들어, 휴대가 편하다는 혜택은 전체 무게 300g 이내, 오래 쓸 수 있다는 혜택은 72시간 지속 배터리, 안전한 사용의 혜택은 홍채인식 기능, 가성비가 높다는 혜택은 원가 20만 원 이내로 통제 등으로 재해석되어야 한다. [3단계]에서 이러한 기술적 사양들을 실제로 구현하여야 한다.

셋째, 제품 개발 단계에서 제품 개념을 기반으로 하는 몇 가지 형태의 초기 실물이 개발된다. 이들 원형 제품은 소비자 입장에서 볼 때 제품 개념에 명시된 핵심 속성들이 구체화되어야 하고, 정상적 용도와 사용조건 하에서 제대로 기능해야 하고, 예정된 제조원가로 생산할 수 있어야 한다.

이를 위해 시제품 제작이 완료되면 엄격한 기능 시험과 고객(시장) 시험을 거쳐야 한다. 예를 들어, 알파(alpha) 시험은 시제품이 다양한 상황에서 어떻게 기능하는지를 파악하기 위해 기업 내부에서 시험하는 것이다. 이를 통해 시제품을 더욱 향상시킨 후, 베타(beta) 시험으로 이동한다.

베타 시험은 시제품을 사용할 기업 외부의 특정 고객들에게 시험 사용하게 하고 그들의 경험/의견을 피드백 받는 것이다.

버그 바운티 프로그램(bug bounty program)은 기업이 제공하는 웹 서비스, 소프트웨어의 버그(Bug) 즉, 오류나 취약점을 찾아 해당 기업에 신고한 사용자에게 신고 내용의 경중을 고려하여 적절한 포상금(Bounty)을 제공하는 제도이다. 다수의 선도 사용자가 직접 자발적으로 참여하여 기업에 문제의 해결책을 제시한다는 점에서 개방형, 사용자 혁신의 정의에 부합하는 개념이다. 특히 정보 보안 분야의 특성상 이러한 문제해결을 통해 얻는 시간적, 경제적 이득이 크기에 해외 유수 기업에서는 적극적 관심을 보인다. Google, 페이스북, Microsoft 등 유명 해외 기업은 이 프로그램을 자사 제품 서비스 강화에 이용하고 있다.

이상 살펴본 1~3단계는 신제품이 외부 시장으로 출시되기 전, 즉 시장 도입 전(前) 단계(premarket phase) 활동들이다. 과거에는 제품 개발이 기술적으로 완료된 다음부터 비로소 마케팅 활동이 개입된다고 보았다. 그러나 이러한 인식은 이미 많이 바뀌었다. 이제 마케팅은 제품이 개발되기 훨씬 이전부터 깊이 관여하고 이를 주도한다.

상품과 마케팅을 별개로 생각하는 대다수 회사에서는 상품이 만들어지고 나서야 마케팅팀이 등장한다. 애플은 이러한 접근은 최악이라고 생각했다. 애플의 마케팅팀은 엔지니어링팀 바로 옆에 있다. 제품의 요소 하나하나가 품고 있는 의도와 목적, 기대하는 바에 대해 마케팅팀도 계속해서 지켜볼 수 있도록 했다. 그들의 제품을 '잘 소개하는' 임무를 맡은 마케팅팀은 누구보다 제품을 잘 알아야 했다. '끊임없이 제품이 디자인되는 과정에서 제품, 엔지니어, 마케팅팀의 책임자들이 미팅을 했고, 결과적으로 초기 콘셉트부터 홍보까지 모든 팀이 한 팀처럼, 같은 비중으로 관여했다. 하나의 상품이 만들어지는 전 과정에서 제품의 기능, 디자인, 마케팅이 한 몸처럼 이루어졌다.

그림 3.5 시장 도입(4단계: L)을 전후로 양분한 신제품 개발 과정(기업 내부 활동 vs 외부 시장 활동)

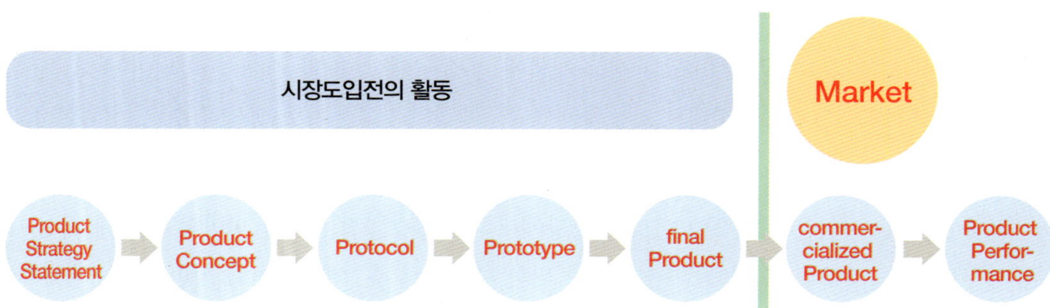

참고로 신제품 개발에 대한 문헌은 '신제품의 내부 개발'(기업 내부에서 신제품이 어떠한 과정을 거쳐 개발되는지 또는 어떻게 개발하는 것이 바람직한지)에 큰 비중을 두는 책, '신제품의 외부 시장 도입'(개발 완료된 신제품을 외부 시장에 도입하는 실상 또는 어떻게 도입하는 것이 바람직한지)이 중심이 된 책으로 양분된다. 아마도 업무 성격이 확연히 다르고 기업 현장에서도 담당자가 다르기 때문이다. 그러나 신제품 개발을 성공하기 위해서는 이러한 두 가지 과정은 통합적으로 기획되고 관리되어야 한다. 내부 개발 과정의 초기 단계부터 외부의 시장 도입에 대한 전략을 세워야 하고 또한 외부의 시장 도입 전략을 세우기 위해서는 내부의 개발 과정 내용을 몰라서는 안 된다.

1.4 4단계: 시장 도입(L: Product Launching)

여러 시험을 걸친 최종 제품은 이제 시장에 출시된다. 이제 그동안 기업이 기울인 모든 노력은 시장이란 냉정한 무대에서 평가받는다. [4단계]의 산출물은 '상업화 제품(commercialized Product)', '시장 성과(Product Performance)'이다.

[4단계]의 주요 내용은 다음과 같다.

첫째, 시장 도입 전략을 구축한다. 신제품을 어떻게 도입하는가에 따라 시장 성과는 달라진다. 초기 시장을 빠르게 공략하는 것이 중요하다. 또한 초기시장에서의 마케팅 성과를 토대로 신속하게 신제품 도입 전략을 수정하는 노력 역시 중요하다.

도입 시점, 도입 지역, 초기의 표적고객, 초기의 마케팅 믹스 등은 시장 도입 전략의 중요 의사결정 사항이다. 특히 초기의 마케팅 믹스(예 브랜드, 포장, 가격, 유통, 광고, 판매촉진 등)는 기존 제품보다 여러 면에서 차이가 있기에 이를 유념해야 한다.

둘째, 신제품이 시장에 보급되는 과정은 크게 확산과 수용(채택)으로 나누어 볼 수 있다. 확산은 신제품이 시장에 도입되어 시간과 공간 차원에서 어떠한 과정을 거쳐 퍼지는가를 연구하는 것이다. 반면에 수용은 개별 소비자가 어떤 과정으로 신제품을 채택하는가를 연구하는 것이다.

시장에 도입된 신제품이 어떠한 과정을 거쳐 시장에서 확산(擴散)되고, 소비자들은 새로운 제품을 수용(受容)하는지에 대한 이해는 신제품의 성공적 시장 도입을 위해 유용한 지침을 제공한다.

2 4단계 모델에 대한 부연 설명

여기서는 4단계(SCDL) 모델을 채택한 이유와 이의 특성을 부연 설명한다.

2.1 4단계 모델로 신제품 개발 과정을 분류한 이유

2.1.1 단순 명료성

신제품 개발 단계는 여러 구분이 가능하다. 학자에 따라 10단계 이상으로 구분한 경우도 있다. 이 책은 신제품 개발에 대한 입문서이다. 가능한 신제품 개발 단계를 단순화하는 것이 독자 이해를 돕는데 도움이 될 것으로 판단되어 그 숫자를 최소화하였다.

S–C–D–L은 철자 상 'SCanDaL'(스캔들, 추문, 험담, 악평)로 기억하는 것이 용이할 것이다. 부정적 뉘앙스라서 조금 망설이긴 했지만, 세상을 변화시킨 신제품은 거의 초반에는 악평을 받았다는 사실, 그리고 아무 관심을 끌지 못하는 신제품보다는 악평이라도 받는 것이 더 좋다는 의미에서 신제품과 매우 잘 어울리는 단어라고 생각한다.

그림 3.6 **제주도의 '월정스캔들'(소품 가게)**

2.1.2 핵심 활동의 부각

단계를 비록 최소화하였지만, 신제품 개발 과정에서 필수적으로 거쳐야 하는 단계는 포함하였다. 그리고 이를 통해 핵심 활동을 부각시키고 있다. 제품의 유형, 기업의 형태, 상황과 관계없이 이러한 4단계 활동은 거의 포함될 것이다.

신제품 개발 과정은 단계, 활동, 의사결정, 목적 등의 혼합체이다("The overall new products process is a combination of steps/activities/decisions/goals and so on." - Crawford & Benedetto, 2010, p.26). 어떤 대표적 활동을 중심으로 각 단계의 명칭을 부여했지만, 그 명칭 안에는 이런 복합적 내용이 내포됨을 유념해주길 바란다.

2.2 4단계 모델의 특성

S-C-D-L의 특성은 다음과 같다.

① 네 가지 단계는 단절된 것이 아니라, 서로 밀접히 얽혀 있다. 선행 단계의 성과에 따라 후행 단계의 성과가 결정된다. 한편 시간상으로 S-C-D-L로 나열하였지만, 이들 간의 순환도 일어날 수 있다(예 S-C-D-C-D-L)

"비록 편의상 신제품 과정을 여러 단계로 구분하더라도 이들 단계는 선후관계가 명확하거나 분리된 구획으로 봐서는 안 된다. 단계들은 고정되지 않은 유동적 성격이 있고 또한 이들 간 서로 중첩되어 있다." - Crawford and Benedetto(2010)

② 신제품 개발 과업에는 여러 기능에 속한 사람들이 참여한다. 기업 내부 직원들만 참여하는 것이 아니다. 때로는 고객, 공급회사, 유통회사의 관계자도 참여한다. 한편 이들이 주도적으로 참여하는 시점, 업무의 성격과 책임은 개발 주기별로 다르다.

③ 개발하는 제품의 특성, 이를 주관하는 기업의 여건, 신제품의 개발 상황, 시장의 특성 등에 따라 신제품 개발의 양상은 달라진다. 그래서 여기 제시된 4단계 모델은 여러 변형이 가능하다.

삼성전자에서 혁신적 스마트폰을 개발하는 것과 분식집에서 새로운 김밥을 내놓는 과정은 다르다. 또한 같은 삼성전자에서도 혁신성에 따라 제품들 간의 개발 과정은 다르다. 의사결정이 가벼운 신제품일수록 신제품 전략 성명서, 제품 개념, 제품 프로토콜, 테스트 과정이 생략되기도 한다.

④ 평가(선별, 테스트) 단계는 따로 떼놓았다. 그 이유는 이러한 평가는 수시로 일어날 뿐 아니라, 다음 단계로 넘어가는 길목에 반드시 거치는 과정이므로, 이를 특정 순서에 위치시킨다면 이로 인해 오해를 불러오기에 이렇게 따로 떼어 놓았다.

3 신제품 개발 단계에 대한 여타의 구분

신제품은 일련의 개발 과정을 거쳐 산출된다. 개발 과정의 성격에 따라 신제품 성과는 달라지기에 기업의 신제품 관리자는 개발 과정을 어떻게 관리할지 초미의 관심을 가졌다. 무슨 활동을 하는지 이러한 활동을 어떻게 관리하는지 그리고 어떤 순서로 수행할지 등이 신제품 개발 단계와 관련된 연구 주제이다.

이 책에서 4단계(SCDL)로 구분하지만, 신제품 개발은 그 밖의 방법으로도 구분되거나 인식된다. 이를 소개하기에 앞서 신제품 개발 과정의 일반 특성을 언급하면 다음과 같다.

3.1 신제품 개발 과정의 특성(참조: Cooper, 1983)

① 신제품 개발 과정에는 무수히 많은 활동과 의사결정이 개재된다.

② 이러한 과정을 개념화하여 하나의 연속된 흐름으로 파악하는 것은 유용하면서도 합리적 토대를 제공한다.

③ 신제품 개발 과정의 단계나 순서는 모든 제품 개발에 있어서 공통된 것은 아니며, 또한 각 단계의 상대적 중요도도 경우에 따라 달라진다.

④ 따라서 신제품 개발 과정 모델은 상황에 따라 서로 다른 모델을 쓰는 것이 바람직하다.

이처럼 신제품 개발 과정에는 무수히 많은 활동 사항과 의사결정 내용이 개재되며, 개발 과정의 단계나 순서는 산업에 따라, 그리고 동종 산업 내에서도 기업별로 차이가 있다.

3.2 신제품 개발 단계에 대한 여러 견해

신제품 개발 단계에 대한 모델 몇 가지를 정리하면 [표 3.1]과 같다.

표 3.1 다양한 신제품 개발 단계의 모델

연구자	신제품 개발 단계
Myers & Marquis(1968)	인식 → 아이디어 형성 → 문제 해결 활동 → 해결 방안 마련 → 사용 및 확산
Utterback(1971)	아이디어 창출 → 문제 해결 → 활용 및 확산
Alaba(1975)	예비적 조사 → 응용 조사 → 개발 → 상업적 투자
김인수(1976)	착안 단계 → 실천 단계

Horsmans(1979)	목표 설정 → 제품 가능성 조사 → 특허 조사 또는 제품 개발 → 협상 기간 → 시장 도입
Urban & Hauser(1980)	기회 포착 → 제품 개발 → 시장 시험 → 시장 도입 → 제품 관리
Hisrich & Peters(1984)	아이디어 단계 → 제품 개념 단계 → 제품 개발 → 시험 마케팅 → 상업화
Cooper(1986)	아이디어 창출 → 예비적 평가 → 개념 설계 → 제품 개발 → 시장 시험 → 예비적 출하 → 시장 도입
Souder(1987)	탐색 → 개념 개발 → 원형 제품 개발 → 원형 제품 시험 → 시장 개발 → 생산 개시 → 마케팅 개시 → 기술 서비스
Kotler(1988)	아이디어 창출 → 아이디어 선별 → 개념 개발 → 시장 전략 개발 → 사업성 분석 → 제품 개발 → 시장 시험 → 상업화
Crawford & Benedetto(2010)	기회 규명과 선택 → 제품 개념 개발 → 제품 개념 평가 → 제품 개발 → 시장 도입

연구자에 따라 단계의 숫자와 명칭은 다르다. 이는 어떤 활동을 중요시하는지, 세분된 활동을 선호하는지, 또는 유사 활동의 통합을 선호하는지 등에서 비롯된다.

한편 신제품 개발은 크게 기술적 모델(descriptive models)과 규범적 모델(normative models)로 나뉜다. 기술적 모델은 과거의 신제품 개발 과제들을 실증적으로 관찰하고 분석한 자료를 바탕으로 실제 모습을 정리한 것이다. 이에 비해 규범적 모델은 이론적 관점에서 신제품 개발 과정의 합리적 절차를 규정한 것이다. 그러나 시간이 흐르면서 이러한 구분은 큰 의미가 없어졌기에 굳이 구분하지 않아도 된다.

3.3 신제품 개발에 대한 몇 가지 견해

3.3.1 Cooper의 Stage & Gate 방식

Cooper(1988, 1994)는 단계별 점검(Stage & Gate) 방식을 제시하였다. 이는 신제품 개발 과정을 아이디어 발견부터 시작하는 몇 개의 활동 단계, 그리고 의사결정 관문으로 구성된 일련의 연속 과정으로 보는 것이다. 핵심은 신제품 개발 과정은 연속된 흐름이지만, 성격이 확연히 달라지는 다음 단계로 넘어갈 때는 반드시 어떤 관문(Gate)을 통과해야 한다는 점이다. 관문은 개발 과정의 효율성과 성공 가능성을 높이는 역할을 한다.

선별(screening) 및 평가를 의미하는 관문에서 주로 심사하는 잣대는 기술(기술적으로 제품을 개발하는 데 어려움은 없는지? Technical viability), 마케팅(고객이 원하는 제품인지? Market viability), 그리고 사업성(영업이익을 가져올 만한 제품인지? Business viability)이다. 연결 마디(한 과정이 끝나고 다른 과정이 시작되는 접합부)마다 다양한 방법과 절차를 사용하여 평가한 뒤 프로젝트의 중단 여부(Go/Stop/Hold)를 검토한다. 물론 개발 진행 단계별로 적용되는 관문마다 평가 기준의 내용과 심도는 다르다.

3.3.2 Cooper의 Third-Generation New Product Processes

Cooper(1994)는 미래의 바람직한 신제품 개발 과정의 속성을 예측하였다. 기존의 'stage-gate' systems(2세대 신제품 개발 과정)은 여러 문제(예 많은 시간의 소요와 낭비, 관료적 행태, 집중력 부족 등)가 있기에 이를 진화 발전시킬 여지가 있다. 미래의 3세대 신제품 개발 과정의 특성은 네 가지 F로 요약된다. 과거보다 좀 더 유동적이고(Fluid and adaptable), 모호함을 포용하고(incorporating Fuzzy gates), 집중적이고(Focus of resources and management), 신축성 있다(Flexible process).

3.3.3 신제품 개발 과정을 24개 활동으로 살펴본 Millson and Wilemon(2002)

이 관점은 신제품 개발을 일련의 활동(a set of activities)으로 살펴보는 데 의의가 있다(예 신제품 전략 구축, 아이디어 조기 선별, 예비적 기술 평가, 원형 제품 고객 테스트 등의 24개 활동). 사람의 일생을 예로 든다면, 학업, 취업, 승진, 결혼, 주택 마련, 자녀 교육, 건강 유지, 재무 활동, 노후 준비 등은 삶을 살아가면서 수행하는 주요 활동이다. 이러한 개별 활동을 어떻게 수행했는가는 개인 삶의 성과와 밀접하다. 신제품 개발도 이처럼 핵심 활동으로 나누어 살펴보는 것이다. 특정 활동을 중심으로 살펴보는 것은 단순하게 시간 단계별(예 S-C-D-L, 또는 사람으로 하면 유년기-청년기-중년기-노년기)로 뭉뚱그려서 그 기간을 개략적으로 파악하는 것보다 훨씬 구체적이며 세밀한 정보를 제공한다는 장점이 있다.

3.3.4 실무에서 신제품 개발

기업 현장에서는 제품 및 산업 여건을 고려한 각자의 신제품 개발 과정이 있다. 예를 들어, △△ F&B가 생각하는 지속 가능한 제품/서비스의 의미는 고객의 소중한 건강을 위해 매일매일 좋은 음식을 선사하는 것이다. 이러한 마음으로 신제품 개발 및 연구에 끊임없는 노력을 하고 있다. 개발 과정은 아이디어 창출부터 사후 관리까지 총 6단계로 운영되며, 과정의 단계별로 고객가치를 증대시키기 위해 CM(Category Manager)을 중심으로 영업, 제조, R&D, 홍보, 디자인, 광고 등 전 부분의 협업으로 운영되고 있다. 최종 소비자가 구매하기 전 제품의 안전성 검사 및 제조 품질 검증을 하는 등 안전한 식음료 제공을 위해 노력하고 있다.

그림 3.7 △△F&B의 신제품 개발 단계

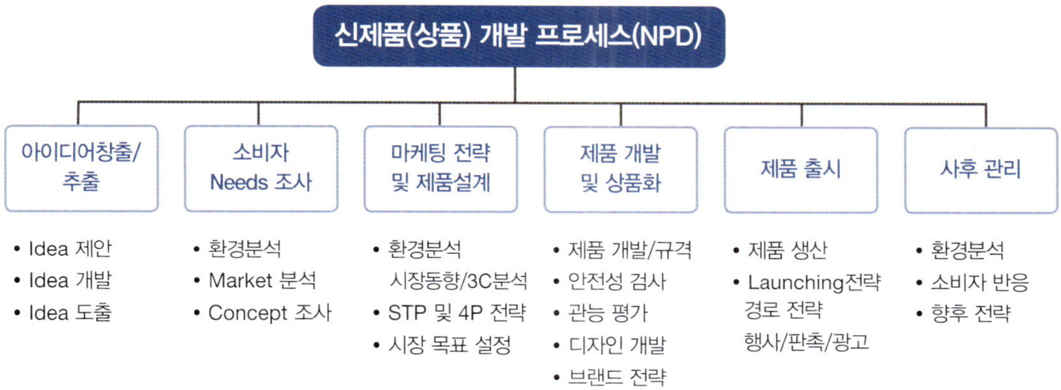

이상 여러 신제품 개발 과정을 살펴보았다. 한편 최신의 흐름을 살피는 것은 의미가 있다. 이는 최근의 개발 과정은 최근 이론과 기술을 포함하기에 좀 더 향상된 측면이 있기 때문이다. 물론 나중에 제시된 개발 단계가 과거보다 반드시 더 좋다는 보장은 없다. 독자들은 학계, 실무계에서 제시된 여러 단계를 살펴보고 그들 간 차이점과 장단점을 이해할 필요가 있다.

요약하면, (기존의 것에 얽매이지 말고~) 자신만의 신제품 개발 과정을 구축하는 것이 중요하다.

학자에 따라, 기업에 따라 신제품 개발 단계는 매우 다양하다. 어떤 한 가지가 최선이고 꼭 이것을 따라야 한다는 생각을 할 필요는 없다. 단계별 명칭은 다를지 모르지만 신제품 개발에 필요한 모든 내용은 결국 들어가 있다. 사실 어떤 구분 방식이든 신제품 개발 과정에서 일어나는 활동을 모두 포괄하기만 하면 된다.

기업은 기존의 여러 사례 및 연구자들이 제시하는 이론을 참고로 하되 이를 제품/조직/문화/재무 등 자사 여건에 적합한 것을 선택하여 이를 변형 적용시킬 필요가 있다. 또한 이렇게 자신에게 맞는 것으로 선택한(/또는 새롭게 만든) 신제품 개발 단계를 충실히 따르고 그에 따른 다양한 경험을 쌓아가면서 점진적으로 이를 개선하면 된다.

좋은 소설을 쓰기 위해서는 일단 다른 사람이 쓴 소설을 많이 읽어봐야 한다.

신제품 개발은 한두 번 활동으로만 그치는 활동이 아니다. 기업이 존재하는 한, 그리고 기업이 시장에서 존속하고 성장하기 위해서는 계속해야 하는 활동이다. 기업의 모든 신제품 개발 활동은 성공 또는 실패와 관계없이 소중한 지적 경험 자산이다. 역사가 깊고 이로부터 산출된 지적 자산을 잘 관리하는 기업은 그렇지 않은 기업에 비해 신제품 성과가 좋을 것이다.

이 책에서는 4단계 모델(SCDL)을 제시하고 이를 중심으로 설명하지만, 독자들은 여기에 너무 구애될 필요가 없다. 여러 모델 중에서 가장 합리적으로 판단되고 이해가 쉬운 모델을 임의로 선택해도 된다. 입문 과정에서는 그렇게 해도 된다. 다만 자신만의 모델 한가지는 가지고 있는 것이 바람직하다.

Section 03

신제품 개발 과정에서 고려할 이슈

여기서는 '신제품 개발의 전반에 걸치는 주요 이슈들'을 살펴보겠다. 특정 단계에 해당하는 이슈는 각 단계를 다루는 장에서 소개하면 되지만 이처럼 전반에 걸치는 이슈는 여기서 다루지 않으면 따로 소개하기 어렵다.

1 아이디어의 소멸 현상

많은 아이디어는 신제품 개발 과정을 거치면서 점차 소멸한다. 조사 결과, 11개의 유망한 제품개념 중 3개만이 실물 개발 단계로 진행하고, 이들 중 1.3개만 시장에 도입되고, 이 중 1개만 시장에서 살아남는다고 한다. 그렇다면 1년에 5개의 성공한 신제품을 가지기 위해서는 적어도 55개의 유망한 제품개념을 가져야 한다. 그리고 이를 위한 아이디어는 훨씬 더 많이 있어야 한다.

스타벅스, 네슬레 등은 매년 새로운 제품들을 선보인다. 이러한 제품은 짧은 기간 시장에서 고객 반응을 살펴보고, 성공한 것만 정규 제품으로 놔두고 그렇지 못하면 철수한다.

이러한 현상은 다음과 같은 시사점을 제시한다.

첫째, 다량의 그리고 양질의 아이디어 확보가 중요하다.

- [질문] 밴드를 시작하는 사람들에게 해주고 싶은 말이 있다면? [답변] 곡을 많이 써야 합니다. 나쁜 곡을 많이 써야 좋은 곡이 나옵니다. 작은 고기를 많이 잡다가 결국 고래를 잡게 되는 것이죠. – 영국의 브릿팝 밴드 '트래비스'(조선일보, 2008년 8월 8일).
- 에디슨은 "천재는 99%의 노력과 1%의 영감으로 만들어진다"라고 하였다. 그런데 이 말을 한 에디슨의 진의는 "1%의 천재적 영감이 없다면 99%에 달하는 노력도 쓸모가 없다"라는 것이다.

둘째, 필요 없는 아이디어를 신속히 걸러내는 것이 중요하다(참조: 8장).

셋째, 이러한 아이디어를 전담하여 기획하고 관리할 조직이 필요하다(참조: 7장).

7장과 8장에서 신제품 아이디어와 이의 선별에 대해 좀 더 살펴보겠다.

2 개발 기간의 가속화

'신제품 개발 기간의 가속화(Accelerated Product Development, APD)'는 신제품 성과에 영향을 미치는 중요 요인이다. 기업 간 신제품 개발 경쟁이 치열한 상황에서는 높은 품질, 낮은 원가, 차별화된 성능 등이 있더라도 속도(speed)와 신축성(flexibility)이 미흡하면 원하는 성과를 거두기 어렵다.

- 성공한 모든 사람들을 묶어주는 공통점은 결정과 실행 사이의 간격을 아주 좁게 유지하는 능력이다. 미룬 일은 포기해 버린 일이나 마찬가지다. – Peter Drucker
- 박빙(薄氷) 위에서 스케이트를 탈 때 우리의 안전은 속도에서 나온다. – Ralph Waldo Emerson

신제품 개발 기간을 지연시키는 요인들은 개발 단계 어디서나 발생할 수 있다. 이는 역으로 신제품 개발 기간의 단축은 개발 단계 모든 곳에서 가능하다는 얘기도 된다. 신제품 개발 기간의 가속화는 4장에서 좀 더 자세히 다루겠다.

3 불확실성(또는 위험 확률)의 변동

신제품 개발 관리는 결국 불확실성과 위험을 체계적으로 관리하는 것이다. 일반적으로 개발 단계가 진행될수록 신제품 개발 투자는 기하급수적으로 늘어난다. 반면에 시장과 소비자에 대한 정보는 누적됨에 따라 불확실성이 감소한다. 물론 신제품 과업의 성격에 따라 또는 기업의 능력 부족으로 인해 불확실성이 시장 도입 시점까지 여전히 높은 경우도 있다(그림 3.8의 Project1).

그림 3.8 **제품 개발 주기, 투자금액, 불확실성의 관계**

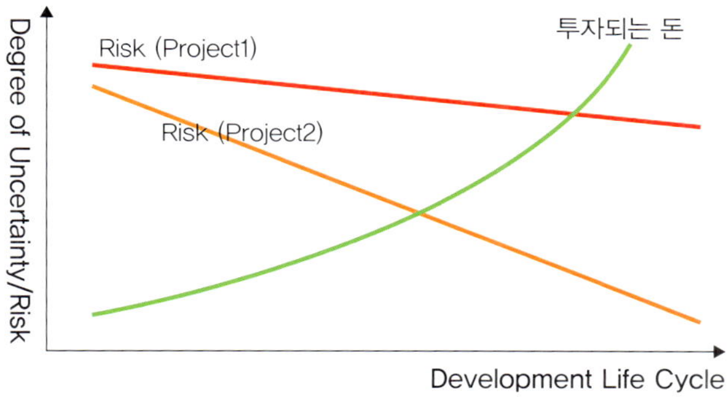

"어떻게 해야 신제품 개발 비용 또는 실패로 인한 피해를 최소화할 것인가?" 이에 대한 간단한 해법은 없다. 다만 몇 가지 지침을 제시하면 다음과 같다.

- 중간 과정에 '평가'를 적절한 시점에 적절한 방법으로 실시한다.
- 희망이 보이지 않는다면 과감하게 손을 털고 하던 과업을 포기한다.
- 막대한 투자는 최대한 마지막 순간까지 미룬다.
- 확실한 승산이 확인된 다음에 과감한 투자를 시작한다.

불확실성을 신속하게 많이 감소시킬 수 있는 기업은 그렇지 않은 기업보다 좀 더 성공 확률이 높은 대안을 선택한다. 불확실성을 감소시키는 대표적 방법은 시장 조사이다. 신제품과 연관된 시장 조사는 17장에서 설명하겠다.

4 신제품 개발 조직의 영향

뛰어난 제품 아이디어, 최첨단 기계 및 기술 자원, 풍족한 자금 등이 있더라도 이를 실천하는 사람과 조직이 받쳐주지 못하면 제대로 작동하지 못한다. 따라서 신제품 개발에 참여하는 사람과 조직에 대한 관리는 무엇보다도 중요하다. 특히 신제품 개발팀은 신제품 개발 단계의 전반에 걸쳐서 영향을 미친다.

여기에 해당하는 주제로는 개인적 자질, 조직 형태, 팀원의 역할과 구성, 리더십, 동기부여와 보상, 갈등 및 조정, 커뮤니케이션, 조직학습, 전략적 제휴 등이 있다. 신제품 개발팀의 조직과 운영은 14장과 15장에서 설명하겠다.

그 밖의 중요 이슈들은 다음과 같다.

- 새롭게 개발할 것인가 아니면 남의 것을 모방할 것인가? 만약 모방한다면 그 개발 과정은 어떻게 하는 것이 바람직한가?
- 신제품 개발에 필요한 예산과 인원은 어느 정도 투입할 것인가? 신제품 개발 과정별로 어떻게 배분하여 투입하는 것이 바람직한가?
- 신제품 개발팀의 스트레스는 어느 정도이고 이에 대한 관리 방안은?
- 최신의 신제품 개발 기법은? 그러한 기법이 잘 어울리는 분야는 어디인가?

이러한 이슈들은 신제품 개발 전반과 연관된다. 모두를 만족스럽게 다루기는 어렵지만, 독자들은 이러한 이슈들의 존재를 유념해주길 바란다. 아울러 신제품 개발 단계와 연관된 이슈들로 또 다른 무엇이 있는지를 생각해보는 것도 바람직하다. 새로운 문제와 이슈를 생각해내는 것도 훌륭한 능력이다.

CHAPTER

04 신제품 개발 과정의 가속화

'신제품 개발 과정의 가속화'는 신제품 개발에서 유념할 전반적 이슈 중 하나이다. 여기서는 개발 기간 단축의 중요성, 가속화 방법, 가속화에 따른 문제점 등에 대해 살펴보겠다.

Section 01

신제품 개발 기간 단축의 의미

성공적인 신제품 개발을 위해서는 개발 성과에 영향을 미치는 요인들에 대한 이해가 필요하다. 연구 결과 '신제품 개발의 가속화(Accelerated Product Development, APD)'는 성과의 주요 영향 요인으로 규명되었다.

신제품 경쟁이 치열한 상황에서는 높은 품질, 낮은 원가, 차별화 성능을 갖추는 것이 중요하다. 그러나 만약 그렇더라도 속도(speed)와 신축성(flexibility)이 미흡하면 원하는 성과를 거두기 어렵다. 속도는 때로 다른 경쟁 요소들의 부족함을 보완하기도 한다.

> 2019년 12월 중국 우한에서 나타난 코로나19는 순식간에 전 세계로 퍼졌다. 확진자는 급격히 늘어나고 중환자가 속출하였다. 그 결과 코로나19 '백신'에 대한 수요가 높아졌다. 제품이 완전하지 못하더라도(예 부작용, 예방 효과), 물류 및 보관이 까다롭거나 가격이 비싸더라도 세계 각국은 백신 구매를 원했다. 발 빠르게 백신을 세상에 내놓은 제약회사는 엄청난 이익을 거두었다. 당시 백신 개발은 결국 속도 전쟁이었다.

1 가속화(개발 기간 단축)의 중요성 및 장점

개인뿐 아니라 기업에서도 시간(時間)은 귀한 자산이다. 동일 과업을 경쟁사보다 신속히 완수한다면 그것 자체로 중요한 경쟁력이 된다. 여러 과업 중 특히 신제품 개발은 시간이 오래 걸린다. 따라서 소요 시간에 따라 시장 성과가 결정되는 경우가 많다.

- "시장개척자는 종종 영구적인 이익을 얻는다. 다른 조건이 일정하다면, 초기 제품은 새로운 시장에서 30%대 평균 점유율을 가진다." – M. Crawford
- 신제품 출시에 있어 스스로 설정한 시간 목표를 맞춘 회사와 그보다 6개월 뒤진 회사 사이는 실적에서 8배 차이가 났다. 일단 차이가 발생하면 이를 따라잡기 지극히 어렵다. 일단 뒤진 측에서 계획보다 자금을 50% 더 투자하면서 선발주자를 따라잡으려 해도 처음 발생한 차이가 다 없어지지는 않았다. – 맥킨지 보고서

경쟁사보다 더 나은 제품을 그것도 신속히 개발하는 기업은 적지 않은 장점을 누린다. 신제품 개발 가속화의 장점을 '시장 선점'을 기준으로 살펴보면 다음과 같다.

1.1 시장 선점

시장 개척자 또는 시장 선점자는 산업표준 설정, 지식재산권 확보, 가장 좋은 이미지/포지셔닝 선점, 상표 충성 고객 확보, 우수한 공급상 및 유통망의 손쉬운 구축, 좋은 인재 확보 등의 장점(First Mover Advantages)을 누린다(참조: Porter, 1985).

- 신기술에 대한 표준화의 영향력은 증가하고 있다. 한 번 어떤 기술에 길들어지면 그 기술을 그후에도 계속 채택해야 하는 잠금효과(lock-in effect)가 작용한다.
- 가장 좋은 이미지 선점: 빈 도화지에는 마음대로 원하는 이미지를 그릴 수 있다. 그러나 이미 어떤 이미지가 소비자들의 머릿속에 형성되었다면 후발 주자가 이를 뚫고 가장 좋은 위치를 차지하기는 어렵다.
- 국내 이동통신사는 2019년 4월 3일 오후 11시, 5G 단말기를 기습적으로 개통해 미국 통신사 버라이즌에 뺏길 뻔했던 세계 최초 타이틀을 따냈다. 4월 11일 5G 상용화를 계획했던 버라이즌이 4일로 5G 개통을 앞당긴다는 소식을 전해 들은 과학기술정보통신부와 통신 회사는 조기 개통을 결정하였다. 5G 상용화 요건인 단말기 · 요금제 등을 갖춘 상황이기에 더는 늦추지 않아도 된다는 판단이 작용한 것이다. 통신 인프라와 삼성전자 기술력의 발 빠른 대응으로 세계 최초 타이틀을 지켰다는 평가다. 이로써 버라이즌보다 2시간 빠르게 '5G 서비스'를 세계 최초로 개통했다는 기록을 남겼다. – 참조: 한국경제, 경향신문, 2019년 4월 4일.

1.2 시장 선점 여부와 관계없는 장점(개발 기간 단축에서 오는 장점)

시장 선점자(개척자)든 아니든 관계없이 개발 기간 단축은 다음의 장점이 있다.

① 변화하는 고객 욕구에 좀 더 부합하는 제품 개발을 할 수 있다. 고객 욕구의 변동성이 크고 시장 상황이 급변하는 시장이라면 개발 속도는 신제품 성패와 직결된다. 예를 들어, 신제품 개발에 보통 6개월이 필요하다면 기업은 6개월 후 고객 욕구 및 시장 수요를 예측하고 신제품을 개발한다. 이에 비해 신제품 개발에 1개월이 필요하다면 1개월 후 상황 예측만 하면 되기에 오차가 적은 제품 개발이 가능하다.

온라인 동영상 회사인 Netflix는 2006년 DVD 영화 추천 알고리즘을 개발하기 위해 3년간 소비자와 함께 완성하였으나 시장에 출시하지 못했다. 이는 Netflix와 소비자들이 신제품을 개발하는 동안 시장의 욕구(market needs)가 DVD에서 비디오 스트리밍(video streaming)으로 전환되었기 때문이다(Lakhani et al. 2014).

② 선도 기업의 경우, 유사 제품 개발로 추격해오는 후발 경쟁사와의 시간 격차를 더욱 벌릴 수 있다. 반면에 후발 경쟁사의 경우, 선도 기업과 벌어진 격차를 더욱 빠르게 좁힐 수 있다.

③ 시장 도입의 최적 시점을 선택할 수 있다. 시장 도입은 타이밍이 중요한데 완성된 제품을 미리 확보하고 있다면 좀 더 여유롭게 최적 시점을 선택할 수 있다.

이상의 장점들이 있기에 개발 기간 가속화는 의심할 여지 없이 중요한 역량이다.

신제품 개발 가속화는 기술이 급격히 변화하는 첨단산업뿐 아니라 제한된 시장을 대상으로 국경 없는 경쟁이 펼쳐지는 오늘날 대부분 제품에서도 그러하다. 최근 등장한 신제품 개발의 각종 기법은 속도 단축과 연관된 것이 많다.

시간 경쟁의 중요성은 더욱 높아질 것이다. 이는 전형적인 경쟁 대안이었던 낮은 원가는 차별화 확보의 어려움에서 비롯된다. 정보 확산과 기술 평준화 등으로 인해 낮은 원가와 품질 격차의 간격이 점차 줄어드는 추세이기 때문이다.

핵심역량에 근거한 경쟁(capabilities–based competition)에서는 핵심역량의 원천을 기술뿐만 아니라 사업 과정(여기서는 '신제품 개발 과정')에서도 찾는다. 경쟁사를 능가하는 효율적 과정의 구축과 운영에 대한 투자는 '시간에 근거한 지속적 경쟁우위'를 가져온다. 이를 위해 조직 내의 가장 중요한 과정을 파악하고, 성과 측정을 규정하고, 표적 성과 수준을 미리 정하여 고객가치와 경쟁우위를 연결해야 하고 교차기능팀을 구성해야 한다.

2 신제품 개발의 지연 요인

개발 초기의 유망했던 신제품 아이디어도 개발 과정의 비효율성으로 인해 개발이 지체되어 결국 시장 도입이 지연된다면, 경쟁사에 의한 시장 선점, 모방제품과의 시간 격차 감소, 당초 예상했던 고객 욕구의 변화, 신기술의 출현 등으로 인해 원래 의도하였던 성과를 거두지 못한다. 개발 속도의 중요성에도 불구하고 신제품 개발이 지연되는 이유(방해 요인)는 여러 가지가 있다.

2.1 협력의 어려움

다른 업무에 비해 신제품 개발은 기업의 여러 부서들(예 연구개발, 생산, 엔지니어링, 재무/회계 부서, 경영/기획 부서, 마케팅 부서 등)의 협조 속에서 이루어진다. 여기에 더해 외부 조직(예 공급상, 유통경로 구성원 등)과 협력도 필요하다. 그런데 이들 부서와 조직들은 각기 자신만의 목표와 문화가 있기에 조직 간의 의사소통이 쉽지 않고 갈등 또한 쉽게 발생한다. 이는 개발 기간의 지연으로 연결된다.

이질적 개체 간의 협력은 동질적 개체로 구성된 단독 팀의 작업 수행보다 더 지체될 소지가 크다.

2.2 의사결정의 부담감

신제품 개발에는 비용, 시간, 인력이 투자된다. 그렇기에 실패에는 막대한 책임이 따른다. 부담감, 두려움, 신중함은 의사결정의 머뭇거림을 초래한다. 책임 분산을 통해 이를 덜어주려 하지만 때로는 이러한 노력(예 승인 절차, 테스트) 역시도 시간 지체를 초래한다.

- S 기업은 신규 사업 준비를 2년 동안 추진했다. 사업이 실패하지 않도록 돌다리 두드리듯이 타당성 검토를 여러 차례 반복하면서 진행했다. 그러던 와중에 유망한 사업임을 뒤늦게 눈치챈 H 기업은 준비 기간을 과감히 생략하고 바로 착수했다. S 기업이 계속해서 머뭇거리는 사이에 H 기업이 과감히 시장에 먼저 진입한 것이다. 그 결과 H 기업은 시장 선점자가 되어 커다란 이익을 차지하였고 반면에 S 기업은 후발 주자가 되고 말았다.
- 말과 행동 사이에는 바다가 있다. - 이탈리아 격언
- 자기에게 꼭 맞는 기회를 기다리는 동안 좋은 기회가 그냥 지나갈 수도 있다. - 스테판 페이링

2.3 불확실성

개발 초기에 예상하지 못했던 문제(예 기술 및 생산 공정의 장애, 원자재 확보의 어려움 등)를 추후 발견하기도 하고, 또한 새로운 상황(예 고객, 유통망의 변화 등)이 새롭게 발생하기도 한다. 이러한 변동성은 개발 과정을 지연시킨다.

2.4 담당자의 교체

단기 개발 과업에서 발생하는 경우가 드물지만, 장기 프로젝트의 경우에는 신제품 개발팀 구성원이 바뀌는 일이 발생한다. 이 경우 업무 인수인계, 조직문화 적응 등으로 지연이 발생한다. 특히 신제품 개발팀 리더의 교체는 중대한 영향을 미친다.

2.5 그 밖의 요인

- 초기의 모호한 제품 개념 정의는 제품의 실물화 단계에서 많은 혼선과 갈등을 초래한다.
- 필요한 개발 자원의 부족, 즉 자금, 시설, 인력 등의 부족은 개발 과정을 더디게 한다.
- 최고경영자의 추진력과 결단력 부족이다.
- 공급업체 또는 유통업체와의 유기적 협력 관계 미흡이다.

물론 신제품 개발의 지연 요소는 이상 언급한 항목들 이외에도 무수히 많다.

이러한 지체 요소들에 대한 이해는 개발 과정의 가속화에 도움이 된다. 즉 규명된 요소들을 제거하고 관리할 수 있다. 그러나 지체 요소들의 제거가 가속화 달성의 충분조건은 아니란 점을 유념해야 한다. 지체 요소의 제거는 의미 있지만, 이들의 제거만으로는 부족하다. 지연 요소가 아닌 가속화 촉진 요소 및 방법을 추가로 발굴해서 적용해야 한다.

"(기존에 알려진) 실패 유발 요소들만 피해 가면 성공할 것인가?"란 명제를 생각해보자(참고: "Causes of success may not be mirror image of causes of failure." – Bitner et al. 1990). 실패 요인의 반대가 성공 요인이라는 보장은 없다. 예를 들어, 결석이 잦으면 A 학점을 받기 어렵다. 그렇다고 해서 결석이 전혀 없다고 해서 A 학점 받는 것이 보장되는 것은 아니다.

다음에 제시하는 신제품 개발 과정의 가속화 방법들은 전술한 지연 요소에 대한 대응 방법도 있지만, 그렇지 않은 것도 있다(마이너스 요소의 제거와 관련된 것도 있지만 플러스 요소에 해당하는 기법도 있다).

Section 02

신제품 개발 과정의 가속화 방법

실무자와 학자들은 신제품 개발 기간 단축의 중요성을 인식하고 이의 방법에 관심을 가지게 되었다. 그 결과 개발 기간에 영향을 미치는 변수들의 규명, 가속화 기법 등에 관한 여러 연구가 있었다. 이러한 노력의 결과로 다음 방법들이 제시되었다.

1 기존 업무의 효율화

우선 생각할 수 있는 방법은 기존에 하던 활동의 시간 단축이다. 사실 신제품 개발의 모든 활동은 시간을 줄일 수 있는 대상이 된다. 아래에 몇 가지 방법을 제시한다.

- 불필요한 시간 및 활동의 제거
- 효율적 정보체계의 구축(예 부서 간 원활한 의사소통, 가상회의 시스템의 구축)
- 엄격한 일정 관리
- 의사결정 모형 및 시뮬레이션(예 컴퓨터를 활용한 자동차/구조물의 충격 실험 등)
- 효율적인 제품 및 시장테스트 기법
- 매뉴얼 설정(예 수학 공식은 문제의 빠른 풀이에 도움이 된다. 동일 또는 유사 문제의 누적 경험을 통해 수학 공식과 같은 해법, 또는 매뉴얼을 구축)

Routine이 있다면 매일 아침 어떤 것을 할지에 대한 고민이 필요 없다. 늘 하던 방식 그대로 하면 되기에 시간 낭비가 없다.

여기에 더해 최신 기술은 개발 기간 단축에 도움이 된다(예 CAD, CAM, CAE, 3D 프린터 등).

2차 세계대전 당시 튜링(Alan M. Turing)은 암호해독기 발명을 통해 일주일 걸리던 독일의 암호 체계 '에니그마'에 의한 암호를 한 시간 만에 해결하였다.

스마트폰, 빅데이터, AI 등과 같은 첨단 기술을 활용해 소비자 욕구에 따라 정확하고 거의 무한대로 맞춤형 서비스를 신속하게 제공하는 제품과 서비스가 만들어지고 있다.

프랑스의 화장품 기업 로레알은 미국 라스베이거스에서 열리고 있는 'CES 2020'에서 즉석 화장품 제조기 '페르소'(개인이 직접 피부에 맞는 화장품을 제조할 수 있는 기기란 의미를 담고 있다)를 선보였다. 스마트폰 앱을 열어 얼굴을 스캔하면 인공지능(AI)이 그날의 피부 상태와 날씨, 대기질, 공해, 트렌드 등을 분석해 최적화된 스킨로션을 즉석에서 제조해준다. 하루치 분량을 캡슐 형태로 포장까지 해준다. 같은 방식으로 파운데이션, 립스틱 등도 제조할 수 있다. – 참조: 한국경제, 2020년 1월 9일

그러나 한편 새로운 기법이나 도구(예 기계, 소프트웨어)에 너무 현혹되지 말아야 한다. 밥솥이 최신형 또는 최첨단으로 바뀌었다고 해서 거기서 만들어지는 요리도 최고로 좋아지는 것은 아니다. 신제품 개발에서 변함없이 중요한 것은 여전히 사람과 아이디어이다.

2 개발 과정의 병렬화

각 단계의 활동 내용은 그대로이더라도 여러 단계를 병렬화(竝列化, parallel processing)한다면 결과적으로 전체 시간은 줄어든다.

병렬 진행은 신제품 개발 단계를 동시에 진행하는 방식, 즉 병렬식(운동의 '럭비'와 유사)으로 운영하는 것이다. 이는 전통적인 직렬식 순차적 방식(운동의 '릴레이', serial processing)과 대비된다.

종래의 순차적 개발은 릴레이 경기처럼 어떤 기능 집단(A)의 과업이 끝나야 다른 집단(B)이 바통(baton)을 이어받고 작업을 하는 방식이다. 이 경우 기능적 집단은 전문화되고 분리된 상태이다. 이에 비해 병렬적 '럭비식' 개발은 서로 다른 전문 분야의 구성원들이 한 팀으로 시종일관 함께 움직이고 상호 작용하는 특성이 있다.

병렬 진행 방식은 일본 기업이 앞선 편이다. 일본 기업의 제품개발팀에는 각종 기능직을 망라한 구성원들이 존재하고 이들은 공장의 한 사무실을 같이 사용하였다. 이에 비해 전통적으로 순차적 진행을 하던 대다수 서구 기업들의 신제품 개발 작업은 기능 부문별로 다른 장소에서 각기 따로 이루어졌다.

병렬 진행에서는 모든 기능 부서가 자신의 업무를 하면서도 동시에 다른 부서의 진행 상황을 파악하기에 일을 좀 더 신속히 진척시킬 수 있다. 자동차의 예를 들면, R&D팀에서 새로운 엔진 기술을 개발할 때, 생산팀은 이미 결정된 자동차의 기본 틀(외관)을 만들어 놓는다. 또한 마케팅팀에선 미리 정해진 제품개념에 따라 유통망, 광고 및 프로모션을 고안하기 시작한다. 또한 영업팀은 신제품이 곧 나온다는 것을 유통업계에 알려 이들과의 관계를 미리 공고히 한다.

3 외부와의 유기적 관계의 구축

기업 단독으로 모든 개발 업무를 하는 경우도 있지만, 대다수 경우에는 외부 조직(예 소비자, 공급상, 유통업자 등)과의 협력을 통해 제품 개발을 한다. 그렇기에 외부 조직의 속도 역시 전체 개발 기간에 영향을 미친다. 예를 들어 공급상(suppliers)과 신제품 개발에 필요한 부품과 소재에 대한 사전 협력은 상호 간의 활동 속도를 가속화한다. 또한 고객을 신제품 개발 초기 단계부터 개입하는 것 역시 개발 속도 및 신제품 수용 속도를 단축시킨다.

다른 사람이 당신을 위해 해줄 수 있는 일을 결코 자신이 하지 말라. 다른 사람이 당신을 위해 해줄 수 있는 일이 늘어날수록, '당신 외에는 그 누구도 할 수 없는 일'에 당신이 쏟아부을 수 있는 시간과 에너지도 늘어난다. – E. W. Scripps (미국의 미디어 사업가)

4 속도를 중시하는 조직 운영 및 기업문화의 조성

기업문화는 신제품 개발 과정의 속도에 영향을 미친다. 기업문화(또는 조직문화)란 기업의 모든 구성원이 공유하는 가치관 및 목표체계이다. 만약 기업이 추구하는 가치와 목표 또는 전략적 우선순위 같은 근본적 문제에 대해 구성원 간 웬만큼 합의가 이루어졌다면 행동과 실천은 재빨리 취해질 수 있다.

> 근본 문제에 대한 합의를 끌어내는데 적지 않은 시간이 걸린다. 그러나 공유된 기업문화의 창출에 들이는 시간은 투자가치가 높다. 그 이유는 일단 합의가 이루어지면 기업은 세부적이고 부차적 일들에 대해 신경 쓰는 시간을 크게 줄일 수 있기 때문이다.

기업문화 이외에도 기업의 조직구조, 의사결정 방법, 프로젝트 리더의 스타일 등도 개발 시간에 영향을 미친다.

한두 가지만 부연해 설명하면 다음과 같다.

첫째, 실천을 강조하는 리더십이 중요하다. 실제 실행에 옮기기까지 많은 시간이 소요된다. 기업에 따라 다르지만 이러한 현상은 자주 발생한다. 예를 들어 무슨 일이든 어떤 생각이 머릿속에 떠오른 시점부터 그 생각을 행동으로 옮기기까지 시간이 오래 걸리는 사람들이 있다. 기업도 마찬가지이다. 특히 기업의 여러 과업 중 신제품 개발에서는 이러한 현상이 많이 발생한다. 이는 위험도 크고, 착수에 필요한 자원들이 결핍되기에 그렇다. 대부분 기업이 이렇게 늦장을 부리는 성향이 있기 때문에 행동으로 옮기는 것이 빠른 기업은 상대적으로 경쟁력을 가지게 된다.

> 모든 여건이 마련되었더라도 즉 시간과 자원이 풍부하고 환경이 좋다고 해서 개발 과정이 속도감 있게 진행되는 것은 아니다. 시간이 많아도 실제 공부하는 시간이 많지 않았던 중고등학교 시절을 생각해보면 쉽게 이해될 것이다.

둘째, '개발 속도에 지장을 주는 방해 요소'를 가능한 초기에 제거하는 것이 중요하다. 이를 위해 최고경영자와 신제품 개발팀장은 구성원들이 현재의 프로젝트에 전념할 수 있도록 환경조성에 힘을 써야 한다. 개발팀원 간의 협력 분위기 조성, 기존 일상 업무의 경감뿐 아니라 구성원의 사적 문제(예 스트레스, 건강 등)에도 신경을 쓴다. 사소한 문제가 전체 개발 과정을 멈추게 하는 일이 적지 않음을 명심해야 한다.

셋째, 최고경영층은 단순히 말로만 신제품 개발에 속도를 내라고 독려하기보다는 이를 위해 필요한 실질적 지원과 격려를 해야 한다. 그렇지 않으면 눈에 보이는 부분은 빠르게 진행되지만, 그 아래의 하부구조에는 여전히 문제가 상존한다.

5 그 밖의 방법

마감 시간을 정해 놓음, 신속한 성과에 대한 보상안 마련, 최고경영자의 신속한 개발 강조 등은 개발 기간의 단축에 도움이 된다. 또한 글로벌 협력 체계, 개방형 혁신도 개발 기간의 단축과 연관된다.

신제품 개발의 가속화를 위한 여러 방안이 제시되고 있다. 이들은 크게 기존에 하던 방식의 효율화 또는 불필요한 것 제거, 새로운 방법 도입, 사람들의 마인드 변화 등으로 구분해 볼 수 있다.

한편 가속화 노력은 자칫 잘못 이해하거나 관리하면 오히려 기업에 중장기적으로 좋지 않은 영향을 미칠 수 있다.

Section 03

가속화에 수반되는 그림자

시간 단축의 필요성과 정당성에 대해서는 이론(異論)의 여지가 없다. 그렇지만 모든 것에는 빛과 그림자가 있듯이 이를 위한 과정에 여러 부작용과 폐해가 따르기도 한다. 여기서는 이러한 문제점(비용, 위험)을 살펴보겠다.

속도만 빠르면 모든 것이 해결되는가? 야구에서 투수의 볼이 아무리 빠르더라도 밋밋하거나 단순하면 오히려 홈런을 맞는다. 또한 빠른 속도를 뒷받침하는 안전장치(예 브레이크, 에어백 등)가 없는 자동차라면 소비자들은 외면할 것이다.

1 과도한 비용의 발생

빠르게 가려면 저렴한 대중교통이 아닌 비싼 택시를 타야 하는 것과 마찬가지이다. 신제품 개발 과정의 가속화에는 여러 비용이 수반된다.

① 인적 자원: 더 많은 인원을 투입하고 더 오랜 시간을 일하게 한다.

② 개발 도구: 더 좋은 도구를 사용하고 필요하다면 일정 부분은 돈을 주고 외부 조직에 맡겨야 한다.

③ 개발 방식: 여러 대안을 동시에 시행하면 시간은 단축되지만, 비용도 가중된다.

삼성전자의 반도체 개발 사례

두 가지 시안을 동시에 개발했다. 만약 당시 어떤 한 가지 시안만 개발하고 그것이 실패했을 때 다른 시안을 개발했다면 그만큼 시간이 지체되었을 것이다. 삼성전자의 경우에는 다행스럽게도 수익이 비용을 초과하였기에 이는 현명한 선택이었다.

가속화에 따른 추가 비용과 이로 인한 추가 수익의 크기를 비교하고 적정 수준의 비용을 투자해야 한다. 그런데 이러한 비용과 수익의 크기는 시장, 고객, 제품별로 다르다.

- 제품 특성: 비행기, 의료기기, 약품, 자동차 등은 개발 속도보다 품질 안전이 더 중요하다. 반면에 계절 식품은 품질보다는 속도가 더 중요하다.
- 시장 특성: 신제품의 표적 시장 상황을 파악해야 한다. 어떤 시장은 선점이 중요하지만, 어떤 시장은 조금 늦더라도 완전한 신제품을 선호한다.

2 제품 완성도의 희생(품질 문제의 위험성)

시간 절약을 위해 제품 검증의 일부를 생략하거나 고객의 욕구 반영을 생략한다. 그러나 만약 이로 인해 완성도가 떨어지는 제품 또는 결함 있는 제품을 시장에 출시하면 신뢰를 잃고 명성에 손상을 입는다(예 삼성 갤럭시 노트-7, 미국 보잉사(2019년)의 문제 등).

- 미숙한 준비 상태로 시장에 최초 진입(first-to-market)하는 기업은 오히려 바로 이어 등장하는 강력한 경쟁 기업에 의해 타격을 받을 수 있다. 속도는 모든 것을 해결하지 못한다. 물론 역으로 다른 모든 것이 있어도 속도가 부족하면 그 위력은 미미하다.
- '성공 못 할 일은 하지를 말고, 얻지 못할 물건은 바라지 말며, 오래 있지 못할 곳에는 머물지 말고, 다시 못 할 일은 행하지 말라'(不爲不可成, 不求不可得, 不處不可久, 不行不可復) – 管子.

이를 방지하려면 실수와 잘못에 대한 솔직하고 과감한 인정이 필요하다. 특히 제품 자체의 결함이 발견되거나 개선할 여지가 크다면, 출시를 포기하거나 연기해야 한다. 그러나 때로 감정이 이성적 판단을 마비시키기도 한다(예 escalation of commitment). 따라서 이를 강제적으로 막을 수 있는 제도적 장치가 필요하다.

'갤럭시노트7'의 배터리 폭발은 제품 크기(폭)는 줄이면서 배터리 용량은 늘리는 과정에서 발생한 기술적 오류와 촉박한 개발 · 납품 일정으로 인한 검증 부족이 종합적으로 작용한 결과로 확인됐다. 삼성 관계자는 "배터리 크기는 유지하면서 에너지 용량을 높이려다 보니 양극과 음극을 분리하는 막을 더욱 얇게 만들었고 이 과정에서 불량이 발생했다"라고 말했다. 갤럭시노트7의 공개 행사는 2015년보다 11일 앞당겨진 지난 8월 2일이었다.

통상 9월 초에 아이폰 신제품을 공개하는 애플보다 먼저 제품을 내놔 시장을 선점(先占)하기 위해서였다. 실제로 삼성은 상반기에도 갤럭시S7을 작년보다 한 달 앞당겨 출시하며 효과를 톡톡히 봤다. 갤럭시노트7 역시 조기(早期) 출시에 성공하는 듯했지만 출시 5일 만에 배터리 폭발 문제가 발생했다. 전자업계 관계자는 "일정을 열흘가량 앞당기는 것은 개발 착수와 동시에 거의 밤을 새우다시피 하는 개발진에게는 엄청난 부담"이라고 말했다. 촉박한 일정 탓에 배터리 품질 테스트가 충분하지 못했다는 지적도 있다. 삼성 관계자는 "배터리로 충전 · 방전 테스트를 몇 번이나 할 것인지, 몇 개의 샘플을 가지고 할 것인지에 대해서는 내부 기준이 있다"라면서도 "그러나 좀 더 여유를 갖고 다양한 상황에서 충분히 테스트했더라면 문제를 잡을 수 있었다는 점에서는 할 말이 없다"라고 말했다. – 참조: 조선일보, 2016년 9월 6일

3 지적 경험자산의 손실

외부 조직에 개발 과업의 일부를 외주로 주거나 외부 기술을 그대로 도입하면 시간은 절약되지만, 이를 직접 개발함으로써 얻는 경험 자산을 놓칠 수 있다. 또한 외부 조직의 기술에 종속된다는 문제점도 있다.

- 밥을 빠르게 먹기 위해서는 아마도 밥, 반찬, 국 등을 믹서에 갈아서 마시면 될 것이다. 그렇지만 이렇게 하면 밥을 먹는 즐거움을 놓친다. 여행을 빠르게 하려면 비행기를 타면 된다. 그렇지만 기차를 타면서 그리고 발로 걸으면서 느끼는 경험과 감흥을 놓치게 된다.
- 외부로부터의 기술이전은 쉽지 않다. 이에 대한 현장 관리자의 언급을 예로 들면 다음과 같다. ㅇㅇ기술을 가지고 있는 해외기업으로는 A(독일), B(미국), C(미국) 등이 대표적이다. 이들은 ㅇㅇ기술을 패키지화해서 판매한다. 즉 고객의 요구 조건을 바탕으로 자체설계 후 ㅇㅇ기술기반의 설비를 turnkey 방식으로 패키지화한다. 이제까지 국내기업은 이러한 방식으로 해당 설비 도입을 반복함으로써 하나의 운전조건도 바꾸기 쉽지 않았다. 또한 이를 응용한 자체 개발도 불가능했다. 이처럼 외부 기술을 도입하면 내재화된 엔지니어링 보유 기술이 없기에 계속해서 외부 기술에 의존하게 된다.

4 제품 개발 조직과 구성원에게 부정적 영향

신제품 개발에 참여한 조직과 구성원에게 부정적인 영향을 미친다. 예를 들어, 하루 5시간씩 일하면 무리가 없는데 단축을 위해 하루 10시간씩 일한다면 해당 과업은 조속히 끝나겠지만 후속 과업에 무언가 좋지 않은 영향을 미친다(예 갈등, 스트레스, 피로 축적 등). 단기간에 이러한 악영향이

나타나지 않겠지만, 이러한 것이 누적되면 기업에 적지 않은 중장기적인 영향을 미친다. 또한 무리한 시간 단축은 외부 조직과의 협력 관계에도 좋지 않은 영향을 끼친다.

- 자신이 직접 일을 해보지 않았기 때문에, 시간 재촉에 따른 부담이 얼마나 큰지 잘 모르는 최고경영자(특히 2, 3세 최고경영자)가 많다. 현장을 알고 실무자를 이해해야 한다. 그렇지 않으면 자신이 내린 명령에 따른 희생과 비용이 얼마나 큰지 모른다.
- 기업의 신제품 개발은 단기전이 아니라 지속해야 하는 장기적인 게임이다. 마라톤 선수처럼 페이스 조절이 필요하다.

5 단기 성과 중심의 고만고만한 신제품 양산

빅 히트(Big hit) 신제품이 나오기 어렵다. 목표의 우선순위가 시간 단축으로 기울게 되면, 기존 제품에서 크게 벗어나는 시간이 오래 걸리는 혁신 제품의 개발을 꺼리게 되고 개발 기간의 통제와 단축이 용이한 제품 개발을 선호하게 된다. 그런데 이러한 제품은 익숙한 제품이거나 위험성이 낮은 제품이기에 시장을 변혁시키는 제품과는 거리가 멀다.

대학 교수로 임용되면 학교에 따라 다르지만, 4년 후 부교수, 5년 후 정교수 승진 심사를 받는다. 또한 승진 심사와 비슷한 재임용 심사도 중간에 있다. 이러한 심사를 통과하려면 정해진 기간에 논문의 양적 점수를 채워야 한다. 즉 제한된 시간에 논문이 나와야 한다. 이는 시간에 쫓긴다는 의미가 된다. 따라서 정작 자신이 쓰고 싶은 논문은 정교수가 된 다음에 하는 경우가 많다.

혁신적 신제품이 나오려면 장기적 발상의 자유가 허용되어야 한다. 또한 시행착오, 도전적 모험도 독려해야 한다. 그런데 이런 불필요한 것(?)에는 시간적 여유가 주어져야 한다. 시간 단축과 단기 성과를 강조하는 기업에서는 시장을 뒤흔들만한 혁신 제품이 나오는 것을 기대하기 어렵다.

- 직원들이 빈둥거리지 않고 근면하게 일하는 모습을 관리자는 좋아한다. 그렇지만 기발한 생각은 여유 있을 때 나오는 경우가 많다. 농업적 근면성을 강조하는 조직에서는 벼 이삭밖에 나오지 않는다.
- 성공에 이르지 못하는 데는 여러 이유가 있지만, 위험과 모험을 피하고 부딪치지 않는 태도가 첫 번째 이유에 해당한다. - Benjamin Franklin (1706~1790)

이상의 모든 것이 가속화에 수반되는 문제이지만 특히 마지막 항목이 가장 치명적일 수 있다.

대부분 기업은 이러한 가속화의 문제점을 알게 모르게 인식하고 있다. 그러나 이것만으로는 부족하다. 문제점을 명백히 인식하고 (특히 최고경영자의 수준에서~) 이를 신제품 개발 관리의 전반에 반영해야 한다. 시간 단축이 능사는 아니다. 그 모든 것을 문제없이 수행하고 여기에 더해 가속화를 추구해서 얻은 절약된 시간이 의미가 있다.

물론 때로는 이러한 문제점을 알면서도 무리하게 신제품 개발을 가속화하는 상황이 존재한다. 예를 들어 시간을 맞추지 못하면 그동안 기울인 모든 신제품 개발이 무의미해지는 경우가 그렇다.

- "무리하게 실행되는 좋은 계획이 다음 주에 실행되는 완벽한 계획보다 나은 경우가 많다." – George S. Patton 장군
- "첫 번째 사람은 굴을 갖고 두 번째 사람은 조가비를 갖는다." – Andrew Carnegie

Section 04

신제품 개발 과정의 가속화에 대한 제언

신제품 개발의 가속화를 통한 시간 단축 노력은 분명 중요하다. 앞으로도 이에 대한 많은 노력을 기울여야 한다. 그렇지만 이러한 시간 단축을 "왜 해야 하는지, 무엇을 해야 하는지, 누가 해야 하는지, 언제 해야 하는지, 어떠한 방법으로 해야 하는지 등"에 대한 분명한 인식이 선행되어야 한다. 이러한 인식에 대한 올바른 확립이 있은 다음에 시간 단축을 실천한다면 보다 바람직한 성과를 거둘 것이다.

다음은 신제품 개발의 가속화에 대한 몇 가지 제언이다.

1.1 좋은 가속화도 있지만 나쁜 가속화도 있다. 이러한 것을 구분하는 것이 중요하다.

좋은 가속화 또는 나쁜 가속화의 정의는 기업마다 다르겠지만, 일반적으로 좋은 가속화란 속도를 빠르게 하면서도 품질도 좋게 하고 더구나 조직을 긍정적으로 만드는 것이다.

> "기업의 최고 목표인 이익은 나쁜 이익과 좋은 이익으로 구분된다. 고객과의 관계를 희생해가며 얻은 이익은 나쁜 이익이다. 성장에 어려움을 겪는 기업 대부분은 좋은 이익과 나쁜 이익의 차이를 구분하지 못한다. 좋은 이익을 내는 기업의 고객은 친구나 동료들에게 매우 적극적으로 회사의 제품과 서비스를 추천한다." – Frederick F. Reichheld (Bain & Company, 로열티 경영의 전문가)

1.2 신제품 개발을 위한 시간의 배분이 중요하다.

신제품 개발 활동 중에서 어디를 줄이고 어디는 그냥 놔둘 것인지에 대한 판단이 필요하다. 중요하고 필수적인 활동에는 시간을 많이 할애하고 불필요한 부분은 시간을 감량한다.

> 논문 주제를 선정할 때는 가능한 많은 시간을 가져야 한다. 그러나 기계적으로 하는 부분(예 자료수집, 통계분석과 해석)에서는 가능한 빠르게 진행한다.

1.3 발상의 전환도 때로는 필요하다.

신제품 개발 활동의 단축 노력을 힘들게 하지 않더라도 시장 선점은 가능하다. 예를 들어, 경쟁기업은 제품 개념의 실현에 보통 2년 걸리고, 자사는 3년 걸린다고 하자. 이런 불리한 여건에서도 경쟁사보다 1년 빠르게 시장 선점이 가능하다. 어떻게 하면 될 것인가?

위에서 언급한 제반 방법들은 일단 어떤 신제품 아이디어를 가진 다음에 개발을 신속하게 추진하는 방법들이다. 그런데 만약 신제품 아이디어 자체를 경쟁사보다 더 빠르게 창출하였다면, 개발 활동이 조금 느리더라도 전체적으로 시장에 빠른 도입이 가능하다.

> 경쟁사 차보다 내 차의 성능이 떨어진다면, 부산을 가기 위해 서울에서 동시에 출발하면 당연히 내가 늦게 도착할 것이다. 그러나 하루 먼저 부산으로 출발한다면 누구보다 빨리 부산에 도착할 것이다.

경쟁사보다 먼저 시작하기 위해서는 아이디어 발상의 역량, 결정 및 결단에 대한 역량, 그리고 과감한 실천력이 있어야 한다.

치열한 경쟁 사회에서 기업경영 속도의 중요성이 점차 강조되고 있다. 그래도 중요한 것은 그저 '빨리하는 것'보다 '올바른 방향으로 나아가는 것'이다. 올바른 원칙과 가치를 가지고 올바른 방향으로 나아갈 때만이 빠른 것의 진정한 의미가 살아난다.

신제품 개발 과정(2)

SC: 신제품 개발의 초기 국면 = 신제품 전략 성명서 + 제품 개념(+제품 프로토콜)

PART 03

PART

03

신제품 개발 과정(2)

PART 03~05까지는 '신제품 개발 과정'을 본격적으로 다룬다. 우선 PART 03(5~9장)에서 신제품 개발의 초반 국면에 해당하는 1단계(S), 2단계(C)를 소개한다. 5장은 신제품 개발의 1단계(S)에 해당한다. 여기서는 신제품의 전반적 방향과 행동 지침, 즉 전략을 설정한다. 1단계의 주요 산출물은 '신제품 전략 성명서(Product Strategy Statement, PSS)'이다. 후속 단계의 활동은 이러한 커다란 전략적 틀 아래에서 추진된다.

6~9장은 신제품 아이디어를 창출하고 이 중 유망한 것을 선택해서 제품 개념(+제품 프로토콜)으로 구체화하는 2단계(C)에 해당한다. 2단계부터 특정 개별 제품의 개발로 집중된다. 우선 제품 개념이란 무엇인지를 설명하고(6장), 신제품 아이디어를 어디서 탐색할지를 살펴본다(7장). 한편 초기 단계의 아이디어(또는 제품 개념) 모두가 제품으로 개발되는 것은 아니다. 기술 실현성, 소비자 수용성, 영업성 등을 기준으로 평가해서 계속 진행할지가 판단된다. 이러한 내용, 즉 유망한 아이디어의 선별과 판단은 8장에서 소개한다. 한편 평가를 통과한 제품 개념은 이제 실물 개발(3단계: D)로 들어가기에 앞서 '제품 프로토콜'로 한 단계 더 구체화한다. 제품 개념에서 언급된 내용은 제품 프로토콜에서 기술적으로 재해석되고 명확해진다(9장).

PART 04(10~11장)는 신제품 개발의 3단계(D)를 소개한다. 여기서는 2단계(C)에서 결정된 제품 개념을 실물로 구현하는 것이다(원형 제품의 개발). 그리고 개발된 제품에 문제가 없는지를 테스트해서 최종 완성품을 완성한다. 마지막으로 PART 05(12~13장)는 4단계(L)에 해당한다. 개발이 완료된 신제품의 시장 도입을 다룬다.

개발 단계별로 도출되는 주요 결과물은 다음과 같다.

1단계(S): 신제품 전략 성명서(Product Strategy Statement, PSS)

2단계(C): 제품 개념(Product Concept), 제품 프로토콜(Product Protocol)

3단계(D): 원형 제품(Prototype), 최종 제품(final Product, 테스트 통과 제품)

4단계(L): 상업화 제품(commercialized Product), 시장 성과(Product/Market Performance)

그림 개발 단계별 주요 산출물

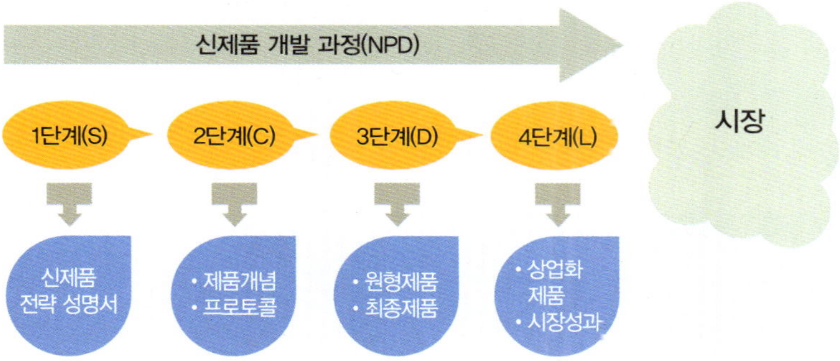

CHAPTER

05 1단계(S) 신제품 개발 전략의 설정

앞선 3, 4장에서 신제품 개발의 전반적 과정을 살펴보았다. 이제 5장에서는 신제품 개발 과정의 1단계(S: '신제품 개발 전략의 설정')를 소개하겠다. 신제품 개발 전략은 왜 중요한지, 개발 활동의 전반에 걸쳐 영향을 미치는 '신제품 전략 성명서'에는 어떠한 내용이 들어가고 이들은 무엇을 기반으로 만드는지 등에 대해 다루겠다.

Section 01

신제품 개발 전략에 대한 개관

신제품 개발의 첫 단계(S)는 '신제품 개발 전략의 설정(S: Strategy Setting)'이다. 이 단계의 활동을 통해 '신제품 전략 성명서(Product Strategy Statement, PSS)'가 마련된다. PSS는 신제품 개발 전략을 문서로 명확히 표현한 것이다. 즉 전략을 구체적으로 기록해 놓은 것이다

신제품 개발 전략의 내용을 구체화하고 성문화한 것을 이 책에서는 '신제품 전략 성명서(Product Strategy Statement, PSS)'로 이름 붙인다. PSS는 다음 용어들로 바꿔 불러도 된다. 신제품 전략 선언문, 신제품 전략안, 제품혁신헌장(Product Innovation Charter(헌장, 관인(官認)), PIC – 참조: M. Crawford) 등 명칭이야 어떻든 간에 그 안에 들어가는 내용과 이를 만들어가는 과정은 유사하다.

1 전략의 의미

전략(戰略, strategy)이란 기업의 기본 목적 및 목표를 결정하고 이의 달성을 위한 활동을 규정하고 이에 대한 자원을 배분하는 것이다. 전략은 계획(plan)의 일종으로, 특히 '문제를 해결하거나 어떤 목적을 달성하려는 (큰 범주의) 계획'의 성격을 가진다.

외부환경 및 내부여건에 대한 일반 통찰(big picture)을 바탕으로 결정한 기본 목표, 그리고 목표를 향해 가는데 필요한 모든 행동에 대한 지침이 바로 전략이다. 다시 말해 기업 내외부 제반 사항을 고려하여 설정한 기업 목표(what is to be achieved: objectives)와 그것의 성취 방안(how this is to be achieved: a course of action)에 대한 전반적 계획이다. 또한 변화하는 환경에 조직이 성공적으로 적응하고 대응하기 위한 장기적 기본 구상이다.

전략의 뜻을 이해하기는 그리 어렵지 않다. 그렇지만 실제 현장에서 자신이 처한 문제와 상황에 맞게 전략을 구상하기는 쉽지 않다. 개념적 일반론은 상황적 특수론에 맞게 응용되어야 한다. 이러한 응용을 누구나 쉽게 하는 것이 아니다. Moltke(1858~1888년 프로이센(독일)의 참모총장,

비스마르크 시대의 훌륭한 전략가)는 '전략은 응용된 상식일 뿐, 가르칠 수 없는 것', '원래의 지침적 아이디어가 끊임없이 변화하는 환경에 따라 진화하는 것'이라고 언급하였다.

- "여러분은 적 앞에 펼쳐진 길이 세 갈래라는 것을 알게 될 것이다. 적은 그중에서 '네 번째' 길을 택하게 될 것이다." – Helmuth von Moltke
- '삼국지'를 보면 뛰어난 장수들이 많이 나온다(예 관우, 장비, 조자룡, 여포, 하후돈 등). 전투 현장을 몸소 이끄는 장수들이 훌륭해야 승리할 수 있다. 그러나 전쟁터에서 실제 싸우지 않지만, 전투 계획(예 전투 시점, 장소, 방식, 병참 등)을 세우고, 일단 전투가 벌어지면 전세를 멀리서 보면서 적시에 명령을 내리는 전략가들(예 제갈공명, 사마중달, 주유 등)이 승패를 결정짓는 중요한 역할을 한다. 이와 마찬가지로 개별 기술, 제조 방식, 마케팅 기법 등도 중요하지만 이의 전체를 총괄하는 전략의 중요성은 무척 크다.

신제품 전략은 추후 진행되는 제품 개발 활동에 대한 전반적 목적과 방향을 제시한다. 즉 전략적 틀 아래에서 어떤 개별 제품의 개발이 진행된다.

그림 5.1 신제품 전략의 포괄적 영향력

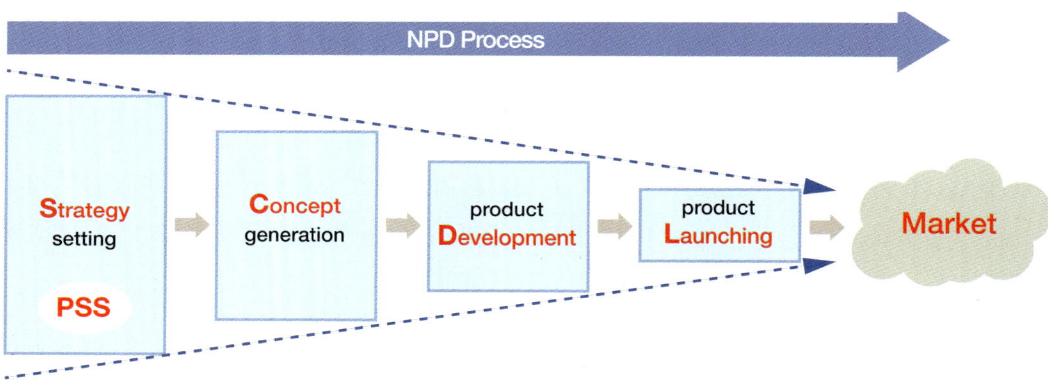

2 신제품 개발 전략의 중요성

경영 사례를 접할수록 그리고 실무자와 대화를 나눌수록, 어떤 일의 본격적 착수에 앞서 결정되는 전략적 의사결정(strategic decision making)이 정말 중요하다는 것을 실감한다. 초기 전략(또는 '신제품 전략 성명서, PSS')은 여러 면에서 중요한데 이를 설명하면 다음과 같다.

① 전략이란 큰 그림을 그려나가는 과정을 통해 여러 변수를 폭넓게 생각하는 기회를 얻는다.

② 생각 및 활동의 틀인 전략이 마련되면 추후의 활동 범위가 결정된다. 이러한 경계선은 잡다한 생각과 활동을 교통정리 한다. 인력, 자본, 시간 등의 자원 낭비를 막고 역량을 한 방향으로 집중하게 도와주는 나침반 또는 등대의 역할을 한다.

그림 5.2 **경계선 및 행동반경(a scope of activity)의 제시**

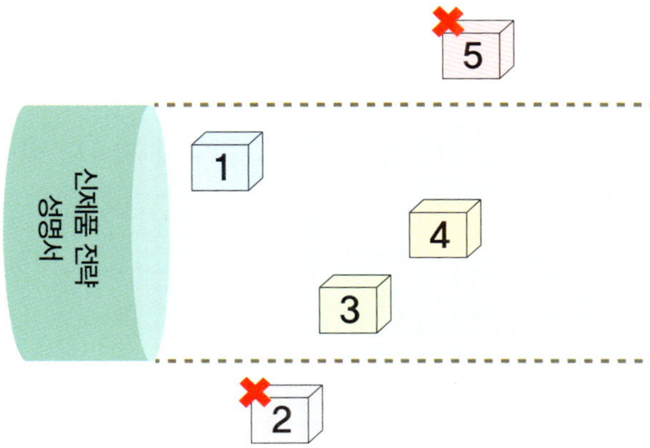

- 전략적 틀은 신제품 개발팀의 자원과 노력을 어디 집중할지(또는 집중해서는 안 되는지)를 제시하고 이를 통해 분산되지 않고 통합되게 하는 역할을 한다. 자기가 뛰어놀 마당, 모래판(sandbox)을 지정해준다. 예를 들어, '몽블랑'은 최첨단 소재와 뛰어난 디자인의 필기구 개발이 자기 영역이고 '모나미'는 실용적이고 대중적인 제품 개발이 자신의 주된 영역이다.
- 많은 것을 포기한다. 대신 선택한 분야에 모든 에너지를 쏟아붓는다. 그리고 거기서 세계 최고가 된다. – Tim Cook(애플 최고경영자)

신제품 개발에 대한 명확하고 일관된 전략(주제, 방향성)이 부재하거나 모호하면 개발 활동이 비효율적으로 된다. 몇 가지 예를 들면 다음과 같다.

- 구성원들은 기업이 추구하는 신제품 개발 방향이 무엇인지 모르기에 중구난방으로 제각각 일하게 된다.
- 수시로 변하는 지침(제품개념의 변동, 제품 특성/명세의 수정 등)으로 인해 해오던 일이 수포가 되는 경우가 생긴다. 또는 이것저것 다 집어넣다 보니 기형적 제품이 나오기도 한다.

- 상충하는 목표가 혼재한다(예 "우리 기업은 최고급 품질과 디자인의 제품을 대중성 있게 시장 최저가격으로 개발한다", "내구성이 좋은 일회용 제품을 만든다", "모든 테스트를 통한 아무 결함 없는 제품을 가장 빠르게 시장에 도입한다").

스티브 잡스가 잠시 떠나있던 애플(1985~1996년)은 마이크로소프트와 인텔에 밀려 파산 직전까지 내몰렸다. 침체와 쇠락의 주요 원인은 다음과 같았다. 초점 없는 방대한 제품군, 방대한 것들을 개발하거나 관리하는 과다한 종업원, 관리의 어려움과 복잡함으로 인한 비용 증대(수익 하락), 조직의 관료주의 성향의 증대이다.

③ 개발의 후반 단계로 갈수록 세부 과업(예 디자인, 제조, 포장, 유통, 광고 등)의 해결에 미시적으로 집중하기에 '원래 가고자 하던 큰 방향'을 망각할 수 있다. 또한 기능적 전문 분야로 분산 개발되기에 통합성이 떨어질 수 있다. 그러나 명확한 전략을 항상 공유하고 있다면 원래 방향을 잃지 않을 것이다. 또한 개별 활동의 일관성과 통합성을 유지하는 데 도움이 된다.
짧은 분량의 수필을 쓸 때는 큰 줄거리를 미리 생각하지 않고 집필하기도 한다. 그렇지만 대하소설을 쓸 때는 초기부터 대략적 구도와 등장인물을 설정하고 이를 항상 염두에 두어야 글이 흔들리지 않고 짜임새 있게 써진다. 신제품 개발도 마찬가지이다. 기존 제품의 점진적 개선인 경우에는 굳이 '신제품 전략 성명서'가 필요 없을지 모른다. 그러나 혁신적 신제품 또는 장기간 개발이 요구되는 신제품의 경우에는 초반부터 어떤 성격의 신제품인지에 대한 골격을 미리 잡아야 한다. 개발 과업은 조직 내 사람뿐 아니라 외부 집단과 협력하는 것이기에 전략의 존재는 중요하다.

④ 기업의 상하 및 수평(부서 간) 이견을 조율하고 커뮤니케이션을 활성화한다. 문서로 작성된 전략안이 비록 없더라도 기업 구성원은 암묵적으로 어떤 '생각의 틀'을 공유하며 일을 진행한다. 그렇지만 이를 명문화 또는 공식화한다면 더욱 정확한 방향으로 일의 우선순위를 공유하기에 갈등 조정이 비교적 쉽다.

전략은 여러 사람이 함께 생각해내는 것이다. 추구하는 방향과 내용을 종이에 적는 단순한 행동만으로도 실제 개발의 성공 가능성은 커진다.

Section 02

'신제품 전략 성명서(PSS)'의 구축

'신제품 전략 성명서'는 제품 개발 계획을 포괄적으로 명시한다. 사업 단위의 신제품 역할 및 활동에 대한 가이드라인으로 주로 상위급 경영자들이 중심이 되어 작성하는 문서이다. 우선 '신제품 전략 성명서'의 성격을 살펴보고 이에 들어갈 내용을 언급하겠다.

1 '신제품 전략 성명서'의 성격

아래의 몇 가지 사례는 신제품 전략을 이해하는 데 도움이 될 것이다.

- '인텔'은 1970년대부터 '마이크로프로세서(microprocessor)'와 '메모리 반도체 칩'의 두 종류를 모두 생산하고 있었다. 그런데 1980년대 들어서면서 일본이 '메모리 반도체 칩'을 생산하여 미국시장에 싼 가격으로 덤핑하기 시작했다. 메모리 칩은 비교적 만들기 쉬운 제품이므로 일본뿐 아니라 향후 다른 개발도상국에서도 많이 진입할 것으로 판단한 인텔은 '마이크로프로세서'에만 전념하기 위하여 1985년 메모리 칩의 생산을 포기했다. 그 이후 기업의 자원과 노력을 마이크로프로세서에만 투입함으로써 인텔은 386, 486, 펜티엄 칩을 속속 개발함으로써 마이크로프로세서 시장의 80%를 점유하게 되었다. – 윤석철(2001, p.150)
- 현대자동차는 '차량 경량화'를 연구개발(R&D)의 최우선과제로 추진하고 있다. 경량화는 자동차의 연비 향상, 이산화탄소 배출 감소, 주행 성능 개선을 위해 필요하다. 경량화 작업의 대상은 차량에 들어가는 2만여 개 부품 모두가 해당한다. 탄소섬유, 알루미늄, 마그네슘 등의 경량 소재를 개발하는 것은 물론, 기존 철강 소재의 첨단화, 구조 최적화까지 모두 포함된다. – 참조: 연합뉴스, 2013년 10월 29일

1.1 '신제품 전략 성명서(PSS)'는 신제품 개발 전략을 문서로 명확히 표현한 것이다.

여기에는 개발의 성격을 포괄적으로 규정한 내용이 들어간다. 어떤 성격의 것들을 개발하고(또는 개발해서는 안 되고), 어떻게 개발하고, 왜 개발하고(목표), 언제까지 개발하는지 등에 대한 개발 성격을 규정하는 기본 내용이 들어간다.

1.2 신제품 개발의 사명문 성격을 가진다.

물론 사업 단위의 신제품 개발이기에 기업 전체의 사명문(Mission statement)보다 제한적이고 미시적 관점이다. 개별 사업 단위 전략이기에 상위의 기업 전체의 목적 및 성격과 적합성을 유지해야 한다.

> 사명(使命, mission)은 무엇을 추구하는 '기업'인지에 대한 기본 내용이다. '기업(/조직)'은 왜 존재하고(why we're here) 어떤 가치를 추구하고(what we believe in), 어떤 미래상을 지향하는지(what we want to be)에 대한 것이다. '기업'의 자리에 '신제품'을 넣으면 된다.

1.3 '신제품 전략 성명서'는 공개적으로 선포되어야 한다.

상위 경영층 일부의 마음속에만 이를 은밀히 가진다면 이의 효과성은 떨어진다. 다음은 이를 위한 노력과 연관된다.

- 글로 쓰인, 즉 문서로 만든 결과물이어야 한다.
- 개발에 관여하는 모든 참여자에게 제공된다.
- 고정되거나 경직될 필요는 없다(전략이란 포괄적으로 느슨하게 통제하는 틀이다). 참여자 의견을 반영하여 추후 수정도 하고 상황 변화를 반영하기도 한다.

> Any plan is bad which is incapable of modification. – Pulilius Syrus

- 눈에 띄는 여러 장소에 붙여 두어 가시성(visibility)을 높인다.

2 '신제품 전략 성명서(PSS)'에 담기는 내용

'신제품 전략 성명서'에는 개발의 성격, 완성품의 지향점 등을 담는다. 구체적으로 제품 개발의 목표, 시장 기회와 기업 자원, 행동 지침 등을 넣는다.

그림 5.3 **신제품 전략 성명서의 주요 내용**

신제품 전략 성명서(PSS)

- 신제품 개발의 목표
- 추구하는 시장기회와 기업자원
- 개발 활동에 대한 행동 지침
- 기타

2.1 신제품 개발의 목표

신제품 개발을 통해 무엇을 달성하고자 하는지(예 단기 목표, 또는 장기 목적)를 명시한다.

> '목적'은 보다 장기적이고 포괄적 지향점이다. 반면 목표는 단기적이며 구체적 수치로 표기된다. 스포츠 의류 기업의 경우, '여성 스포츠웨어 부문 10년 이내 국내 1위 기업'이 장기 목적이라면, 단기 목표는 '내년 20~30대 여성 스포츠웨어의 10% 시장 점유율 확보, 또는 매출 증가율 5%' 달성 등과 같이 구체적 수치로 설정된다.

뚜렷한 목적(또는 목표)을 설정해야 그에 적합한 활동 계획과 방침을 세울 수 있다. 또한 목표는 구성원들의 목표 의식이 생기게 한다.

2.2 추구하는 시장 기회와 기업 자원

어떤 시장 또는 기술 영역에서 기회를 찾을 것인지에 관한 규정이다. 즉 기업의 신제품이 경쟁하는 무대(arena)는 어디인지에 관한 규정이다.

예를 들어, '아가방'은 유아를 대상으로 한 제품 개발에 집중한다, '풀무원'은 청정식품을 추구한다 등이다. 이러한 규정은 신제품 아이디어의 원천으로 탐색할 만한 곳이 어디인지 파악하는 데 도움이 된다.

매년 증가하는 노령층을 대상으로 종합영양제를 개발한다(제약회사). 기술적 강점을 가지는 전기 배터리를 활용한 대형차를 중심으로 개발한다(자동차 회사). 보유하고 있는 배달 시스템과 연관된 서비스를 개발한다(물류 회사). 일회용 플라스틱에 대한 강력한 규제가 발동된 현 상황에서 이의 대체 제품 또는 기술 중심의 제품을 개발한다(소모품 회사).

이러한 결정을 위해서 시장 기회는 어떤 것들이 있고 기업 자원(강점과 약점)은 어떠한지 등에 대한 이해가 선행되어야 한다.

① 시장 기회: 미충족 욕구, 새로운 소비층, 신기술, 신소재, 유통 및 물류, 포장, 제조 방식, 규제와 법규, 환경변수 등

② 기업 자원: 강점 및 약점(기술, 제조, 마케팅, 자금), 기업의 여러 플랫폼, 조직문화 등

맥도날드의 모든 신제품은 '패스트푸드'라는 전략적 영역에 속한다. 새로운 제품은 기존 기술(빠르게 조리하는 운영시스템과 설비)과 고객 욕구(빠르게 제공되는 저렴한 음식에 대한 욕구)에 기반을 두고 찾는다. '아침 식사'에 대한 고객 욕구의 발견은 '맥모닝 세트'란 신제품 개발로 이어진다.

2.3 개발 활동에 대한 행동 지침

행동 지침에 해당하는 내용은 여러 가지가 있다. 몇 가지 제시하면 다음과 같다.

① 제품과 기술의 특성: 신제품이 갖춰야 할 특성은 어떤 것이고(예 혁신성의 정도, 디자인의 통합성 등), 어느 수준이어야 하는지 등에 대한 설정이다.

혁신성에 관한 규정: '애플'은 시장을 선도하는 혁신 제품에 집중하지, 경쟁사를 추종하는 모방제품에 관심을 두지 않는다.

② 활동의 경계선: 신제품으로 개발할 것, 또는 개발하지 말아야 할 것에 대한 설정이다. 기존 제품의 구성상(참조: 제품 포트폴리오), 또는 기업 이미지상 개발이 허용되는 신제품도 있지만 반대로 여건상 바람직하지 않은 신제품도 있다. 이를 전략 성명서에 분명히 언급해 두는 것은 불필요한 투자 방지에 도움이 된다.

우리는 세상에 없는 것을 내놨고, 지금도 스마트폰에 없는 것을 개발하고 있다. 스마트폰 게임을 출시할 계획은 전혀 없다. – 2012년 4월, '게임왕국'으로 불렸던 닌텐도의 간판 게임개발책임자 미야모토 시게루(슈퍼마리오 개발자)가 스마트폰 게임 개발계획을 묻는 기자들에게 내놓은 대답(참고로, 이러한 전략은 결국 기존의 주력 사업에만 지나치게 집착하게 했고 결국 시장 변화를 잘못 파악하게 함으로써 닌텐도의 몰락을 가져오게 하였다. 2009년 1조8,386억 엔(약 19조 원)에 달했던 매출은 2015년 5,498억 엔에 그쳤다).

③ 개발 비용과 소요 시간: 기업은 제한된 자원으로 제품을 개발한다. 이러한 제약조건을 전략 성명서에 넣어둠으로써 현실성 있는 개발을 유도한다.

인쇄 업자의 경우, '최근 엄청나게 비싸게 구입한 기계'가 있다면, 다음 전략을 명시할 것이다. "인쇄와 관련된 모든 신제품은 '그 기계'로 제조 가능한 것이어야 한다." 한편 지금 사정이 빠듯한 경우에는 다음 전략을 가진다. "모든 신제품 개발 비용은 오천만 원 이내여야 한다."

이상의 항목 모두를 빠짐없이 '신제품 전략 성명서'에 넣어야 하는 것은 아니다. 경영자 의지, 기업 역사와 여건, 제품과 시장 특성, 외부 상황에 맞게 몇몇 항목을 중심으로 '신제품 전략 성명서'를 구성해도 된다. 반드시 따라야만 하는 정해진 규칙은 없다.

이 책뿐 아니라 다른 신제품 관련 서적에서 제시하는 내용(예 신제품 개발 단계, 테스트 기법, 시장 조사 접근법, 조직관리, 시장 도입 방식 등)은 하나의 권장 사항일 뿐이다. 때로는 기존 상식의 틀을 벗어나는 어떤 생각과 활동이 더 나은 신제품 성과를 가져오기도 한다. 기존 지식을 착실히 습득하는 것은 물론 무지한 상태의 주먹구구식 운영보다 바람직하다. 그렇지만 기존 지식에만 얽매인다면 더 이상의 새로운 발전은 없다.

3 '신제품 전략 성명서(PSS)'의 이해를 돕는 몇 가지 예시

'신제품 전략 성명서'의 개념과 실체가 아직 분명히 와 닿지 않은 독자들도 있을 것이다. 아래의 몇 가지 예시는 PSS의 이해에 다소 도움이 될 것이다.

① '유아를 대상으로 한 혁신적 기능을 갖춘 제품을 만들겠다'라는 전략적 결정이 있은 다음에야 '유아용 전동차, 유아용 카시트, 유아용 장난감 등'과 같은 개별 제품의 개발로 집중되기 시작

한다. 이처럼 신제품 전략은 추후 개별 신제품 아이디어의 구상과 탐구 범위를 좁혀주는 역할을 한다.

주방 가구 기업의 PSS: 우리의 신제품은 노인들, 또는 몸이 불편한 사람들이 유용하게 사용되도록 고안한다. 그리고 회사의 우수 디자인 능력을 이용해 만들고, 재질은 재료 확보가 용이한 합성 합판을 80% 이상 사용한다.

② Apple iPad(애플의 첫 번째 태블릿 컴퓨터)를 개발하기 전에 가졌던 신제품 전략은 다음과 같았다. "운영 시스템, 하드웨어, 앱, 서비스 등에 대한 기술적 강점을 갖춘다. 직관적이고 심플하고 사용하기 재미있는 제품이어야 한다. 새로 개발할 제품은 미래의 제품 라인을 위한 플랫폼이 되어야 한다. '진짜 새로운' 제품을 개발하기 위해 비싼 개발 비용은 불가피하다. 신제품의 카테고리에서 최초 진입보다는 가장 좋은 제품을 제공하는 것이 더 중요한 목표이다."

③ Hoechst는 설립한 지 100년이 넘은 제약 및 화학 기업이다. 1992년 초까지만 해도 전체 투자액의 70%를 신규 사업 창출에 집중했다(즉 어떤 한 방향으로만 치중됨). 그러다 1994년부터 포트폴리오 전략을 바꾸었다. 신규 사업 창출에 대한 투자는 25%로 축소하고, 기존 사업 강화를 위한 단기 과제에 25%, 중간 정도의 리스크를 가진 중기 과제에 50%를 투자하는 식으로 전략을 바꾸었다.

신제품 개발 활동이 활발하고 연륜이 오래된 기업일수록 자기 나름의 신제품 전략안을 가지고 있다. 또한 이를 회사 사무실과 복도 여기저기에 붙여두고 있다. 신제품 전략에 관한 여러 사례를 기회가 된다면 수집해 보기를 독자들에게 권한다.

Section 03

'신제품 전략 성명서'의 기반

'신제품 전략 성명서(PSS)'는 현재 여건, 미래 예측, 경영자 의지 등이 반영되어 만들어진다. 여기서는 '신제품 전략 성명서'의 작성에 기반이 되는 요소들(또는 투입 정보, 소재, 재료)을 살펴보겠다. 이들 투입물은 신제품 전략 성명서 작성에 기초가 된다. 몇 가지 대표적인 투입 요소를 살펴보겠다.

그림 5.4 **신제품 전략 성명서의 기본 재료(New Product Strategy Inputs): 1, 2,· · · n**

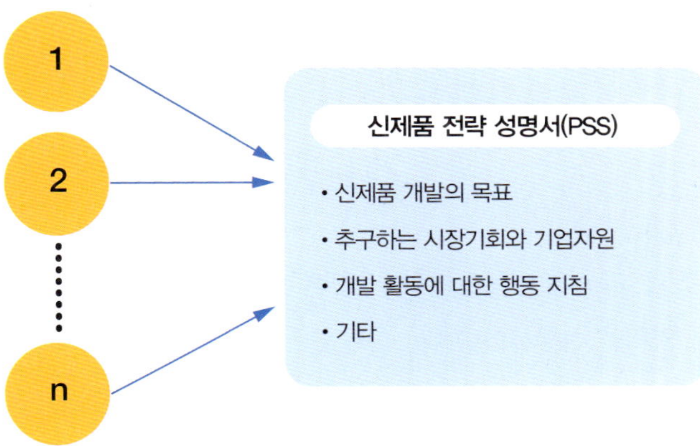

1 시장 기회 포착

신제품 개발은 미래를 위한 활동이다. 그렇기에 신제품 전략은 향후 유망한 시장 기회를 중심으로 설정하는 것이 바람직하다. 이를 위해 우선 어떠한 시장 기회가 있는지 광범위하게 살펴본다.

기회(opportunities)란 조직이 적절한 대응을 했을 경우 매출 및 이익에 있어서 현저한 개선을 가져올 수 있는 추세나 사건을 의미한다. 반면에 위협(threats)이란 적절한 대응이 없으면 기존 매출 및 이익의 심각한 감소가 초래될 수 있는 추세나 사건을 의미한다.

시장의 새로운 기회는 다양한 내부와 외부 원천으로부터 발생한다.

- 새로운 기술과 신소재(예 디지털, AI, 수소자동차, 희토류)
- 정부의 새로운 규제 및 법규(예 김영란법, 원자력 발전의 축소, 탄소배출 제한, 플라스틱 사용 규제)
- 전쟁, 지진, 홍수, 바이러스(예 코로나19로 인한 마스크, 백신, 치료제, 음압병실, 진단키트의 시장 기회)
- 새로운 시장(예 MZ세대, 비건족, 일인가구, 동남아 시장 등)의 발현

이러한 기회들은 신제품 전략의 기초 자료가 된다.

2 기업의 내적 여건: 플랫폼, 강점과 약점

유망한 시장 기회가 탐색 되었다 해도 이들 모두가 개발 대상이 되는 것은 아니다. 기업은 모든 분야에서 잘할 수 없다. 기업의 힘이 발휘될 영역을 선택해야 한다.

이를 위해 신제품 전략을 구축하기 전에 자기 자신을 알고 있어야 한다. 이미 내부적으로 가지고 있는(또는 구축된) 플랫폼, 강점, 배경, 역사 등을 알고 있어야 한다. 그래서 이들 내용은 신제품 전략의 투입 소재가 된다.

2.1 플랫폼(기반, Platform)

'공유되는 것은 무엇'이든 플랫폼이 된다. 신제품 전략에서는 기존 플랫폼의 사용 여부를 명시할 필요가 있다.

기존의 플랫폼에 기반한 제품 개발이 반드시 좋은 것은 아니다. 물론 기업 입장에서는 기존 플랫폼에 기반한 개발과 생산이 유리하다(예 빠른 개발 속도, 원가 효율성). 그러나 소비자는 기존에

없던 제품, 자신의 욕구에 들어맞는 제품을 원하기도 하는데 이는 기존 플랫폼으로부터의 일탈을 요구한다.

기업이 가지는 플랫폼에는 제품 플랫폼, 브랜드 플랫폼, 카테고리 플랫폼 등으로 다양한 형태가 있다.

2.1.1 제품 플랫폼

다양한 개별 제품을 생산하는데 활용되는 제품의 공통되는 부분(예 기술, 디자인, 부품, 하위시스템)을 의미한다. 이는 개별 제품 프로젝트의 기초가 된다.

'카카오톡'은 카카오뱅크, 카카오페이, 카카오페이증권, 카카오게임, 카카오내비, 카카오택시 등의 기반이 되는 플랫폼이다. 스타벅스의 다양한 커피 메뉴의 기본 플랫폼은 에스프레소 커피이다. 허쉬(Hershey's) 제품들(초콜릿바, 아이스크림, 쿠키, 우유, 과자)의 기본 플랫폼은 초콜릿이다. 김밥집의 다양한 김밥의 기본 플랫폼은 결국 김과 밥이다. 새우깡, 양파깡, 감자깡 등의 기본 플랫폼은 배합, 반죽, 튀김이다. 피자, 파스타와 같이 섞는 소스만 다를 뿐이다.

한편 자신뿐 아니라, 외부의 조직, 기업, 개인들도 사용할 수 있는 강력한 플랫폼을 보유한다면 이는 시장에서 강력한 우위를 차지하는 것이다(예 YouTube, iPhone, Airbnb, Uber 등).

- 플랫폼이란 사람들을 잡아 놓고 거기에 머물게 하면서 그 공간에서 어떤 활동을 하게 만드는 곳이다. 따라서 플랫폼의 참여자 숫자가 많으면 많을수록 네트워크 효과는 커진다.
- 애플은 플랫폼의 선두주자이다. 아이폰 사용자는 아이클라우드에 개인 데이터를 저장하고 아이튠즈로 음악을 들으며 앱스토어에서 애플리케이션을 구매하는데 이러한 모든 것이 '애플이라는 울타리 안에서' 이루어진다.

2.1.2 브랜드 플랫폼

어떤 대표 브랜드의 특성 또는 상표자산(Brand Equity)을 공유하는 것이다. 브랜드 플랫폼에 속한 개별 브랜드는 공유 브랜드가 가지는 비전, 미션, 개성, 콘셉트, 명성 등을 함께 누린다.

- 'Disney'란 이름을 공유하는 다양한 제품과 서비스가 있다. 디즈니랜드, 디즈니 크루즈, 디즈니 채널, 디즈니 코믹스, 월트디즈니 픽처스, 디즈니 온 아이스, 월트디즈니 레코드 등이다.
- 서울 청담동 루이비통 메종에 들어서는 '루이비통 카페' 예약이 열리자마자 1분 만에 주요 시간대 주말 예약이 일제히 마감됐으며, 5분 만에 다음 달 점심, 저녁을 포함한 모든 시간대 예약이 완료됐다. 루이비통이 국내에서 최초로 선보이는 F&B 팝업 스토어로 런치코스는 13만 원, 디너코스는 23만 원이다. 한편 이탈리아 명품 브랜드 구찌도 지난 3월 말 서울 한남동 '구찌 가옥' 플래그십 스토어 6층에 '구찌 오스테리아 서울'을 정식으로 열었다. – 참조: 뉴스1, 2022년 4월 27일

2.1.3 카테고리 플랫폼

어떤 특정 제품 범주의 성격을 공유하는 것이다(예 이마트 vs 이마트 트레이더스, 파리바게뜨 vs 파리크루아상, 토이저러스 vs 베이비저러스).

2.2 기업의 강점과 약점

신제품 개발에 앞서 기업은 현재 자신의 내부 역량과 자원(강점과 약점)을 확인하고 이중 어떤 분야를 기반으로 신제품 개발할 것인가에 대해 고민해야 한다. 강점과 약점은 특정 전략의 채택 기반이 되기도 하고 또는 제약이 되기도 한다. 따라서 자사의 강점과 약점은 신제품 전략의 설정에 중요한 투입 정보가 된다.

강점과 약점은 여러 측면에서 파악된다. 기술(제품), 제조, 자금 조달, 조직 운영, 마케팅 중에서 기술(제품)과 마케팅은 신제품 개발의 중요한 두 가지 축이다. 최소 하나 이상의 핵심 기술(제품), 마케팅을 지향한다는 점을 신제품 전략에서 언급할 필요가 있다.

신제품은 기술이 먼저 주도하는 경우도 있고, 시장(소비자)이 주도하는 경우도 있다. 커피 회사의 경우, 새로운 원두 품종의 발견, 또는 로스팅 기술을 개발하고 이를 통해 우선 새로운 맛의 커피를 개발한 다음에 이를 좋아하는 시장을 발견해 나가는 것은 '기술주도 방식'이다. 이에 비해 소비자들이 계피 향, 청국장 맛의 커피를 원한다는 것을 시장 조사를 통해 파악하고 이에 기초해서 신제품 개발(또는 기술 개발)을 하는 것은 '시장주도 방식'이다.

여기서 유념할 점은 다음과 같다.

① 전적으로 기술에 의존하는 전략으로 제품을 개발하는 것은 위험하다. 보통 기술에만 의존하는

제품은 고객이 진정 원하는 것이 무엇인지 놓치기 때문에 위험하다.

칠판을 만드는 데 뛰어난 기술력을 가진 회사, 둥굴레차의 제품화 능력이 우수한 회사는 이러한 역량에 근거하는 전략을 설정한다. 그러나 칠판과 둥굴레차를 시장에서 더는 원하지 않는다면 우수한 신제품은 빛을 보지 못한다.

'마케팅(고객욕구)이 바탕이 되지 않는 기술'은 시장에서 받아들여지지 않는다.

② 전적으로 마케팅에 의존하는 전략으로 제품을 개발하는 것은 위험하다. 잠재력 있는 고객 욕구, 미충족 욕구를 추구하는 전략 설정은 물론 의미가 있다. 그러나 마케팅만이 제품 혁신을 주도한다면 그 성공은 보장받기 어렵다. '기술이 바탕이 되지 않는 마케팅'은 힘이 약하고 우월한 제품력을 가진 경쟁사에 의해 쉽게 무너지기 때문이다.

기술력(제품력) 없이 마케팅의 힘으로 성공한 신제품도 있다. '밀키스'(영화 배우 주윤발을 모델로 한 광고의 힘), '포켓몬빵'(띠부씰)

어느 하나만 가지고는 부족하다. 양쪽의 능력을 모두 갖추고 있어야 한다. 연구 결과에 따르면, 최고의 전략은 균형 잡히고 양면적 요인을 모두 고려한 전략이라고 한다.

3 기업의 내적 여건: 제품 포트폴리오

3.1 제품 포트폴리오의 이해

제품 포트폴리오(product portfolio)는 여러 제품에 대한 자원배분의 결정에 도움이 된다. 또한 기존 제품 상황을 보여줌으로써 새로운 신제품의 추가 결정에도 도움이 된다.

아모레퍼시픽은 화장품을 만드는 회사이다. 향기 및 스프레이 기술력이 있기에 이에 기반한 살충제를 만든 적이 있었다. 그러나 회사의 다른 제품에 좋지 않은 영향을 미치기에 그 제품은 시장에서 사라졌다.

그림 5.5 아모레퍼시픽의 살충제 포스터

포트폴리오 분석은 주식 투자에서 많이 활용된다. 그러한 분석 틀이 여러 사업부 또는 제품들의 구성 분석에 활용되고 있다. 물론 다른 분야에서도 포트폴리오란 용어는 활용된다. 예 미술학도의 작품 포트폴리오(추상화, 구상화 등), 연기자의 출연 작품 포트폴리오(역사극, 현대물, 비극, 희극 등).

'신제품 전략 성명서(PSS)'에는 어떤 성격의 것들을 개발하고(또는 개발해서는 안 되고), 어떻게 개발하고, 왜 개발하고(목표), 언제까지 개발하는지 등을 규정하는 기본 내용이 들어간다. 따라서 이러한 결정의 기초가 되는 제품 포트폴리오 분석은 선행되어야 한다.

제품 포트폴리오는 기업이 가지고 있는 전체 제품(또는 사업)의 성격을 모두 보여주기에 다음과 같은 유용성이 있다.

첫째, 기업이 보유한 제품들의 시간적 흐름에 따른 구성 변화(위치 변화)의 예측에 도움이 된다.

둘째, 기업 전체 수익의 극대화를 지향하는 데 도움이 된다.

셋째, 보유한 제품들 성격의 균형성 유지에 도움이 된다. 즉 현재 어떤 특성의 제품들을 과다하게 보유하고 있는지, 또는 부족한지에 대한 판단에 도움이 된다.

자원 배분에 도움이 되는 포트폴리오 분석 모델로는 BCG의 성장-점유율 매트릭스(Growth-Share Matrix), GE/McKinsey 매트릭스 등이 있다. 또한 신제품에 특화된 Exxon Chemical의 Strategic portfolio model, HP의 포트폴리오 다이어그램, SDG(Strategic Decision Group)의 포트폴리오 평가 모델 등이 있다. 이러한 모델들 각기 장단점이 있기에 기업들은 내적 여건과 시장 상황을 고려하여 자신에 적합한 모델을 선택하거나 자신만의 모델을 개발하는 것이 바람직하다.

신제품 개발의 계획이 마련되면 바로 신제품 개발 과업에 착수하는 것이 아니다. 상위경영진의 승인을 받아야 한다. 그런데 일반적으로 상위 경영층에서는 개별 신제품 프로젝트를 좀 더 폭넓은 시각(즉 기업 전체, 또는 사업부 전반의 관점)으로 검토하고 이의 시작 여부를 결정한다. 이럴 때 도움이 되는 분석 수단이 바로 제품 포트폴리오이다.

3.2 신제품 포트폴리오에서 고려할 몇 가지 사항

다음 항목들은 신제품 포트폴리오의 구성에서 고려할 내용이다.

① 신제품 유형별 포트폴리오: 신제품 유형별(참조: 2장의 여섯 가지 유형) 개발 빈도를 분석하고, 시장, 제품, 기업 상황을 고려하여 적절한 비중을 전략적으로 설정한다.

② 혁신 차원별 포트폴리오: 혁신은 여러 차원에서 일어난다. 공정 혁신(process innovation), 제품 혁신, 유통 혁신, 가격 혁신 등을 적절한 비중으로 전략적으로 설정했다면 어떤 한 부문으로의 치중은 발생하지 않을 것이다.

③ 개발 파이프라인에 올려있는 과업들의 포트폴리오: 기업은 보통 동시다발적으로 신제품 개발 과업을 추진한다. 2단계에 머물고 있는 프로젝트도 있고 3단계, 4단계에 있는 프로젝트도 있을 것이다. 한 번에 많은 신제품이 시장 도입 되는 것도 바람직하지 않고, 한동안 뜸하게 시장 도입되는 것도 바람직하지 않다. 이를 위해서는 개발 파이프라인의 프로젝트들이 균형있게 펴져 있어야 한다.

4 기타

4.1 최고경영자의 경영 철학과 가치관

오세영 회장은 '상사맨'으로 시작하여 지금에 이르기까지 숱한 해외 사업 경험을 쌓았는데, 이러한 과정에서 터득한 교훈을 열 가지(라오스 비즈니스 10계명, 일명 '코라오 WAY')로 정리하였다. 예 "현지 중소상인에게 피해를 주는 사업을 삼가라." "고객 만족에 저해되는 일과는 절대 타협하지 말라." – 김종배와 한인구(2018)

4.2 조직과 구성원

기업의 조직구조, 조직문화, 구성원 등은 개발에 대한 의사결정과 행동 방식에 영향을 미치므로 신제품 전략의 수립에서 이를 고려해야 한다. 예를 들어 문화, 구조, 체제, 구성원(역량) 등과 같은 조직 요소들은 특정 전략의 선택에 제약이 된다(원가 지향적, 관료적 조직은 변화에 빠르게 대응하는 혁신 채택에 어려움이 많다).

4.3 자금 여력과 조달 능력

최근의 매출 규모, 성장세, 수익성은 기업이 그동안 이룩한 성과를 보여주는 지표이다. 동시에 이것은 자금 차원에서 미래의 제품 개발 활동에 영향을 미친다.

CHAPTER 06

2단계(C) 개별 신제품 개념의 창출

1단계(S)에서 수립된 '신제품 전략 성명서(PSS)'는 이어서 개발하는 신제품에 대한 전반적 방향과 행동의 틀(또는 울타리, 방침, 가이드라인 등)을 제시한다.

PSS는 물줄기의 큰 흐름을 잡아주는 역할을 한다. 이제부터 살펴보는 '제품 개념'에 대한 창의적 생각은 이러한 큰 흐름 안에서 시행한다.

이제 개별 신제품의 개발에 대해 살펴보겠다. 2단계(C)부터 특정 신제품의 개발이 착수된다고 볼 수 있다.

주변에 흔히 보이는 물건을 둘러보자. 스마트폰, 종이컵, 볼펜, 포스트잇, 커피믹스, 안마의자, 신용카드, 순간접착제 등은 익숙한 물건이기에 당연시되고 어쩌면 진부해 보이기까지 하는 이들 모두는 누군가의 참신한 아이디어로부터 비롯되었고 이로 인해 우리 생활은 그만큼 편리하고 풍요로워졌다. 이전에 존재하지 않던 새로운 혜택, 즉 사람들에게 무언가 새로운 유익함(기능, 성능) 또는 참신한 즐거움(감성)의 제공이 신제품의 존재 이유다.

하나의 신제품을 개발하기 위해서는 일단 신제품 아이디어가 있어야 한다.

아이스크림 회사의 초기 아이디어: 오이 맛, 된장 맛, 카레 맛, 김치 맛, 라면 맛, 간장게장 맛, 멸치 맛, 치킨 맛, 삼겹살 맛의 아이스크림은 어떨까? 아이디어는 사실 어떤 것이라도 가능하지만 모든 아이디어가 제품 개념으로 발전하지 않는다. 좀 더 심각하게 고려할만한 유망한 아이디어가 제품 개념으로 발전한다.

아이디어 창출(Idea Generation)이 있은 다음에는 이들 중 아주 좋은 아이디어를 선별하여 제품 개념으로 발전시킨다(Concept Development).

그림 6.1 신제품 아이디어와 제품 개념의 관계 [아이디어 a~n 중에서 b를 중심으로 c를 가미한 제품 개념으로 발전]

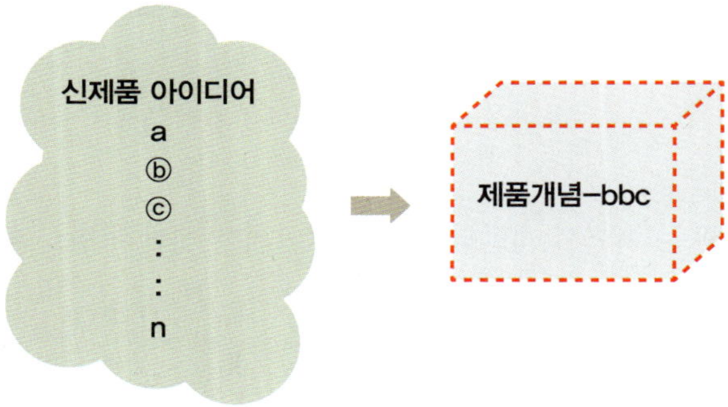

아이디어 창출은 창의력(creativity)과 밀접히 연관된다. 그런데 아이디어가 나타나는 양상은 다채롭고 예측불허이다. 통제 및 관리가 어려운 활동이다. 창의력 증진 기법, 아이디어 발상법 등에 대한 이론, 기법들이 있지만 이를 알고 있다 해도 그리 큰 도움이 되지 못한다.

> 에베레스트 등정기를 많이 읽었다고 해서 에베레스트 정상을 오를 수 있는 것은 아니다. 차이콥스키(Tchaikovsky)의 일대기를 읽었다고 해서 '백조의 호수(Swan Lake)'를 작곡하는 것은 아니다.

이 책은 아이디어 창출 기법의 설명에는 큰 비중을 두고 있지 않다. 다만 아이디어 원천으로 탐색할만한 곳이 어디인지, 이를 어떻게 관리할지는 다음 7장에서 설명하겠다. 6장에서는 유망한 아이디어를 제품 개념으로 발전시키는 내용을 살펴보겠다. 이를 위해 제품 개념이란 무엇인지, 제품 개념의 정립은 어떻게 할지를 소개하겠다.

1단계(S) 전략 수립에서 어떤 시장 또는 기술의 영역에서 기회를 찾을 것인지 규정된다. 어떤 경우에는 시장 기회의 규명 자체만으로도 시장이 원하는 것이 확실해지기도 한다. 이 경우에는 그것의 개발 여부만 바로 결정해도 된다. 복잡한 제품 개념의 절차를 따를 필요 없이 그렇게 해도 된다.

맥주캔 용량은 보통 355 또는 500mL이다. 점점 늘어나는 노령층(= 시장 기회)에선 적은 용량의 맥주를 원한다는 것이 파악되면, 150, 또는 200mL 맥주캔 제품을 그냥 개발하면 된다.

그러나 대부분은 제품 개념을 공들여 만들어야 한다.

어떤 식품회사가 '사람들은 빠르게 조리되는 음식을 원한다.', '사람들은 달지만, 칼로리가 적은 디저트를 원한다.'라는 아이디어를 떠올렸다고 하자. 그렇지만 소비자가 구체적으로 어떤 맛을 원할지, 기술적으로 가능할지, 어떤 형태 또는 크기가 좋을지, 언제 원할지 등에 대해서는 좀 더 고민이 필요하다.

Section 01

제품 개념의 의미

신제품 개발 전략(PSS)이 마련되면 이제 전략의 실현에 적절한 자원(예 인력, 조직, 자금 등)을 확보한다. 제반 준비가 어느 정도 되면 이제 본격적으로 신제품 아이디어들을 창출한다. 물론 이들 아이디어 모두가 제품화되는 것은 아니다. 아이디어 중에서 유망한 것을 선별하고 이를 제품 개념으로 좀 더 발전시킨다. 초기의 막연하고 불완전한 아이디어는 이와 같이 제품 개념으로 발전한다.

여기서는 신제품 개발에서 가장 중요시되는 제품 개념이 무엇인지를 살펴보겠다. 또한 제품 개념의 의미와 유념할 점을 살펴보겠다.

1 제품 개념의 이해

'제품 개념(product concept)'이란 소비자가 어떤 제품에 대해 가지는 생각, 느낌의 구체적 내용을 의미한다. 한편 기업 관점에서 본다면 개발하려는 제품의 구체적 내용(예 기술, 형태 등)을 의미한다. (어떤 관점이든 관계없이~) 제품 개념에 근거하여 제품은 실질적으로 유형화된다. 또한 제품 개념을 토대로 신제품의 시장 도입 전략은 구축된다.

'개그콘서트'에 대한 초기의 제품 개념은 다음과 같았다. "코미디언이 되겠다는 꿈을 안고 어려운 시험을 통과해 들어온 후배들인데 커피에 담배 심부름이나 하다 터덜터덜 집으로 돌아가는구나. 후배들이 마음껏 재능을 발휘할 수 있는 무대를 만들어줄 방법은 없을까? 내가 저들에게 멍석을 깔아주고 싶다." 김미화는 당시 인기 절정의 프로그램인 "이소라의 프로포즈"로부터 아이디어를 얻어 공개방송이면서 연극 형식의 코미디를 구상했다고 한다. 관객과 직접 소통하는 연극 형식으로 프로그램을 꾸미려다 보니 인기 있는 코미디언들은 연습량이 많아 출연이 어려웠기에 결국 신인들을 모아 첫 방송을 준비했다. - 1999년 '개그콘서트'의 산파 역할을 했던 김미화의 책, '웃기고 자빠졌네'(메디치미디어, 2012년).

제품 개념의 이해를 돕기 위한 다각적 예시를 다음 파트에서 소개하겠다. 때로는 이러한 장황한 설명이 오히려 독자들이 '제품 개념은 복잡하고 어려운 것이구나'라는 오해를 할까 우려된다. '제품 개념'이란 그리 어려운 의미는 아니란 점을 우선 강조한다. 제품을 실질적으로 만들기 전에 가지는 어떤 구체적 아이디어라고 생각하면 된다. 즉 "우리는 소비자에게 어떤 혜택을 주는 제품을 만들고자 하는데 이 제품은 어떠어떠하다"가 제품 개념이라고 생각하면 된다. 제품 개념은 머릿속에 존재하던 막연한 아이디어를 "실제 어떠한 제품으로 만들지에 대한 청사진"으로 한 것이다. 혜택, 용도, 사용자, 형태, 기술, 디자인 등에 대한 계획이다.

> 우리가 만들고자 하는 라면은 '이러이러하다'(제품 개념의 예 맛있게 많이 먹어도 살찌지 않는 라면. 야외에서 간편히 먹을 수 있는 컵 형태의 라면). 우리가 만들고자 하는 자동차는 '이러이러하다'(예 기존 자동차보다 연비를 20% 향상시킨 자동차. 물에 뜨는 둥그런 자동차. 편히 옷을 갈아입을 정도로 공간이 넉넉한 차). 우리가 만들고자 하는 콜라는 '이러이러하다'(예 당뇨가 있는 사람도 걱정 없이 마실 수 있는 콜라, 젤리 형태의 콜라, 체리-오렌지-초콜릿-커피 맛의 콜라). 우리가 만들고자 하는 코로나 백신은 '이러이러하다'(예 한번 접종하면 평생 코로나바이러스에 걸리지 않는 백신, 주사기가 아닌 알약 방식의 백신, 효과는 조금 떨어지지만 저렴한 백신).

소비자들은 제품 개념에 기반하여 그 제품의 구매와 사용을 결정한다. 물론 이러한 소비자 생각은 기업의 제품 개념(또는 광고 콘셉트)으로부터 비롯되기도 한다.

> 유사한 바지이지만 등산용, 외출용, 데이트용, 집안용(또는 수면용) 등으로 구분해서 입는다. 물건을 담는 기능은 유사하지만, 장바구니용 가방, 사교모임용 핸드백, 책가방 등으로 구분해서 들고 다닌다. 자동차의 기본 기능은 모두 유사하다. 그렇지만 데이트할 때는 트럭보다 스포츠카를 타고 싶다.

2 제품 개념의 의미와 유념할 사항

신제품 개발 과정에서 제품 개념의 단계(2단계: C)는 중요하다. 제품 개념의 의미, 유념할 사항, 부연 설명 등을 여기서 살펴보겠다.

2.1 2단계(C)에서 결정된 제품 개념에 따라 3단계(D), 4단계(L)의 기술 및 마케팅 활동이 수행된다.

즉 제품 개념이 정해져야 실물적 제품 개발이 가능하고 또한 이에 적합한 마케팅 전략을 구축하게 된다.

> 신제품의 표적시장 및 포지셔닝에 따라 가격, 유통, 포장, 상표, 광고 모델 등이 결정된다. 예를 들어 10대 여학생을 표적으로 하는 제품인 경우에는 10대 여학생이 좋아하는 광고 모델을 사용하고 용돈 수준을 고려하여 가격을 책정하고 학교나 학원 근처의 매장에서 판매한다.

2.2 제품 개념(product concept)이란 용어는 일상에서 흔히 사용하는 용어는 아니다.

제품 개념을 이해하기 위해서는 우선 '개념(概念, concept)'의 의미를 이해할 필요가 있다.

> - 개념(콘셉트)이란 용어는 '어떤 대상의 이미지를 전달하기 위해 선택한 하나의 일관된 주장'을 의미한다.
> - 콤플렉스, 이드, 에고, 슈퍼에고와 같은 단어들은 정신분석학의 창시자인 프로이트가 만들어낸 개념들이다. 이처럼 새로운 개념을 만드는 일은 새로운 물건을 발명하는 것과 같은 차원이다. 개념이 있어야 세상을 본다. – 김정운(2011), '노는 만큼 성공한다,' 81쪽.
> - 독자들은 '야마카시(Yamakasi)'의 뜻을 알고 있는가? 야마카시는 맨몸으로 도시의 건물이나 다리, 벽 등을 오르거나 뛰어넘는 행동을 통해 인간의 몸과 정신을 극한으로 탐구하는 행위를 의미한다. 야마카시는 아프리카 콩고에서 쓰이는 언어 중 하나인 링갈라어로 '강한 정신', '강한 육체', '강한 사람'이라는 뜻이다. 프리러닝(Free Running), 파크루(Parkour) 등으로 불리며, 이를 소재로 한 CF, 영화, 드라마를 통해 많은 사람이 그 용어를 알게 되었다. 그런데 만약 이를 통합해서 지칭하는 '야마카시'란 용어가 없다면 이러한 신체 활동에 대해 사람마다 각기 다른 생각, 이미지를 가지게 될 것이다. 혼선을 방지하기 위한 용어의 통일, 개념의 공유 등은 신제품 개발에서 중요시된다.

2.3 무엇보다도 기존 및 경쟁 제품에 대비되는 우월한 제품 개념을 구상하여야 한다.

'시장에서 이길 수 있는 개념(winning concept)'이어야 한다. 실물화 개발에 앞서 가지는 아이디어 자체의 경쟁력이 없다면 이를 실물화 하면서 갑자기 없던 경쟁력이 생기지는 않는다. 초반부터 경쟁력 있는 아이디어의 확보가 중요하다.

신제품 개발은 결국 '새로운 가치', '기존보다 더 나은 가치'에 대한 아이디어 발견과 이의 실현이다. 신제품 개발의 모든 활동은 가치 증진과 연관된다. 그전에 없던 새로운 가치를 창출하거나 또는 기존 가치를 향상시켜야 한다. 고객은 시장에서 자신이 지불하고 희생하는 비용보다 더 나은 가치(또는 혜택)를 제공하는 제품을 선택한다. 따라서 가능한 제품 가치를 높이는 방향으로 제품 개념을 창안하고 이를 충실히 실현한 다음에 시장 도입해야 한다. 그렇지 않다면 더 나은 가치에 밀리게 되어 시장에서 퇴출당한다.

- 애플의 우수한 제품은 스티브 잡스의 뛰어난 제품 개념과 이에 대한 타협 없는 제품화 노력의 결과이다.
- 우리나라 스마트폰 시장의 경쟁은 매우 치열하다. 스마트폰을 제조하는 대표적 기업인 S사, L사의 기술 수준은 유사한 편이다(2010년 초반의 사례). 전자펜에 대한 기술력도 비슷하다. 그런데 L사는 전자펜에 대한 소비 욕구가 없을 것으로 지레짐작하여 그것이 없는 신제품을 개발했다. 반면에 S사는 전자펜이 포함된 신제품을 출시했다. 그 결과 전자펜이 포함된 제품이 승리를 거뒀는데, 이는 제품 개념의 구상에서 S사가 더 나은 판단을 한 결과이다. 경쟁사에 없는 독보적 기술의 보유도 중요하고, 동일 기술이라면 좀 더 경쟁력 있는 것이 중요하다. 그러나 이것은 필요조건일 뿐이다. 앞선 기술력이 있어도 이를 활용하지 못하는 제품을 개발한다면 그러한 기술력 보유는 아무 의미가 없다.

2.4 제품 개념은 명확하게 정립되어야 한다.

제품 설계 및 실제의 개발 단계(3단계)부터는 많은 비용과 시간이 소요된다. 따라서 가능한 그 전(前) 단계인 제품 개념 단계에서 명확한 제품 개념을 내려야 한다. 제품 개념이 정립되지 않은 상태로 제품 개발 단계에 들어서면 초점 없는 모호한 제품이 되고 만다(Cooper, 1986, p.126). 모호한 표현은 오해를 불러일으키고 해석의 여지를 남기는 빌미가 된다.

2.5 제품 개념은 신제품 개발 참여자(기업 내부 구성원과 기업 외부 협력업체) 모두가 공유하여야 한다.

- 제품 개념을 소비자에게 표현한 것이 브랜드(예 '아인슈타인 우유', '다이어트 콜라', '물먹는 하마' 등)이다. 제품 개념의 정립 초기 단계부터 이러한 브랜드를 가질 수도 있지만, 그렇지 않은 경우가 대부분이다. 개발에 참여하는 사람들이 제품 개념을 공유하고 그 목적을 이해하는 데 도움이 되게끔 개발 프로젝트의 이름을 붙이는 것도 때로 도움이 된다.

- 질문: "전작 사극 '연개소문'(2007)에서의 평가는 그다지 후하지 않았는데?" 답변: "그땐 정말 괴로웠다. 연출자, 작가, 배우가 한 캐릭터를 놓고 다른 생각을 하고 있어 갈등했다. 하지만 모든 화살은 나한테 날아왔다. 신인이었던 나는 아무 말도 할 수 없었다. '그래 됐다 됐어. 안 한다 안 해'라고 생각하고 나는 입을 닫아버렸다. 그때는 내 연기 인생 최대의 슬럼프 시기였다. (중략) 무엇보다도 지금의 '광개토대왕' 팀은 화합이 잘된다. 감독이 연기자들의 얘기에 귀를 기울이고 연기자들끼리도 서로 캐릭터를 살려주기 위해 배려한다." – 참조: 대하사극 '광개토대왕' 이태곤과의 인터뷰(조선일보, 2011년 9월 26일).

내부 기능부서와 외부 협력조직을 총괄하는 신제품 개발팀장은 이 단계에서 최대한 구체적이고 분명한 제품 개념을 명시한다. 그래야 전체 개발 과정과 조직을 매끄럽게 이끌 수 있다.

2.6 제품 개념은 포지셔닝, 마케팅 커뮤니케이션(예 광고 콘셉트) 등과 연관된다.

포지셔닝(위치 정립)이란 소비자 인식(마음) 속에 기업의 제공물(제품, 서비스, 기업, 브랜드 등)의 심리적 자리(position)를 잡아가는 것이다. 소비자 마음속에 'A 기업은 B, C, D 기업들에 비해 어떻게 다르다.'라는 식으로 자사 제품을 인식시키는 것이다. 경쟁사 대비하여 사람들 머릿속에 차별적 위치를 잡는 것이다.

표적 시장 선정(targeting), 포지셔닝(positioning)은 마케팅 전략과 연관된다. 전략적 포지셔닝에 맞게 제품 개념을 설정해서 신제품 개발을 하기도 하지만, 경우에 따라서는 제품 개념이 포지셔닝 결정의 소재가 되기도 한다.

한편 제품 개념은 신제품 광고의 광고 콘셉트(advertising concept)와 연결된다. 광고 콘셉트란 광고물에서 '무엇을 말할 것인가(what to say in advertising)'를 의미하며 이는 광고물의 핵심 주제(또는 단어, 주장, 화두(話頭), 제목 등)를 뜻한다. 제품 판매에 있어서 가장 결정적이거나 중심적 아이디어(또는 광고가 가야 할 방향을 제시하는 생각의 틀)가 보통 광고 콘셉트가 된다. 그런데 제품 개발의 결정적이고 중심적 아이디어는 제품 개념이기에 이는 광고 콘셉트의 바탕이 된다.

그림 6.2 **제품 개념, 포지셔닝, 광고 콘셉트의 관계**

2.7 제품 개념의 정립은 중요하다.

특히 혁신 제품의 경우에 더욱 그러하다. 이에 비해 이미 정립된 제품 개념이 기반이 되는 파생 상품의 경우에는 제품 개념 정립보다는 이의 실물화 개발에 좀 더 많은 비중을 둔다.

Harry Potter 소설, 영화, 게임, 용품 등은 모두 엄청난 성공을 거뒀다. 소설이 있었기에 이와 연관된 파생 상품의 성공도 가능하였다. 소설을 집필할 때, 이의 스토리에 대한 제품 개념이 특히 중요한 것이다.

참고로 제품 개념의 정립이 까다로운 제품도 있지만 비교적 용이한 경우도 있다. 이미 많이 알려진 그래서 상식화된 고객의 미충족 욕구 등이 후자에 해당한다.

2019년 말 발발하여 세계 곳곳에 영향을 미친 코로나-19의 백신과 치료제는 제품 개념보다는 그러한 제품의 실질적 개발이 더 중요하다. 이 경우에는 제품 개념의 정립은 쉽지만, 기술적인 실현이 어렵다.

Section 02 제품 개념의 정립 방법

막연한 아이디어를 가지고 바로 실물화 개발을 하지 않는다. 물론 그런 경우가 없는 것은 아니지만 대부분은 아이디어를 제품 개념으로 좀 더 정리되고 구체화한다. 여기서는 아이디어를 제품 개념으로 구체화하는 방식 또는 과정(순서)을 소개하겠다.

이 책에서는 '고객 관점의 제품 개념', '기업 관점의 제품 개념'의 두 가지 축을 중심으로 제품 개념을 정립하겠다. 결론부터 먼저 말하면 제품 개념에는 고객, 기업의 관점이 함께 들어가야 완성된다.

그림 6.3 제품 개념 = 고객 관점 + 기업 관점

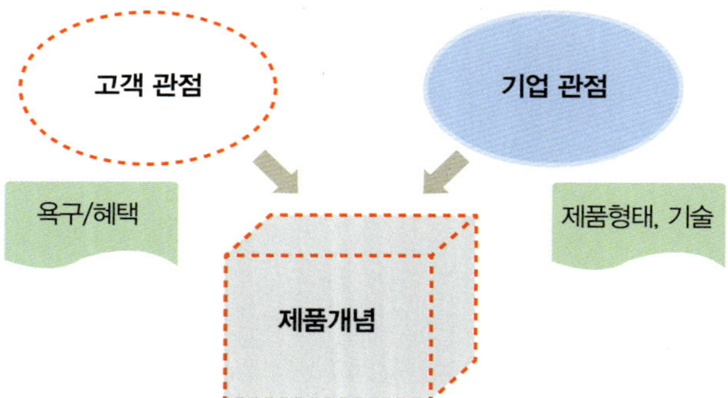

전술한 바와 같이 "어떤 혜택을 누구에게 주는 제품을 만들고자 하는데 이 제품은 어떠어떠하다"가 제품 개념이다. 기업 관점에서 제품을 개발하기 위해서는 일단 그 제품은 어떤 형태, 어떤 기술로 할지에 대한 개념이 있어야 한다. 한편 소비자는 제품에 대해 어떤 생각, 느낌, 즉 개념을 가지고 그 제품이 주는 혜택의 사용 여부를 판단한다.

> 기업은 고객과 기업 관점의 제품 개념을 실현하는 제품을 개발하여 시장에 도입하고, 소비자는 이러한 제품 개념을 사는 것이다.

우선 고객 관점의 제품 개념을 설명하고 이어서 기업 관점의 제품 개념을 설명하겠다.

1 고객 관점의 제품 개념

신제품 정의에서 보았듯이(2장), 고객은 신제품을 인식하는 중요한 주체이다. 또한 제품이 무엇을 의미하는지를 판단하는 주체이다.

'고객 관점의 제품 개념'이란 고객 관점으로 제품 아이디어를 구체화하여 표현한 것으로 욕구, 선호, 혜택과 연관된 제품의 의미이다. 사실 고객들은 자신이 생각하는 제품 개념에 따라 제품을 대하는 태도와 행동이 달라진다.

- 서서 마시는 와인바는 한두 잔 부담 없이 저렴한 가격에 짧은 시간에 담소를 나누면서 먹기 좋다. 이러한 가게의 개념은 기존의 와인 바와는 다르다.
- 전통 찻집과 카페는 점포 개념이 다르다. 그곳을 찾는 고객층도 다르고, 거기서 취하는 행동도 다르다. 찻집에서는 주인과 얘기를 나누기도 하고 굳이 커피(차) 맛 때문에 여기를 방문하는 것은 아니다.
- 컵밥은 바쁜 수험생, 대학생, 직장인 등이 빠르게 먹는 제품이다. 가격은 부담스럽지 않은 3천 원대이고 영양가도 높다. 또한 커피 컵과 유사한 용기이기에 들고 다니기 창피하지 않다. 이러한 컵밥은 과시형 소비, 격식 있는 모임 등에서는 부적합하다는 사람들의 인식이 있다.
- 스니커즈(Snickers)와 킷캣(KitKat)은 모두 초콜릿 바의 형태이지만 제품 개념은 다르다.

고객 관점의 아이디어(핵심 소재: '고객 욕구와 혜택')는 다음 방법을 통해 '고객 관점의 제품 개념'으로 구체화한다.

1.1 누가, 왜, 언제, 어디서를 이용하는 방법

제품 아이디어를 겨냥하는 표적 시장(Target segment), 제공하는 혜택(Benefit), 사용 용도, 상황(Occasion)에 따라 제품 개념으로 구체화하는 것이다. 제품 아이디어는 혜택, 표적 시장, 용도에 따라 여러 개의 제품 개념으로 발전시킬 수 있다.

빠르게 먹을 수 있는 간편식(예 죽)이 제품 아이디어라고 한다면 이는 여러 제품 개념으로 발전시킬 수 있다.

① 아침에 시간이 없어 식사를 제대로 못 하는 직장인들을 위한 식사 대용 죽(빠르게 조리할 수 있어야 하고 설거지 걱정 없게끔 용기를 디자인하고 아침 식사에 필요한 영양소를 넣어야 한다)

② 식사 대용으로 허기와 영양을 채우고 싶어 하는 젊은 여성들을 위한 다이어트 죽

③ 노인들이 식사 중간의 보충식으로 건강을 위해 먹는 건강 죽

④ 낮에 군것질하고 싶어하는 아이들을 위한 간식 죽

⑤ 야외 훈련 중 빠른 식사를 해야 하는 군인들을 위한 소화 잘되고 영양분 빠르게 보충하는 전투 죽

'신발에 바퀴를 단다'라는 제품 아이디어가 떠올랐다면, 이것은 여러 가지로 제품 개념을 개발할 수 있다. 예를 들어, 아이들이 공원에서 재미로 타는 것, 중고등학생들이 공터에서 운동용/묘기용으로 타는 것, 직장인이 출퇴근용으로 도로 위에서 타는 것 등이다.

물론 제품 개념 단계의 의도와 다르게 실제 시장이 움직이는 경우도 있다.

불에 조리한 '화식(火食)'과 대비되는 생식(生食)은 '자연 그대로의 음식을 먹는다'라는 의미이다. 생식 업체들이 4~5년 전 곡물, 채소류의 동결 건조와 분말 포장으로 이를 상품화하면서 애당초 노린 수요층은 암, 만성병에 시달리는 만성 질환자였다. 하지만 '건강에 별 이상이 없는 20~30대' 사이에서 '생식 열풍'이 불고 있다. 시장의 40%를 점유하고 있는 '이롬 황성주 생식'의 경우, 6개월 이상 된 고객 중 20~30대가 차지하는 비율이 작년 말 32.6%에서 올해 10월 말엔 48.9%로 늘었다. 20~30대 연령층의 고객 수는 9,200여 명에서 2만3,000여 명으로 10개월 만에 두 배 반이 됐다. 대상, 풀무원 등 다른 업체도 상황은 비슷하다. – 참조: 조선일보 2001년 11월 7일

1.2 TPO를 이용하는 방법

시간(Time), 장소(Place), 상황(Occasion)에 따라 아이디어를 구체화하는 것이다.

CJ의 육가공 브랜드 백설 햄스빌은 '아침에 베이컨'을 내놨다(2005년). 70g 작은 포장에 기존 베이컨의 절반 길이여서 칼질할 필요 없고, 금방금방 다 먹을 수 있어 싱글족과 젊은 맞벌이 부부에게 인기가 있다. 삼양식품은 출출한 밤에 라면은 먹고 싶은데 한 봉지 다 먹기 부담스러운 고객을 위해 '야참 라면'을 내놓았다(2005년). 야참에 맞는 중량과 가격으로, 즉 기존 120g인 라면 양을 75g으로 줄이고, 가격도 30% 낮췄다.

2 기업 관점의 제품 개념

기업 관점에서 본다면 제품 개념이란 개발팀이 앞으로 개발하는 제품에 대한 구체적 생각이다. 신제품 개발팀은 지금은 형태가 없지만 '앞으로 개발하려는 제품은 어떤 모습(형태)이고, 어떤 기술 기반이다'란 내용을 구체적으로 설정하는데, 이것이 바로 기업 관점의 제품 개념이다.

B2B 기업의 제품 개념: 산업재 소재나 부품을 만드는 어떤 중소기업의 사장은 보통 거래처에서 돌아오면 곧바로 개발팀장들을 모아놓고 앞으로 어떤 제품(부품) 개발이 필요할 것이란 설명을 한다. 예를 들어, "완성품 업체인 거래처의 신제품 용도는 이러하고, 그 제품의 시장 전개는 어떻게 될 것이다. 또한 그것의 파생 상품은 이러이러한 방향으로 확장될 것이다. 지금은 개발 기획 단계이지만 이 제품의 개발에 성공하면 우리뿐 아니라 산업계에 미치는 파급 효과가 클 것이다." 이러한 미팅을 통해 거래처 신제품에 향후 들어갈 신규 부품(제품)의 개념에 대한 공감대가 형성된다.

고객 관점의 제품 개념은 소비자 관점으로 아이디어를 상세하게 정의 내린다는 장점이 있다. 하지만 기업 관점에서 이것은 반쪽짜리이다. 이 제품을 어떻게 만들지에 대한 제품 개념이 있어야 제품을 만들 수 있기 때문이다.

제품 관점의 아이디어(핵심 소재: 기술, 제품 형태, 소재 등)는 '기업 관점의 제품 개념'으로 구체화한다. 핵심 아이디어인 기술(technology), 제품 형태(form)에 대해 살펴보면 다음과 같다.

2.1 제품 형태

형태(form)는 제품의 특성, 물리적 형태나 모양을 의미한다. 이는 제품이 어떻게 보이는가(what it looks like)와 연관된다. 즉 형태는 일종의 디자인이 완료된 모습을 의미한다. 스마트폰의 형태는 막대, 폴더, 슬라이드, 플립 등으로 다양하다.

아이스 초콜릿은 막대 바 형태, 컵 형태, 슬러시 형태, 젤 형태 등의 다양한 형태가 가능하다. 스포츠 이온 음료는 다양한 형태의 제품이 있다(예 액체, 젤리, 파우더, 겔타입 등). 치즈 역시 다양한 형태가 존재한다(예 슬라이스, 액체, 소프트 타입, 하드 타입, 원형, 삼각형 등). 비타민C의 경우, 액체, 분말 가루, 사탕, 알약 등의 다양한 형태가 있다.

2.2 기술

기술(technology)은 형태를 만드는데, 또는 그러한 형태가 작동하는데 활용되는 지식이다. 이는 제품이 어떻게 작동하는가(how it works or operates)와 연관된다. 디지털, 인터넷, 모바일, AI 등의 기술적 아이디어로 인해 수많은 신제품이 등장했음을 우리는 기억할 것이다.

요약하면 제품 형태는 '새로운 모양, 성능, 품질, 기능, 외관으로 하면 어떨까'에 대해 떠오른 아이디어이다. 기술은 과학자 또는 공학자들이 '새로운 기술, 소재, 작동 메커니즘의 발견(또는 발명)'으로부터 나온 아이디어이다. 이들은 (소비자 욕구로부터 비롯되지 않은~) 제품 차원과 연관된, 즉 기업 관점의 제품 아이디어이다.

스타벅스 리유저블 텀블러: 빨대가 있고 손으로 잡기 편하게 아래로 갈수록 폭이 좁아지는 컵의 형태(Form)를 새롭게 갖추었다. 한편 이것은 폴리프로필렌을 통해서 여러 번 재사용할 수 있는 기술(Technology)이 바탕이 된다.

3 제품 혁신의 시작, 그리고 제품 개념의 완성: 고객 관점과 기업 관점의 통합

3.1 제품 혁신의 시작

제품 혁신은 소비자로부터 시작할 수도 있고(needs/benefits), 제품으로부터 시작할 수도 있다(form, technology). 이들 중 어떤 한가지 아이디어가 있으면 제품 혁신 프로세스는 시작할 수 있다.

그림 6.4 제품 혁신의 시작: 욕구/혜택, 기술, 제품 형태(고객과 기업의 핵심 아이디어)

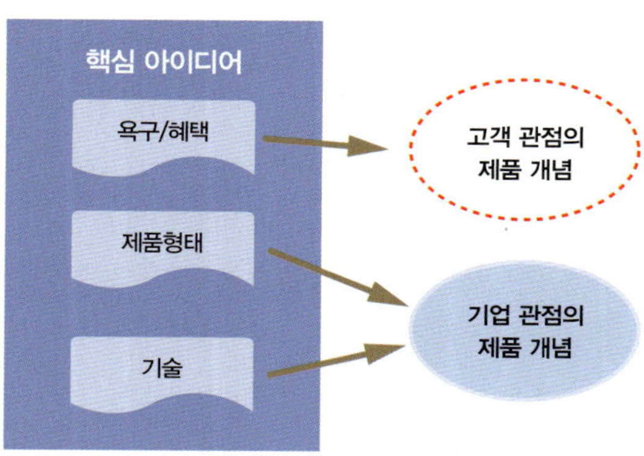

이러한 핵심 소재 중 무엇이 촉발하는지에 따라 다음 유형들로 구분된다.

A. 새로운 혜택을 발상하고 이런 혜택의 충족에 적합한 형태와 실현 기술을 찾는다('Needs' → Form → Technology).

B. 새로운 기술을 토대로 소비자에게 혜택(Benefit)을 주는 어떤 형태를 개발한다('Technology' → Form → Benefits)

C. 어떤 멋진 형태/디자인을 떠올린 다음, 이것을 가능하게 해줄 기술을 찾고 이의 쓰임새가 어디인지를 찾는다('Form' → Technology → Benefits)

① 소비자에서 비롯된 제품 혁신(A의 경우): 소비자 관점의 제품 아이디어를 개발하고 이 중에서 어떤 유망한 것을 제품 개념으로 발전시키고 그런 다음 거기에 맞게 실물적 제품 개발을 구현한다.

'어린 아이용' 인라인 스케이팅이라면 안전성을 고려한 신발, 바퀴 등의 형태를 디자인하고 이를 개발한다. 반면에 '청소년들을 위한 것'이라면 청소년의 취향(묘기를 부리려는 욕구)과 체중을 감당할 만한 바퀴 형태를 개발하고 이를 구현하는 기술을 적용한다.

그림 6.5 **시장 주도의 제품 혁신**

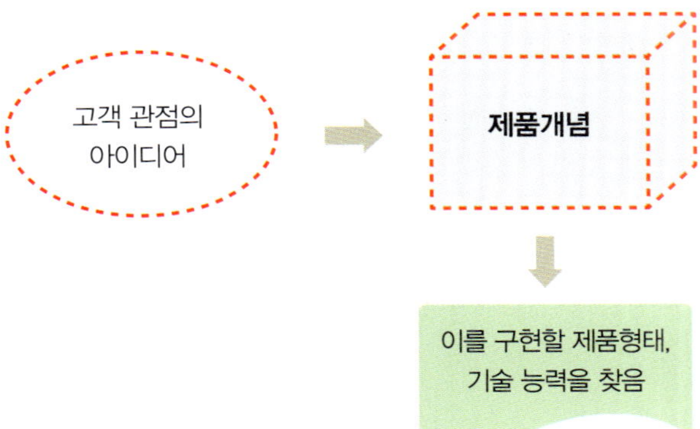

'건물 밖 흡연자'를 위한 길이 짧은 담배: 다국적 담배회사인 필립모리스는 건물 내 금연 조치로 인해 문밖으로 내몰린 애연가들을 겨냥해 기존 담배보다 길이가 짧은 '스낵 사이즈' 담배를 출시할 계획이라고 한다. 새 담배는 기존 담배보다 짧지만 성분 함량은 동일하도록 만들어 추운 날 건물 밖에서 흡연하는 애연가들의 고통을 줄여주는 대신 만족도는 같게 할 예정이다. 필립모리스가 생산을 계획하는 새 담배의 길이는 표준형 담배(8.5cm)보다 짧은 7.2cm이다. 현재 세계 50여 개국은 공공장소에서의 흡연을 금지하고 있다. 올해 초부터 건물 밖으로 내몰린 프랑스 등 유럽지역 애연가들은 추운 날씨 속에 정원용 히터에 의지해 흡연하고 있다. – 연합뉴스, 2008년 2월 3일

② 기업(제품)에서 비롯된 제품 혁신(B, C의 경우): (소비자 또는 시장이 아닌~) 기업 관점에서부터 신제품 개발이 비롯되는 경우는 적지 않다. 새로운 기술의 발명 또는 새로운 형태의 아이디어(예 둘둘 말리는 키보드)가 착상되고 이를 원하는 고객을 찾아 나서기도 한다.

어떤 섬유제조업체에서는 잘 헤지지 않는 섬유 물질을 개발하였다. 그런데 유행과 계절에 따라 다양한 옷을 구매하는 고객 욕구를 충족시키지 못하기에 시장에서 크게 환영받지 못하였다. 결국 방탄조끼를 제조하는 곳에 섬유를 공급함으로써 자기 시장을 찾았다.

그림 6.6 기술 주도의 제품 혁신

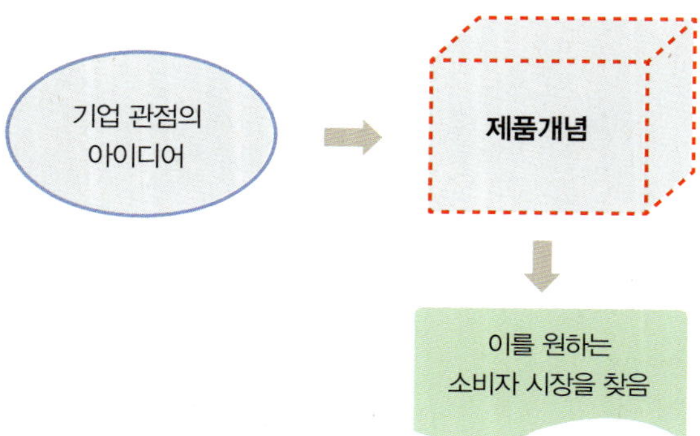

이상과 같이 신제품 개발이 시작되는 양상은 다채롭다. 소비자들의 미충족된 욕구(unmet needs)가 먼저 발견된 다음, 이를 충족시켜주는 기술, 제품 형태가 뒤이어 개발되는 경우도 있지만, 신기술 또는 특이한 제품 형태가 먼저 발견(또는 발명)된 다음에 이를 필요로 하는 시장을 찾아 나서는 경우도 있다.

- Polaroid의 개발자인 Edwin Land가 3살짜리 딸이 '사진을 찍은 후에 바로 볼 수 있으면 좋겠는데~'라는 말을 계기로 제품 개발을 시작한 것은 '소비자 욕구'가 먼저 시작된 경우에 해당한다. 이에 비해 초강력 접착제를 연구하다 우연히 발견된 접착력이 무척 약한 시제품을 머릿속에 기억하고 있다가 4년 만에 그러한 접착력 약한 성분이 필요한 곳을 찾아서 세계적 히트상품이 된 Post-it 사례는 '기술'이 먼저 개발된 다음에 이것을 필요로 하는 시장을 찾은 경우이다. 한편 네모난 수박은 '형태'가 먼저 개발 또는 발견된 사례이다.
- '새로운 제품의 시작이 어떤 성격의 아이디어로부터 비롯되는가'는 제품, 기업, 소비자 등의 여러 여건에 따라 다르다. 볼펜의 경우에는 제품 형태에서 비롯되는 경우가 많다. 비타민-C 역시 제품 형태(알약, 과립, 액체, 발포정)로부터 비롯되는 경우가 많다. 이에 비해 컴퓨터 소프트웨어, 암 치료제, 로켓 발사체 등은 신기술로부터 많이 비롯된다.

이처럼 어느 한 가지 아이디어라도 있으면 제품 혁신 과정은 시작될 수 있다. 그러나 다음 항에서 언급하듯이 제품 측면, 소비자 측면이 모두 갖춰져야 제품 개념이 완성된다.

제품(기술, 형태)으로는 성공하였지만 이런 제품에 대한 시장 욕구가 없기에 시장에서 실패한 사례는 많다. 이런 면에서 본다면 제품 개념의 여러 요소 중 가장 중요한 것은 소비자 욕구이다. 혜택을 원하는 시장의 존재 여부를 먼저 확인하고 이에 적합한 형태, 실현 기술을 준비하는 순서(Needs → Form → Technology)가 비교적 바람직하다고 볼 수 있다.

학교 건물을 관리하는 사람들은 매일 약 30분씩 껌을 제거한다. 미생물로 자연 분해되는 껌이 개발된다면 이들은 반가울 것이다. 실제로 FORD GUM & MACHINE 회사에서 입에 넣고 씹기 시작하면 10~15분 내에 녹아버리는 껌을 개발했고 맛 테스트를 통해 시장에 내놓은 적이 있었다. 그 껌은 훌륭한 신제품이 틀림없지만 한 가지 문제는 아무도 그 껌을 씹기 좋아하지 않는다는 것이었다. – 참조: '껌 이야기' 리더스 다이제스트, 1996년 2월호

3.2 제품 개념의 완성

소비자 요소(Needs), 기업 요소(Form, Technology) 중 어떤 한가지라도 현실적으로 어렵다면 제품 개발의 진행은 멈춘다.

- 소비자 욕구와 형태는 있는데 '기술'이 없는 경우: 소비자가 분명히 원하고 그에 적합한 제품 형태는 구상되어 있지만 이를 실현할 기술이 아직 미흡한 경우이다. 코로나19를 치료해주는 사탕 형태의 약이라는 제품 개념은 분명 이익을 창출할 것으로 기대되지만, 이를 만들어낼 기술이 부족한 상태가 해당한다. '겨울에 사용할 수 있는 터치폰 조작이 가능한 장갑'에 대한 욕구는 있지만, 이를 만들어낼 섬유 기술이 부족한 상태가 이에 해당한다.
- 기술, 형태만 있고 '소비자 욕구'를 찾지 못한 경우: 기술과 이의 제품 형태는 정해졌지만, 이를 원하는 욕구가 과연 어디에 존재하는지를 알지 못한 상태이다. '포스트잇'의 초기 상태를 생각해보면 된다.

소비자 또는 기업 어디서부터 제품 혁신이 시작해도 좋다. 중요한 것은 제품 개념에는 소비자 관점, 기업 관점의 제품 개념 모두를 포함해야 한다. 즉 조화로운 제품 개념이 중요하다. 어느 한쪽의 제품 개념만으로는 부족하다.

그림 6.7 **고객 관점, 기업 관점 제품 개념의 통합**

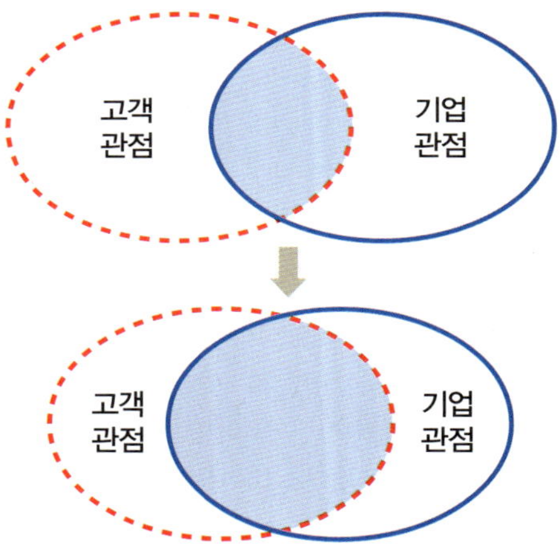

모든 요소가 충족되었을 때 비로소 제품 개념은 완성된다. 고객 욕구와 혜택의 존재를 규명하고, 이를 실현하는 기술 및 형태에 대한 아이디어가 확정되어야 이를 기반으로 신제품 개발이 시작된다.

- 테니스공을 만드는 회사는 공을 만드는 기술이 있다. 그러던 중 강아지에게 장난감 공을 주고 싶어 하는 고객 욕구를 발견하면, 그 회사는 기존의 기술과 고객의 욕구를 결합해서 '강아지용 테니스공(형태)'을 만들 수 있다. 더 나아가 제품 형태는 강아지의 선호도, 품종, 나이 등을 고려해서 다양하게 만든다.

■ 1970년 동서식품은 미국 제너럴푸드와 합작하여 국내 커피 생산을 시작했다. 동서식품은 한국 소비자 기호에 맞는 커피 국산화를 주도하였고 그 결과 1976년 동서식품에서 세계 최초로 커피, 설탕, 크림을 한 번에 담은 맥스웰하우스 커피믹스를 개발해 출시했다. 커피믹스는 손쉽고 빠르게 커피를 마실 수 있다는 '혜택'이 있다. 한편 1987년 동서식품에서는 파우치형보다 더 편리한 스틱 모양의 커피믹스를 개발했다('형태'). 스틱형 커피믹스의 장점은 커피를 탈 때 자신이 원하는 만큼의 설탕의 양을 조절해서 먹을 수 있다. 스틱 봉지에 커피, 크림과 설탕을 차례로 담아 섞이지 않게 하는 '포장 기술'을 개발하여 소비자에게 편리성을 제공함으로써 보다 충분한 가치를 제공했다.

이상과 같이 이 책에서는 '고객 관점의 제품 개념', '기업 관점의 제품 개념'이란 두 가지 축을 중심으로 제품 개념을 정립한다. 이러한 접근 방식은 여러 장점이 있다.

첫째, 시장(소비자)과 기업(제품)에 대한 균형된 시각을 가지게 한다.

둘째, 제품 개념에 대해 다양한 상상을 해볼 수 있다.

고객과 기업 관점별로 다양한 대안들이 존재한다. 이들 간의 조합을 통해 다채로운 제품 개념이 창출된다. 예를 들어 제품 형태(Form)의 세 가지 아이디어(F1, F2, F3), 기술(Technology)의 두 가지 대안(T1, T2), 소비자 욕구(Needs/Benefits)의 네 가지 용처(B1, B2, B3, B4)가 있다면, 총 24개(=3 x 2 x 4)의 제품 개념 조합이 가능하다.

셋째, 제품 개념에 대한 전략적 사고를 하는 데 도움이 된다.

개별 기업이 제품력(기술, 형태), 마케팅력(시장 욕구의 파악) 모두를 갖추기는 어렵다. 혼자 모든 것을 하려는 또는 할 수 있다는 생각을 때로는 버려야 한다. 기술, 시장, 소비자 기호, 산업 트렌드가 하루가 다르게 변화하는 요즈음, 자본력이 든든하고 기술력, 마케팅력이 뛰어난 기업일지라도 제품 혁신에 필요한 모든 조각을 갖추기는 어렵다. 자신에게 부족하거나 필요한 혁신의 나머지 조각들을 누가 가졌는지에 대한 정보, 이들과의 제휴 및 협상력이 중요하다(참조: 개방형 혁신(Open Innovation)). 한편 자신의 기업은 어떤 방식(예 기술, 형태, 욕구 중의 어떤 하나)을 기반으로 제품 개발하는 기업이라는 고정관념도 버릴 필요가 있다.

태산은 흙과 돌의 좋고 나쁨을 가리지 않고 다 받아들였기 때문에 그 높음을 이루었고, 양쯔강이나 넓은 바다는 작은 시냇물도 버리지 않았기 때문에 저토록 넉넉해진 것이다. – 한비자

Section 03

신제품 개발의 초반 국면(FFE)의 중요성

1단계(S), 2단계(C)는 신제품 개발의 초반 국면에 해당한다. 아직 초반 국면의 설명이 다 끝난 것은 아니지만(7, 8, 9장이 남았다), 이의 중요성을 여기서 정리하고자 한다.

1 초반 국면의 의미와 특성

실제의 제품 개발(Development phase: 3단계)을 착수하기에 앞선 전(前) 단계를 "upfront" 또는 "fuzzy front-end(FFE)" phase라고 한다. 흔히 신제품 개발의 초반 국면은 하나의 신제품 기회 또는 아이디어가 처음 고려되기 시작한 시점부터 그것이 제품 개발로 들어가도 좋다고 판단된 시점까지의 사이("the period between when an opportunity is first considered and when an idea is judged ready for development" - Kim and Wilemon, 2002)로 정의된다.

그림 6.8 Fuzzy Front-End phase = 1단계(S) + 2단계(C)

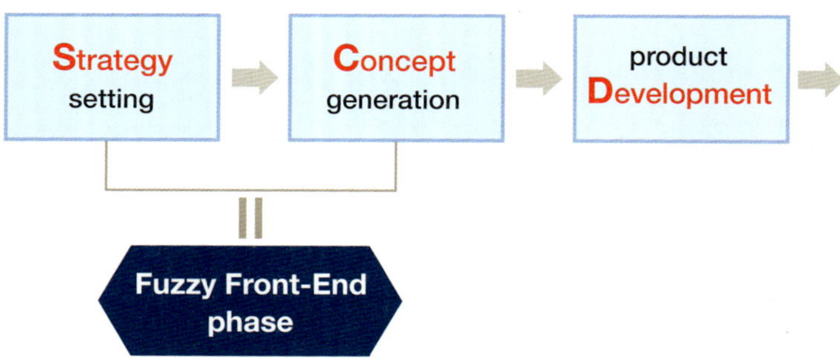

FFE국면은 '그럴싸한 제품 개념의 창출(6장)' 또는 이보다 더 진행된 '제품 프로토콜의 결정(9장)'으로까지 보는 것이 적절하다. 어떤 것을 택하든 자신의 제품 상황에 적합한 것을 선택하면 된다. Fuzzy(흐릿한, 명확하지 않은, 모호한) 내용이 사라지는 순간까지를 FFE 국면이라고 생각하면 된다.

1단계(S)와 2단계(C)가 이러한 초반 국면에 해당하고, 이러한 초반 국면에는 주로 개념적, 관념적 계획이 결정된다. 후반 국면(3단계 이후)에는 이러한 계획을 실제적으로 구현한다.

초반 국면은 개발의 여러 단계 중 가장 관리하기 어려운 단계로 인식된다. 그 이유 중 하나는 초반 국면이 변동적이고, 구조화되지 않은 경우가 많고, 또한 전통적으로 공식화 또는 문서화되지 않고 있다는 점이 거론된다.

> 실물화 단계에서는 누가 언제 어떤 일을 하였는지의 기록이 용이하다. 그러나 어쩌다 불현듯 나타나는 아이디어, 수시로 일어나는 초기 생각의 변화와 발전, 또한 생각의 방대성과 불연속성 등을 기록하기는 어렵다.

2 초반 국면은 왜 중요한가?

초반 국면에서 수행되는 활동들은 그 후에 수행되는 실제 개발에 적지 않은 영향을 미친다. 연구 결과 초반 국면의 관리 또는 활동이 후속하는 개발 단계, 그리고 최종 제품의 성과에 의미 있는 영향을 미친다는 것이 밝혀졌다(Cooper, 1988, 1998; Dwyer & Mellor, 1991; McGuinness & Conway, 1989).

> The seeds of disaster are often sown in the early phases of a new product project – poor homework, a lack of a customer orientation, and poor quality of execution (especially in the early stage). – Robert G. Cooper(1993, p.121)

초반 국면의 중요성을 몇 가지로 나누어 살펴보면 다음과 같다.

2.1 가야 할 방향(목적)을 정하는 단계이다.

어떤 일이든 본격적으로 착수하기 전(前) 단계가 중요하다. 본격적인 일의 착수, 즉 제품을 유형적으로 구현하는 것은 보통 3단계(D)이다. 3단계부터는 초반 국면의 결정 사항을 실제로 수행하는 것이다. 만약 초반 국면에서 잘못된 방향이 결정되었다면 그 다음의 노력은 모두 허사가 된다. 따라서 초반 국면은 그만큼 중요하다.

어느 사나이가 마차를 타고 북쪽을 향해 쏜살같이 달리고 있었다. 사람들이 “당신은 어디로 그처럼 다급하게 가시오?”라고 물었다. “초(楚)나라로 가는 중이요.”라고 사나이는 대답했다. “초나라로 가려면 저쪽으로 가야 하는데 왜 이쪽으로 가시오? 당신은 방향을 잘못 잡고 있소.”라고 사람들이 충고했다. 그러나 사나이는 이렇게 큰소리쳤다. “이 말은 기막히게 잘 달리는 명마라 아무 문제 없다네.” 딱하게 여긴 사람들이 다시 물었다. “말이 아무리 잘 달린다 해도 길을 잘못 들었으니 빨리 달릴수록 목적지와 더 멀어질 뿐이잖으냐.” 어느 일이나 처음부터 길을 잘 들어서야 한다. 공연히 좋은 말만 믿고 노잣돈이 많다거나 마부가 좋다고 마음 놓고 마냥 틀린 길을 달려가면 길은 더욱 멀어질 뿐이다. – 참조: 홍사중 문화마당(‘헛 달리는 馬車,’ 조선일보 2001년 11월 6일)

제품 설계와 개발의 본격적 실행 단계부터는 적지 않은 비용과 시간이 초래된다는 점, 그리고 한 번 본격적으로 일이 시작되면 이를 되돌리기 쉽지 않다는 점(몇 가지 이유: 그간 투자된 비용과 시간이 아까워서 또는 프로젝트에 대한 감정적 애착이 형성되어서 등)을 고려해볼 때, 초반 국면의 올바른 방향 설정과 명확한 계획은 중요하다.

2.2 아무도 가지 않았던 새로운 길을 열어가는 단계이다.

다른 기업의 제품을 개선하거나 변화를 주는 제품 개발은 불확실성이 크지 않다. 이미 많은 것이 알려졌기 때문이다. 그러나 최초 제품의 경우에는 모든 것이 불확실하다. 기술적으로 가능할지도 모르고 대량 제조가 가능할지도 모른다. 더욱이 어떤 소비자가 어느 정도로 원하는지도 모른다. 초반 국면은 이러한 가능성을 하나씩 탐색하고 확인하는 단계이다. 따라서 그만큼 어렵고 또 그만큼 중요한 것이다.

어떤 새로운 기술 또는 새로운 시장에 대한 사전 예측은 어렵다. 이에 비해 사후 결과에 대한 해석은 너무도 쉽다. 아마존닷컴의 예를 생각해보자. 사람들은 이제 인터넷에서 책을 파는 아마존의 아이디어가 너무 당연하다고 말할 것이다. 그러나 초창기 아마존닷컴의 주식이 10달러에 팔렸을 때 그 가치를 인정하고 이를 구입한 사람은 극소수였다(참조: 1997년에 상장한 아마존 주식은 2022년 4월 1일 3,271.20달러였다).

콜럼버스의 달걀: 누구라도 배를 몰고 대서양 서쪽으로 가면 신대륙을 발견할 것이라고 주변 사람들은 크리스토퍼 콜럼버스(1446?~1506)를 빈정댔다. 그러자 불현듯 콜럼버스는 달걀의 뾰족한 곳이 밑으로 가게 탁자 위에 세울 수 있겠냐는 질문을 던졌다. 그걸 누가 못하겠냐며 사람들이 몰려들어 세워보려 애썼으나 아무도 달걀을 세울 수 없었다.

그러자 콜럼버스는 달걀의 뾰족한 부분을 탁자 위에 톡 쳐서 약간 깨뜨린 다음 똑바로 세웠다. 그러자 사람들은 그렇게 세우는 거는 누구나 한다고 말하자, 콜럼버스는 말했다. "바로 그거다. 누가 세운 뒤에는 아무라도 쉽게 세울 수 있다. 새로운 땅을 발견하는 탐험도 이와 마찬가지다. 누가 한 다음에는 아무라도 쉽게 하는 법이다. 그러기에 남이 하지 못한 일을 처음 하는 것이 어려운 법이다."

2.3 본격적 실물화 개발에 앞선 준비 단계이다.

제품 개발은 시간도 오래 걸리지만 이를 위한 여러 자원도 필요하다. 사람, 조직, 운영방침, 보상, 자금, 설비, 원자재 등은 본격적 활동이 일어나기에 앞서 마련되거나 확보 방안이 세워져야 한다. 초기의 준비 상태가 좋을수록 나중에 일을 제대로 하고 또한 수월하게 한다.

또한 이에 더해 제품 개발 이후에 대한 것도 미리 계획을 세워야 한다.

"창업 초기 단계에선 자금을 유치하고 제품 개발에 집중하는 것으로 만족하기 쉽다. 하지만 제품을 개발하는 동시에 마케팅 계획도 나와야 한다. 그래야 제품이 사장되지 않고 곧바로 매출을 일으킬 수 있기 때문이다." – Dan Simon(PR 컨설팅회사 Vested의 CEO)

초반 국면부터 전체를 조망하는 치밀한 전략을 갖고 제품 개발한다면 개발 과정도 일관성 있게 진행될 뿐 아니라 시장에 들어갈 때도 만반의 준비가 완료된 상태에서 들어가므로 최대 성과를 거둘 수 있다.

권투를 잘하는 포켓몬은 '홍수몬', 거북이를 닮은 놈은 '꼬부기' 각 캐릭터의 한국 이름 짓느라 1년이 걸렸다고 한다. 피카추는 미국 시사주간지 타임이 '1999년 베스트 인물'로 선정되었다. 포켓몬의 인기 비결은 '진화–수집시스템'으로 제작사 닌텐도는 끊임없이 새로운 캐릭터를 만들어냄으로 아이들에게 계속해서 흥미를 유발하였다. '포켓몬스터'에 내면에 감춰진 일본 문화상품의 치밀한 전략은 매우 결정적이었다. 맨 처음 계획해서 게임, 애니메이션, 캐릭터 상품, 출판만화 등으로 차근차근 시장에 나오는 데 5년이 걸렸다. 제작사는 인기를 우연에 맡겨 그냥 '생기게' 하지 않고 짜임새 있게 하나씩 '만들어' 나갔다. – 참조: 인기해부학–포켓몬, 끝없는 진화(조선일보, 2000년 2월 13일)

2.4 초반 국면에서 반드시 하고 넘어가야 할 과업, 후속 단계로 미뤄도 될 수 있는 과업에 대한 구분과 규명이 이뤄진다.

어떤 과업은 반드시 초반 국면에서 해야하지만, 어떤 것은 제품 설계와 실제 개발을 하면서 해도 괜찮은 것 또는 오히려 더 나은 것이 있다. 예를 들어, 표적시장, 고객의 욕구와 선호도, 제품 개념(What the product would be and do?), 제품의 상세 항목(the product's features, attributes, design specifications and requirements)에 관한 내용은 초반 국면에서 비교적 명확히 규정하여야 한다. 반드시 해야 할 것을 초반에 하지 않고 후속 단계로 들어간다면 혼선과 혼란을 야기할 수 있다. 따라서 이러한 구분과 규명이 일어나는 초반 국면은 그만큼 중요한 것이다.

2.5 적지 않은 시간이 초반 국면에 낭비(?)된다.

Smith와 Reinertsen(1998)은 제품 개발 주기의 절반 정도가 실제 제품 개발이 수행되기도 전에 사라진다고 하였다. 물론 연구자에 따라 초반 국면의 시간적 길이에 대한 인식 차이는 있지만, 전체 개발 기간의 상당 부분을 초반 국면이 차지한다는 점에 동의하고 있다.

우리 삶에서도 무엇을 할지 생각하는데, 그리고 이를 할지 말지 망설이는 데 보내는 시간이 그 일을 실제 하는데 쓰는 시간보다 더 오랜 경우가 많다. 초반 국면의 적지 않은 시간 낭비가 있다는 점에서 초반 국면의 단축 또는 가속화에 관한 관심은 높은 편이다.

연구 논문을 써본 사람들은 많이 경험했겠지만, 실제 자료 수집을 하고 논문을 써 내려가는 시간보다 어떤 주제의 논문을 쓸지에 대한 고민의 시간이 더 오래 걸린다.

CHAPTER

07

신제품 아이디어의 원천과 관리

어떠한 기업도 현재의 제품과 시장에 영원히 의존할 수 없다. 시장은 변화한다. 변화 속에서 새로운 성장 기회(growth opportunities)를 포착해야 지속할 수 있다. 실제로 찾아보는 노력만 제대로 한다면 자신이 풍부한 시장 기회에 둘러싸여 있음을 깨닫게 될 것이다. 만약 그러한 기회가 현재 보이지 않는다면 스스로 기회를 만들어야 한다.

- 시장은 존재하지 않는다, 그것은 만들어질 뿐이다(Markets do not exist, they are created). - 모리타 아키오(盛田昭夫, SONY 회장)
- 진정한 발견은 새로운 땅을 찾는 것이 아니라 새로운 눈을 갖는 것이다. - 마르셀 프루스트(Marcel Proust, '잃어버린 시간을 찾아서'의 저자)

고객 확보를 위해 기업은 사활을 건 경쟁을 한다. 승리를 위해 기업은 유통망 확장, 광고/SNS 활동, 가격 인하 등의 제반 노력을 기울인다. 이 책이 다루는 신제품 개발은 고객 확보에 영향을 미치는 주요 활동 중 하나이다. 신제품 하나의 성공으로 인해 시장 위치가 급격히 바뀌기도 한다(예 기아의 '봉고'-1980년, '하이트' 맥주-1993년, 애플의 '아이폰'-2007년).

6장에서 제품 개념을 살펴보았다. 여기서는 이러한 제품 개념의 소재이자 제품 혁신을 유발하는 신제품 아이디어를 살펴보겠다. 특히 어디서, 어떻게 아이디어를 확보할지를 중심으로 살펴보겠다.

그림 7.1 신제품 개발을 유발하는 핵심 아이디어들(혜택, 형태, 기술 등)

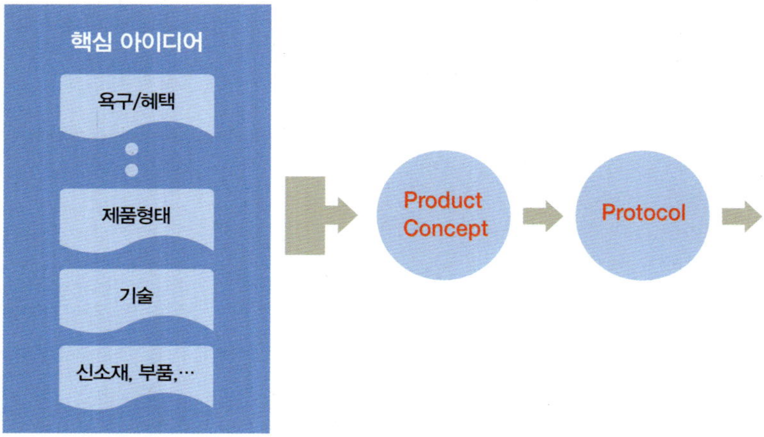

다량의 그리고 양질의 아이디어 확보를 위해서는 아이디어 원천에 대한 이해와 관리가 필요하다. 우선 아이디어의 유형을 살펴보겠다. 그런 다음 아이디어 유형 중 '이미 있는 아이디어'의 원천들로 어떠한 것이 있는지를 살펴보고, 마지막으로 아이디어 원천에 대한 관리를 살펴보겠다.

Section 01

신제품 아이디어의 유형

1 아이디어의 중요성

신제품 개발은 새로운 가치의 기회 포착(opportunity identification and selection)으로부터 시작된다. 아이디어가 없다면 신제품 개발의 실현은 어렵다. 즉 신제품 개발은 누군가의 아이디어로부터 비롯된다. 물론 아이디어만 있다 해서 신제품이 개발되는 것은 아니다. 그러나 무언가 촉발하는 아이디어가 없다면 신제품 탄생은 어렵다. 그런 점에서 볼 때 아이디어 생성과 밀접한 창의력은 신제품 개발에서 중요한 역량이다. 모든 개발 단계에서 창의력이 필요하지만, 특히 [2단계]에서 중요하다. 결국 시장에 도입되는 신제품은 그 단초가 되는 아이디어 수준에 비례한다.

그림 7.2 **신제품 아이디어와 최종 제품 경쟁력의 비례 관계**

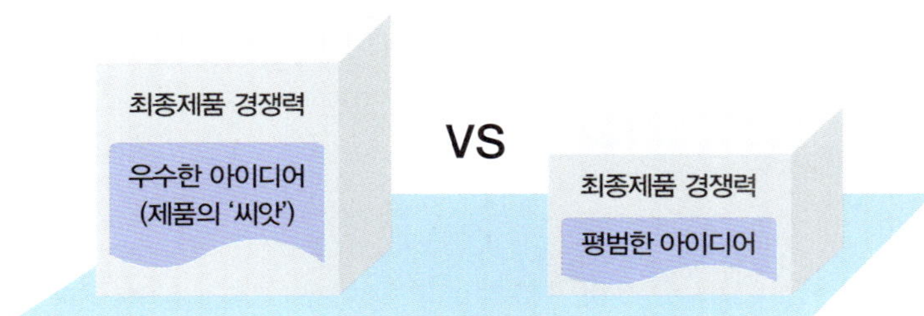

2 신제품 아이디어의 두 가지 유형

아이디어를 보는 관점에 따라 여러 분류가 가능하지만 여기서는 다음 두 가지로 분류하겠다.

첫째, '이미 있는 아이디어': 누군가에 의해 이미 개발(착안)되어 어딘가에 존재하는(그렇지만 아직 활용되지 않은) 아이디어이다. 이러한 아이디어는 주로 사내 구성원, 소비자, 유통업자, 공급상, 2차 자료 등에서 발견된다. 신제품 아이디어의 40~50%는 이미 만들어진(ready-made) 것에서 나온다는 점(Crawford and Benedetto, 2008)에서 이미 있는 아이디어의 활용은 중요하다. 또한 새로운 것을 만드는 데 비해 이미 있는 것의 활용이 수월하기에 기업은 이를 먼저 확인하는 것이 바람직하다.

둘째, '새롭게 개발하는 아이디어': 신제품 개발 과업의 필요성을 인식한 기업이 이를 위해 직접 개발하는 아이디어이다. 즉 현재의 문제를 규명하고 이를 바탕으로 해결방안을 기업 내부에서 새롭게 창출하는 것이다. 아이디어 창출에 도움이 되는 여러 기법이 있다. 예를 들어, 브레인스토밍, 이연연상(Bisociation), 문제에 기반한 아이디어 개발법, 시나리오 기법, 컨조인트 분석 등이 있다. 이들 기법은 흥미롭고 유용하지만, 이 책에서는 이를 간략히 다룰 예정이다.

그림 7.3 아이디어의 두 가지 유형

신제품 아이디어는 이런 두 가지 유형으로부터 도출된다.

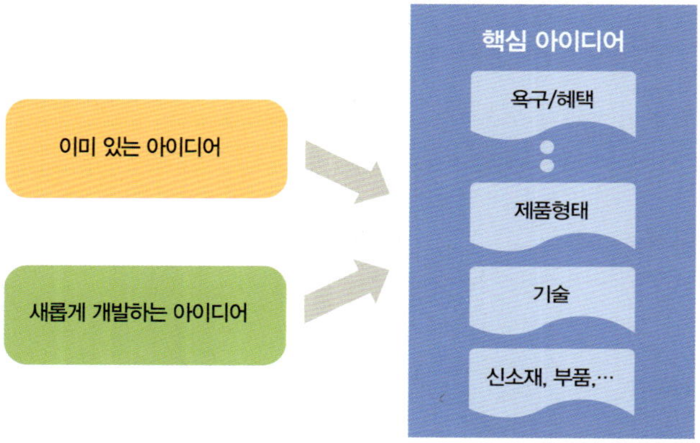

'새롭게 개발하는 아이디어'는 물론 훌륭한 방법이다. 누군가의 아이디어가 아니기에 기업의 소유권 주장도 용이하다는 장점도 있다. 그러나 새로운 아이디어를 매번 생각하는 것이 그리 쉬운 일은 아니다. 그래서 '이미 있는 아이디어'를 발굴해서 활용하는 방법이 많이 쓰인다. 이에 따르는 단점도 존재하지만 다른 개체의 아이디어를 폭넓게 활용하기에 아이디어는 무궁무진하다. 물론 두 가지를 혼용해서 사용해도 된다. 즉 '이미 있는 아이디어'를 규명하고 이를 기반으로 '새롭게 개발한 아이디어'를 부가하여 아이디어를 수정, 향상, 변형시키는 방식도 가능하다.

이상과 같이 신제품 아이디어의 창출(idea generation)은 개발 과업을 위해 내부(신제품 개발팀)에서 직접 개발하는가, 아니면 어딘가 이미 존재하는 누군가의 아이디어를 찾아서 활용하는가의 두 가지 방법이 있다. 7장에서는 후자를 중심으로 설명한다.

Section 02

'이미 있는 아이디어'의 탐색

'이미 있는 아이디어'는 다양한 원천들(sources of ideas already generated)로부터 나온다. 이들 원천을 여기서 다루겠다. 이에 대한 지식은 아이디어 원천에 대한 포괄적 시각을 가지게 하고, 또한 소홀하거나 누락 없이 이들 모두 활용하는데 도움이 될 것이다. 한편 아이디어 원천별로 제시되는 사례는 신제품 아이디어에 대한 통찰력(insight)과 영감(inspiration)을 얻는데 도움이 될 것이다.

1 '이미 있는 아이디어'에 대한 개관

'이미 있는 아이디어'의 원천은 실로 다양하지만, 기업 내부와 외부로 크게 양분할 수 있다.

그림 7.4 **'이미 있는 아이디어'의 원천**

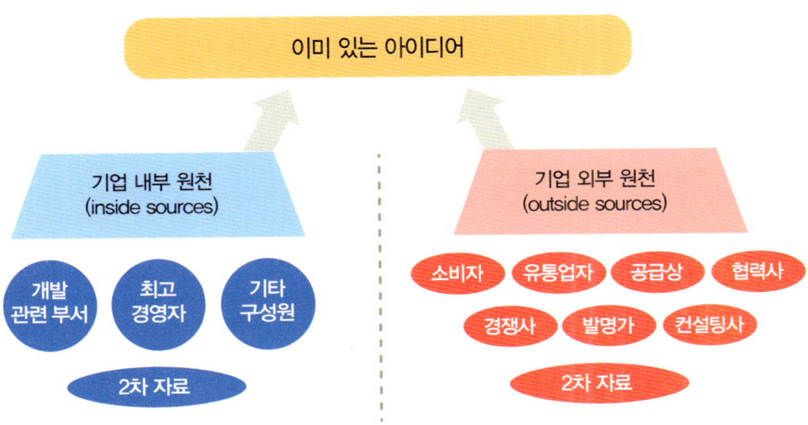

참조: Crawford and Benedetto(2008, p.97), "Sources of Ready-Made New Product Concepts"의 수정

[그림 7.4]에서 보는 바와 같이 기업 내부 원천으로는 신제품 개발과 밀접한 기능 부서(예 마케팅,

연구개발, 엔지니어, 생산), 최고경영자, 기타 구성원(예 재무, 인사, 회계, 총무)이 있다. 한편 기업 외부 원천으로는 소비자, 유통업자, 공급업체, 연구소, 발명가, 경쟁사, 컨설팅 회사, 기술평가 회사, 협력사(조사회사, 광고회사), 일반 대중 등이 있다. 또한 기업 내부와 외부에 축적된 2차 자료(예 매출 및 영업, A/S, 불평 자료, 신기술 동향, 경제 예측, 사회문화, 인구통계 추세, 해외시장 현황, 신기술 지원 정책, 공단 조성, 탄소 및 공해의 새로운 규제) 역시 중요한 원천이 된다.

사실 기업과 관련되는 모든 주체 및 환경은 아이디어 원천이 된다. 신제품과 밀접한 주체(예 연구개발팀, 고객, 경쟁사 등)뿐 아니라, 이와 관련성이 희박한 주체와 요소(예 비고객, 이종 제품, 기술, 산업 등) 역시 아이디어 원천으로 활용될 수 있다.

2 기업 내부 아이디어의 원천

2.1 신제품 개발과 밀접한 기능 부서

신제품 개발과 직접 연관되고 이를 책임지는 부서로는 마케팅, 연구개발, 디자인, 생산 부서 등이 있다. 이들은 다량의 자료를 축적하고 있으며 개발 업무를 직접 하기 때문에 제품 아이디어를 보유하는 경우가 많다. 대부분의 신제품은 이들 부서의 구성원들로부터 비롯된다.

> 고객에게 물어보지 마라! 고객은 알고 있는 것이 없다. 누군가에게 유익한 것을 만드는 것은 전적으로 생산자에게 달려있다. 고객은 여태까지 무엇을 만들어 본 적이 없는 사람들이다. 고객이 무엇을 사고 싶어 하는지의 예측은 생산자가 해야 할 업보이다. – W. E. Deming(품질경영의 대가).

이들이 중요한 아이디어 원천임에는 분명하지만, 아이디어를 전적으로 이들에게 의존하는 것은 한계가 있다. 몇 가지 이유를 들면 다음과 같다.

- 기존 제품, 시장 및 기술로 시야가 한정되어 있다.
- 신제품의 성공 여부에 따라 자신의 업적이 평가받기에 성공 가능성이 큰 안정적이고 보수적 아이디어를 선호한다.
- 일상적 업무에 매몰되기에 전혀 새로운 것을 발상하기 어렵고, 시간이 오래 걸리는 어떤 미지의 새로운 프로젝트에 몰두하기 어렵다.

2.2 최고경영자

최고경영자는 신제품 아이디어에 대해 누구보다 관심이 많은데 그 이유는 기업 성패에 따른 영향을 누구보다도 많이 받는 구성원이기 때문이다(Priem, 1990). 규모가 작을수록 최고경영자의 역할과 역량은 중요하다. 최고경영자의 경영철학, 가치관, 비전, 경험은 아이디어의 원천이 되기도 하고 또한 이의 판단 기준이 되기도 한다.

- 여행용 가방은 원래 바퀴가 달려있지 않았다. 무거운 가방을 힘겹게 들고 가족과 함께 공항으로 가던 40대 가장은 바퀴 달린 평판(平板)에 무거운 기계를 놓고 쉽게 끄는 남성을 발견했다. 여행 가방에 바퀴를 붙이는 착상이 떠올랐다. 그가 바로 1972년 바퀴 달린 여행 가방으로 최초 특허를 받고 유에스 여행 가방(U.S. Luggage)'의 창업주가 된 Bernard D. Sadow이다. 그 후 바퀴 달린 캐리어는 여러 차례 혁신을 거듭했다. 1980년대 말 노스웨스트 항공사 조종사 Bob Plath는 바퀴 2개를 빼고 손잡이가 넣었다 뺐다 하는 여행 가방을 생각하여 여행 가방 회사인 '트레블프로(Travelpro)'의 전신인 '롤어보드(Rollaboard)'를 세웠다. 한편 전기모터 장치를 한 여행용 가방이 2016년 개발되었는데 이것은 이용자 자신이 운전하고 탈 수도 있고 기내에 휴대할 수도 있다.
- 에디슨이 전구를 개발하자 양초 회사의 매출은 점점 감소하였다. 하루는 위기에 처한 양초 공장을 돌아보던 사장이 한 직원이 공기주입기를 끄지 않고 식사 간 것을 발견하였다. 양초에 쓸모없는 공기가 계속 주입되는 것을 한참 물끄러미 바라보던 사장은 잠시 눈빛이 반짝였다. 다음 날 사장은 우리가 만들 제품은 이제 양초가 아니라 비누라고 선언하였다. 당시 주부들은 강가에서 빨래하다가 손에서 미끄러진 비누가 강바닥에 가라앉아 비누를 찾지 못하는 불편함이 있었는데, 비누에 쓸모없는 공기를 집어넣자 물에 뜨는 비누가 만들어지게 된 것이다. 이것은 P&G의 아이보리 비누의 탄생 이야기이다.

최고경영자의 아이디어는 다른 구성원의 것보다 훨씬 신속히 개발 착수된다. 이러한 점이 장점으로 작용하기도 하지만 때로는 기업에 큰 손해를 끼치기도 한다. 애플 창업자인 스티브 잡스는 이러한 장단점의 사례를 고루 보여주고 있다.

조직 특성상 최고경영자가 발의한 아이디어에 부정적 견해를 제시하기는 어렵다. 또한 객관적으로 평가하기도 쉽지 않다. 의사결정과정이 민주적이고 개방적인 조직이 폐쇄적이고 제왕적인 조직에 비해 신제품 개발이 활발하고 성과가 좋은 이유는 모든 아이디어에 대한 객관적이고 건설적 비판이 가능하기 때문이다.

- 어떤 사람은 스티브 잡스가 시장 조사에 크게 의존하지 않는 것을 신기해했다. '제품의 황제'였지만 역설적으로 스티브는 사람들이 뭘 원하는가에 관심을 두지 않았다. 대신 스스로 세계 최고의 소비자였다. 그는 늘 자기 자신이 무엇을 원하는가에 유별나게 촉각을 곤두세웠다. "내 상품을 원하지 않으면 그냥 내버려 두라고 해. 사지 말라고 해"라고 외치는 걸 여러 번 들었다. 그는 우리 삶을 더 만족스럽게 만드는 방법에 대해 묘한 촉수를 갖고 있었다. 그런 감각이 매킨토시, 아이팟, 아이폰, 아이패드를 만들어냈다. 다른 상품들이 따라갈 수 없는 독특한 외양과 스타일, 사용자 친숙한 환경을 가진 상품들 말이다. 스티브의 상품들은 숨 막히는 디자인을 지녔다. - Steve Jobs와 함께 애플의 초석을 다진 Jay Elliot 애플 수석부사장(참조: 중앙일보, 2011년 10월 7일).
- '고객에게 그들이 원하는 것을 줘야 한다'라고 하는 사람도 있다. 그러나 그것은 내 방식이 아니다. 우리의 일은 고객이 욕구를 느끼기 전에 그들이 무엇을 원하는지를 파악하는 것이다. 사람들은 직접 보여주기 전까지는 자신이 무엇을 원하는지 모른다. 그것이 내가 절대 시장 조사에 의존하지 않는 이유다. 아직 적히지 않은 것을 읽어내는 것이 우리의 일이다. - Steve Jobs

2.3 여타의 기업 구성원

고객과 직접 접촉하는 영업 직원과 고장 수리 직원, 고객 불만을 접수하는 콜센터 직원은 고객들의 욕구, 문제, 불만에 대한 정보가 많다. 이러한 정보는 신제품 아이디어로의 잠재력이 있다. 이들의 아이디어 제안이 활발히 이루어질 수 있도록 도움이 되는 장치를 마련하고 동기유발을 해야 한다. 의견함(suggestion box), 컨테스트, 아이디어 키오스크(kiosk) 등은 이러한 노력의 일환이다.

- 캐나다의 온타리오에 소재한 핵에너지 업체인 브루스 파워에서는 직원들의 아이디어를 모으기 위해 공장 내에 10개의 특수 목적 키오스크를 설치하였다. 이것은 ATM 기계처럼 생겼다. 책상에 앉아서 일하지 않는 공장 근로자들이 편리하게 아이디어를 제안할 수 있도록 이러한 도구를 마련한 것이다.
- 웅진코웨이는 기존의 사내 제안 제도에 직원들 참여가 저조해지자 2008년 4월 '상상(想像) 오션(ocean)'이라는 새로운 아이디어 제안 방식을 도입하였다. 직원들이 아이디어를 낼 때마다 현금 100원에 해당하는 '새우' 1마리를 포인트로 주고 새우 100마리부터는 현금 교환할 수 있게 했다. 또 새우 1만 마리에 해당하는 돌고래를 3마리 이상 모은 직원에게는 '항해사'라는 자격을 줬다. 효과는 예상 밖으로 좋았는데, 2007년 월평균 1.36건이었던 직원 1인당 아이디어 제안 건수가 2010년에는 11.8건으로 껑충 뛰었다.
- 일선에서 일하는 사람들만이 매장에서의 실상을 제대로 알고 있다. 최고 아이디어는 평사원에게서 나온다. 조직 하부까지 책임감을 부여하라. 그리고 그 안에서 아이디어가 솟아나도록 하라. 당신은 동료들이 무슨 말을 하는지 '들어야만' 한다. - Sam Walton(월마트의 창업 회장)

2.4 2차 자료(내부 축적 자료)

내부에 축적된 기업 자료(예 영업실적, 판매촉진 및 광고집행, 보류된 연구개발 과제 등)로부터 아이디어는 도출될 수 있다. 이들 자료를 단편적으로 보거나 사장시키지 말고, 자료들 간의 연관성을 입체적으로 검토하고 자료 이면을 심도 있게 고민한다면 의미 있는 아이디어를 얻을 수 있다.

기업 내부 원천은 다음에 살펴볼 외부 원천보다 사용 접근성이 좋은 편이다. 또한 제품, 기업 특성에 따라 내부 원천이 최선인 경우도 있다.

- 식품 제조업체는 거의 내부 원천을 통해 아이디어를 개발한다. 자기들만의 콘셉트로도 이미 충분하기 때문이다. 소비자들의 아이디어 제안은 반복적이고 낡은 것이 대부분이기 때문에 별로 도움이 되지 않는다. 또한 매년 수많은 고객 아이디어를 훑어보는 것조차 불가능하다.
- 내가 만약 고객 의견에만 귀를 기울였다면, (자동차가 아니라) 더 빨리 달리는 말을 만들었을 것이다. – Henry Ford('자동차 왕')

조직 내부 아이디어를 유용하게 사용하려면 이러한 아이디어가 활발하게 창출될 여건을 마련하여야 한다. 창의적 조직 조성을 위한 조직 문화, 조직구조, 리더십, 의사소통, 역량 있는 구성원의 충원, 적절한 보상 및 동기부여 등은 이러한 노력과 연관된다(참조: 15장).

3 기업 외부 아이디어의 원천

기업 내부의 원천만으로 아이디어는 충분하지 않다. 기업 외부의 다양한 아이디어 원천을 활발히 탐색해야 한다. 현장 및 시장에 귀를 기울여야 한다.

> 기업들은 시장의 힘이 생산자에서 소비자로 넘어갔다는 사실을 인식해야 한다. 기업 전략과 관련된 중요한 결정은 이제 기업이 하는 것이 아니고, 소비자들이 한다. – John Sculley (애플컴퓨터 전 회장)

3.1 소비자(고객)

소비자는 제품 및 서비스를 구매하고 사용하는 개인 또는 조직이다. 그들은 구매 및 사용 경험을 통해 해당 제품에 대한 많은 것을 알고 있다. 또한 소비자는 기업이 예상 못 하던 방식으로 제품을 사용하기도 하고 이를 통해 기업이 보지 못한 문제점 및 결함을 발견하기도 한다. 소비자는 기업이 가장 중요시해야 할 신제품 아이디어의 보고(寶庫)가 아닐까 한다.

- 2007년 국내 승강기 제작 회사에 서투른 손 글씨의 편지 한 통이 도착했다. 편지는 안양시 평촌의 한 초등학교 여학생이었다. 그 아이는 승강기 내부에 취소 버튼을 설치해 잘못 누른 숫자를 취소할 수 있게 하고, 감시 카메라를 설치해 사람이 위험에 처하면 경비원이 승강기를 1층으로 강제 복귀하게 해달라는 부탁을 했다. 그 아이는 애들이 장난으로 승강기 버튼을 1층부터 모두 눌러 놓아 불편했던 일, 최근의 승강기 범죄 소식에 불안한 마음으로 이런 제안을 한다고 밝혔다. 승강기 회사는 그 아이의 의견 중 일부를 적극적으로 수용해 제작에 반영했다. 이제는 익숙해진 승강기 취소 버튼은 이렇게 탄생했다. 덕분에 잘못 눌렀거나 불필요한 층에 정거하는데 소요되는 자원 낭비를 줄일 수 있게 되었다. – 참조: Channel(삼정KPMG 뉴스레터), 2014년 2월호, p.15.
- 티셔츠를 판매하는 미국의 패션 기업인 Threadless.com은 기업 내부의 디자이너가 신제품 옷을 디자인하는 전통적 방식과 달리, 고객들이 새로운 티셔츠 디자인을 고안하고 이를 웹사이트에 올리면 다른 고객들이 새로운 디자인을 평가한 후, 매주 높은 점수를 받은 고객 디자인이 기업의 실제 신제품 티셔츠로 판매되는 방식을 따른다.
- 크라이슬러는 픽업 차량의 많은 운전기사들이 대형 컵 홀더를 스스로 설치하는 것을 관찰하고, 자사의 램 픽업 트럭에 32온스 컵 홀더를 구축하는 아이디어를 떠올렸다.
- 신제품 아이디어 99% 고객 머리에서 나왔다. 여기에 더해 '고객의 고객'을 만나야 한다(예 의사의 불편함뿐 아니라 환자의 고충을 이해하기 위해 이 기업은 수술실까지 들어가기도 한다). – '메드트로닉'(세계 최대 의료기기 회사)

고객 아이디어 또는 의견을 구하는 것은 기업에만 해당하는 것은 아니다. 글을 쓰는 작가도 주제나 소재를 독자로부터 구하는 경우가 적지 않다. 오늘날까지 많은 아동이 즐겨 읽는 미국의 'The Boxcar Children' 시리즈물은 G. C. Warner가 고객 욕구를 간파하고 이를 충족하려는 동기에서 집필이 시작되었다. 또한 고객 편지에 담긴 욕구를 집필에 반영하기도 하였다.

Gertrude Chandler Warner discovered when she was teaching that many readers who like an exciting story could find no books that were both easy and fun to read. She decided to try to meet this need, and her first book, The Boxcar Children, quickly proved she had succeeded. When Miss Warner received requests for more adventures involving Henry, Jessie, Violet, and Benny Alden, she began additional stories.

In each, she chose a special setting and introduced unusual or eccentric characters who liked the unpredictable. During her lifetime, she received hundreds of letters from girls and boys telling her how much they liked her books. And so she continued the Aldens' adventures, writing a total of nineteen books in the Boxcar Children series. – 참조: The Boxcar Children 저자의 머리말.

3.2 선도 사용자(lead user)

선도 사용자는 해당 제품을 가장 많이 사용하기에 제품을 속속들이 알고 있다. 장단점뿐 아니라 문제 개선에 대한 아이디어가 있을 수도 있다. 기업은 고객들로부터 아이디어를 얻는데, 특히 선도 사용자로부터 좋은 아이디어를 얻을 수 있다. 선도 사용자는 물론 고객(소비자)에 해당하지만, 그 중요성이 크기에 이렇게 따로 유형화해서 설명한다.

선도 사용자는 두 가지 특성이 있다.

첫째, 현재 제품이 가진 문제에 대한 해결로 인해 가장 많은 이득을 얻는 집단이다. 예를 들어, 염색약(또는 샴푸)의 선도 소비자는 미용사이다. 미용실에서 염색을 전문적으로 또는 가장 많이 사용하기 때문에 염색약의 문제점을 일반 소비자보다 더 많이 겪고 있다. 염색약의 문제가 해결되면 가장 큰 혜택을 얻기 때문에 기업의 문제 해결에 적극적으로 협조하기도 한다.

둘째, 추세를 앞서가는 집단이다. 배드민턴 선수는 일반 동호인보다 신제품 트렌드를 미리 접하고 이를 앞서서 취한다. 그래서 인플루언서 역할을 하기도 한다.

기업은 선도 사용자를 중히 여기고 이들로부터 아이디어를 얻는 방법을 강구해야 한다.

경기도 김포에서 20여 명 직원들과 14년째 활을 만들고 있는 삼익스포츠 이봉재 사장은 이번 아테네 올림픽에서 월계관을 쓰지 않은 '4관왕'이었다. 그가 만든 활을 사용한 선수들이 올림픽 양궁에 걸린 4개의 금메달을 모두 휩쓸었기 때문이다. 그는 자신의 성공을 세계 최고의 궁사(弓士)인 한국 선수들에게 돌렸다. 그는 "남자팀의 장용호 선수는 활을 한번 당겨보면 접착이 어디가 불량인지까지 잡아낸다."라면서 "최고의 소비자를 곁에 두고 있는 것이 경쟁력의 비결"이라고 말했다. – 참조: 조선일보, 神弓 만든 삼익스포츠, 2004년 8월 31일

선도 사용자는 때로 자신의 아이디어를 직접 제품화하기도 한다. 이러한 노력이 신생 기업의 탄생으로 이어지기도 한다.

- 신제품 개발은 그 제품의 필요성을 절실히 느끼는 사람이 많이 한다. 미하일 칼라시니코프(Mikhail Timofeyevich Kalashnikov)는 전우들을 더는 잃고 싶지 않은 마음에서 자동소총, 즉 AK47을 개발하게 되었다.
- 조깅 스트롤러(jogging stroller)는 일반 유모차처럼 아이들을 태울 수 있지만, 바퀴가 달려서 어른이 유모차를 밀면서 달릴 수 있도록 만들어진 제품이다. 그런데 이 제품을 만든 사람은 평범한 젊은 아버지였다. 조깅을 하고 싶었지만, 아내의 등쌀에 못 이겨 아이 유모차를 밀어야 했던 그는 두 가지 일을 동시에 하기 위해 자신의 차고에서 자전거 바퀴를 떼서 유모차에 붙였다. 이 물건을 인터넷을 통해 홍보하기 시작하자 많은 사람이 '이 물건을 어떻게 하면 구할 수 있어요?'라고 묻기 시작했다. 그는 결국 본격적으로 회사를 차려서 조깅 스트롤러를 팔게 됐다. – 참조: 조선일보, 2014년 8월 16일
- 제시카 알바가 2011년 공동 창업한 친환경 유아 및 가정용품 업체인 '어니스트 컴퍼니'가 1주당 16달러로 나스닥 기업공개(IPO) 공모 가격을 책정했다. 제시카 알바는 자신의 첫아이가 유아용 세탁 세제에 알레르기 반응을 일으켜 충격을 받고, 화학물질이 없는 저자극성 제품을 구입하려 고군분투한 후 직접 (제품을) 만들기로 결심했다. – 참조: 매일경제, 2021년 5월 5일

'오타쿠'는 선도 사용자에 해당한다. 오타쿠(お宅, おたく)는 1970년대 일본에서 만화나 애니메이션, 게임 등의 취미를 가진 사람들이 동호회에서 상대방을 높여 부르는 호칭인 '댁(お宅)'로부터 유래되었다. 오타쿠란 어떤 대상(사물 또는 사람)에 대해 보통 수준을 훨씬 뛰어넘는 몰입을 하는 사람을 흔히 의미한다. 예를 들어 게임 오타쿠는 게임의 모든 것(역사, 유형, 기업과 제품별 특장점)에 대해 꿰뚫고 있다. 새로운 게임이 출시되면 누구보다 먼저 구입해서 며칠 동안 틀어박혀 이를 완전 터득하고 만다. 게임의 오류, 문제점과 한계점 등 개발자가 미처 생각하지 못했던 점까지도 끄집어내 그들만의 리그에 있는 사람들과 의사소통 한다. 과거에는 애니메이션 등 서브컬처 분야에만 한정해 사용했으나 최근에는 어떤 한 분야에 깊게 심취하는 사람을 두루 일컫는다.

3.3 유통업자

생산업체와 최종 소비자 사이에는 다양한 이름으로 유통 기능을 수행하는 중간상(intermediary, 유통경로 구성원)들이 있다. 이들 중간상은 생산자로부터 상품을 구입하여 소비자에게 팔기도 하며(예 도매상, 소매상), 상품 구입은 하지 않지만 살 사람과 팔 사람을 연결해 주는 역할을 수행하기도 한다(예 중개상, 브로커). 수송, 창고, 금융 등 역시 유통에 도움을 주는 유통경로 구성원이다.

제조업체는 유통경로 구성원과의 협력을 통해 신제품 개발을 효율적으로 수행할 수 있다. 특히 유통업자는 제조업체보다 한 발짝 더 시장에 가깝게 위치한다. 고객 정보, 시장 움직임에 한층 더 밀접하기에 이들은 신제품 아이디어의 중요 원천이 된다.

3.4 소재 개발 업체 또는 공급업체

공급상(suppliers)은 기업 활동에 필요한 원자재, 부품, 보조용품을 공급하는 업체(vendor)이다. 자동차 제조업체는 타이어, 유리, 페인트, 철판, 브레이크 패드 등 자동차에 들어가는 물건의 공급자와 긴밀한 협조를 해야 한다. 공급상은 신소재, 부품의 개발뿐 아니라 이에 대한 최신 정보를 가지고 있기 때문에 기업에 중요한 아이디어 원천이 된다. 우수 공급상의 확보와 이들과의 협조는 경쟁력 있는 제품 제조뿐 아니라 신제품 개발과도 연결된다. 고객을 사이에 두고 경쟁사와 경쟁하듯이 기업은 역량 있는 공급상을 사이에 두고 경쟁사와 경쟁한다.

3.5 경쟁사

경쟁사는 소비자의 동일 욕구를 충족시키려는 다른 조직체이다. 기업의 신제품 개발을 가장 자극하는 아이디어 원천은 바로 경쟁사일 것이다. 기업은 경쟁 제품을 분석하는 과정에서 신제품 아이디어를 발견한다. 예를 들어, 경쟁 제품의 고객이 사용 과정에서 느끼는 만족과 불만족 등을 조사하여 이를 개선한 제품을 출시하는 것이다.

3.6 광고회사

광고회사는 광고주인 기업을 위해 제반 광고 업무를 대행한다. 이러한 광고회사를 기업은 주요 아이디어 원천으로 대할 충분한 이유가 있다.

첫째, 광고 기획과 집행을 하는 과정에서 기업의 제품과 시장에 대한 깊이 있는 지식을 얻게 된다. 또한 여러 기업의 광고 대행 경험을 통해 다양한 시장(소비자)과 산업 전반에 대한 지식을 축적하고 있다. 이러한 폭넓은 정보와 경험은 아이디어의 기반이 된다.

둘째, 광고 제작물은 소비자를 설득해야 한다. 그런데 현재의 광고 제품에선 설득의 충분한 이유를 찾지 못하면 무언가 그럴듯한 새로운 설득 거리를 찾게 된다. 이러한 과정에서 발굴되는 그럴듯한 제품 소구점이 신제품 아이디어가 되기도 한다.

3.7 기타: 조사 회사, 대학 연구소, 전시회 등

조사 회사는 시장에 대한 다양한 조사를 하기 때문에 시장 전반의 흐름과 움직임을 알고 있다. 대학 및 국가 연구소는 상업 목적의 연구보다는 기초 연구를 많이 수행하지만 이들 기초 연구 중에는 상업적 잠재력이 있는 아이디어도 존재한다. 신제품 전시회, 기술 동향 세미나, 국내외 주요 연구소의 보고서 등은 시장 추세 및 전망, 향후 대두될 기술에 대한 정보를 제공한다.

3.8 2차 자료(외부에 축적된 자료들)

발명, 실용신안, 특허권에 대한 자료는 신제품 아이디어의 원천이 된다. 또한 거시환경 변수(예 경제, 금융, 정치, 사회문화, 인구통계, 국제 환경(환율, 무역장벽, 관세), 신기술 지원 정책, 공단 조성, 공해 규제)에 대한 자료 역시 아이디어 원천이 된다. 이들 내용은 기업이 향후 중점적으로 추구할 미래 방향을 제시한다.

> 사회적 이슈가 된 문제 해결을 위한 신제품: 멜라민이 들어간 분유, 골판지가 들어간 만두, 폐가죽으로 만든 가짜 고기 등으로 식품을 못 믿는 중국에서는 가정용 유해 물질 테스트기가 개발되었다. 이 기기는 수 분 내로 60여 개의 유해 물질을 검색하여 그 여부와 양을 알려준다. - 참조: 2013년 2월 중국 신화통신.

영화, 드라마, 인터넷에 떠도는 글, 사진, 유머, 댓글도 아이디어의 실마리가 된다. 이를 그냥 넘기지 말고 하나의 아이디어 가능성으로 인식할 필요가 있다. 어떤 관점에서 본다면, 지구상 존재하는 모든 존재(생물 및 무생물)는 신제품 아이디어의 원천이다.

> 생체 모방(Biomimicry 또는 Biomimetics)이란 지구상의 모든 생명체로부터 그들의 삶의 방식(생존 능력, 환경 적응력 등)에 대한 지혜를 배우는 것을 의미한다. 그리고 이로부터 인간이 처한 많은 문제의 해답을 구하는 것이다. 생체모방은 결국 자연이 이미 가지고 있는 문제의 해결책 또는 아이디어를 기업이 모방하는 것이다.

Section 03

'이미 있는 아이디어'의 원천에 대한 관리

시장 환경이 다이내믹하고 경쟁이 치열할수록 생존과 성장을 위해 경쟁사보다 더 나은 신제품을 더 빠르게 시장에 내놓아야 한다. 경쟁력 있는 신제품은 양질의 신제품 아이디어로부터 비롯된다. 아이디어가 활발한 기업은 혁신 제품, 성공 제품을 빈번하게 개발한다. 이에 반해 아이디어가 빈약하면 신제품 활동은 굼뜨게 되고 어쩌다 수행하는 과업도 별 볼 일 없는 제품 개발에 그치기에 기업 성과는 그저 그런 수준에서 벗어나기 힘들다.

모든 것은 아이디어에서 시작하기에 무엇보다 양질의 신제품 아이디어를 확보해야 한다. 아이디어를 수동적으로 받아들이지 말고 이를 적극적으로 관리해야 한다.

> 아이디어를 구하는 것은 사막에서 물을 찾는 것과 같다. 사막의 모래와 뜨거운 태양으로 인해 언젠가 지금 사용하는 물은 고갈된다. 생존을 위해 계속해서 새로운 수원지(水源地)를 찾아 나서야 한다. 물의 원천을 잘 찾는 부족이 오랜 기간 번성하는 것과 마찬가지로 신제품 아이디어 원천을 잘 찾고 이를 관리하는 기업은 시장에서 지속 성장이 가능하다.

새로운 아이디어의 개발뿐 아니라 누군가 이미 생각해낸 아이디어를 발굴하고 이를 이용하는 능력도 갖추어야 한다. 여기서는 후자인 '이미 있는 아이디어'의 관리를 중심으로 살펴보겠다.

> 스토아학파는 '가능한 한 많은 외적 이점을 획득하는 것'이 아니라 '무엇이든 우리 자신에게 속해 있는 것들을 현명하게 사용하는 것'을 인생 목표로 삼았다고 한다.

1 아이디어 관리가 오늘날 신제품 개발에서 중요해진 이유

우선 아이디어 관리가 왜 중요시되는지를 몇 가지 측면에서 살펴보겠다. 여기서는 주로 소비자(고객) 차원의 아이디어를 중심으로 살펴보겠다. 이들 내용은 여타의 내부 및 외부 아이디어 원천에도 적용된다(예를 들어, 아래의 설명 중 '소비자' 위치에 '유통업체,' '공급상'을 대체해도 된다).

1.1 소비자(고객) 아이디어 중요성의 인식 제고

전통적으로 신제품 개발은 기업이 새로운 아이디어를 내어 이를 개발하고 고객에게 일방적으로 판매하는, 즉 기업 주도 방식이었다. 이때 고객은 신제품을 구입하는 수동적 존재로 인식된다. 그러나 경영이 발달하고 고객 능력(customer competence)이 향상된 지금의 시대에서 고객 역할은 매우 중요하다. 때로 신제품 개발은 소비자와 협력적으로 수행하는 공동가치 창출(co-creation)로 인식된다(예 prosumer, modisumer 등).

- 덴마크 장난감 회사인 레고는 레고 아이디어(https://ideas.lego.com)란 별도의 웹사이트를 만들어 고객들이 직접 신제품 레고 세트 아이디어를 내고 다른 고객들이 그 아이디어에 대한 피드백을 제시하도록 하고 있다. 고객들이 제안한 다양한 아이디어 중, 고객들로부터 10,000개 이상의 지지를 받은 아이디어는 레고 본사 신제품 개발팀의 리뷰를 거쳐 실제 레고의 신제품으로 출시될 수 있다.
- 은행들이 고객의 머리를 빌려서 톡톡 튀는 신상품 아이디어를 찾아 나서고 있다. 고객의 마음은 고객이 가장 잘 안다는 판단에서다. 금융 소비자도 본인이 평소에 원하던 상품을 은행 측에 알릴 수 있고, 잘만 하면 상금까지 챙길 수 있으니 일석이조이다. 우리은행은 총 2,000만 원의 상금을 내걸고 신상품 아이디어를 찾고 있다. 당장 상품화하기 힘든 아이디어도 많이 들어오지만, 전반적인 고객 니즈를 파악하는 데 효과적으로 평가된다. 한편 신한은행은 은행 홈페이지에 '고객상품제안코너'를 마련해 고객들로부터 신상품 아이디어를 1년 365일 접수하고 있다. 실제로 지난해 부모님을 봉양하면 대출금리를 깎아주는 최우수상 작품이 상품화돼 출시된 바 있다. – 참조: 조선일보, 마켓 트렌드, 2007년 6월 28일
- 휴대전화 제조사들은 회사 밖에서 반짝이는 아이디어를 얻는다. 팬택 계열은 디자인 전공 대학생으로 구성된 '디자이너 커뮤니티'를 활용한다. 학생들은 1년간 휴대전화 디자인 아이디어를 제안하거나 디자인 관련 조사를 한다. 회사는 사무실과 활동비를 제공한다. 스카이 위성 DMB폰 IM-U140의 30도 오토 슬라이드형 스타일도 이들의 머리와 손끝에서 탄생한 디자인이다. 특히 독일에서 열린 '세빗 2006'에서 이들이 기획한 차세대 컨셉트폰은 현지에서 찬사를 받았다. 삼성전자 역시 애니콜 소비자들의 생생한 목소리를 반영하기 위해 애니콜의 아이디어 뱅크 모임 '애니콜 드리머즈' 회원 20명을 모집하고 있다. 여기에 뽑히면 삼성 휴대전화의 상품기획, 디자인, 마케팅 등의 아이디어 뱅크로 활동한다. – 참조: 중앙일보, 2006년 9월 8일

1.2 모든 개발 단계에서 소비자(고객)의 참여

가치 있고 성공 가능성이 큰 제품 개발을 위해 고객들을 신제품 개발의 전 과정에 적극적으로 참여시키고 있다. 고객은 아이디어 창출, 아이디어 평가, 실제 제품 개발, 그리고 시장 도입의 전체 과정에 참여한다.

그림 7.5 모든 신제품 개발 단계에 소비자 참여

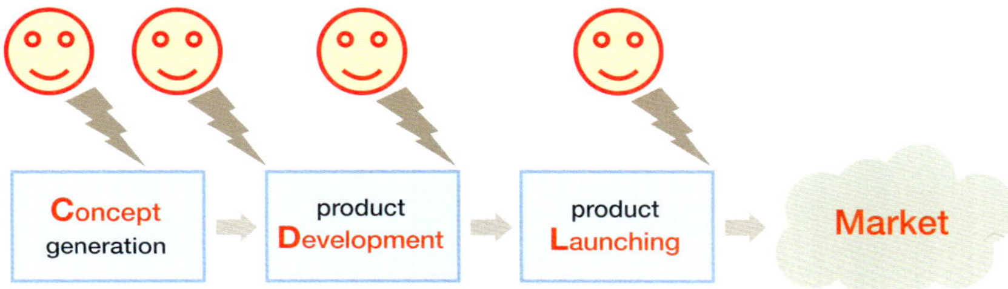

첫째, 아이디어 창출 단계(idea generation stage)에서 고객은 자신의 욕구를 기업과 공유한다. 이를 통해 고객 욕구가 더욱 정확히 반영된 신제품 개발이 가능하다.

둘째, 제안된 아이디어들을 고객 관점으로 평가한다. 이를 통해 시장잠재력이 미흡한 아이디어로의 자원 낭비를 막는다.

셋째, 디자인 및 엔지니어링 단계(development stage)에서 고객들은 자신의 디자인, 기술, 솔루션을 기업에 제공함으로써 보다 적절한 기술과 디자인의 활용을 가능하게 한다. 고객과 함께 개발한 신제품은 디자인, 엔지니어링 측면에서 더 우수한 제품이 되기도 하고 또한 고객 의견이 반영되었기에 시장에서 잘 받아들여지기도 한다. 한편 고객들은 원형 제품(prototype)을 실생활에서 사용해 보고 이의 평가와 개선점을 피드백한다. 그 결과 신제품 결점을 출시 전에 해결한다.

넷째, 시장 도입 단계(launch stage)에서 포지셔닝, 마케팅 믹스 전략에 대한 고객 관점의 평가를 제시한다. 출시 단계의 고객 피드백(매출, 불만 사항 등)은 제품과 마케팅의 문제점을 조기에 시정하는데 도움이 된다.

실험실이나 공장에서 브레인스토밍을 하기 보다는 실제 제품을 여러 번 사용하면서 불편한 점과 개선할 점을 발견하는 것이 더 좋은 방법이다. 1회 사용량만큼 포장된 세제 드롭스 역시 일상의 세제 사용 경험으로부터 발견된 신제품 아이디어이다.

1.3 좀 더 용이해진 소비자(고객) 아이디어의 제시

과거보다 기업과 소비자 간 아이디어에 대한 의사소통이 원활해졌다. 고객 아이디어의 표현이 좀 더 쉬워졌기 때문이다(예 User Toolkits, Crowdsourcing, 공개를 통한 참여 등).

- 툴킷(Toolkits): 사용자 친화적인 설계 도구 세트이다. 소비자 자신에게 가장 적합한 제품을 자신의 집이나 사무실에서 스스로 반복해서 찾는다. 이를 통해 고객 자신의 욕구를 충족하는 제품 사양을 발굴해서 기업에 신속히 전달할 수 있다.
- Crowdsourcing: Crowd(대중)와 Outsourcing(외부 자원 활용)의 합성어이다. 기업이 제품이나 서비스 개발 과정에 외부 전문가나 일반 대중이 참여할 수 있도록 하고 참여자 기여로 혁신을 달성하면 그 수익을 참여자와 공유하는 방법이다.

'공개를 통한 참여'를 설명하면 다음과 같다.

오픈 소스(open source: 소프트웨어의 설계도인 소스코드의 공개, 누구나 수정 가능함)를 개발한 리눅스는 지리적으로 여기저기 흩어져 있는 개인들의 힘을 끌어내고 조합하는 새로운 방식을 보여줬다.

공개를 통한 참여를 활용하면 무수히 많은 평범한 직원, 일반 개인의 능력을 모아서 최대 성과를 거둘 수 있다. 토요타는 현장 직원이 단순노동자가 아니라 혁신과 변화의 주역이 될 수 있다고 믿었다. 미국 자동차 회사들이 간부 직원들의 전문 기술에만 의존하고 있을 때 토요타는 모든 직원에게 문제를 해결하는 도구와 권한을 부여했다. 한편 구글의 경영진은 거대 전략을 짜기 위해 시간을 보내지 않는다. 대신 수많은 구글렛(Googlettes)의 탄생을 조성하기 위한 환경을 위해 애쓴다. 구글렛은 직원들의 머리에서 나온 작은 아이디어를 의미한다. 구글 직원은 근무시간의 20%를 기존 상식에 도전하고 구글 사용자들에게 도움이 되는 아이디어를 만들어 내는 데 사용한다. 구글에는 혁신 책임이 전 사원에게 광범위하게 퍼져 있다.

참여를 장려해서 도출된 수많은 아이디어를 취합해서 최적 조합을 만드는 것은 복잡한 과정이 필요하다. 또한 그 성공에 따른 성과 배분도 절대 쉽지 않다. 그러나 공개를 통해 여러 사람과 조직으로부터 아이디어를 수집하고 협력하는 체계는 밀폐되고 경직된 체계보다 강하다.

2 아이디어 원천의 관리에서 유의할 점

신제품 아이디어의 소재 규명도 중요하지만, 이러한 원천별 관리를 지속해서 하는 것 역시 중요하다. 여기서는 아이디어 원천의 관리에서 유념할 사항을 정리하겠다.

2.1 아이디어 원천에 따른 중요도 차이

모든 아이디어 원천을 동등한 비중으로 관리할 필요는 없다. 어떤 원천의 경우에는 아이디어 개수는 넘치도록 많지만 정작 쓸만한 아이디어는 별로 없기도 하다(예 기발한 아이디어가 나오지 않는 아이디어 공모전에 막대한 비용을 낭비하는 경우). 이를 방지하기 위해서는 양질의 아이디어 원천은 어디이고 그 특성은 무엇인지를 이해하여야 한다.

신제품 아이디어들은 여러 군데서 나올 수 있지만, 특정 기업 또는 산업에 좀 더 중요시되는 원천은 따로 있기도 하다. 따라서 중요도 차이를 고려하여 원천 관리를 하는 것이 바람직하다(참조: 아이디어 원천에 대한 평가 시스템의 구축).

2.2 아이디어 원천별 맞춤화 관리

아이디어 원천의 성격에 적합한 관리방안을 마련한다. 예를 들어, 어떤 원천에서는 중요 정보(또는 아이디어)가 정기적으로 발생하지만, 어떤 원천은 부정기적으로 발생한다. 또한 어떤 정보의 획득에는 서베이(survey)와 면접 적절하지만 어떤 정보는 관찰 또는 실험이 적절하기도 하다.

2.3 아이디어에 대한 적절한 보상

세상에 거저 얻는 경우는 드물다. 특히 신제품 아이디어의 경우 더욱 그러하다. 특별한 노력도 기울이지 않았는데 귀한 아이디어를 신제품 개발 담당자 앞에 가져다주는 경우는 없다. 이러한 점은 기업 외부는 물론, 기업 내부 구성원의 아이디어도 마찬가지이다.

잠재력 있는 아이디어를 가진 사내 구성원이 기업에 의견을 개진하지 않고 혼자 간직하는 경우는 흔치 않다. 기업은 아이디어가 활발히 발현되도록 여러 유도 장치와 보상 방안을 마련해야 한다.

2.4 아이디어 수집 시스템의 구축

다양한 아이디어 원천들로부터 발생하는 중요 정보 또는 아이디어가 신제품 개발팀에게 적시에 전달되도록 하는 정보시스템을 구축하여야 한다. 아이디어 흐름을 도와주는 파이프라인을 구축하고 이를 관리하여야 한다. 더 나아가 아이디어가 신제품 개발로 승인되기까지의 의사결정 과정도 효율적 관리가 필요하다.

- 유머: 의사-"제때 찾아오셨군요." 환자-"의사 선생님, 병이 심한가요?" 의사-"아뇨. 하루만 더 기다렸더라면 저절로 나았을 겁니다." (리더스다이제스트, 1996년 2월호)
- 양질의 아이디어가 유입됨에도 불구하고 그것을 적절히 활용하지 못하고 사장되는 경우가 적지 않다. 그 이유는 정보와 해당 담당자와의 연결 실패, 적절한 평가 시스템의 부재, 비효율적 승인 과정 등이 있다. 새로운 아이디어를 발견하거나 기회를 감지하는 것도 중요하다. 그렇지만 이에 대한 반응 체계를 갖추지 못하면 이러한 수집 정보의 가치는 떨어진다.

2.5 아이디어 원천의 통합 관리

여러 원천으로부터 나온 이질적 아이디어들의 혼합과 융합을 통해 참신한 아이디어가 창출되는 경우가 종종 있다. 아이디어 원천을 각기 전문적으로 관리하는 것도 중요하지만 이들 모두를 총괄적으로 관리하고 융합하는 체계 및 담당 조직을 갖출 필요가 있다.

세상에 '쓸모없는 것'은 없다. 아직 '그 쓸모를 찾지 못한 것'이 있을 뿐이다.

2.6 아이디어의 옥석을 구별하는 안목

방대한 원천을 확보하고 이로부터 아이디어를 축적하는 노력은 물론 중요하다. 그렇지만 정보나 아이디어를 모으는 것 자체가 중요하지는 않다. 아이디어 재료들을 많이 쌓아 놓았지만 정작 그로부터 유용한 어떤 아이디어를 끌어내지 못하는 기업이 있는 반면, 아주 작은 재료에서도 굉장한 아이디어를 도출하는 기업도 있다. 축적된 정보로부터 무언가 의미 있는 것을 발견하는 안목이 어떤 면에서는 방대한 정보보다 중요하다.

2.7 속도의 중요성

동일한 신제품 아이디어이더라도 이를 누가 먼저 알아보고 신제품 개발에 활용하는가 하는 점이 중요하다. 즉 속도가 중요하다. 이를 위해서는 효율적 정보시스템의 구축, 다양한 체크리스트의 마련, 정보 역량을 갖춘 관리자가 중요하다. 반면에 첨단 IT 장비의 구비, 복잡한 분석 기법의 적용, 빅데이터 등에 너무 의존하거나 현혹돼서는 안 된다.

이상 살펴본 아이디어 원천의 규명과 이의 관리 방안에 대한 고찰은 더 나은 신제품 개발을 위해 중요시되는 주제이다.

CHAPTER 08

신제품 개발 과정에서의 선별(평가)

여기서는 신제품 개발 과정의 주요 단계마다 수행되는 선별(평가)에 대해 다룬다. 3장에서 언급한 바와 같이 각 단계의 중간 또는 마무리 시점에 여러 평가가 개입된다. 그때까지의 결과물이 긍정 평가되면 다음 단계로 진행하지만('GO'), 만약 그렇지 못하면 더 이상 진행은 그만두거나 아니면 잠시 멈춰야 한다('STOP', 또는 'HOLD').

그림 8.1 신제품 개발 단계별 수행되는 평가의 개입

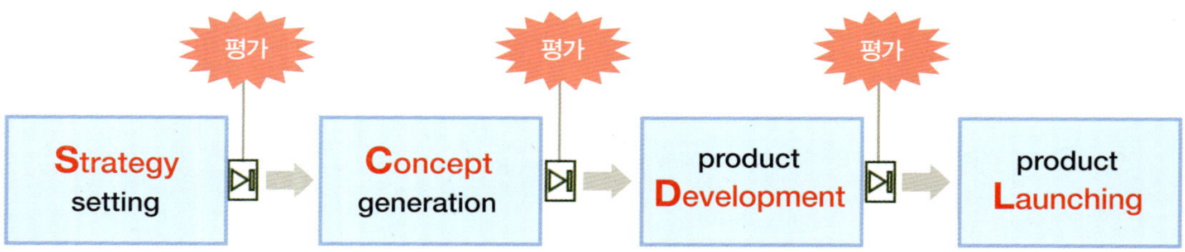

대학 입학시험, 신입 사원 면접, 올림픽 대표 선수 선발 등은 모두 선별에 해당한다. 이러한 평가에 합격해야 다음 단계, 즉 대학 진학, 취업, 올림픽 출전 등으로 나아간다.

여기서는 선별의 의미와 중요성, 선별에 내재하는 위험, 선별 방법, 그리고 선별과 관련된 주요 이슈들을 차례대로 살펴보겠다.

Section 01

선별의 개념과 중요성

공들여 생각해낸 신제품 개념이더라도 이들 모두가 개발에 성공하기는 어렵다. 설혹 개발에 성공하더라도 시장에서 실패하는 경우도 종종 있다. '자기 자식은 다 예쁜 것처럼' 개발자 입장에서 볼 때 신제품 아이디어는 유망해 보인다. 그러나 기업 여건에 부적합한 것도 있고, 개발 착수하더라도 기술 또는 제조상 장애로 중도 포기하는 것도 있다. 또한 실제 개발이 성공하더라도 시장 전망이 어두운 것도 있다(그림 8.2). 다음 단계로 진입하기 전에 객관적이면서도 냉철하게 개발 프로젝트를 평가하여 성공 가능성이 큰 것만 선별해서 진행해야 한다.

그림 8.2 **신제품 개발 과정의 여러 단계(마디)에서 성공 또는 탈락하면서 진화하는 중간 결과물에 대한 개념도**

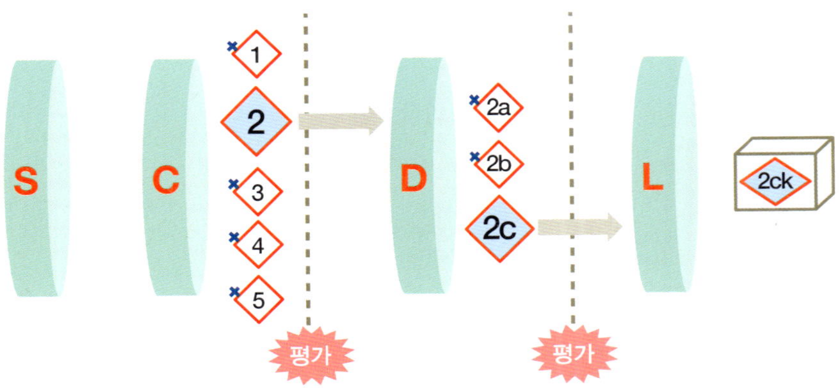

1 선별의 개념

선별(screening)이란 신제품 개발 과정에서 산출되는 '어떤 결과물'을 다음 단계로 계속 진행할 것인지(GO), 도중에 아예 그만둘 것인지(STOP/KILL) 또는 잠시 멈추거나 유보할 것인지(HOLD)를 결정하는 행위이다.

신제품은 기회 포착(opportunity identification) 또는 아이디어 창출(idea generation)로부터 비롯된다. 초기 단계에서는 가능한 다량(quantity)의, 그리고 양질(quality)의 신제품 아이디어를 수집 또는 개발하는 것이 중요하다. 아이디어 수집이 충분히 이뤄진 다음에는 아이디어 선별(idea screening)을 해야 한다. 여기서는 가능성 있는 유망한 아이디어만을 제품 개념으로 좀 더 발전시킨다.

물론 초기의 선별을 거친 다음에도 평가 작업은 추후 간헐적으로 수행된다. 다시 말해 어떤 의미 있는 활동이 일단락되고 그다음 새로운 활동이 시작되는 '연결 마디'(또는 접합부)마다 이러한 평가는 수행된다.

고교입시, 대학입시, 취업 면접, 승진 고과 등은 어떤 기간과 새로운 기간 사이의 접합부에서 발생하는 평가(또는 선별)이다.

개발 진척도에 따라 적용되는 평가 기준(내용, 방식)은 달라진다. 여기서는 편의상 선별에 대한 설명을 신제품 아이디어의 선별을 중심으로 설명하겠다. 그러나 평가 및 선별은 신제품 개발의 중요 활동이 마무리될 때마다 수행한다는 점을 유념할 필요가 있다.

신제품 개발 과정에서는 여러 '결과물'이 중간마다 등장한다. 신제품 아이디어, 제품 개념, 제품 프로토콜, 원형제품, 제품테스트 통과 제품, 시장테스트 통과 제품, 초기 완성품 등이 그것이다. 이들 모두는 사실 선별(평가) 대상이거나 또는 선별 결과이다. 선별, 테스트, 평가 등 이름이 무엇이든 이들의 기능은 결국 Pass, Failure의 결정과 연관된다.

그림 8.3 신제품 개발 과정에서 산출되는 여러 중간 결과물

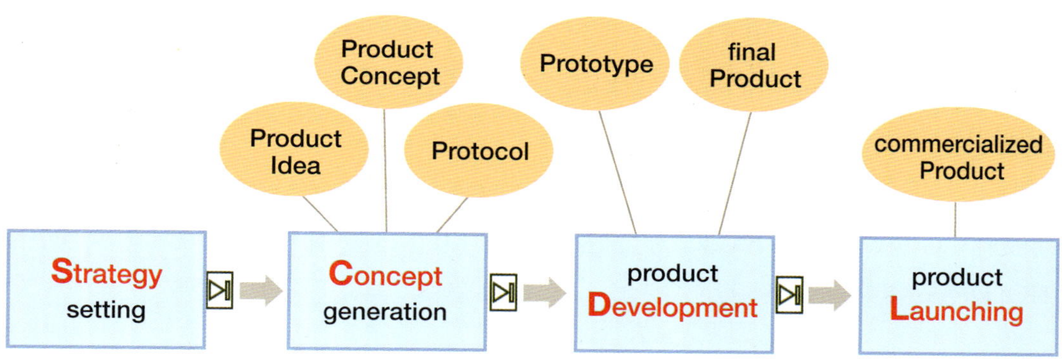

선별은 뜰채로 알갱이가 굵은 것만 거르는 것, 즉 적격 여부를 심사하는 것이다. 이러한 선별은 일상생활에서 쉽게 접할 수 있다. 공사판에서 자갈을 체로 치는 것, 조리로 쌀을 씻으면서 돌을 골라내는 것, 지원자 중에서 적격자를 선발하는 것, 시나리오 응모작 중에서 영화로 만들만한 것을 고르는 것 등이 모두 선별에 해당한다.

제1차 세계대전 때의 일이다. 전선의 야전병원에는 줄을 이어 부상병들이 실려 들어왔다. 의사와 간호사들은 모든 환자를 제대로 돌볼 여유가 없었다. 의약품도 부족했다. 궁리 끝에 프랑스군은 부상병들을 다음과 같이 세 종류로 나누었다. 첫째 아무리 치료해도 살 가망이 없는 중상자, 둘째 당장 손을 쓰면 살아날 수 있는 사람, 셋째 당장 치료하지 않아도 살아날 수 있는 부상병. 프랑스군은 이것을 트리아제(triage)라고 불렀다. 세 가지로 분류된 부상병 중에서 먼저 치료를 받은 것은 두 번째 속하는 부상병이었다. 그러나 피투성이가 되어 들것에 실려서 들어오는 부상병들을 이렇게 가려낸다는 것은 여간 어렵고도 괴로운 일이 아니었다고 당시 군의관은 회상했다. 의사가 정상적 여건하에서 환자 병력이며 혈압 등을 면밀히 검사한 다음에도 잘못 판단을 내릴 수 있다. 그런 것을 군의관이 '부상병 삼분법'에 따라 순간 판단으로 유혈이 낭자한 빈사 상태의 병사를 내버려 둔 채 다른 환자로 옮겨갈 때의 인간적 괴로움은 이만저만 크지 않았다. 치료하면 살 수 있는데 이를 도저히 살 가망이 없는 중상자로 잘못 판단했을지도 모른다는 뉘우침으로 여러 날을 두고 괴로웠다고 한다(참조: 조선일보, "홍사중 문화마당," 2000년 10월 23일). 이와 유사 장면을 영화 '진주만(2001년)'에서도 볼 수 있다. 간호사가 눈물을 흘리며 립스틱으로 부상병을 분류, 즉 치료받을(또는 치료를 포기할) 부상병을 선별하는 장면이었다.

신제품 개발 과정에서의 선별은 전쟁터의 부상병 분류처럼 급박하거나 처절한 경우는 드물겠지만, 이러한 결정이 때로 기업 흥망을 좌우하는 중요한 경우도 있기에 선별은 여전히 어렵고도 중요한 의사결정이다.

미국의 젊은 소프트웨어 개발자가 국내 굴지 기업을 단신 방문해서 자신이 최근 개발한 프로그램을 비교적 싼 값에 판매하려 한 적이 있었다. 젊은 애송이라고 가볍게 여기고 그를 돌려보냈는데, 이는 엄청난 기회를 놓친 것이었다. 추후 국내 그 기업에서 만든 모든 제품에 그 개발자의 프로그램을 사용할 수밖에 없었는데, 그때 프로그램을 구매하지 않은 실수로 지속해서 비싼 로열티를 주게 되었다.

2 올바른, 신속한 선별의 중요성

기업의 생존과 성장은 신제품을 얼마나 성공적으로 개발하고 출시하는가에 달려있다. 성과를 최대한 높이려면, '유망한 신제품 아이디어를 선택'하고 그렇게 '선택된 제품 아이디어를 적절히 관리'하여야 한다. 신제품 개발 과정은 나무 키우기와 유사하다. 우선 좋은 묘목을 선택하고, 이를 제대로 된 환경에서 정성껏 키워야 커다란 나무로 성장시킬 수 있다. 이러한 두 가지 의사결정을 얼마나 잘 수행하는가가 신제품 성과와 직결된다. 이중 첫 번째 의사결정 즉 유망한 신제품 아이디어의 선택이 바로 선별(screening)이다.

성공 가능성이 큰 아이디어는 신속히 다음 단계로 진행하고, 실패 가능성이 큰 아이디어는 되도록 빠르게 멈춰야 한다. 기업은 모든 아이디어를 상업화 또는 개발할 만큼의 자원(인적, 물적, 시간적)이 없고, 대부분 아이디어는 상업화하기엔 적합하지 않다. 잘못된 선별은 소중한 기업 자원을 별 볼 일 없는 아이디어 개발에 소진하게 만든다. 성공 가능성이 큰 아이디어에 기업의 한정된 자원을 집중시켜야 한다.

그러나 선별을 올바로 수행하기는 절대 쉽지 않다. 미래의 성과, 위험, 비용에 대한 예측이 어렵기 때문이다. 더욱이 기업에 익숙지 않은 혁신 과업(radical NPD) 또는 복잡한 과업(complex NPD) 일수록 이러한 평가는 어렵다.

- 신제품 아이디어의 선별은 육안으로 명확히 구분 가능한 신장을 기준으로 학생들을 일렬로 세우고 농구부 학생을 선발하는 작업과 다르다. 시간상으로는 현재뿐 아니라 미래, 그리고 공간적으로는 기업 내부뿐 아니라 기업 외부의 여러 상황도 입체적으로 예상하고 결정하여야 한다.
- 했어야 하는 것은 꼭 하게끔 하고, 하지 말았어야 하는 것은 반드시 못하게 할 수 있다면, 인생에서 실패할 사람은 아무도 없을 것이다.

아이디어의 선별을 효과적이고도 효율적으로 수행하는 것은 중요하다. 적지 않은 신제품 프로젝트는 실패(losers)이기 때문이다. 여기서 실패란 시장에서 원하는 만큼의 매출 또는 이익 목표 달성의 실패(They fail commercially in the market place: 'failure')이거나, 또는 상업화(시판)되기 전에 취소(They are cancelled prior to product launch: 'kill')하는 것을 의미한다(Cooper, 1993).

- 한 편의 시나리오가 영화로 제작될 확률은 대략 5%에 불과하다. – 참조: 조선일보, "대박감 찾아라, 시나리오 홍수속 보물찾기," 2002년 1월 31일.
- 결혼은 아름다운 오해에서 시작하여 참담한 이해로 끝난다는 말이 있다. 사실 신제품 개발도 신제품 아이디어에 대한 아름다운 오해에서 비롯되어 개발 과정과 시장 도입의 고군분투에 대한 참담한 이해로 끝나는 경우가 많다.

선별의 중요성을 몇 가지 관점으로 나누어 살펴보면 다음과 같다.

2.1 제한된 자원의 최적 투자

기업의 한정된 자원을 최적 대안에 투자한다. 고스톱, 포커 게임 등은 초장에 받은 몇 장의 카드만을 보고 게임에 계속 참여할지 또는 그만둘지를 결정한다. 이러한 결정이 현명하면 승산이 희박한 게임 참여는 줄어들고, 승산 있는 게임 참여는 늘어날 것이다.

한편 투자할 대안과 투자해서는 안 될 대안의 구분도 중요하지만, 투자 가치가 있는 대안 중에서도 최선의 대안에 우선적, 집중적으로 투자하는 것도 중요하다.

성공적 선별은 성공 가능성이 높고 기업에 긍정 효과를 가져올 아이디어의 선택과 제한된 자원의 집중 투입과 연관된다. 동시에 신제품 실패율은 낮추고, 잘못 투자되는 자원을 최소화한다. 일반적으로 성과가 높은 기업의 경우에는 개발 착수된 4개의 아이디어 중 1개가 성공한다. 그러나 대다수 기업은 개발 착수된 9개 아이디어 중 1개가 성공한다고 한다. 이러한 타율 차이는 선구안에서 비롯된다.

2.2 낭비의 초기 최소화

제품 개발에 드는 비용은 후반부로 갈수록 기하급수적으로 증대된다. 그래서 좋지 못한 아이디어를 가능한 초기에 식별하고 추려내는 것이 중요하다. 신제품 아이디어를 가장 저렴하게 포기할 수 있는 단계는 바로 초반부이다. 이때를 놓치면 자원 투자는 점차 증대되고, 새로운 조직도 형성된다. 또한 시간이 흐를수록 당해 프로젝트에 필요 이상의 감정 또는 애착이 형성되어 프로젝트 포기는 더욱 어렵게 된다(참조: escalation of commitment). 따라서 올바른 선별도 중요하지만, 그 선별의 판단 시점도 중요하다. 성과가 좋은 기업일수록 초반부에 아이디어의 검사에 더 많은 정성을 기울인다.

New product is very much an addictive game: once onto the game, it is difficult to quit! (Cooper, 1993, p.10)

2.3 개발 가속화

선별을 효율적으로 운영하면 전체 개발기간이 단축된다. 최근 신제품 개발의 초기단계(fuzzy front-end phase 또는 Pre-R&D analysis)에 대한 관심이 고조되는데, 특히 이 단계의 적절한 선별은 개발 과정의 가속화에 기여한다.

명확한 전략 설정, 초기 시장 분석(early market analysis), 정교한 개념 조사(a far more serious system of concept testing) 등은 아이디어의 예측 가능성을 높여준다. 예전에는 60개의 아이디어 중 한 개가 상업화에 성공하였지만, 최근에는 7개의 아이디어 중 한 개가 성공하고 있다. 이러한 53개 차이는 초기 단계의 적절한 선별과 연관된다.

2.4 개발팀의 효율화

선별 과정에서의 커뮤니케이션은 참여자들 간의 지식공유와 공감대 형성에 기여한다. 이러한 점은 후속 단계의 불필요한 갈등을 미연에 방지한다. 또한 조직학습을 통해 좀 더 올바른 그리고 신속한 선별을 가능하게 한다.

이상 살펴본 바와 같이 선별은 그 결과뿐 아니라 그 과정을 통해서도 신제품 성과에 적지 않은 영향을 미친다.

Section 02

선별에 수반되는 리스크

선별 과정에서 발생하는 리스크(오류)에는 두 가지 유형이 있다.

그림 8.4 알파 리스크(제1종 오류), 베타 리스크(제2종 오류)

		실제의 진실	
		좋은 아이디어	나쁜 아이디어
선별 평가	좋다고 판단	올바른 결정	베타 리스크(제2종 오류)
	나쁘다고 판단	알파 리스크(제1종 오류)	올바른 결정

첫째, 실제로 좋은 아이디어인데 이를 잘못 판단해서 탈락시키는 오류이다. 즉 개발했더라면 성공했을 좋은 아이디어를 나쁜 것으로 잘못 판단해서 기각하는 오류이다. 이를 알파 리스크(제1종 오류)라고 한다. 시도해 보지 않고 탈락시킨 아이디어 중에 좋은 것이 있었음을 나중에 알고 후회하는 경우이다.

■ 2007년 상반기 방영된 MBC 드라마 '하얀거탑'은 적지 않은 성공을 거뒀다. 특히 극 중 '장준혁'역을 맡았던 김명민은 매우 인상적 연기를 하였고 그 결과 그의 지명도는 이 드라마를 통해 더욱 확고해졌다. 그러나 애초에 김명민에게 맡겨진 역은 외과의사 '장준혁'이 아닌 내과의사 '최도성'이었다. '장준혁' 역할은 사실 차승원에게 먼저 섭외가 갔었다고 한다. 차승원 입장에서는 나중에 땅을 칠 노릇이었을 것이다. 한편 트로트의 국민가요가 된 장윤정의 '어머나'는 장윤정을 만나기 전 주현미, 엄정화 등 무려 8명의 가수로부터 퇴짜를 맞은 노래였다고 한다. – 참조: 중앙일보, 2007년 10월 2일

■ 1940–50년대 전성기를 맞았던 필름 누아르(암흑가를 무대로 한 범죄극)의 원조는 바로 '말타의 매'였다. 또한 험프리 보가트가 스타덤에 오른 것도 이 영화부터였다. 애초 보가트가 맡은 배역을 제의받았던 갱 영화 단골 배우 조지 래프트는 "별로 중요한 영화가 아닌 것 같다"라면서 거부했다고 한다. 향후 할리우드 장르영화 역사에서 거대한 족적을 남기게 될 이 작품의 가치를 알아채지 못했던 배우의 아이로니컬한 거절 사유였다. – 조선일보, "말타의 매," 2006년 10월 14일

둘째는 좋지 못한 아이디어를 좋은 것으로 잘못 판단해서 다음 개발단계로 계속 진행시키는 오류이다. 이를 베타 리스크(제2종 오류)라고 한다. 탈락시킴이 마땅한 아이디어를 잘못 선택함으로 인한 손해는 생각보다 훨씬 크다.

GE 등 54개 기업 대상의 연구 결과에 의하면, 채용 결정을 잘못 내렸을 때 드는 손실이 개인당 기본 연봉의 24배, ROI(투자수익률)로는 마이너스 500%에 이른다고 한다. 하지만 이 수치는 직장 내 갈등이나 사기 저하 등으로 인해 발생하는 잠재비용 등은 제외된 것이다. – Geoffery H. Smart(채용 컨설턴트)

제1종 오류(알파 리스크)는 '백조 새끼를 미운 오리 새끼로 잘못 간주해서 탈락'시키는 것이다. 그나마 운이 좋아 탈락을 면하더라도 오리로 취급되어 키워진다면 백조 새끼에 걸맞은 관리를 받지 못하기에 나중에 백조가 될 가능성은 희박하다. 알파 리스크는 선별기준이 지나치게 엄격할 때 많이 발생한다(예 좋은 배우자감인데도 눈이 높아 더 이상 만나지 않는 것). 반면에 제2종 오류(베타 리스크)는 '백조 새끼가 아님에도 불구하고 이를 착각해서 백조로 대접'하는 것이다. 이럴 경우 원하는 성과를 거두지 못할 뿐 아니라, 더 좋은 기회의 투자를 놓칠 수 있다는 점에서 치명적이다. 베타 리스크는 선별기준이 너무 낮을 때 많이 발생한다(예 나쁜 배우자감인데도 결혼 상대자로 선택하는 것).

신제품 개발팀은 이러한 오류의 발생 가능성을 고려해야 한다. 즉 어떤 경우에 무슨 오류가 발생하는지에 대한 이해가 필요하다. 아래 사항들은 이런 현상에 대한 추가적 고려사항이다.

- 제시되는 정보는 선별에 영향을 미친다. 그런데 '정보의 제시 순서' 역시 판단에 영향을 미친다. 일반적으로 처음과 마지막에 제시된 정보의 영향력이 크다.

- 어떤 주장의 진실 여부보다 단지 어떤 주장의 숫자가 많다는 점이 영향을 미친다. 이를 방지하기 위해 여러 의견을 가진 사람들을 균형적으로 구성한다. 초기 단계부터 균형화된 교차 기능팀의 구성이 바람직하다.
- 제품 개발이 진행될수록 초기의 흐릿한(fuzzy) 상황은 안개가 걷히듯이 좀 더 명쾌해진다. 그러나 선별은 주로 초반에 많이 이뤄지므로 흐릿한 또는 모호한 상황에서 의사결정이 이뤄진다. 이런 상황은 일반적 의사결정 상황과 다른 요소들에 의한 영향도 발생한다(Kim and Wilemon, 2002).

Section 03

선별에 사용되는 기법

선별을 위한 다양한 기법들이 개발되었다. 이는 다음과 같이 분류할 수 있다(참조: Bretani and Cooper, 1984).

- 선형, 정수, 동적계획법에 기초한 포트폴리오 모형
- 효익 공헌 분석법(benefit contribution methods) - 일람표(check lists), 평점 모형(scoring models)
- 재무 분석법(financial return models) - 확정 모형, 확률 모형
- 시장 조사기법(market research approach)

최근에는 정확하고 신속한 선별을 위해 AI, 디지털 시뮬레이션 등의 기법들이 개발되고 있다. 한편 기법에 상관없이 중요시되는 몇 가지 내용을 언급하면 다음과 같다.

- 기술, 제품, 기업, 시장 등의 특성에 따라 선별 기준에 차이를 두어야 한다. 또한 개발 과정의 시점별로도 차이를 두어야 한다.
- 평가자에 따라 선별 판단은 달라진다. 가중치, 평가 항목 등이 달라지므로 이를 유념해서 평가위원을 구성한다.
- 평가의 주요 잣대는 기술(기술적으로 제품 개발, 제조 공정의 개발에 어려움은 없는지?), 마케팅(고객이 원하는 제품인지?), 사업성(영업이익을 가져올 만한 제품인지?) 등이 기본적으로 포함되어야 한다.

여러 기법에 대해 설명하기 보다 여기서는 최근 주목받는 '프리토타입(Pretotype)'을 설명하겠다.

프리토타입은 머릿속에서 구상하고 있는 어떤 아이디어를 값싸고 빠르게 검증하는 일종의 속성(速成) 테스트이다. 짧게는 2시간, 길어도 일주일 안에 내가 원하는 제품과 서비스에 대한 시장 반응을 직접 확인할 수 있는 소비자 조사법이다.

이 방법은 '시제품(prototype)이 없는 상태'에서 머릿속 아이디어만으로 시장 조사를 하는 것이다. 그렇기에 시장 반응을 보기 위해 완벽한 시제품을 만들 필요가 없다는 장점이 있다. 그래서 일종의 '페이크 테스트'이다.

"프리토타이핑은 특정 서비스나 제품, 공간을 만들기 전에 '이것이 시장에서 원하는 게 맞나?'를 확인하는 소비자 테스트이다. 프리토타이핑은 '우리가 정말 이것을 만들어야 하나?'에 대한 답을 얻는 과정이다. 반면 프로토타입(prototype, 시제품)은 '우리가 이걸 만들 수 있나'를 시험해보는 물건이다. 프리토타이핑을 거친다면, '저주받은 걸작'을 만들기 위해 어마어마한 돈과 시간을 쏟아붓는 일이 없을 것이다." – 참조: 조선일보, 구글 최고의 혁신가인 알베르토 사보이아와의 인터뷰, 2020년 5월 13일

예를 들어, '세상의 모든 색깔을 구현하는 볼펜,' '달나라 여행 상품권,' '바닷속 카페,' '회전하는 아파트' 등에 대한 사람들 반응을 예측해 보는 것이다.

알베르토 사보이아(Alberto Savoia)의 '아이디어 불패의 법칙(The Right It)'에는 몇 가지 프리토타입 기법이 소개되고 있다.

1.1 미캐니컬 터크(Mechanical Turk)

기술에 대한 인간 행동을 시뮬레이션하기 위해 구상 중인 기계 대신 사람을 활용하는 방법이다.

① IBM은 엄청난 돈을 투자해야 하는 음성인식 컴퓨터를 개발하기 전에 우선 실험을 했다. 속기사를 옆방에 몰래 숨겨 두고 실험자들이 말하는 대로 언어가 화면에 자동 입력되도록 한 것이다. 사용자들은 처음엔 음성인식 컴퓨터를 신기해했지만, 얼마 지나지 않아 목이 상하고 기밀 유지가 안 된다는 이유로 이 제품을 거부했다.

② 코인 세탁소에서 옷을 개어주는 기계의 프리토타입: 개발자와 투자자는 옷 개는 사람을 기계 안에 숨겨놓고 고객 반응을 살폈다. 옷 개는 로봇 시제품을 만드는 데 수백만 달러를 투자하기 전에 고객들이 그러한 서비스를 진정 원하는지부터("세탁과 건조에 2달러를 내는 이용객들이 옷을 개 주는 데 1달러를 낼 것인가?") 알아낸 것이다.

2016년 3월 9일부터 15일까지, 하루 한 차례 대국으로 총 5회에 걸쳐 서울에서 진행된 이세돌과 알파고(AlphaGo)의 바둑 대결이 펼쳐졌다.

최고의 바둑 인공지능 프로그램과 인간 최고 실력자의 대결로 주목을 받았다. 최종 결과는 알파고가 4승 1패로 승리하였다. 그런데 이때 시중에서는 우스개로 아직까지 알파고란 대단한 AI는 개발되지 않았고, 중국의 최고수 10명을 한 방에 모아두고 이세돌과 대결시켰을 것이란 말도 있었다.

③ 자율주행 버스를 개발하려면 수년간 몇백만 달러가 투입되어야 하지만, 프리토타입은 단 며칠만에 개발할 수 있다. 버스가 스스로 움직인다고 '믿도록' 일반 버스를 개조해 노련한 운전기사가 숨을 공간을 만들고, 승객이 그 버스에 선뜻 타는지만 확인하면 된다.

1.2 유튜브 프리토타입

영상 기술로 마치 그 제품이 진짜 만들어진 것처럼 표적 시장에 영상을 공유하고, 시장이 어떻게 반응하는지를 살피는 방법이다.

예를 들어, '드롭박스'는 신생 스타트업이었을 때, 자사 제품이 어떤 작업을 하게 될지를 시뮬레이션으로 보여주는 동영상을 제작했다. 마지막에 원한다면 제품의 대기 명단에 올릴 이메일을 보내달라는 자막을 넣었다. 하룻밤 사이 대기 명단은 7만 5,000명이 넘었다. 이게 바로 의견만이 아닌 시장의 실제 목소리를 보여주는 믿을만한 데이터이다.

어떤 아이디어가 성공할지 말지는 아무도 모른다. 잘못된 길로 들어서고 싶지 않다면 역시 답은 의견이 아니라 시장 데이터가 중요하다. 직접 프리토타이핑 해야 한다. 프리토타입을 통해 얻은 '나만의 데이터 1g은 모두의 데이터 1t보다 가치 있다. – 참조: 조선일보, 구글 최고의 혁신가인 알베르토 사보이아와의 인터뷰, 2020년 5월 13일

한편 프리토타입과 유사한 개념으로 '백캐스팅(back-casting)'이 있다. 이것은 자신의 아이디어가 실현됐다는 가정하에 이를 이루기 위한 경로나 도중에 맞닥뜨릴 문제요인들을 탐색하는 것이다.

백캐스팅의 예: 인간이 화성에서 거주한다는 것을 기정사실로 하고, 그렇게 하려면 어떤 단계가 필요할지 거꾸로 되짚어 나간다. 완전 자율 주행 자동차가 도로 위에 주행한다는 것을 기정사실로 하고, 이를 위해 어떤 단계들이 그 전에 필요할지를 역으로 찾아 나간다.

아마존의 백캐스팅: 신제품 개발할 때 미래에서 과거를 돌아보는 관점을 취해 완성도를 높인다. 즉 아마존은 아직 존재하지 않는 제품에 대해 보도자료를 작성한다. 그 보도자료에는 고객이 자주 물을 것으로 예상되는 질문목록이 6쪽이나 첨부돼 있다. 이러한 준비 과정을 통해 전문가팀으로 하여금 비전문가 관점으로 가상의 제품을 보도록 압박한다. 이런 백캐스팅을 통해 어떤 새로운 아이디어가 과연 추구할 가치가 있는지를 적은 비용으로 평가한다.

Section 04

선별에 대한 몇 가지 이슈

더 나은 선별을 위한 주요 이슈들을 살펴보겠다. 내용 일부는 개념적이고 직관적인 것들도 있기에, 향후 이에 대한 이론적 근거 또는 객관적 자료의 보완이 요구되기도 한다. 관리적 차원에 많은 아이디어를 제시하는 데 목적이 있기에 가능한 여러 내용을 제시하겠다.

1 선별 기법에 대한 이해와 좀 더 나은 기법의 개발이 중요하다.

주먹구구식 방법과 직관적 방법보다 과학적 또는 수학 모델을 사용하는 것이 항상 더 나은 결정을 내려준다고 하기는 어렵다. 그러나 체계적이고 합리적인 선별 기법의 적용은 장기적으로 볼 때 바람직하다. 특히 신제품 프로젝트의 단위가 수백만 원에서 수백억 원으로 커질수록 정확한 선별의 중요성은 커진다.

> 조금의 오차 또는 판단 착오는 거리가 짧을 때는 별문제가 되지 않는다. 그러나 화성을 향해 쏘아 올린 로켓의 경우 아주 미세한 각도의 오차로도 화성이 아닌 저 먼 우주의 미아가 될 수 있다. 이 경우 우리가 흔히 얘기하는 조금의 잘못은 결코 그 '조금'이 아니다.

2 선별의 기회(또는 절차)를 주요 단계별로 적절히 포진해 둔다.

도박의 예를 들자면, 고스톱의 경우에는 게임에 참여할지 말지를 판단하는 기회는 단 한 번뿐이다. 그러나 포커의 경우는 매 카드를 받을 때마다 계속 판돈을 걸지 아니면 포기할지를 결정할 수 있다. 신제품 개발 과정에서도 가능한 중요 단계별로 선별 기회를 얻도록 미리 제도화 또는 장치를 마련해두는 것이 위험 관리를 위해 바람직하다.

3 정보 획득을 통해 불확실성이 가능한 제거된 상태에서 선별하도록 한다.

이러한 제언은 상식적이지만, 실제 이의 시행은 어렵다. 시장과 기술 정보를 통해 불확실성을 제거하려면 결국 비용과 시간의 투여가 요구된다. 또한 경험해보지 않고는 구하기 어려운 정보도 있다. 이를 얻기 위해 신제품 개발을 어느 정도 진척시키거나 시장의 진전 상황을 좀 더 지켜봐야 한다(참조: Discovery-driven strategy). 정보 획득은 이같이 기업의 물적 또는 인적 자원의 투여, 상황 추이를 지켜보기 위한 시간 지연 등의 어려움이 있다.

그러나 창의적으로 이러한 문제가 최소화되기도 한다. 베네통은 혁신적 생산 아이디어를 통해 최종 제품의 결정 시기를 효과적으로 늦추었다.

> Benetton(베네통)은 니트웨어의 대중화를 일으킨 기업이다. 기존의 니트웨어는 비교적 고가였는데 베네통은 소품종 대량생산이 아닌데도 즉 다품종 대량생산을 하면서도 저가 상품을 제공하였다. 흔히 베네통 하면 화려한 컬러를 연상하는데, 사실 베네통은 단 한 가지 색인 회색으로만 니트를 생산한다. 그런데 마지막 순간에의 물감 투입 방법을 개발함으로써 생산비용을 줄였고, 이 때문에 낮은 가격의 책정이 가능했다. 그뿐만 아니라, 마지막에 (소비자가 그 시점에 선호하는) 물감을 투입함으로써 유행변화에 그만큼 민감하게 대응할 수 있었다. – 참조: 장대련과 한민희, 1999, 124쪽

베네통 사례가 신제품 개발의 선별에 그대로 적용되는 것은 아니다. 그러나 신제품에 대한 정보(실제 제품 개발을 해야만 얻을 수 있는 정보, 또는 향후의 시장 전개에 대한 정보)를 개발 초기부터 얻을 수 있다면, 좀 더 현명한 선별 판단을 내리게 될 것이다. 마치 포커판에서 7장의 카드를 추가적 비용 없이 초기에 다 볼 수 있고 또 상대방 패까지도 알 수 있는 것과 같은 것이다. 시뮬레이션, 데이터뱅크, 시장예측 기법, 의사결정지원시스템 등은 이와 연관되며, 신축성 있게 제품개발을 운영하는 것(예 대규모 투자를 통해 직접하는 것 보다는 소규모로 외주를 통해서 하는 것)도 이와 연관된다.

4 제3자를 통한 추가적 선별의 검토는 때로 바람직하다.

신제품 아이디어에 대한 초기 선별은 주로 최고경영자 또는 신제품 개발팀 소수가 결정하는 경우가 많다. 물론 최근에는 개발 초기 단계부터 교차 기능팀이 구성되어 여러 기능부서의 다양한 의견이 반영되기도 한다. 시장, 기술, 기업 여건에 대한 식견이 풍부하기에 이들의 의견만으로도 적

절한 선별이 내려지는 경우는 많지만, 때로 제3자 의견을 고려해보는 것도 바람직하다. 외부 컨설턴트, 연구소, 고객, 공급업자, 중간상 등의 제3 집단이 포함된다. 물론 이 경우, 기업의 비밀 유지에 신경을 써야 한다.

'당사자는 어둡고, 방관자는 밝다.'(當局者迷, 傍觀者醒) – '續小兒語'

5 선별은 결과뿐 아니라 진행 내용도 문서화해 둔다.

어떤 프로젝트의 선별에 대한 기록은 해당 프로젝트의 사후 평가뿐 아니라 차후의 다른 프로젝트의 선별에도 도움이 된다.

한편 선택된 프로젝트의 채택 이유를 기록하는 것도 중요하지만, 기각된 프로젝트에 대한 이유도 정리해 두어야 한다. 기각 및 선택 사유가 동일한 차원의 양극단(예 가격이 싸서 선택했다 – 가격이 비싸서 포기했다, 품질이 좋아서 선택했다 – 품질이 불량해서 포기했다 등)이 아닌 경우도 흔치 않다.

소비자 조사에 의하면 소비자들이 특정 소매점을 찾는 주된 이유는 그들이 제공하는 상품 때문이었으나 놀랍게도 그 소매점을 포기하는 가장 큰 이유는 상품이 아니라 소매점 서비스 때문이었다(Hughes, 1991).

기각된 아이디어들을 보관하는 Idea Bank(Cooper, 1993)는 의미가 있다. 지금 상황에서 기각된 아이디어는 향후 상황이 바뀌면 다시 사용될 여지도 있고 또한 기각된 아이디어들 자체가 또 다른 아이디어를 촉발하는 방아쇠 역할을 하기 때문에 이러한 Idea Bank의 마련은 중요하다.

도서관에 먼지가 쌓인 채로 보관된 과거 유명 과학자들의 연구 일기, 미발표 자료, 중도 포기한 연구과제 등을 읽으면서 거기서 새로운 연구에 대한 힌트를 얻는 신진 과학자들도 있다.

6 선별은 프로젝트 유형에 따라 달리 적용할 필요가 있다.

일반적으로 소비자의 구매 대안 평가 시 사용하는 평가 기준은 6개 이하이다. 물론 고관여제품의 평가 기준은 저관여제품보다 상대적으로 더 많다. 마찬가지로 매우 혁신적이고 복잡한 프로젝트의 경우에는 그렇지 않은 신제품 아이디어보다 더 많은 선별 기준이 요구된다. 좋은 선별 방법의 요건(requirements of good screening method)으로 여러 가지 제시되지만 결국 가장 중요한 점은 자기 기업과 제품 그리고 시장 상황에 적합한 선별 기법(screening method)을 스스로 개발하여 적용하는 것이다.

"병아리만 감별하나요? 게임의 승패도 감별합니다." PC방 네트워크업체 게토코리아(www.geto.co.kr) 김종길(29) 과장은 1년에 30종 넘게 쏟아지는 온라인 게임 중에서 대박을 터뜨릴 가능성이 있는 게임을 골라내는 것이 일이다. 김 과장은 우선 출시 준비 중인 게임들을 직접 체험한 뒤, 히트예감 게임들을 골라 2,000여 체인점 PC방에 설치한다. 이후 8만여 대의 게임방 PC와 연결된 본사 컴퓨터를 통해 게이머들이 게임에 접속한 횟수와 만족도 등을 측정, 그 결과를 게임 개발사에 알려주는 일종의 '게임 컨설팅' 업무를 하고 있다. 마케팅과 홍보도 중요한 업무다. 게임 개발사가 시험판의 부족한 점을 보완해 최종판을 내놓으면서, 김 과장이 개발사와 공동으로 대대적인 흥행 바람몰이에 들어가는 것이다. '게임 감별사'라고 불리는 김 과장의 일은 PC방과 온라인 게임이 등장하면서 생긴 IT(정보기술) 신직업. 김 과장은 "5분만 해 보면 게임의 성공 여부를 판단할 수 있다"라며 "그래픽, 속도, 대중성 등을 종합적으로 고려해야 한다"라고 말했다. 그래픽이 첫인상이고, 대중성은 재미이며 속도는 기술력에 대한 반영이다. 게임감별사에게 왕도는 없다. 우선 새 게임이 나오면 무조건 해 봐야 한다. 게임사의 설명만 듣고서는 정확한 판단을 내릴 수 없기 때문이다. 김 과장은 주로 퇴근 후 집에 앉아서 게임 감별을 한다. 낮에는 개발사나 PC방 체인점에 대한 컨설팅 업무로 워낙 바쁜데다 게임에 몰두하기엔 아무래도 조용한 집이 좋기 때문이다. 김 과장은 "퇴근 후 보통 3~4시간씩 컴퓨터 앞에 앉아 있다"면서 "지금까지 80여 종의 게임을 해 본 것 같다"라며 웃었다. PC방 아르바이트에서 시작했기 때문에 PC방과 게이머의 생리를 누구보다 잘 아는 김 과장은 결국 첫 직장을 PC방 체인회사로 선택했다. 그는 "게임은 신생 산업이기 때문에 전문적인 마케팅개념이 아직 정립되지 않았다"라면서 앞으로 게임 전문 에이전시(agency)가 되고 싶다고 포부를 밝혔다. – 참조: 조선일보, '게임감별사 김종길 씨,' 2001년 11월 5일

7 상황에 따라 선별 기준을 변화시켜야 한다.

Varble(1972)은 현재 기업에서 많이 사용하는 전통적 신제품 평가기법들(예 일람 항목 방식, 손익 분기 분석)은 경제 요인만 고려하고 있을 뿐, 중요한 사회, 환경적 요인을 고려하지 않는다고 지적하였다. 정부, 공공단체, 소비자는 사회/환경 보호의 필요성을 절감하고 있다. 비록 이러한

추가적 고려로 인해 제품 개발비가 증가하고 제품 개발 기간이 늘어날지라도, 사회/환경적 요인을 포함한 포괄적 신제품 평가를 거쳐서 산출된 신제품이 기업에 장기 이익을 가져온다는 사실을 인식해야 한다.

> 성공이란, 세월이 흐를수록 가족과 주변 사람들이 나를 점점 더 좋아하는 것이다. – James "Jim" Collins(경영 컨설턴트)

Varble(1972)의 오래전 지적은 아이디어 선별 기준의 설정에 대해 많은 점을 시사한다. 변화하는 시장 상황에 적절한 선별 기준을 추가로 고려했는지 여부에 따라 제품 성과는 달라진다. 기존 방식에 고착하지 말고 변화하는 시장 상황과 기술 상황을 종합적으로 고려하여 선별의 평가시스템을 지속해서 수정해야 한다(예 ESG 경영의 반영). 이와 더불어 기업은 당해 프로젝트에 당장 들어가는 비용보다는 앞으로 이 프로젝트의 기반으로 누리게 될 혜택과 파급 효과도 고려해야 한다. 프로젝트의 성격이 기회의 창(opportunity window) 역할을 할 때 특히 그러하다.

8 선별 시점이 중요하다.

선별 시점은 너무 빨라도 또는 너무 늦어도 좋지 않다. 우선 너무 이르게 선별한다면, 잘못된 의사결정을 내릴 가능성이 커진다. 이는 그만큼 정보가 덜 익은 상태에서 의사결정을 하기 때문이다. 반면에 너무 지연된 선별을 한다면 개발 타이밍을 놓쳐 시장기회를 잃기도 한다. 실패가 두려워서 신제품을 완벽히 준비하다가 타이밍을 놓쳐 경쟁사에 주도권을 빼앗긴 사례는 적지 않다. 만약 후자의 실수를 반복하는 기업이라면 강제적으로라도 선별의 마감 시한을 정해 두어야 한다. 흔히 사람들은 시한을 정해놓지 않으면 한없이 망설인다. 즉 상황이 확실해질 때까지 결정을 뒤로 미루는 경향이 있다. 그러나 경영은 정답을 맞히는 게임이 아닌, 불확실성 속에서 성과를 만들어 내는 게임이다. 정확한 의사결정보다는 실패를 무릅쓴 과감한 의사결정을 적시에 내리는 것이 때로는 중요하다.

> 유능한 경영인은 결정이 아무리 힘들고 어렵더라도 절대 미루지 않는다. 실패한 결정 10개 중 8개는 판단을 잘못해서가 아니라 '제때' 결정을 못 내렸기 때문에 실패한 것이다. – James "Jim" Collins(경영 컨설턴트)

프로젝트의 성격 또는 산업의 성격에 따라 때로는 완벽함보다는 속도가 중요하다(Kim and Wilemon, 2002).

9 선별에 영향을 미치는 경영자 위험에 대한 태도를 관리할 필요가 있다.

선별에는 두 가지 유형의 잘못을 저지를 수 있다. 이러한 잘못의 크기는 이를 결정하는 경영자 위험에 대한 태도와 연관된다. 즉 경영자 위험에 대한 태도는 알파, 베타 리스크의 크기에 영향을 미친다. 예를 들어, 위험회피 성향이 강한 경영자(예 고스톱을 칠 때 처음의 패가 오광 또는 칠피가 아니면 참여하지 않는 사람)는 아주 엄밀한 선별 기준(too rigid criteria)을 적용함에 따라 결과적으로 알파 리스크가 커진다. 반면에 위험 추구 성향이 강한 경영자(예 웬만큼 패가 들어와도 참여하는 사람)는 상대적으로 느슨한 통과기준(too weak criteria)을 사용하기에 베타 리스크가 커진다. 물론 양극단 모두 바람직하지 않다. 위험에 대한 합리적 태도를 가진 경영자가 바람직하다.

> 7할의 승률에 건다. 승패의 확률이 5할일 때 싸움을 거는 자는 어리석다. 승률이 1~2할일 때라면 당연히 싸움을 걸지 않을 테니까 문제가 되지 않는다. 하지만 그와 반대로, 9할의 승률이 7할의 승률보다 낫다고 생각하지도 않는다. 이것이 포인트다. 그 이유는 승률이 9할이 될 때는 모든 것이 이미 뒤처지기 때문이다. – 손정의 소프트뱅크 회장.

위험이 있는 곳에 이익이 존재한다. 성공 확률과 기회 이익은 일반적으로 반비례한다. 성공 확률을 높이기 위해 마냥 기다린다면 그만큼 잠재적 기회 이익은 줄어든다. 100% 모든 것이 확실해질 때쯤이면, 좋은 시장 기회는 남들이 이미 다 차지하고 난 다음일 것이다. 적절한 때에 합리적 위험을 선택하여, 이에 대해 최선을 다하는 것이 가장 위험이 적은 방법이기도 하다.

10 선별의 평가 방식과 태도는 역으로 그 전 단계의 심리 및 활동에 영향을 미친다. 이러한 점을 유념하여 선별을 세심히 관리해야 한다.

신제품 개발에서 중요한 점은 좋은 아이디어를 많이 창출하는 것이다. 그런데 선별을 미숙하게 운영하면 아이디어의 원활한 창출에 지장을 준다. 기업 구성원들한테서 어렵게 나온 아이디어를 죽이는 아이디어 킬링(idea killing)의 방식과 과정은 특히 세심하게 관리해야 한다.

- 자기가 낸 아이디어가 큰 고려 없이 또는 적절한 설명 없이 쓰레기통으로 간다면 직원들은 다시는 아이디어를 내지 않을 것이다. 별생각 없이 아이디어를 기각하는 말과 행동이 아이디어의 샘물을 틀어막는다. 따라서 선별을 할 때 특히 아이디어를 기각할 때 경영자는 세심한 것까지 배려하여야 한다.
- 오늘날 전문 경영자는 자신의 역할이 어떤 아이디어에 대해 '예' 또는 '아니요'라고 말하는 데 있다고 잘못 생각한다. 자신의 역할이 의자에 앉아 결정 내리는 데만 있다고 믿는 최고경영자는 새로운 아이디어에 대해 반드시 거부권을 행사한다. 왜냐하면 새로운 아이디어란 원래 '비실용적인' 경우가 많기 때문이다. – Peter Drucker

11 여러 대안으로 쪼개서 위험을 분산할 필요도 있다.

'Real Option'이란 위험을 헤징(Hedging)하는 기업의 전략적 의사결정 기법 중 하나이다. 즉 불확실성이 높은 상황에서 리스크를 최소화하면서 투자 의사결정을 하는 현실적 방안이다. 하나의 대안만 선택해 투자하는 것이 아니라, 복수의 대안을 선택해서 소규모 투자를 하는 것이다. 이러한 방식을 통해 기업은 기술, 시장에 대한 잠재 정보를 계속 모으며 저비용 실험 투자를 할 수 있다. 만약 어떤 소규모 투자가 긍정적 잠재력을 암시하면, 그 프로젝트는 다음 단계로 계속된다. 물론 그렇지 않으면 적은 비용만 들고 폐기된다.

기업은 여러 대안에 조금씩 투자하면서 기술을 익히고 시장 흐름에 뒤처지지 않도록 노력한다. 특히 대안별 대규모 투자 시의 필요 역량을 미리 파악하고 이와 연관된 인재와 기술을 확보하는 데 주력한다. 적절한 시기에 옵션별 성공 가능성과 투자수익률 등을 검토해 투자의 확대 또는 중단 결정을 내린다. 이러한 리얼 옵션 방식은 기술 반전이 빠르고 불연속적 신약 개발, IT 개발에서 광범위하게 사용되고 있다.

12 평가하고자 하는 선택 대안들 자체가 모두 좋으면 선별 위험성이 줄어든다.

'최선의 대안 중에서 최악의 선택을 하는 것'이 '최악의 대안 중에서 최선의 선택을 하는 것'보다 낫다.

일류 기업에의 입사지원자들은 이미 다른 곳에서 검증받았던 우수한 사람들이기에 설혹 차선의 선택을 하더라도 크게 잘못되지 않는다. 반면에 이삼류 기업에서는 지원자들의 편차는 크기에 잘못 선택하면 그 여파가 크다.

이런 관점에서 보면 신제품 개발의 첫 단계에서 좋은 신제품 아이디어를 충분히 창출하는 것이 중요하다는 점을 새삼 확인할 수 있다. 기업이 아무리 뛰어난 선별 능력이 있다고 하더라도 결국은 첫 단계에서 발견되거나 규명된 신제품 아이디어의 풀(pool)에서만 선택하게 된다는 제한이 있기 때문이다.

13 신제품 개발팀의 의지와 노력 역시 중요하다는 점을 잊지 말아야 한다.

초기의 제품 아이디어는 신제품 성과에 분명 영향을 미친다. 그러나 신제품 과업에 참여하는 사람들의 의지와 수행 방식 역시 이에 못지않은 영향을 미친다.

'제품 운명론자'(product fatalist: 신제품 성과는 이미 제품 개발 초기에 대부분 결정된다고 믿는 사람. 콩 심은 데 콩 나고 팥 심은 데 팥 난다고 생각하는 사람)는 신제품 아이디어가 성과에 결정적 영향을 미친다고 생각한다. 그래서 신제품 성공을 위한 그들의 노력 대부분은 완벽한 신제품 프로젝트의 선택 또는 선별 과정으로 집결된다. 프로젝트 선택에 대한 시간과 자원의 과도한 투자는 때로 '분석 과잉으로 인한 마비(paralysis by analysis)'를 유발하기도 한다. 물론 타당성 있고 유망한 신제품 프로젝트의 선택을 위한 노력은 중요하다. 그러나 초기부터 너무 완벽한 아이디어를 추구하고 이의 빈틈없는 평가를 하는 것은 문제가 있다.

아이디어가 일정 수준 이상이면 실행에 착수하고 개발 과정을 실행해 나가면서 초기 아이디어보다 더 나은 제품을 개발하려는 적극적인 운명 개척의 의지도 중요하다. 이를 통해 초기 보통 수준의 신제품 대안도 점차 의미 있는 대안으로 향상되기도 한다.

Section 05

회의에 대한 몇 가지 요령

어떤 때 회의를 주로 하는가? 새로운 아이디어를 창출할 대, 사람과 조직간 갈등을 해소하고자 할 때, 어떤 것에 대한 평가나 선별을 할 때 사람들은 모여서 회의를 한다. 이런 관점에서 본다면 신제품 개발 과정은 회의의 연속이다. 그래서 회의를 보다 효율적이면서도 효과적으로 하고 더 나아가 창의적 회의를 해야 한다.

신제품 개발 과정에는 여러 사람, 다양한 내부 및 외부 조직이 참여하기에 이들의 의견을 모으고 공감대를 형성하기 위한 회의는 필수적이다. 여러 종류의 회의가 신제품 개발 과정 중에 열리지만, 특히 선별할 때 회의하는 경우가 많다. 그렇기에 이 장에서 회의에 대한 몇 가지 요령을 살펴보겠다.

첫째, 개발 초기의 회의가 중요하다. 초기 회의는 가능한 길고 오래 해도 된다. 그래야 개발 후반부의 회의는 짧고 효과적으로 된다. 한편 초기의 인간관계 형성도 중요하므로 초반에는 참가자들 사이의 간단한 친목 도모 노력도 필요하다.

둘째, 회의 주제에 따라 참석 인원, 범위 등을 신축성 있게 결정한다. 반대 의견의 제시가 예상되는 사람도 참여시킨다. 또한 다른 각도로 회의 주제를 바라볼 수 있는 사람도 참석시킨다. 동질적 사람들만 모여 회의한다면 이것은 한두 사람만이 참석한 회의와 같다.

- 장님이 또 다른 장님의 손을 잡고 가는 것은 무의미하다.
- 투입물이 좋을수록 산출물도 좋다(Garbage In Garbage Out).

셋째, 회의 시간을 통제한다. 회의 시간이 길다고 좋은 아이디어나 결론이 나오는 것은 아니다. 적절한 시점에 끊어야 한다. 의미 없이 질질 끌면 때로는 사족이나 긁어 부스럼과 같은 안건이 나오기도 한다. 편한 의자에 앉아서 하기 보다는 서서 하는 것이 때로는 더 나은 결과를 가져오기도 한다.

넷째, 회의 장소의 영향력을 무시하면 안 된다. 신제품 개발은 여러 기능 부서의 협력 하에 이뤄진다. 만약 어떤 특정 부서에 속한 회의실에서 회의가 열리면 이로 인한 장소 영향력이 발생한다. 따라서 가능한 중립적 위치의 회의실에서 하는 것이 바람직하다.

'Home court advantage'란 홈코트에서 경기하는 경우의 이점을 의미한다. 만약 회의를 주로 마케팅 부서의 사무실에서 하면 무의식 중에 마케팅 부서가 더 힘이 있는 부서로 인식된다. 이러한 의도하지 않은 현상은 협력을 방해하는 요인이 된다.

다섯째, 사전 준비가 필요하다. 회의 참석자에게 미리 회의 의제를 공지하고, 가능하다면 회의 자료를 사전에 제공함으로써 본 회의 시간의 낭비를 없앤다. 또한 미리 목표와 우선순위를 명백히 밝히는 것도 도움이 된다.

여섯째, 회의를 주관하거나 책임 짓는 사람을 사전에 결정한다. 상급자만 매번 회의를 주도하는 것은 바람직하지 않다. 직급과 관계없이 또는 기능 부서와 관계없이 돌아가면서 주관하는 것도 좋은 방법이다. 이를 통해 각자 회의에 대한 책임감을 느끼고 회의 주재자의 심정을 이해하게 된다.

참고로 회의 주관자는 다음 사항들을 유념한다.

- 참석자 골고루 발언 기회를 얻게 한다. 어느 누구도 주도권을 장악하지 않게 한다.
- 최종 결정을 내릴 때는 가능한 민주적 방식으로 결정한다. 그러나 만약 그것이 어렵다면 결론을 내릴 차선책의 기준도 마련해둔다.
- 자발적이면서도 활기 있게 의견이 나오게끔 유도한다.
- 쓸모없는 감정적 논쟁을 피한다. 어떤 의견 및 아이디어에 대한 반대를 자신의 인격에 대한 모독으로 생각해서는 안 된다.
- 기업 전체의 목표와 회의의 원래 목적에서 벗어나지 않는다. 부서 이기주의, 개인적 의제를 방지한다.

일곱째, 기록을 남겨놓는다(예 회의록, Contact reports). 그래야 추후 중복된 회의의 방지, 모호함으로 인한 문제 소지를 방지한다.

길고 긴 신제품 개발 과정 동안 제품 개발에 참여한 구성원들은 여러 중요한 의사결정을 하게 된다. 이 중 선별은 매우 중요한 의사결정 중 하나이다. 전술한 바와 같이, 성공적으로 선별을 수행한다면, 가능성 높은 아이디어에 제품 개발 기회를 부여함으로써 결과적으로 신제품 실패율을 낮추고 또한 잘못 투자되는 자원을 최소화하며, 이는 결과적으로 기업 전체의 수익 극대화와 연관된다. 그러나 선별에 내재한 위험에서 살펴본 바와 같이, 잘못된 결정을 내릴 가능성도 적지 않다. 따라서 선별 과정에 대한 모든 사항을 이해하고 이의 중요성을 인식하여 이의 개선을 지속해서 도모해야 한다.

선별에 대한 의사결정의 내용과 결과는 다음의 여러 요소로부터 영향을 받는다.

- 신제품 아이디어의 성격 또는 프로젝트의 특성(예 혁신성, 복잡성, 시장의 특성 등)
- 선별의 시점과 그 빈도
- 선별의 결정 주체(예 위험에 대한 태도, 조직 형태, 기능 부서 등)
- 선별 기법의 종류(예 수리적 기법 또는 시장 조사 기법 등)와 선별에 사용하는 평가 항목들

선별에 대한 올바른 의사결정을 위해서는 이에 영향을 미치는 제반 요소들에 대한 폭넓은 이해를 바탕으로 적절한 관리가 필요하다. 이와 더불어 선별 과정의 지속적 향상을 위해 선별의 성과를 평가해야 한다. 물론 이를 어떻게 측정할 것인가는 또 다른 중요 연구과제이다.

선별 의사결정을 잘하는 것이 신제품 개발의 성공을 보장하지는 않는다. 이는 그 이후의 개발 단계에서 노력 정도에 따라 신제품 개발 성과가 충분히 달라지기 때문이다. 그러나 선별 과정의 성공 여부는 차후의 개발 단계뿐 아니라 신제품 개발의 전체 성과에 적지 않은 영향을 미치므로 이에 대한 지속적 관심이 요구된다.

CHAPTER

09 제품 프로토콜

실제적인 제품의 본격적 개발은 3단계(D)부터 시작한다. 그런데 이에 앞서 '어떤 약속'을 해두는 것이 유용하다. 이게 바로 '제품 프로토콜(product protocol)'이다. 프로토콜은 제품의 실물적 구현에 앞서 결정하는 최종적 사전 계획안(중요한 결정 사항에 대한 약속)이다.

프로토콜(protocol: 표준규정안, 조약서, 실시 요강)이란 개발하려는 제품의 여러 내용에 대한 어떤 공통된 약속을 의미한다. 향후의 개발 내용을 사전에 확립해두는 것이다. 각자 업무의 영역은 다르지만 이러한 공동 약속을 준거로 하기 때문에 원래 의도한 방향에서 벗어나지 않고 또한 통합 효과를 가지게 된다.

그림 9.1 개발 과정에서 제품 프로토콜의 위치

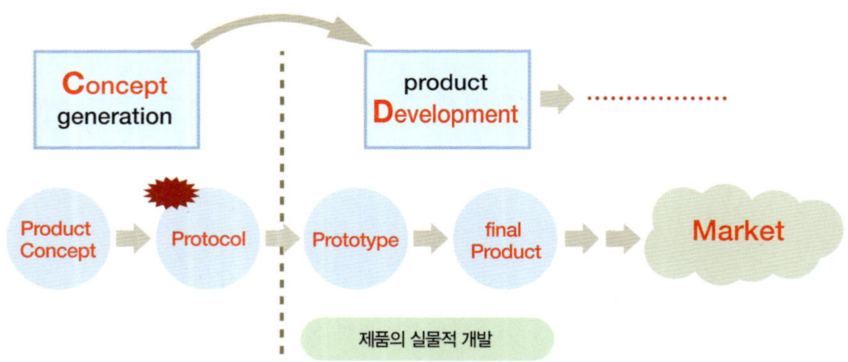

우선 제품 프로토콜의 의미와 중요성을 살펴보겠다. 그런 다음 제품 프로토콜의 구성 항목을 살펴보겠다. 마지막으로 제품 프로토콜을 만드는데 필요한 정보, 프로토콜의 작성에 도움이 되는 기법을 살펴보겠다.

Section 01

제품 프로토콜의 의미와 중요성

1 제품 프로토콜의 개념

'제품 개념'에 대한 정의(What the product would be(제품 관점) and do(소비자 관점)?)가 내려진 후에는 제품의 세부 항목(the product's features, attributes, design specifications and requirements)에 대해 설정하여야 한다. 이러한 세부 내용에 대한 개발 참여자 간의 동의(약속)는 향후의 활동과 의사소통을 위해 필요하다. 이것이 '프로토콜'이다.

성공적인 신제품 개발을 위해서는 신제품 개발에 참여하는 모든 사람과 조직간 무엇을 어떻게 만들지에 대한 조화로운 협조와 조정이 선행되어야 한다.

제품 개념을 실제로 개발(3단계: D)하기에 앞서, 신제품 개발팀은 '제품 프로토콜'을 만든다. '제품 프로토콜'은 개발에 참여하는 모든 기능 부서, 내외부 조직이 향후 개발하는 신제품의 사양(기술, 마케팅, 제조 측면)에 대한 어떤 구체적 약속(동의)이다. 즉 마케팅, 연구개발, 생산, 디자인, 유통업체, 공급상 등 제품의 개발, 제조, 마케팅에 참여하는 조직들이 실질적 개발 작업에 들어가기에 앞서 '이번 신제품은 (세부적으로)~~이러이러할 것이다'라고 규정한 것이다.

- 텀블러: 새로 개발하는 텀블러는 휴대 편리성을 위해 무게는 300g을 넘어서는 안 된다. 최소 0.5 리터는 들어가야 한다. 보온뿐 아니라 보랭도 가능해야 한다. 5시간 이상 온도를 유지한다. 표적 고객은 젊은 여성이기 때문에 이들이 선호하는 색상과 디자인을 고려한다. 내부는 위생적 소재인 세라믹을 사용한다 등이다.
- 스마트워치: 무게 100g을 넘기면 안 된다. 배터리는 최소 10시간 이상 지속된다. 활동적인 사람들이 사용하기 때문에 방수 기능이 있어야 한다 등이다.

그림 9.2 다양한 텀블러

2 제품 프로토콜의 목적(유용성)

프로토콜은 개발하려는 제품에 대한 구체적이고 상세한 약속이다. 이러한 프로토콜을 만들어 두는 것이 중요한 이유, 즉 유용성을 언급하면 다음과 같다.

2.1 개발하려는 제품에 대한 명확한 인식의 공유

복잡한 부품과 소재들로 이뤄진 제품의 경우 서로 연관되는 것들(예 부품, 소재, 프로그램)도 각기 따로 개발된다. 일단 개발(3단계: D)에 돌입하면 각자 자신이 맡은 영역에 몰두하게 된다. 그러다 보면 다른 연관 부서와의 의사소통이 소홀해진다. 만약 프로토콜이 없다면 서로 어긋나는 산출물이 개발되기도 한다. 다양한 사람과 조직들이 관여하고 장기간의 개발, 제조, 마케팅, 소재 확보 등의 준비 과업일수록 이러한 어긋남은 더욱 크게 벌어진다.

- 혼자서 음식 조리, 접객, 설거지를 모두 담당하는 소규모 포장마차 또는 식당에서 통합 문제는 발생하지 않는다. 그러나 여러 음식, 반찬 등을 분담하여 조리하는 식당, 식품회사의 경우에는 이와 다르다. 포장 용기, 음식 재료, 음식 전체의 칼로리 등에 대한 초기의 명확한 사전 동의(약속)가 없다면 일이 한참 잘못 진행된 다음에 문제를 발견한다. 이와 반대로 개발하는 제품에 대해 초기 약속을 명확히 해두면 이러한 어긋남의 발생은 적어진다.
- 거대 전쟁을 치르는 것은 여러 사람 간에 협조가 필요하다. 공격 순서, 병참, 의료 지원 등 한 치의 어긋남이 없도록 참모들은 한자리에 모여서 작전회의를 수립한다. 세부적 실행 계획, 고려 요소, 돌발 상황까지도 예측해서 이에 대한 약속을 미리 해 둔다.

'20~30대 여성 운전자를 위한 자동차'를 개발하기로 하였다면, 이에 걸맞게 좌석 시트의 크기, 운전대 조작 및 고장 수리의 편리성, 핸드백 걸이/하이힐 거치대 인테리어 등이 제품으로 반영될 것이다. 그런데 '막연한 소형차'의 개발로 모호하게 정의되었다면, 어떠한 실물 자동차의 개발도 그 누가 나서서 잘못되었다고 말할 수 없다. 목표가 명확하면 과정의 잘못을 집어낼 수 있지만, 목표가 명확하지 못하면 무엇을 해도 그것이 잘못된 것이라고 판정하기 어렵다.

프로토콜이 없다면 후속 단계의 제품 개발 및 마케팅은 혼돈 및 불협화음에 빠질 수 있다. 그 결과 개발은 지연되고 원래 의도했던 제품을 개발하지 못한다.

2.2 제품에 대한 폭넓은 인식

'소비자의 욕구를 충족시킬 수 있는 것'은 무엇이나 '제품'이다. 즉 제품(product)은 소비자 욕구를 충족시키는 어떤 것(something)이다. 이러한 정의는 제품을 그저 소비자와 동떨어진 하나의 객체로 보는 것이 아니라 소비자와의 관계 속에서 본다.

제품을 고객 가치의 계층별(customer-value hierarchy)로 살펴보면 핵심 혜택(core benefit), 유형 제품(tangible product), 확장 제품(augmented product)으로 구분된다.

그림 9.3 **고객 가치의 계층에 따른 제품 차원**

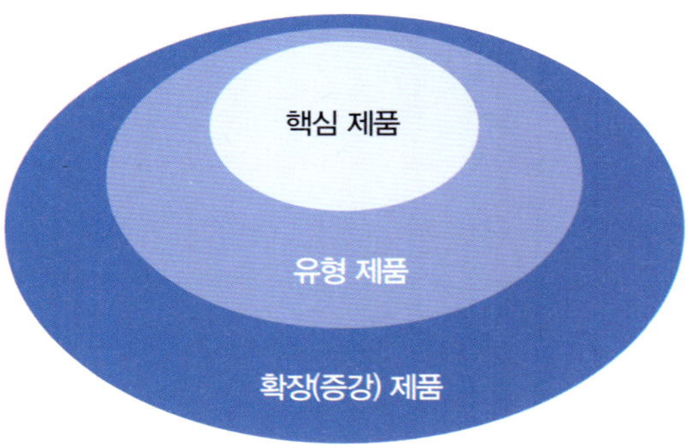

핵심 혜택은 소비자가 제품에서 얻는(또는 원하는) 가장 근원적 혜택을 의미한다. 이에 비해 유형 제품은 핵심 혜택이란 개념적 아이디어가 품질, 성능, 스타일, 브랜드, 포장 등을 통해 구체적으로 유형화(또는 형상화)되어 하나의 모습으로 나타난 것이다. 한편 확장 제품은 유형 제품을 보강하는 추가적 혜택을 의미한다. 프로토콜은 이러한 모든 차원을 규정하기에 개발 참여자들은 확장 제품을 비롯한 제품의 모든 차원을 폭넓게 인식하고 또 공유한다.

'캡슐 커피 머신'의 핵심 혜택은 가정에서 누구나 손쉽게 커피 전문점 수준의 고급 에스프레소 커피를 즐길 수 있는 것이다. 이러한 핵심 혜택을 구현한 형태인 유형 제품은 커피 머신기, 캡슐, 받침대, 우유 거품기 등으로 구성된다. 그래서 핵심 혜택은 동일하지만 그것의 구현 형태가 다르기에 세상에는 수많은 모습의 캡슐 커피 머신(유형 제품)이 존재하는 것이다. 한편 확장 제품은 매장 내 시음 서비스, 캡슐 수거 서비스, A/S 서비스, 업그레이드 서비스, 사용법 교육 등이다.

제품의 입체적 개념에 대한 개발 참여자 간의 공통된 이해가 없다면 전체적으로 조화롭지 않은 혜택들이 각기 산출된다.

2.3 신제품 개발 기간의 단축

프로토콜을 통해 각 기능부서는 제품 개발과 시장 도입을 위해 자신이 해야 할 중요 과업을 미리 파악한다.

새로운 등산화를 개발하는 회사: 프로토콜을 통해 각 부서는 자신이 해야 할 중요 업무를 분명히 인지하고 이에 대한 준비를 빠르게 시작한다. 기술 부서는 등산화가 어떤 날씨(비, 눈), 어떤 지면(흙, 자갈, 바위)에도 기능하도록 기술 개발하고, 마케팅 부서는 전문 산악인 중 최소 30%가 이 등산화를 사용하게끔 접촉하고, 전화상담실은 문의 전화를 3분 대기시간 내에 처리하는 체계를 갖추는 과업이 있음을 미리 알게 된다.

과거의 신제품 개발 방식은 직렬 방식(릴레이 계주)이었다. 앞단의 일이 끝날 때까지 뒤쪽에서는 손을 놓고 있는다.

그림 9.4 직렬 방식(릴레이 계주, relay race system)

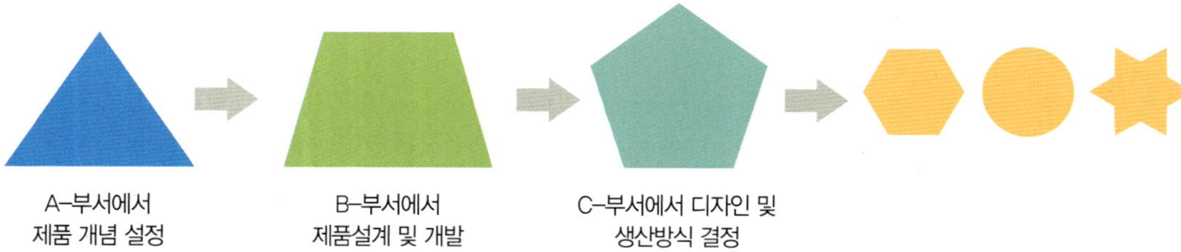

이에 비해 동시 진행의 병렬 방식(럭비)에서는 각자 할 수 있는 만큼의 일을 시작할 수 있기에 몇 가지 업무가 동시에 병렬적으로 진행된다. 즉 앞단의 일이 완전히 끝나기도 전에 뒤쪽 일의 일부분을 시작하거나 준비한다. 따라서 동시 진행은 릴레이 방식보다 훨씬 효율적이며 시간을 단축한다.

그림 9.5 **병렬 방식(동시 진행,** concurrent system)

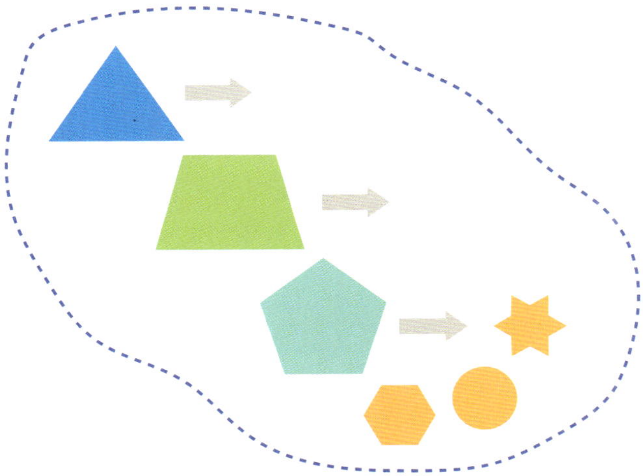

개발되는 제품을 염두에 두고 원자재를 확보하고, 포장(패키지) 방식을 탐색하고, 마케팅 전략(예 광고, 유통 등)을 기획하는 등 동시다발적으로 활동한다. 요리할 음식이 결정되면, 음식을 손질하는 동안 여기에 적합한 그릇 세트, 양념 등을 구입하러 나가도 괜찮다. 또한 오븐을 미리 적정 온도로 데워 놓아도 된다.

동시 진행이 가능한 이유는 개발 과업에 참여하는 모든 기능 부서들을 묶어주는 '어떤 분명하고 구체적인 목표, 계획서 또는 약속'이 있기 때문이다. 만약 그런 약속, 즉 프로토콜이 없다면 다른 어떤 것을 동시 진행하기는 어렵다. 즉 무엇이 앞에서 나올지 모르고 무엇을 만들지 막연하기에 앞단의 일이 끝날 때까지 뒷단의 일을 시작하기는 어렵다.

그림 9.6 **프로토콜의 역할**

신제품 개발팀을 하나로 묶어주고, 합리적 추측과 판단을 할 수 있도록 돕는다.

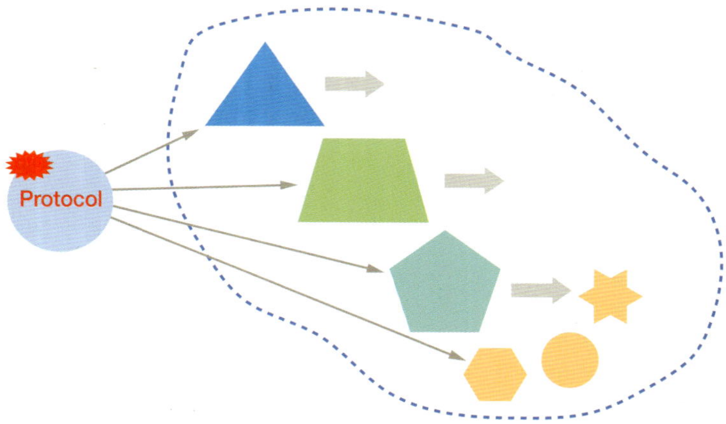

2.4 관리와 통제의 용이성

프로토콜은 제품의 요구 사항을 측정 가능한 언어로 글이나 문서로 나타내기 때문에 개발 과정의 통제와 관리를 용이하게 해준다. 즉 해야 할 과업들에 대한 측정 가능한 목표 수치가 제시되기에 이들 측정을 통해 요구 사항의 충족 여부(또는 작업의 진행 정도)를 구체적으로 파악한다. 만약 어떤 요구 사항이 충족되지 않았다면 이를 경고함으로써 준비가 덜 된 상황에서 다음 단계로 넘어가지 않게 제어한다.

2.5 제품 개념(또는 제품 프로토콜)의 사례(참조: P. R. Nayak and J. M. Ketteringham(1986), 'Breakthroughs')

1971년 Shi를 주축으로 하는 JVC team은 12개의 서로 연관되는 목표(matrix)를 설정하여 이를 신제품(VCR, Video Cassette Player)의 개발지침으로 적용하였다. 그리고 개발 단계에서 예기치 못한 문제와 맞닥뜨렸을 때 그들은 즉각 이들 지침에 근거하여 해답을 발견하였다. JVC의 연구개발팀은 경영진의 서두름에도 불구하고 이러한 12개 조건을 모두 충족시키기까지 첫 번째 VCR을 내놓지 않았다. 12개 목표는 다음과 같다. 일반 TV에도 연결할 수 있어야 한다. 일반 TV처럼 동일한 영상과 소리를 재생할 수 있어야 한다. 적어도 2시간 녹화가 되어야 한다. 다른 제조회사의 VCR과 양립되어 TAPE의 상호교환이 가능해야 한다. 다양한 기능을 갖추어야 한다. 미리 녹화된 TAPE뿐 아니라 Video Camera도 사용할 수 있어야 한다. 가정용이기에 너무 비싸면 안 된다. 가정용이기에 조작이 쉬워야 한다. 가정용이기 때문에 운영비(TAPE, 전기료, 소모품)가 싸야 한다. 제조자 입장에서 만들기 쉬워야 한다. 부속품들이 다양한 모델에 사용할 수 있게 디자인되어야 한다. 서비스받기 쉬워야 한다. 사회 전체적으로 볼 때 VCR은 정보와 문화의 전달자 역할을 해야 한다.

이러한 원칙 뒤에는 Shi의 직관이 작용하였다. 그는 새로운 VCR의 제품 개념을 3차원으로 보았다. 즉 설계단계로부터 '제조하는 사람,' '구매하는 사람,' '수리하는 사람'으로 파악했다. 팀 전체에 이러한 원칙을 인지하기 전, 이미 그의 마음속에 형성되어 있었다. Shi는 제품을 실질적으로 개발하기에 앞서 이미 가장 어려운 것을 완수한 것이다.

3 다른 유사 개념과의 비교

'신제품 전략 성명서(PSS)'는 개발 참여자에게 자신의 기업 또는 사업부에서 개발하려는 신제품의 방향에 대한 전반적 지침을 제공한다(참조: 1단계(S), 5장). 상위 차원의 방향 설정이기에 추상적, 포괄적 성격을 가진다. 이러한 기반(틀)으로 인해 기회와 강점에 집중하게 된다. 또한 기존 제품과 조화로운 신제품 아이디어를 탐색하고 선별하게 된다.

'제품 개념'은 어떤 '신제품 아이디어'로부터 비롯된다. 아이디어란 제품에 대한 어떤 새로운 생각으로 고객 혜택, 기술, 제품 형태와 연관된다(참조: 6장). 하나의 아이디어로부터 시작되지만, 이것이 숙성하고 다른 차원의 아이디어들도 갖추면 하나의 '제품 개념'으로 완성된다. '제품 개념'은 제품과 소비자 관점으로 구체적으로 정의를 내리는 것이다.

'제품 프로토콜(Protocol)'은 향후 개발하려는 특정 신제품의 구체적 사양들에 대한 약속이다. 실질적 제품 개발이 곧 시작되기에 이를 위한 구체성(하위 항목도 고려, 미시적 특성)이 강하다.

- '신제품 전략성명서(PSS)': 새로 개발하는 제품은 점차 증대하는 노년층을 대상으로 한다, 재료 접근성이 용이한 닭고기를 재료로 한다, 모방이 아닌 혁신 제품을 개발한다 등과 같은 전반적 지침을 정하는 것이다.
- '제품 개념': 2살 미만의 어린 아기를 태우고도 조깅할 정도로 가볍고 작동 간편한 유모차, 아이들 건강에 신경을 많이 쓰는 맞벌이 부부를 위한 즉석 조리 식품, 노인들이 식사 중간에 건강을 위해 먹는 간식, 대학생들이 캠퍼스에서 사용할 가볍고 휴대 용이하면서도 비싸지 않은 텀블러 등 이처럼 제품 개념은 소비자가 향후 이 신제품에 대해 가지게 될(또는 가지기를 기업이 원하는) 생각, 느낌의 구체적 내용을 정하는 것이다.

- 'Protocol': 텀블러 무게는 200g 이내이고 한 손에 잡을 수 있게끔 지름(7.0cm), 높이(25cm) 이내로 한다. 닭강정은 1,000칼로리 이내이고 냉동 보존기간은 3달 이상으로 한다. 노년층의 치아 상태를 고려하여 과자의 딱딱함과 질김의 정도는 □□ 수준 이하이다 등과 같은 제품 명세에 대한 약속을 정한 것이다.

신제품 전략 성명서, 제품 개념, 프로토콜의 관계를 도식하면 다음과 같다.

그림 9.7 신제품 전략 성명서, 제품 개념, 프로토콜의 관계

프로토콜로 진행될수록 더 많은 항목이 더욱 구체적으로 규정된다.

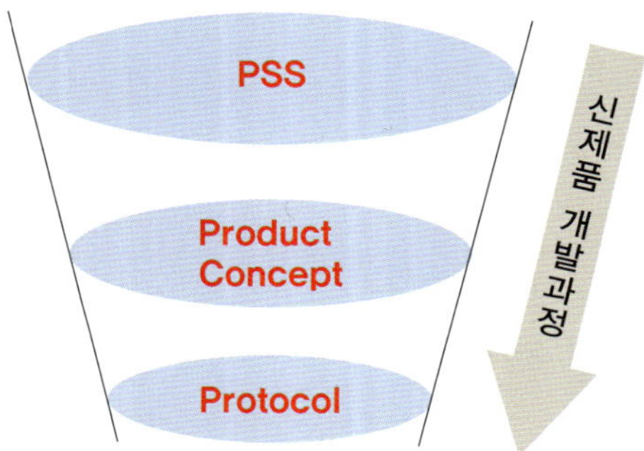

이상과 같이 유사 개념 간 구분을 하지만, 기업의 개발 여건에 따라 이러한 구분은 혼재되기도 한다. 또한 초보 실무자인 경우에는 굳이 이러한 용어를 의식하지 않아도 된다. 예를 들어, 신제품에 대한 포괄적 가이드라인 → 막연한 신제품 아이디어 → 여러 면에서 조금은 선명하게 정의된 신제품 아이디어 → 실질적 개발을 하기에 앞서 가지는 아주 구체적이고 상세한 신제품 아이디어 등으로 불러도 괜찮다.

'제품 개념' 자체가 아주 상세하면 그것이 바로 '제품 프로토콜'이 되기도 한다. 독자들은 이러한 용어들의 정확한 구분과 사용에 너무 연연할 필요는 없다. 다만 이러한 아이디어의 전개 흐름이 있다는 것, 그리고 실물 개발에 앞서 프로토콜을 가지는 것이 중요하다는 사실만 일단 기억해두기를 바란다.

Section 02 제품 프로토콜의 구성 내용

'제품 프로토콜'은 개발에 참여하는 여러 사람과 조직이 향후 개발하려는 신제품의 사양(기술, 마케팅, 제조 측면)에 대한 어떤 구체적 약속(동의)이다. 마케팅에 관한 내용뿐 아니라 기술, 디자인, 제조, 소재, 자금 등에 관해서도 기술할 필요가 있다.

그림 9.8 **제품 프로토콜의 구성 항목**

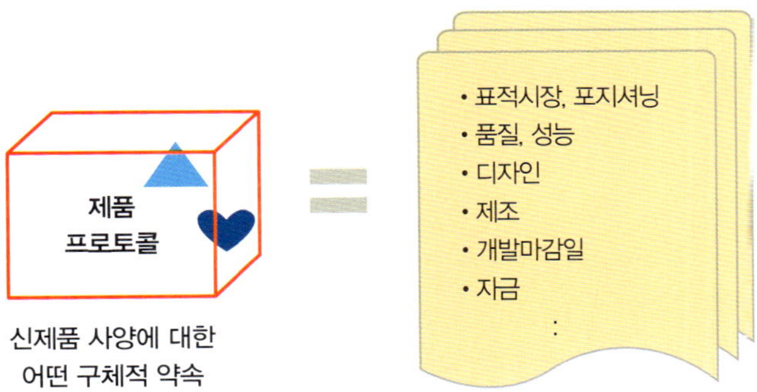

이제 제품 프로토콜에 들어가는 항목을 살펴보겠다. 물론 이들 항목은 기업, 제품, 시장 등에 따라 달라질 수 있다. 어쨌든 제품 개발을 위한 상세 내용을 명시한다는 점은 공통적이다. 여기서는 마케팅과 연관된 항목을 중심으로 설명하겠다. 고객 욕구와 연관된 기술적 내용은 다음 항에서 설명하겠다.

볼펜, 텀블러, 자동차, 진통제, 즉석조리 식품 등 무엇이든 좋다. 자신에게 익숙한 제품을 염두에 두고 아래 항목에 해당하는 내용을 독자들 스스로 채워 보기를 권한다. 여기서는 볼펜을 예로 들겠다.

1.1 표적 시장(Target Market)

시장에서 '어떤 고객을 대상으로 할 것인가'이다. 표적 시장은 프로토콜에서 비교적 구체적으로 규정되어야 한다. 시장 세분화(Segmentation)와 표적 시장 선택(Targeting)에 대한 자세한 내용은 마케팅 서적을 참조하기를 권한다.

표적 시장을 가장 좋은 판매 기회를 제공할 것으로 보이는 시장(Primary target market), 구매 가능성이 두 번째로 높은 시장(Secondary target market), 대비책으로 생각해두는 표적 시장(Fall-back target market)으로 구분하기도 한다.

볼펜의 가격은 천 원대부터 몇백만 원에 이르기까지 천차만별이다. 고위직 관료, 기업체 사장이 서명용으로 쓰는 것도 있지만 중고등학생이 부담 없이 사용하는 것도 있다. 누구를 표적 시장으로 하는 제품인가에 따라 개발 방향은 전혀 다르기에 이의 명확한 규정이 필요하다.

1.2 포지셔닝(Positioning)

'표적 고객의 마음속에 신제품을 어떻게 인식시킬 것인가?' 즉 소비자 머릿속에 마케터가 원하는 위치를 차지하는 과정을 의미한다.

중고등학생이 표적 고객이라면, 신제품은 '휴대가 간편해서 언제 어디서든 사용하는 볼펜'이란 위치를 차지하는 것이다.

1.3 제품 속성(Product Attributes)

제품 속성에는 혜택(benefits), 기능(functions), 형태(features), 상세 사양(Detailed Specifications) 등이 포함된다. 제품 속성의 규정을 통해 어떠한 제품인지가 좀 더 명확하게 그려진다.

삼색 볼펜 심이 작동하고(기능), 주머니 들어갈 정도로 짧고 둥근 모양을 한다(형태). 또한 옷 주머니에 넣고 다니기에 잉크가 묻어나서는 안 된다(상세 사양).

1.4 경쟁 제품과의 비교(Competitive Comparisons)

신제품은 경쟁 제품 또는 기존 제품과 어떤 면에서 다른가를 규정하는 것이다. 중요 요소를 기준으로 경쟁 제품과의 차이점을 명시한다.

기존 제품보다 가볍고 납작하다. 크기는 작지만 볼펜 심은 굵고 진하게 나온다. 볼펜 심 색상은 다양하고(예 형광색, 골드색) 교체가 즐겁다.

1.5 확장 제품 차원(Augmentation Dimensions)

앞서 설명한 바와 같이 확장 제품은 유형 제품을 보강하는 추가적 혜택을 의미한다. 설치 및 배달 서비스, 제품에 대한 사용자 교육, 품질보증, 고장 수리와 부품 교환 서비스 등이 포함된다.

저렴한 볼펜에 대한 확장 제품은 생각하기 쉽지 않다. 최고급 볼펜이라면 품질보증, 볼펜용 비단 주머니, 무상 수리 등을 생각해볼 수 있다.

1.6 도입 시점(Timing)

시간을 맞추는 것이 중요한 제품은 개발의 마감 날짜를 프로토콜에 명시한다.

- 아이스크림은 보통 4월까지 출시해야 그해 장사를 망치지 않는다. 볼펜은 신학기 전에 출시하는 것이 좋지만 수시 구입하는 제품이기에 도입 시점은 굳이 명기하지 않아도 된다.
- 광화문 현판(2010년), 갤럭시 노트7(2016년)는 특정 날짜를 염두에 두고 개발을 서두른 결과 좋지 않은 결과를 초래했다.

1.7 그 밖의 항목

마케팅, 생산, 재무 등의 요구사항이 중요하다면 이를 프로토콜에 명시한다.

표적 시장을 위해 새로운 유통경로(예 팝업스토어, 볼펜 자판기)를 개설한다. 신규 광고매체(예 메타버스, SNS)를 활용한다. 제조 공정은 품질 기준을 예외 없이 충족해야 한다. 개발과 도입 기간에 들어가는 자금은 5천만 원이 초과하지 않아야 한다.

한편 제품 혁신에는 과업 자체를 중도에 좌절시킬 만한 많은 장애물이 존재한다. 따라서 '미리 확인된 장애물 또는 암초'에 대한 리스트를 프로토콜에 언급해 둔다. 이를 통해 구성원들은 이러한 장애물을 인식하고 이를 대비하게 된다.

볼펜의 핵심 원료는 ○○나라에서 들어오는데 최근 그 나라의 불안정한 정국으로 인해 수급 문제가 생길 수 있다.

Section 03

제품 프로토콜의 작성

프로토콜을 작성하려면 우선 이에 필요한 정보를 충분하게 가지고 있어야 한다. 가장 기본이 되는 것은 고객 욕구이다.

한편 이렇게 수집된 고객 욕구는 제품 차원(품질, 기능, 소재, 디자인 등)으로 이해되고 해석되어야 한다. 이러한 전환에 도움이 되는 QFD(Quality Function Deployment, 품질과 기능의 전개)를 설명하겠다. 또한 개발 참여자 간 원활한 의사소통, 협업 및 문제해결에 도움이 되는 'Oobeya room'도 소개하겠다.

1 제품 프로토콜 작성을 위한 기초 자료

고객의 소리(VOC, Voice of Customer)는 제품 프로토콜의 마련에 중요한 역할을 한다. 앞서 강조한 바와 같이 고객이 원하는 제품을 개발하기 위해서는 고객 욕구에 바탕을 둬야 한다. 고객 욕구를 반영한 제품은 구매로 쉽게 이어지기 때문이다. 그런데 고객 요구에 대한 상세하고 정확한 자료를 확보하지 못했다면 제품 기술자는 단순히 추측에 의존해서 개발하게 된다.

> 기초 자료로 고객을 강조하고 있지만, 고객 이외에도 비고객, 잠재고객, 경쟁사, 유통업체, 공급상, 연구개발원, 기술자, 제조, 소재, 부품 등의 현황과 추세 역시 프로토콜의 작성에 중요한 자료이다.

고객 욕구에 대한 조사 기법, 질문 방식에 대해서는 17장에서 설명한다(예 관찰, 서베이, FGI, 실험 등).

여기서는 몇 가지 유념할 점만 언급한다.

첫째, 소비자 조사가 성공을 거두지 못하는 대부분 이유는 소비자 조사를 수행하지 않기 때문이기보다는 이의 잘못된 수행 방식 때문이다.

병이 도진 이유는 병원에 가지 않아서가 아니라 의사가 잘못 진찰하였기 때문이다.

둘째, 어떤 한 가지 방법에만 의존하기보다는 질적 및 양적 조사를 입체적으로 혼용하는 조사가 바람직하다.

셋째, 자사 주력 고객층의 의견은 중요하다. 그러나 이들뿐 아니라 비고객, 일반 고객 및 주요 경쟁사의 선호 고객으로부터도 중요 정보를 얻을 수 있다.

넷째, 고객은 제품을 잘 모를 것으로 생각해서 이들을 무시해서는 안 된다. 기술, 디자인, 엔지니어링, 제조는 모르겠지만 자신이 어떤 걸 좋아하고 원한다는 것은 소비자 자신이 가장 잘 알고 있다.

2 Quality Function Deployment(QFD)

고객의 소리를 제대로 듣는 것은 중요하다. 그러나 현실적으로 고객의 언어는 과학적, 기술적 전문용어가 아니다. 고객 욕구(또는 요구사항)를 제품화하기 위해서는 이들 내용이 제품 품질과 기능 차원으로 해석하고 전환되어야 한다.

- 고객 욕구는 일상생활 용어로 표현된다. 그런데 이를 제품으로 구현하려면 기술 측면의 많은 작업이 필요하다. 예를 들어 프린터 사용자는 'CPS(Character Per Second)', 'Resolution', 'Edge Sharpness' 등의 전문 용어를 모른다. 그저 글자가 빠르게, 선명하게 나오는 것을 원한다고 말할 뿐이다. 소비자 언어가 전문적이지 않다고 그 의견마저 소홀히 다뤄서는 안 된다.
- 볼펜에 대한 소비자의 요구 사항이 '잡기 쉽고 오래 써도 편한 볼펜'이라면, 제품 관점에서는 다음과 같이 기술적 또는 제품적 언어로 재해석해야 한다. 볼펜 둘레는 1cm 이내, 무게는 5g 이하, 디자인은 원형 또는 육각형, 재질은 젤 형태 등이다.
- '커피가 맛있으면 좋겠다' → '신선한 느낌, 진한 색깔, 산미가 있는 맛이면 좋겠다' → "로스팅한 지 3일 이상 된 원두는 사용하지 않음, 예가체프 원두를 40% 이상 섞음"

고객이 원하는 바(비기술적 묘사)를 제품화 시키기 위해서는 이러한 욕구를 제품 특성의 기술적 언어로 전환(재해석)해야 한다. 이에 도움이 되는 것이 QFD(Quality Function Deployment, 품질과 기능의 전개)이다.

그림 9.9 **QFD의 유용성**

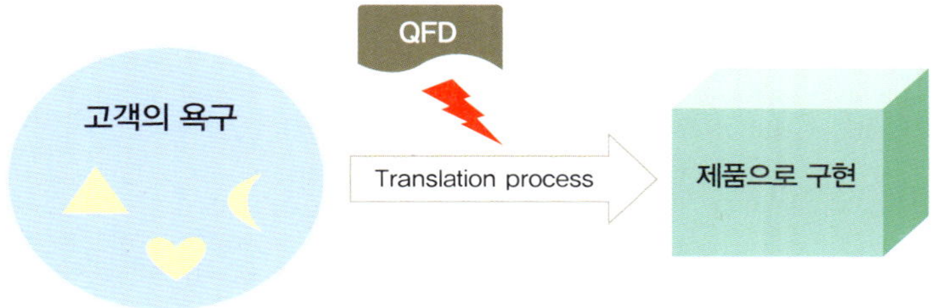

2.1 QFD의 개요와 구성

QFD는 고객의 소리(VOC)를 기술적 의미로 재해석해서 제품(실물화) 개발의 모든 흐름에 반영하는 기법이다.

> 1972년 미쓰비시 중공업의 고베 조선소에서 시작하였다. 그 후 1975년 토요타를 필두로 자동차 산업에서 적용되기 시작하여 부서 간 커뮤니케이션 증진, 개발 시간 단축 및 비용 절감의 효과를 거두었다. 토요타를 통해 세계에 널리 퍼지게 된 이 방법은 현재 여러 기업이 응용하여 사용하고 있다.

QFD는 다음의 흐름으로 진행된다.

그림 9.10 **QFD의 구성 흐름(품질의 집 → 부품 전개 → 제조 공정 계획 → 생산 계획)**

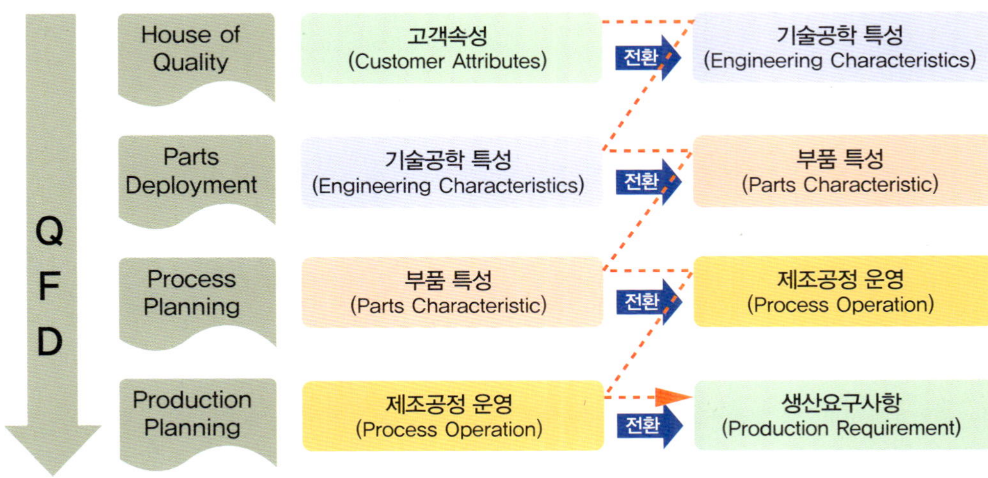

2.2 QFD의 첫 단계: House of Quality(HOQ, 품질의 집)

아마도 가장 널리 알려지고 사용되는 것은 QFD의 첫 단계인 HOQ일 것이다. 이것은 시장 조사를 통해 도출된 일련의 고객 속성(CAs, Customer Attributes)을 이와 연관(대응)되는 엔지니어링 속성(ECs, Engineering Characteristics)으로 해석해서 연결하는 것이다.

HOQ는 고객 요구 사항, 엔지니어링 요소, 그리고 이들 간 상호 연관성을 한눈에 파악할 수 있는 도표이다. [그림 9.11]과 같이 세모 지붕이 있는 집의 모양과 같다고 해서 이러한 이름이 붙었다.

그림 9.11 HOQ의 구성도

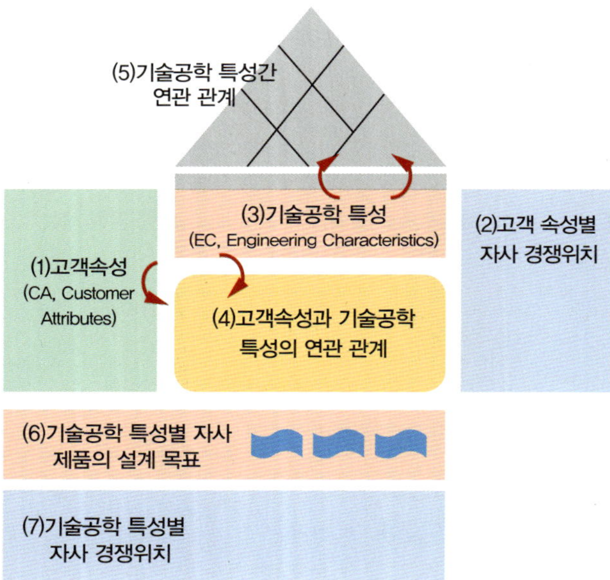

HOQ는 마치 종이접기 같은 모습으로 펼쳐진 종이에는 상호 연관된 내용이 전개된다. 이렇게 한 장에 모든 것을 정리하는 장점은 여러 가지가 있다. 전체를 조망할 수 있다, 요소 간의 관련성을 알 수 있다, 의사소통을 원활하게 해준다, 하나의 변동이 어떠한 파급 효과를 가져오는지 알 수 있다 등이다.

저자는 해외여행을 다닐 때, 뒷주머니에 A4용지 한 장을 접어 넣고 다닌다. 여기에는 여행의 모든 중요 내용이 담겨 있다. 여행 전체의 일정, 날짜별 이동 수단(비행기, 버스, 기차), 날짜별 숙소, 날짜별 해야 할 일, 쇼핑 목록 등 연관된 내용은 화살표로 표시한다. 한 장으로 모든 것을 보여주는 이 종이는 여행하는 데 매우 도움이 된다.

텀블러를 중심으로 HOQ를 설명하면 다음과 같다.

그림 9.12 텀블러에 대한 HOQ의 구성도

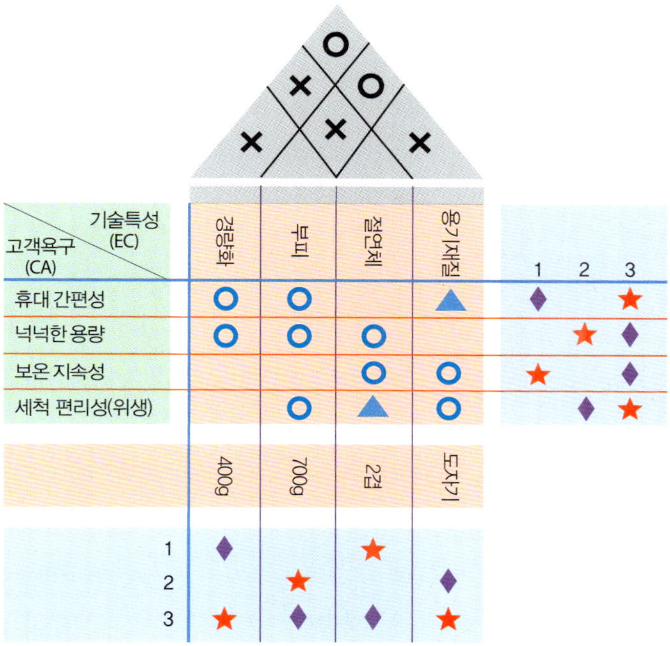

① '고객 욕구(CA)', 즉 고객 요구사항은 기존 제품 또는 신제품에 대해 고객이 요구하고 기대하는 사항들이다. 이러한 내용은 고객의 소리(VOC, Voice of Customer)를 통해 식별된다. 텀블러의 경우에는 휴대 간편성, 보온 지속성 등이 있다.

② '고객 욕구별 자사의 경쟁 위치'는 각각의 고객 욕구(CA)에 대한 주요 경쟁업체와 자사 신제품과의 비교이다. [그림 9.12]에서 ★은 자사 신제품, ◆은 경쟁사를 의미한다. 한편 1, 2, 3의 척도는 클수록 좋다는 의미이다. 예를 들어 휴대 간편성 차원에서 자사 신제품은 경쟁사보다 월등하게 좋게 인지된다(또는 인지될 것이다).

③ '기술공학 특성(EC, Engineering Characteristics)'은 고객 욕구와 연관된 기술적 사양(품질, 기능, 디자인 등)을 열거한 것이다. 예를 들어, 경량화, 부피(용적), 절연체 등이 있다.

고객 요구 사항은 이와 연관된(또는 대응되는) 기술적 사양이 존재한다. 예를 들어, 음식이 달았으면 좋겠다(음식에 설탕 ㅇㅇg을 더 넣어야 한다), 음식이 매우면 좋겠다(음식에 청양고추를 새롭게 추가한다), 스마트폰 배터리가 오래갔으면 좋겠다(배터리 지속시간은 최소 24시간 이상이어야 한다, 이를 위해 리튬의 순도는 높아야 하고, 열을 식히는 냉각팬이 필요하다), 자동차는 충격에 안전해야 한다(차체는 강철로 하고 두께는 ○○mm 이상으로 한다).

④ '고객속성(CA)과 기술공학 특성(EC)의 연관 관계'는 이들 간 상호관련성의 강도를 의미한다. [그림 9.12]에서 ◎는 강한 관련성, ▲은 약한 관련성을 의미한다. 예를 들어, 휴대 간편성은 경량화, 부피 등과 강한 관련성이 있다. 참고로 하나의 고객 속성(CA)에 여러 개의 기술공학 특성(EC)이 연관되기도 한다.

⑤ 지붕의 세모 모양은 '기술공학 특성 간 연관(또는 상충) 관계'를 의미한다. [그림 9.11]에서 ◎는 (+) 관계, X는 (−) 관계를 의미한다. 예를 들어, 경량화와 부피는 상충관계이다. 기술공학팀은 의미 있는 상호작용을 식별하고 우선순위를 고려하여 어디에 비중을 좀 더 둘지를 선택해야 한다.

⑥ '기술공학 특성별 자사 제품의 설계 목표'는 자사 신제품이 추구하는 기술 특성의 목표치들이다. 여기서 경량화는 400g, 부피는 700mL이다.

⑦ '기술공학 특성별 자사 경쟁 위치'는 공학 특성별(EC) 주요 경쟁업체와 자사 신제품과의 비교이다. [그림 9.12]에서 ★은 자사 신제품, ◆은 경쟁사를 의미하고 1, 2, 3의 척도는 클수록 좋다는 의미이다. 예를 들어 경량화 400g의 자사 신제품은 경쟁사보다 우수하다.

여기서는 텀블러를 중심으로 설명하였다. 텀블러의 기술적 사실관계와 상이한 부분이 있을 수 있다. HOQ의 구조와 논리 흐름을 이해하는 데 문제는 없을 것이다. 한편 우산, 볼펜, 스마트폰, 카페 등 관심 있는 제품을 HOQ로 그려보기를 권한다.

2.3 House of Quality(품질의 집)의 후속 단계

앞의 [그림 9.10]에서 묘사된 바와 같이 QFD는 "품질의 집 → 부품 전개 → 제조 공정 계획 → 생산 계획"의 흐름을 가진다. 즉 고객의 요구(CA, Customer Attributes)는 기술공학 특성(EC, Engineering Characteristics)으로 전환되고, 이는 다시 부품 특성(Parts Characteristic)으로 전환되며, 이어서 제조 공정 운영(Process Operation)으로 전환되고, 다시 생산 요구사항(Production Requirement)으로 전환된다.

이에 대한 설명은 다음의 예시를 통해서 하겠다.

고객들은 아주 매우면서도 걸쭉한 스파게티 소스를 원한다고 하자(CA, Customer Attributes). 그러면 이에 해당하는 식품공학 특성, 즉 고추에 포함된 캡사이신 농도를 객관적으로 수치화하는 스코빌 척도(Scoville scale), 점도 척도(IDDSI Framework)로 기술적 목표치를 설정한다(EC, Engineering Characteristics). 이제 그러한 수치 달성에 도움이 되는 부품이나 재료의 특성을 결정한다(Parts Characteristic). 예를 들어, 이에 적합한 고추, 토마토, 감자의 품종을 선정한다. 그런 다음 이러한 부품 특성에 맞는 제조 공정 운영을 한다(Process Operation). 예를 들어 선정한 식자재에 걸맞은 채썰기, 끓이기, 다지기 등의 제조 공정을 선택한다. 그리고 이러한 공정에 적합한 생산 요구사항(Production Requirement), 즉 필요 장비와 설비, 실내 온도 및 청결 상태 등을 결정한다.

이상 QFD에 대해 설명하였다. QFD는 마케팅과 연구개발을 유기적으로 연결하는데 효과적인 방법이다. 이 책의 여러 군데서 강조하는 바와 같이 고객 관점과 제품(기업) 관점은 상호 밀접하게 연관되어야 한다.

그림 9.13 고객 관점과 제품(기업) 관점의 상호 연관성

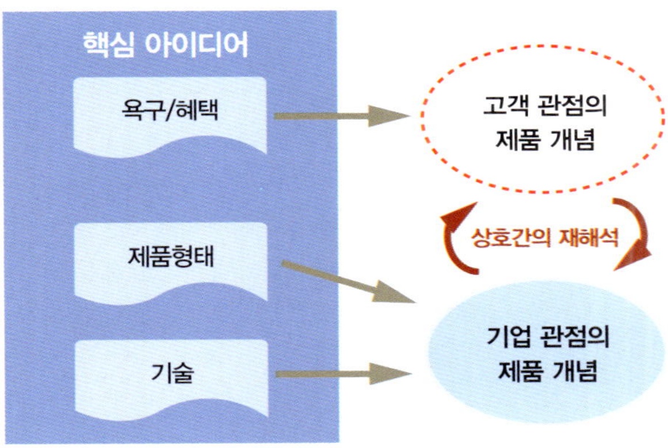

고객 관점으로부터 신제품 개발이 시작하는 것은 바람직하다. 그러나 이러한 방향성을 고집할 필요는 없다. 때로는 제품(또는 기술) 측면에서 먼저 시작하기도 한다. 중요한 것은 이러한 양자의 조화로운 관계이다. 꼭 무엇을 먼저 하는 것이 정답이라는 경직된 법은 없다.

그림 9.14 다양한 순서의 가능성에 대한 개념도

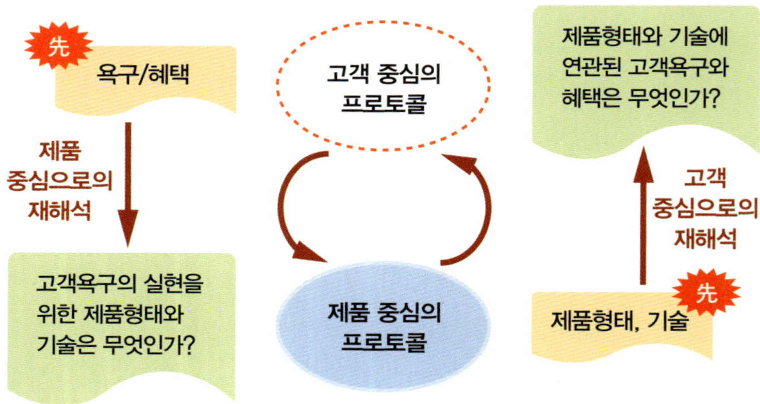

3 프로젝트 회의를 위한 큰 공간('Oobeya room')

大部屋(おおべや, Oobeya room)은 일본말로 '커다란 방'이란 뜻이다. 이는 토요타(Toyota)에서 비롯된 방식으로 제품 개발의 효율적 진행에 도움이 된다. 개발을 위해 신제품 개발 팀원뿐 아니라 이와 연관된 조직 모두의 참여가 중요하다. Oobeya room 방식은 물리적으로 큰 공간에 신제품 개발에 필요한 정보들을 붙여놓거나 전시해 놓고 회의를 하는 것이 기본 형태이다. 이는 개발 참여자 간 의사소통을 원활하게 해주어 협업과 문제해결에 도움이 된다.

> 전쟁 영화나 드라마(예 왕좌의 게임, 미드웨이)를 보면 여러 지휘관이 커다란 방에 한데 모여서 회의를 하는 장면이 자주 나온다. 회의 테이블 위에는 전투 지형, 군사의 진영, 군인/무기/식량을 묘사한 미니어처(miniature) 등이 올라와 있다.

3.1 특징

관련된 사람들 모두를 단순히 한 자리(큰 방)에 모아놓는다고 해서 'Oobeya room'이 작동되는 것은 아니다. 이의 기본 특징은 시각화와 협업이다.

3.1.1 시각화 도구(visual management tools)

벽에 붙어 있는 차트/그래프/사진, 바닥에 놓인 원형 제품 모형과 같은 시각화 도구를 사용한다.

Oobeya room에 설치된 시각화는 여러 장점이 있다. 모든 관련 자료를 한 장소에서 눈으로 볼 수 있다, 그렇기에 의사소통이 훨씬 간결하고 정확해진다, 현재의 프로젝트 진행 상황을 쉽게 보여준다 등이다.

정보를 쉽게 전달하기 위한 목적으로 Oobeya room에 진열된 또는 부착된 시각화 자료들은 다음과 같다.

- A metrics board: 현재 프로젝트의 진척 상황을 보여준다.
- An action board: 모든 멤버들의 활동 사항을 보여준다. 어떤 활동을 더 진행해야 하고 어떤 활동은 이미 완료되었는지 알려준다.
- A decomposition board: 하위 프로젝트들 중 가장 주의가 필요한 것이 무엇인지 보여준다.
- An issue board: 현재 당면한 중요한 문제가 무엇인지 알려줌으로써 팀원들과 리더 사이의 토론을 촉구한다.
- An object board: 신제품 전략 성명서(PSS)를 명시해두어 팀원들에게 정확한 전략을 인지시킨다. 이를 통해 팀원들이 각자 다른 일을 하더라도 방향성을 잃지 않게 해준다.
- Prototype: 제품 모형을 두어 제품의 잠재적 문제점을 빠르게 인지(또는 발견)하게 도와준다.

3.1.2 협업(collaboration) 공간

신제품 개발팀은 다중기능팀(cross-functional team)으로 이루어진 경우가 많다. Oobeya room은 각기 다른 전문지식을 갖춘 팀원들이 서로 소통하고 협업하는 기회를 제공한다.

이와 연관된 장점들은 다음과 같다.

- 조직 장벽을 낮추고 하나의 팀이 되게끔 조성한다.
- 모든 진척 상황이 공개된다. 필요 정보를 모든 팀원이 함께 공유한다. 일일이 전화나 메일로 변동 상황을 확인하거나 알려줄 수고를 덜게 된다.
- 한 장소에 모이기에 그 누구도 나태해지지 않는다.
- 서로의 의견을 바로 그 자리에서 (신속하게) 조정하고 합의할 수 있다. 또한 효과적인 해결방안을 효율적으로 함께 찾을 수 있다.

3.2 운영 방식

3.2.1 참여자의 역할

신제품 개발과 연관된 모든 사람이 Oobeya room에 참여하지만 각자 다른 역할을 가진다. 예를 들어, 팀 리더는 목표 설정, 팀원들의 계획 평가, 상위 경영층 또는 팀원들과의 협상, 원활한 회의 진행을 위한 통제 등을 한다. 반면에 팀원들은 팀의 목표를 달성하기 위한 방안을 내놓고, 다른 팀원들의 활동을 이해하고, 현재 자신의 활동이 어떤 상태인지를 공유한다.

3.2.2 회의의 진행

Oobeya room을 사용하면 보통 짧은 회의의 횟수는 늘지만, 총 회의 시간은 줄어든다. 또한 회의할 때마다 팀 리더와 팀원들은 현재 자신들이 하고 있는 일의 진행 상황을 짧게 발표한다. 공유 지식이 늘어나고 회의 방식에 익숙해지면 보통 한 사람당 발표는 3분을 넘지 않기에 전체 회의 시간은 한 시간을 넘지 않아도 된다.

Oobeya room의 형식과 운영은 기업이 처한 여건이나 개발하는 제품의 특성에 따라 달라질 수 있다. 예를 들어, 팀원들이 세계적으로 퍼져있는 다국적 기업은 물리적 공간을 공유하기보다는 'Digital Oobeya'를 사용한다.

Digital Oobeya는 기존의 물리적 큰 방을 사용하는 방식을 온라인 공간에서 모방하여 만든 것이다. 팀원들은 로그인하여 범주화된 시각화 도구(visual management tools)에 자신의 메모를 하거나 생각을 덧붙일 수 있다. 회의는 물론 온라인상에서 화상으로 진행된다. 자료 화면은 공유되기에 물리적으로 같은 공간에 있지는 않지만 동일 자료 및 수정사항을 보며 토론할 수 있기에 기존의 Oobeya 같은 효과를 낼 수 있다. 사실상 Digital Oobeya는 기존 방식을 통해 얻는 효과와 거의 동일하며 온라인 플랫폼의 사용 여부를 제외하면 사용 방법이나 가이드라인은 유사하다. 더 나아가 모든 것이 자동 녹화되고 관련 자료를 빠르게 인터넷을 통해 활용한다는 장점도 있다. 물론 직접 만나서 회의하는 특유의 장점은 여전히 남아있다. 향후 국제화, IT 기술의 발달(참조: 코로나19의 팬데믹 상황)로 인해 Digital Oobeya는 더욱 발달하고 활성화될 것이다.

이상 살펴본 바와 같이 2단계(C)에서는 제품 개념, 프로토콜이 산출된다. 이제 3단계(D)에서는 프로토콜을 기반으로 해서 실제 제품이 구현된다.

포커 게임은 카드를 한 장씩 더 받을수록 판돈이 올라간다. 카드 패가 많아질수록 자신과 상대 카드가 무엇인지에 대한 예측은 정확해진다. 이길 수 있는 패인지 아니면 패배할 패인지를 이른 시점에 결정할수록 적절한 판돈을 걸 수 있다. 신제품 개발도 마찬가지이다. S–C–D–L로 단계가 진행될수록 판돈은 기하급수적으로 늘어난다. 그런 점에서 볼 때 제품 개념, 제품 프로토콜은 매우 중요한 분기점이 된다.

신제품 개발 과정(4)
D: 실제적 제품의 개발

PART 04

PART

04

신제품 개발 과정(3)

신제품 개발의 3단계는 '제품 개발 및 시험(D : Product Development and Testing)'이다. 여기에는 디자인, 제품 설계(구조), 제품 사용 테스트, 시장 테스트 등이 포함된다. 이제부터 신제품이 실질적으로 개발(실현, 실물화, 유형화)되는 것으로 그동안 계획하고 구상하던 제품 개념(또는 제품 프로토콜)이 본격적으로 어떤 형태를 가지게 된다. 3단계는 디자인, 생산, 엔지니어링 등의 기술적 과업(technical work)이 중심이 된다.

그림 3단계(D): '원형 제품' 및 '최종 제품'의 산출(제품 개념(또는 프로토콜)의 유형화)

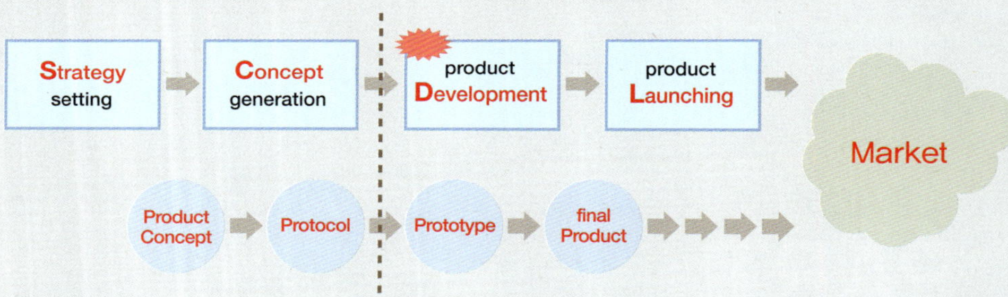

10장은 제품의 실물화에 대해 소개한다. 여기서 산출되는 초기의 완성도 높은 결과물이 '원형 제품'(시제품, Prototype)이다. 이렇게 완성된 초기 제품은 다음 11장에서 소개하는 다양한 시험(제품 테스트, 시장 테스트 등)을 거치면서 '최종 제품'(final Product)으로 진화 발전한다.

이 책은 1단계(S) 및 2단계(C)의 설명에 중점을 두는 편이다. 전략 및 기획의 개념적 단계(S-C)는 어떤 제품이든 유사한 성격을 지닌다. 이에 비해 제품 형태를 만들어가는 3단계(D)는 제품별, 산업별로 사뭇 다르다. 또한 공학(기계, 금속, 화학, 의학, 약학), 제조, 디자인 등의 기술 부서가 주도하기에 이의 전문 지식이 요구된다. 이 책은 경영학 관점에서 쓴 신제품 개발 입문서이기에 기술 공학적 내용은 간략히 다루겠다. 비교적 보편적으로 적용되는 내용을 중심으로 3단계(D)를 설명하겠다. 참고로 익히 알려진

Steve Jobs(애플의 창업자)의 사례를 자주 언급한다(참조: Walter Isaacson(2011), 'Steve Jobs,' Simon & Schuster, Inc.).

> 신제품 서적 중에는 기술, 엔지니어링, 제조, 디자인의 관점에서 집필된 책도 여러 권 있다(예 Ulrich and Eppinger, 2000). 기술 차원의 개발 과정에 관심 있는 독자들은 이를 참조하길 바란다. 여기 제시되는 몇 가지 사례는 기술 영역에 대한 감각을 익히는 데 도움이 될 것이다.

CHAPTER 10

3단계(D) 신제품의 실물화 개발

제품의 실제 개발(3단계: D)의 의미를 우선 살펴보겠다. 그런 다음 제품 실물화의 주요 주제인 제품 디자인, 제품 설계에 대해 살펴보겠다. 마지막으로 제품 디자인 및 설계의 관리에 대해 살펴보겠다.

Section 01

실제 제품의 개발에 대한 개관

1 의미

신제품 개발 과정에서 3단계(D)는 다음과 같은 의미가 있다.

1.1 자금과 인력의 투자

1~2단계와 달리 많은 비용과 시간이 들어간다. 또한 제품 실물화의 능력을 갖춘 구성원이 필요하다.

- 새로운 음식을 상상하는 데는 돈이 거의 들지 않지만, 그 음식을 실제 만드는 데는 돈이 들고 시간도 걸린다. 또한 실제 음식을 만들 수 있는 사람도 있어야 한다.
- 캐논은 주력 제품의 연구개발부터 제품화 성공에 이르기까지 복사기는 18년, 레이저 프린터는 21년, BJ 프린터는 26년, 리플렉스 카메라는 22년이라는 시간이 들어갔다고 한다.
- Steve Jobs는 소수의 핵심 제품에 집중하고, 응용 프로그램을 만들 수 있는 우수한 직원을 찾고, 시장에 혁명을 일으킬 제품을 만드는 독특한 능력이 있었다.

1.2 여러 어려움과의 조우

제품 개념을 구상하더라도 이를 실물화 하지 못하면 그러한 생각과 상상은 무의미해진다. 개발에서 당면하는 어려움으로 인해 시장에 나오기까지 오랜 시간이 걸린 아이디어는 수두룩하다.

국내 최초의 4겹 과자 '꼬북칩': 2017년 3월 출시한 '꼬북칩'은 얇은 옥수숫가루 반죽을 4겹으로 말아서 포갠 스낵 과자다. 얇은 과자 4개를 한꺼번에 씹는 듯한 바삭한 식감이 특징이다. 4겹은 이미 다른 나라에서 개발된 상태지만 국내에는 아직 2겹짜리 스낵만 있었다. 그러던 중 '꼬북칩'이 출시되자마자 품절 사태를 빚으며 열풍을 일으켰다(5개월 만에 1,300만 개 넘게 팔리며 140억 원 매출 달성). 이러한 성공 뒤엔 4겹 과자 개발에 8년을 매달린 신남선 부장이 있었다.

4겹 과자 개발은 2009년 시작됐으나 기술적 한계에 부딪혀 2011년과 2015년 두 차례 중단됐다. 반죽이 서로 달라붙는 문제를 해결하는 것이 매우 어려웠다고 한다. "전분은 익으면 찐득해져 서로 달라붙습니다. 반죽 양 끝을 붙이면서 가운데 적절한 공간을 만들기가 쉽지 않죠." 원료 배합 비율과 수분 함량 등을 수십 차례 바꿔보고, 여러 종류의 기계 설비를 테스트하면서 2015년 바삭한 식감의 4겹 과자 생산 기술을 확보했다. 그러나 대량 생산 과정에서 또 문제에 부딪혔다. "기계를 개조하고 자체 제작하는 등 생산 설비를 만드는 데 시간이 오래 걸렸다"라고 했다. 8년간 투입된 예산만 100억 원이고 4겹 과자 개발을 처음 제안한 사람이 신 부장이었기 때문에 책임과 부담이 컸다고 했다. "성공에 대한 확신과 개발자로서 자존심 때문에 포기할 수 없었다"라고도 했다. "모양, 식감, 맛의 삼박자가 맞으면 '장수(長壽) 과자'가 될 수 있어요. 3겹으로 목표를 낮출 수도 있었지만, 다른 회사들이 쉽게 따라오지 못할 기술을 고집했죠." 2000년 입사한 신 부장은 '포카칩', '오감자' 등 히트 과자를 만들어 온 베테랑 연구원이다. 6세, 4세 두 딸 의견도 중요한 역할을 한다. "애들은 맛없으면 절대 안 먹거든요. '꼬북칩'은 처음 손에 쥐여줬을 때부터 '한 개만 더 달라'고 졸랐어요." 그는 "세대를 초월해 기쁨을 주는 과자를 계속 만들고 싶다"라고 했다. - 참조: 조선일보, 2017년 10월 3일.

1.3 원형 제품의 산출

3단계에서는 제품 개념에 기반한 몇 가지 형태의 초기 실물이 산출된다. 이들 원형 제품(시제품, prototype)은 소비자 입장에서 볼 때 제품 개념에 명시된 핵심 속성들이 구현되어야 하고, 정상적 용도와 사용조건 하에서 제대로 기능해야 하고, 예정된 제조원가로 생산할 수 있어야 한다.

2 유념할 점

2.1 기술과 마케팅의 동시 진행

제품 형태를 갖추는 노력(기술적 현실화)과 동시에 마케팅 계획도 진행해야 한다. 물론 무형의 제품 개념 상태(2단계)에서도 마케팅 계획은 구상되고 진행해야 한다. 그러나 제품 실현에 대한 어떤 확신(예 '응, 이제 뭔가 됐어(될 거야)!')이 생기면 이와 연관된 마케팅 계획을 본격 착수해야 한다. 대부분 기업은 제품 완성 후에 부랴부랴 마케팅팀을 불러들여 제품을 보여주며 시장 도입 계획을 세우라고 독촉한다. 이러한 경우 시장 도입은 지연되거나 설익은 마케팅 계획으로 진행된다. 마케팅 계획을 미리부터 숙성시켜 두어야 제품이 정작 완성될 때 신속하게 그리고 올바른 방법으로 시장에 진입할 수 있다.

그림 10.1 **마케팅 + 기술(/제품) = 신제품 개발의 중요한 두 가지 축**

제품(기술) 차원과 마케팅 차원은 병렬적으로 동시 진행하는 것이 바람직하다.

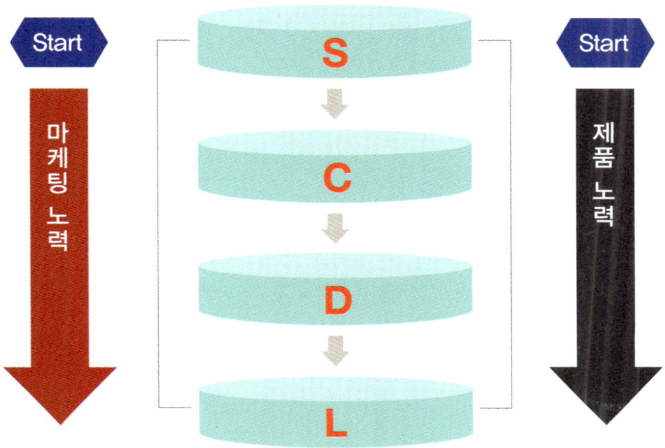

개발 과정의 처음부터 끝까지 마케팅 부서와 제품 개발부서(연구개발, 공학, 디자인, 생산 등)는 각자 고유의 역할을 수행하면서 또한 서로 밀접히 협력해야 한다. 그러한 협력의 모습은 서로 영향을 주고받으며 확장 발전하는 나선형 모습이다. 즉 제품(기술) 차원에서의 변화는 마케팅 계획에 반영되고, 시장(소비자, 유통, 경쟁사)의 변화는 제품 차원에 반영하는 식으로 지속해서 연관되어야 한다.

그림 10.2 **나선형(꽈배기) 모습의 제품(기술) 차원과 마케팅 차원의 협력**

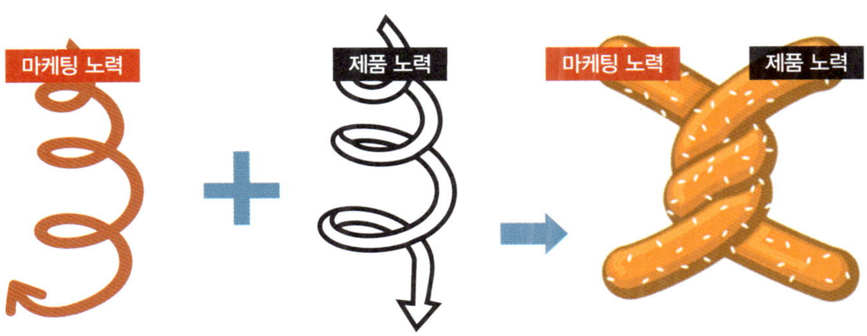

Steve Jobs가 누구보다 앞서 새로운 시대의 디지털 혁명을 구상하고 수용할 수 있었던 데는 몇 가지 이유가 있다. 그중 하나는 그가 인문학과 과학기술의 교차점에 서 있었기 때문이다. 그는 음악, 그림, 영상을 사랑했다. 그러면서 컴퓨터도 사랑했다. 디지털 허브의 본질은 창조적 예술 작품에 대한 감상을 훌륭한 엔지니어링과 결합하는 데 있다. (저자 추가: 여기에 더해 그는 탁월한 비즈니스 감각도 가지고 있었다. 결국 그는 신제품에 필요한 모든 능력을 갖추고 있었다.) - Walter Isaacson(2011).

2.2 시간과 비용의 단축

원형 제품은 반드시 완제품에 가깝게 성능과 형태를 모두 갖춰야 하는 것은 아니다. 물론 완제품에 가까운 '포괄적 프로토타입(comprehensive prototype)'도 존재한다. 그러나 흔히 신규 속성만 제한적으로 갖춘 원형 제품 즉 '집중된 프로토타입(focused prototype)'을 개발하고 이를 대상으로 테스트하면서 점진적으로 개선한다(probe-and-learn 방식). 이는 시간과 비용의 절약뿐 아니라 원하는 부분만 집중적으로 테스트한다는 장점도 있다. 또한 여러 팀에서 각기 다른 측면의 신규 속성을 나누어 동시에 진행할 수 있다는 장점도 있다.

probe-and-learn 방식: 고객과 꼼꼼히 상호작용하면서 조사, 탐구, 실험을 통해 조금씩 알아가면서 점진적으로 더 나은 제품을 만들어가는 방식이다. 진로를 조금씩 수정하면서 마치 우물을 깊이 파 내려 가는 것과 같다. 새로운 라면을 만들 때 소비자들과 접하면서 면발의 크기, 쫄깃함, 맛을 하나씩 수정해가면서 더 나은 것을 찾아나가는 것이다.

Section 02

제품 디자인

제품 종류 및 특성에 따라 제품화되는 과정은 다르다. 예를 들어, 신규성(newness), 복잡성(complexity), 주축 기술(IT, BT), 시장(국내, 해외), 형태(유형 제품, 서비스)에 따라 상이하다. 그래서 여기서는 보편적으로 고려되는 제품 디자인, 제품 설계에 대해 살펴보겠다.

그림 10.3 **디자인(외관), 제품 설계(구조, 배치 및 연결)에 대한 개념도**

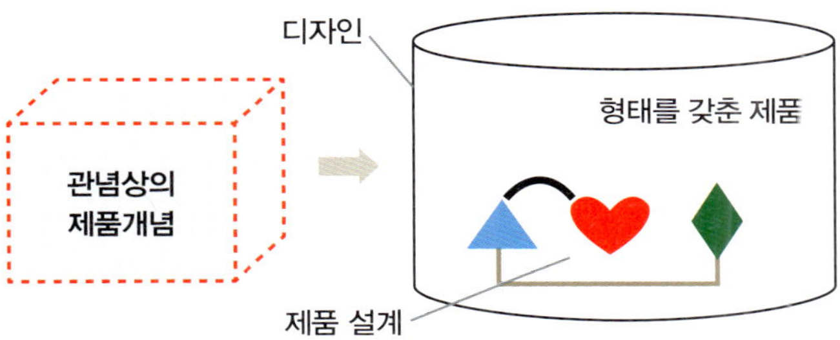

여기서는 디자인의 의미, 역할, 유념할 점을 차례대로 살펴보겠다. 제품 설계는 다음 항에서 다루겠다.

1 디자인의 의미

보통 디자인(design)은 외관을 보기 좋고 예쁘게 만드는 것, 디자이너(designer)는 그림을 잘 그리는 사람이라고 생각하기 쉽다. 하지만 기업에서 디자이너는 그저 예술가만은 아니다. 디자인은 사용자를 위한 상업적이며 합리적인 설계이다. 기능, 소재, 안전, 편리, 단순, 감성, 아름다움, 신체 공학, 의사소통 등을 포괄적으로 고려하는 작업이다.

디자인은 주어진 목적의 달성을 위해 (어떤 개념을) 조형적으로 실체화하는 것이다. 합리적 구성과 유기적 통일을 위해 수많은 조형 요소 중에서 선택 또는 창조하는 활동이고 그 결과의 실현물이다. 즉 제조 가능한 제품으로 기술과 인간 욕구를 통합하는 것이다("the synthesis of technology and human needs into manufacturable products").

- 복잡하게 꼬이는 전깃줄/이어폰 줄을 가지런히 정돈하는 제품은 기술(돌돌 빠르게 마는 도르래 기술, 참조: 빠르게 말리는 줄자의 기술)과 인간 욕구(바르게 정돈되기를 바라는 마음)를 합쳐서 만든 디자인의 산물이다.
- 디자인이란 말은 지시하다, 표현하다, 성취하다의 뜻을 가지는 라틴어의 데시그나레(designare)에서 유래한다.

디자인은 여러 방면에서 쓰인다. 자동차 내외부의 스타일링, 알약의 형태, 스마트폰의 형태와 버튼 위치, 웹페이지 레이아웃 등 디자인이 들어가지 않은 부분은 없다.

우리는 살면서 그다지 만족스럽지 못한 디자인을 마주친 경험이 많을 것이다.

조작이 불편한 문손잡이(예 손으로 잡아 돌려야만 열리는 공중화장실), 부피만 크고 힘은 부족한 진공청소기, 한 번 개봉하면 처치 곤란한 과자 봉지, 빨래를 넣고 빼기 불편한 세탁기, 들고 다니기 불편한 텀블러, 자세히 봐야만 알 수 있는 리모컨 조작 버튼 등

반면에 좋은 디자인은 보기도 좋고, 제품 본래 기능의 발휘에도 도움이 된다. 또한 제조가 용이하고 생산원가도 적게 든다. 더 나아가 제품 폐기 시 분해가 쉽고 재활용도 가능하다.

좋은 디자인의 예 모나미 153 볼펜, 중국집의 배달용 철가방, 배드민턴 가방

배드민턴 전문업체인 요넥스가 2016년 선보인 신제품(참신한 배낭 모양의 발상)

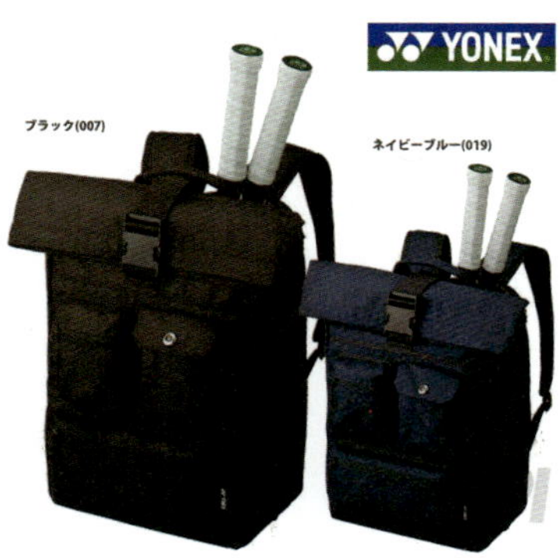

그렇기에 거의 완성된 제품의 마지막 예쁜 단장을 위해 뒤늦게 디자인을 개발 업무에 개입시키는 것은 디자인의 이해 부족에서 비롯된다.

"디자인은 어떻게 보이고 느껴지나의 문제만은 아닙니다. 디자인은 어떻게 기능하나의 문제입니다. 디자인은 제품이나 서비스의 연속적인 외층에 표현되는 인간 창조물의 영혼입니다."– Steve Jobs

2 신제품 개발에서 디자인의 역할

신제품 개발에서 디자인의 역할은 때때로 과소 평가된다. 이것은 디자인의 역할에 대한 이해 부족 때문이다. 디자인은 신제품 성과에 공헌하기에 전략적 자원으로 간주되어야 한다. 우월한 디자인은 소비자에게 더 많은 가치, 새로운 가치를 제공하기에 매출과 직결된다.

- 기아 자동차는 기존의 '로체' 모델의 외관을 젊은 층을 겨냥해 강렬한 인상이 돋보이도록 디자인한 K5를 만들었다. 이로 인해 K5는 출시 첫해인 2010년 6만1,876대가 팔렸고 다음 해는 8만7,452대가 판매돼 판매량이 41.3% 급증한 바 있다.
- "영국 항공(British Air)이 폭풍 성장을 한 비결은 디자인적 사고에 있다. 2000년 영국 항공으로부터 비즈니스석을 바꿔 달라는 의뢰를 받았다. 좌석이 일자(一字)로 반듯해야 한다는 고정관념을 깨고 S자로 디자인했다. 이 덕에 기내 공간을 15%가량 넓힐 수 있었다. 영국 항공은 좌석 디자인을 바꾼 지 16개월 만에 영국 내 시장 점유율을 10% 이상 높이는 데 성공했다." – Martin Darbyshire(영국 디자인컨설팅 Tangerine의 대표)

디자인의 역할(또는 공헌점)을 몇 가지로 나누어 살펴보면 다음과 같다.

2.1 제조 효율성의 제고를 통한 제품 원가의 절감

구조의 효율적 디자인을 통해 제조를 용이하게 한다. 부품 개수가 줄면 조립 횟수도 줄게 되고 그만큼 불량률도 낮아지고 시간과 비용도 절약된다.

헨리 포드는 여러 혁신적 아이디어를 통해 자동차의 생산원가를 대폭 낮췄다. 그중 하나가 부품의 단순화(디자인)였다. 예를 들면, 당시 4기통 엔진은 실린더 4개를 각각 제작한 후 이들을 볼트로 조립해서 만들었으나, 포드는 4기통 엔진 블록을 단일 주조물로 만드는 데 성공했다.

이와 같은 부품 단순화 노력을 통하여 당시 자동차에 필요한 8,000여 개의 부품을 5,000개 정도로 감축시키는 데 성공함으로써 생산원가를 대폭 낮추었다. – 참조: 윤석철(2001)

- 일본이 저렴한 프린터로 세계 시장을 장악하고 있을 당시, IBM은 Proprinter dot-matrix printer를 개발하였지만 실패했다. 부품 개수가 너무 많고 복잡해 조립이 힘들었기 때문이다. 그 후 IBM은 부품을 대폭 줄이고 그것도 3분 안에 조립할 수 있도록 설계했다.
- 세계적 가구회사인 이케아는 사용자가 직접 가구를 제조(조립)할 수 있도록 디자인하였다. 가구를 고객이 직접 조립하기에 막대한 운송 및 제조비를 줄였고 그 결과 양질의 제품을 저렴한 가격으로 제공하게 되었다.

2.2 제품 차별화

디자인을 통해 다른 제품과 차별화된다. 소비자들은 제품 성능과 품질이 유사하다면 다른 것보다 눈에 띄거나 마음에 드는 디자인에 손이 가게 마련이다.

레인콤의 미키마우스 MP3 플레이어(아이리버)는 미키마우스 모양의 디자인으로 기능과 디자인을 더한 액세서리형 MP3이다. 삼성과 애플이 MP3를 주름잡던 시절 레인콤은 미키마우스 MP3로 차별화 전략에 성공해 큰 매출을 올렸다.

인형 모양의 손 선풍기, 미키마우스 MP3 플레이어

제품 디자인은 기업 이미지를 형성한다. 일관된 제품 디자인, 즉 디자인 통일성은 기업의 제품 모두에 의미 있는 영향을 미친다. 디자인 차별화는 기업 정체성(corporate identity), 또는 기업 이미지의 통합 전략(IMC, Integrated Marketing Communication), 그리고 소비자의 브랜드 선호도에 영향을 미친다.

- 애플은 제품에 일관된 이미지를 주는 디자인과 사과 로고를 통해 디자인 통일성을 주고 있다. 아이팟, 아이폰, 아이패드, 그리고 애플 스토어는 모두 동질적 디자인을 지닌다. 이러한 디자인 플랫폼은 애플사의 혁신적이고 창의적인 기업 이미지를 전체 제품에 부여하는 효과를 준다.
- 디자인을 위해 기아자동차는 유럽 3대 자동차 디자이너 중 한 명인 Peter Schreyer를 2007년에 CDO로 초빙하였다. 그는 기아자동차의 정체성을 드러낼 디자인의 필요성을 절감했고 이렇게 해서 탄생한 것이 '호랑이 코 그릴'이다.
- Rolex 시계, Braun 전기 제품, BMW 자동차, Nokia phone은 독특한 자신만의 디자인을 하고 있다. Nokia는 이를 'Nokia DNA'라고 부른다.

'디자인 DNA'의 유지는 의미 있지만 이를 유지하는 것은 생각보다 쉽지 않다.

디자이너 의류의 경우 '디자이너의 정체성을 표현하는 디자인'은 점차 취급하는 옷의 가짓수가 늘어나면 초기의 정체성이 희석되기도 한다. 또한 매출 증대를 위해 특정 정체성의 디자인, 소재만을 고집하기도 어렵다. 이러한 확장으로 인해 초기의 디자이너 브랜드는 유통브랜드 또는 기업브랜드와 같은 포괄적 성격으로 변화한다.

2.3 사용자 요구의 반영

디자인은 고객 욕구를 충족시킨다. 소비자가 원하는 것을 반영하고 또한 불편을 개선(또는 제거)한다. 사용자 중심의 디자인(User-centered design, UCD)을 위해서는 고객의 소리를 잘 듣고 이를 디자인에 반영해야 한다.

편의점의 삼각김밥은 이를 먹기 바로 전에 밥을 김에 싸게 되므로 눅눅해지는 것을 방지한다.

한편 모든 소비자가 사용할 수 있도록 배려하는 '유니버설 디자인'(범용 디자인, Universal Design, Design for all)이 있다. 이는 신체적, 정신적 능력과 관계없이 그리고 어떤 주변 환경에서도 누구나 불편함이 없이 사용하는 디자인을 의미한다. 유니버설 디자인의 개념적 특성은 다음과 같다.

① 평등성(Equitable Use): 능력과 관계없이 누구에게나 공평한 디자인(예 슈퍼마켓의 자동문, 센서로 작동하는 음용수).

② 유연성(Flexibility in Use): 다양한 선호 성향이나 능력을 수용하는 디자인(예 양손잡이용 장갑/가위, 커다란 숫자 버튼의 전자계산기).

③ 단순 직관성(Simple and Intuitive to Use): 쉽게 이해하고 사용하는 디자인(예 토스터 기의 모습, 정수기의 물 꼭지, 비상벨/비상구 작동방식).

④ 인식가능성(Perceptible Information): 필요 정보를 효과적으로 사용자에게 전달하는 디자인(예 요일별로 구분된 휴대용 약통, 컴퓨터 또는 TV에 연결되는 케이블마다 색깔 또는 모양 차이, USB의 손쉬운 위아래 구분)

⑤ 안전성(Tolerance for Error): 부적절한 사용으로 인한 잘못된 결과를 최소화하는 디자인(예 끓으면 자동으로 꺼지는 전기 포트, 어린아이가 열기 어렵게 만든 약병 뚜껑, 옆으로 기울여지면 자동으로 꺼지는 난로)

⑥ 효율성(Low Physical Effort): 적은 수고로도 쉽게 작동하는 디자인(예 슈퍼마켓의 카트, 열기 쉬운 냉장고, 바퀴 달린 여행용 가방, 쉽게 빨래를 넣고 뺄 수 있게 경사진 투입구를 만든 세탁기)

⑦ 접근성(Size and Space for Approach and Use): 사용자의 체형, 장애 여부와 관계없이 사용, 접근, 조작이 용이한 크기와 공간의 디자인(예 자동으로 옆으로 넓게 열리는 자동차 문/지하철 출입구, 높낮이가 조절되는 변기 또는 세면대).

교육학에서도 유니버설 디자인 개념은 활용된다. 즉 어떠한 신체적, 정신적 불편함을 가진 학생도 학습에 불편함이 없게끔 교육 설계를 하는 것이다.

2.4 환경 보호

디자인은 환경에 공헌한다. 폐기 제품은 여러 환경문제를 일으키는데, 개발 초기부터 환경을 고려하여 폐기물의 자연 처리, 분해, 재활용이 가능하게끔 디자인한다(예 나뭇잎으로 감싼 또는 대나무 통의 도시락, 피클 병의 양념통 재활용 등).

- 해체를 위한 디자인: 제품이 금속, 유리, 플라스틱으로 구성된다면 이들의 손쉬운 해체 디자인을 통해 각각의 재활용을 최대화한다. 최근 자동차 회사는 이러한 개념을 가지고 자동차 부품 및 소재를 선택하고 또한 설계한다.
- 우산 회사: 우산대와 손잡이가 쉽게 분리되는 디자인, 외관도 예쁘고 폐기도 쉬움. 컴퓨터 회사: 부품에 유해물질이 첨가되지 않은 친환경 공법의 디자인 적용
- 인체는 생명을 다하면 자연 분해되고 또한 타인에게 장기 기증도 된다는 점에서 훌륭한 디자인의 산물이다.

3 디자인 고려사항

3.1 디자인은 사물 자체를 위한 것이 아니고 사용자의 경험(문제해결, 사용개선, 만족)을 위한 것이어야 한다.

소비자 중심의 디자인이 중요하다. 사물 중심으로 디자인하면 그것은 제품을 위한 디자인이지 결코 사람을 위한 디자인이 되지 못한다.

앉는 사람의 편안함과 안락함 또는 자세 교정을 위한 의자 디자인(vs 모양은 예쁘지만 오래 앉기에는 불편한 의자). 필기 작업을 하면서 전화 받는 사무원을 위한 전화기 디자인

3.2 상충관계에서 현명한 선택이 요구된다.

상충(相衝, trade-off)관계란 속성 간 서로 맞지 않고 어긋남 또는 상반되는 관계를 의미한다. 예를 들어, 두툼한 텀블러는 깨지지 않고 열을 보존한다는 장점이 있지만 동시에 손에 잡기 불편하고 설거지도 힘들다.

남은 음식을 랩으로 포장하려다 상자에 부착된 톱날에 손을 베인 적이 있었다. 평소 비닐이 쉽게 절단되지 않아 불편하였지만, 이때만큼은 무딘 톱날 덕분에 상처를 조금 입었기에 톱날에 대한 불만은 사라졌다. 톱날이 날카로웠다면 비닐은 쉽게 찢어지겠지만 그런 톱날은 동시에 부주의한 사용자들에게 큰 상처를 입히기에 톱날의 예리한 정도에 대해 랩 제조회사는 적지 않은 고민을 했을 것이다.

디자이너는 내구성, 편리성, 안전성, 매력 어필, 기능, 소재, 성능 등을 모두 종합적으로 고려해야 한다. 즉 기계적으로 잘 작동하고, 튼튼하고, 쉽고 안전하게 사용하고, 매력적으로 보이는 제품 디자인을 위한 훈련을 받는다. 그러나 이러한 희망 사항 간에는 상충관계가 있다. 상충관계의 해결, 즉 바람직한 여러 디자인 요소를 상황에 맞게 취사선택하는 것은 디자이너의 역량에 달려있다.

상충관계를 피할 수 있으면 좋겠지만 대부분의 상충관계는 피하기 어렵다. 다음은 상충관계의 대처에 대한 제언이다.

첫째, 어차피 하나를 얻기 위해 다른 하나를 손해 볼 수밖에 없는 상황이라면, 어떤 속성에 더 큰 비중을 둘 것인지에 대한 판단기준 또는 가치관을 미리 확립해두는 것이 불필요한 갈등과 시간 낭비를 방지한다.

둘째, 단일 제품(또는 서비스)을 내놓기보다는 다양한 속성 조합을 가진 여러 제품과 서비스를 시장에 제공한다.

카카오 초콜릿은 다양한 카카오 성분(예 56%, 72%, 85%, 99% 등)의 제품들을 시장에 제공한다. 소비자는 이 중에서 자신이 원하는 제품을 선택한다.

한편 여러 제품을 제공하지 않고도 다양한 조합의 효과를 낼 수 있다(예 스틱형 커피믹스의 경우 절단면의 반대편 끝부분을 잡으면 설탕의 양을 조절할 수 있다).

셋째, 어중간한 상태로 상충하는 속성들의 균형을 취하기보다는 아예 극단적 속성 조합의 제품을 선택한다. 이는 대부분 기업이 어중간한 제품으로 치열한 경쟁을 하는 상황에서 하나의 대안이 된다. 즉 시장에 고만고만한 제품을 내놓느니 차라리 발상의 전환을 통해 전혀 특이한 제품을 등장시키는 것이다.

소니의 '워크맨(walkman)'은 상충하는 속성 중에서 하나의 속성만을 극대화하였다. 즉 외장스피커를 아예 제거하고 휴대성을 극대화하였다. 물론 이러한 방법은 실패 위험이 크다. 따라서 이를 추진하려면 시장에 대한 면밀한 분석과 창의적이면서도 과감한 발상이 요구된다.

넷째, 둘 중 하나는 반드시 포기해야 한다는 고정관념을 버린다. 즉 다른 가능성은 없는지도 생각해 본다.

- 어떤 하나의 희생 없이 상충하는 속성 모두를 원하는 방향으로 취할 수도 있다. 이는 보통 기술 혁신으로 가능하다. 또한 소재, 제법, 디자인 등의 혁신으로도 상충관계가 원만히 해결된다.

  개인용 컴퓨터의 기능은 향상되었지만 동시에 가격은 하락하였다. 비행기 소재의 탄성과 강도는 더욱 세지고 동시에 무게는 가벼워졌다. 겨울 내의는 가벼워졌고 동시에 보온성도 향상되었다.

- 틀에 박힌 생각을 벗어나 아예 전혀 다른 제3의 대안을 찾는다.

  조선 시대에 어떤 신하는 어전회의에의 소집을 명 받았다. 그런데 어전회의에서 다룰 안건은 후에 지금의 세자가 왕이 되면 회의에 참석하여 동조했던 신하들이 크게 벌을 받을 내용이었다. 어전회의에 나가자니 훗날의 후환이 두렵고, 또 나가지 않자니 왕명을 거역하는 죄인이 된다. 그래서 생각해낸 계책이 말을 타고 어전회의를 가던 중 낙마하여 부상으로 집에 돌아갈 수밖에 없는 상황을 만든 것이다. 결국 그 신하는 어전회의에 참석하지 않았기에 훗날 사화(士禍)를 면하였다고 한다. 융통성 또는 신축성을 가지고 사물을 대하면 보이지 않던 새로운 대안이 떠오를 수 있다.

상충관계에서 만족스러운 의사결정을 하기 쉽지 않다. 언제나 슬기로운 해결책이 떠오르는 것도 아니고 이해관계자 모두를 만족시키기도 어렵다. 시간적, 자원적 제한이 있는 상황이라면 취사선택은 더욱 어렵다. 선택의 파장이 신제품 성과에 중대한 영향을 미치는 경우도 적지 않다. 따라서 이에 대한 대비를 평소 해두는 것이 중요하다. 디자이너는 상충관계에 관한 다양한 사례를 축적하고 성공과 실패를 분석하여 이에 대한 충분한 경험과 지식을 쌓아둘 필요가 있다.

3.3 소비자 수용 범주를 고려한 적절한 수준의 창의적 디자인을 선택한다.

자동차의 경우, 새로운 스타일이 기존 차와 별반 다르지 않다면 시시하고 진부하다고 느낄 것이다. 반면에 새로운 디자인이 눈에 낯설거나 너무 튄다면 고객은 거리감(또는 혐오감)을 느껴 선뜻 선택하지 못할 것이다. '적절한' 수준은 그래서 항상 어렵다.

아슬란 디자인은 짜깁기: 아슬란(2014년 10월 30일 공식 출시)은 과거 현대자동차에서 내놨던 모델들을 짜깁기했다. 앞은 쏘나타랑 비슷하고 뒤는 제네시스 모습이 보이고 그랜저 플랫폼을 써서 그런지 옆은 그랜저랑 닮았다(참조: 연구논문이라면 이런 경우 '자기 표절'에 해당). 이렇게 자기 디자인을 가져와 짜깁기한 경우는 드물다. 패밀리룩(공통된 디자인)도 최소 요소만 같고 모델별로 차이는 있다. 그리고 그런 차이가 진정한 기술력이다. 현대차 입장에서는 기존의 성공 차종의 디자인을 일부분씩 가져와 완성도를 높였다고 생각할지 모르겠지만, 소비자 입장에서는 기존 차종의 디자인을 재활용해 만들었다는 생각이 든다. – 참조: 조선일보, 2014년 11월 13일

Section 03

제품의 설계(구조)

제품 설계(또는 제품 아키텍처, Product architecture)는 제품건축물, 구조물, 설계라는 뜻이다. 제품에 포함된 구성 요소의 배치, 연결, 작동 기제에 대한 설계를 의미한다.

- 카페의 아키텍처는 커피 추출 탁자, 로스팅 기계, 설거지, 쓰레기, 화장실, 고객 취식 공간, 주문 및 계산대 등의 설계 배치를 의미한다. 범죄 설계자란 범죄를 일으키기 전에 이에 대한 여러 내용을 구체적으로 기획하는 사람을 지칭한다.
- 단순함은 단지 하나의 시각적인 스타일이 아니다. 더 깊이 들어가 제품에 대한 모든 것과 그것의 제조방식을 이해해야 한다. 본질적이지 않은 부분들을 제거하기 위해서는 해당 제품의 본질에 대해 깊이 이해하고 있어야 한다. – Jonathan Paul Ive(애플의 디자이너)

잘 만들어진 아키텍처는 제품 성능을 향상시키고, 생산단계에서 변경 비용을 줄이며, 출시 기간을 앞당긴다. 또한 후속 제품의 플랫폼이 되기도 한다.

여기서는 제품 설계의 이해에 도움이 되는 청크와 상호 연관성을 소개하겠다.

1.1 청크(chunk)란 큰 덩어리, 묶음을 의미한다.

하나의 청크에는 이에 해당하는 여러 요소가 포함된다. 식당의 경우, 음식을 만드는 주방 공간, 설거지하는 공간, 쓰레기 처리 공간, 손님들이 음식을 먹는 공간, 계산하는 공간, 화장실 등의 여러 청크로 구분된다. 한편 하나의 청크에는 여러 구성 요소(또는 단위)가 포함된다. 예를 들어, 주방에는 식기류 보관함, 조미료 및 식자재, 음식 조리대, 가스버너 등이 있다.

그림 10.4 **세 가지 청크**

카세트 및 CD 플레이어, MP3 재생 기능이 있는 AM/FM 라디오는 전원 장치, 디지털 입력 장치, 라디오 주파수 검색 장치, 재생/출력 장치(마이크), 녹음 장치 등의 청크로 나눌 수 있다. 컴퓨터는 디스플레이 시스템, 입력 장치 시스템, 메모리 시스템, 중앙 처리 시스템, 스피커 사운드 시스템 등의 청크로 구분된다.

1.2 상호 연관성(interrelationship)이란 청크 간의 연결 관계를 의미한다.

이러한 연관성의 특성을 고려해서 청크를 배치한다. 예를 들어, 스마트폰의 경우, 전기 입력 장치 및 배터리에 메모리 장치가 가까우면 과부하 또는 발열로 인해 메모리 손상이 발생할 우려가 있기에 가능한 거리를 멀리 둔다.

그림 10.5 **상호연관성을 고려한 청크의 기하학적 배치**

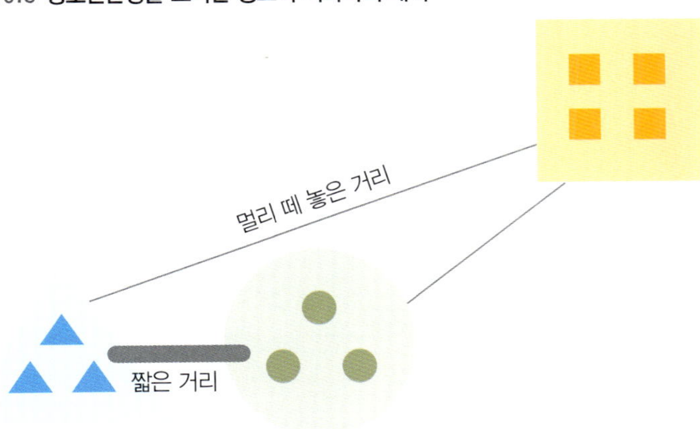

- 컴퓨터에 연결되는 각종 외부 장치(예 스피커, 프린터기, 마이크, 카메라, 외장하드, DVD Player)의 입력 단자는 한군데 모여 있는 배치가 사용이 편리하다. 반면에 이러한 입력 장치는 전류 및 열, 그리고 소리에 민감하므로 전원 장치, 스피커와는 거리를 둔다.
- 카페의 경우, 커피 마시는 장소와 주문하는 곳, 커피 만드는 탁자와 설거지 공간은 비교적 가깝게 위치시킨다. 이에 비해 로스팅 기계, 화장실, 쓰레기 처리 공간은 안전과 위생상 커피 내리는 곳, 마시는 곳과는 거리를 둔다.

여기서는 제품 설계의 이해에 기본이 되는 두 가지 개념을 설명하였다. 물론 이들 두 가지 요소 이외에도 여러 가지가 있다.

Section 04

제품의 디자인 및 설계에 대한 관리

디자인 및 설계의 관리에 있어서 중요한 몇 가지 사항을 살펴보겠다.

1 개발 단계에서 디자인의 위치(개입 순서, 주도권)

'제품 디자인 작업을 언제 시작할 것인가?' 일반적인 기업 관행은 '엔지니어가 먼저, 디자이너는 나중의 순서'이다(technology-driven approach). 엔지니어들이 원하는 사양과 요구 사항을 내놓으면 디자이너들은 거기에 맞는 케이스와 외형을 만들어 낸다. 대부분의 내용(성능, 부품, 배열 등)이 결정된 다음에 거기에 맞춰 외형 껍질을 만들라고 디자이너에게 요청한다. 그런데 이렇게 하면 디자이너가 할 수 있는 재량권은 거의 없다. 그래서 볼품없는 모양이 나오기도 한다.

이러한 반성에서 신제품 개발의 초기 단계부터 디자인에 심혈을 기울이는 기업들이 늘어났다. 이들은 기존 기업들과 반대로 디자인을 먼저 구축한 다음에 이러한 디자인 모양에 맞게끔 부품, 배열 등을 엔지니어에게 요구한다(design-driven development approach).

애플의 초기, 스티브 잡스가 오리지널 매킨토시의 케이스 디자인을 승인한 이후에 엔지니어들이 회로 기판과 부품들을 거기에 맞춰야 했다. 그 결과 눈에 띄는 디자인 그리고 소비자에게 단순성을 제공하는 제품이 등장하게 되었다.

한번은 "볼을 사용하는 마우스를 제작하라"는 스티브 잡스의 지시에 담당 엔지니어가 "상업적으로 제작이 불가능하다"라고 답했다. 그는 다음 날 해고당했다. 후임 엔지니어의 첫마디는 "저는 그거 만들 수 있어요"였다. 실패할 때도 있었지만 때로는 혁신의 원동력이 됐다. 워즈니악은 "스티브의 비전은 비논리적이었지만 결국 그의 주장대로 제품이 완성되곤 했다"라고 회상했다.

스티브 잡스의 고집으로 제품이 크게 성공한 경우가 많지만, 때로는 그로 인해 그르친 일도 많다. 매킨토시에는 냉각 팬이 없어 발열이 심했는데 이는 잡스가 제품성능보다는 디자인을 우선시하였기 때문이었다.

모든 기업이 애플처럼 하는 것은 바람직하지도 또 가능하지도 않다. 제품의 기능적 측면이 감성적 차원보다 중요한 제품이나 내부에 들어가서 보이지 않는 산업재 등은 엔지니어링 및 기능을 우선시하는 것이 바람직할 것이다.

2 디자인 과정에서의 인터페이스(interface)

디자인 부서는 연구개발, 엔지니어링, 생산, 마케팅 부서와 긴밀하게 협력해야 한다. 이들 기능 부서 간의 인터페이스에 대해서는 15장에서 언급하겠다.

그림 10.6 디자인 부서를 중심으로 본 인터페이스

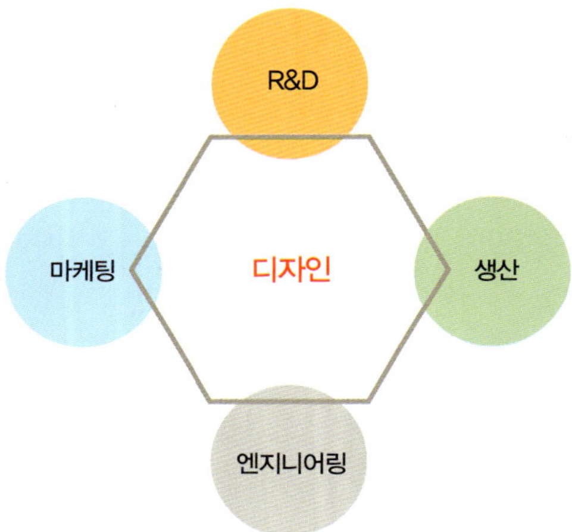

3 디자인에 대한 체크리스트

디자인을 개발할 때 다음과 같은 체크리스트를 검토할 필요가 있다.

- 사용자 인터페이스의 적절성(예 자동차 대시보드는 사용자 친화적인가?)
- 감정적 소구(예 매력적으로 보이는가? 타인에게 자랑할만한가?)
- 유지 및 보수(예 유지와 보수는 수월한가? 엔진오일, 브레이크 오일, 부동액을 헷갈리지 않고 넣을 수 있는가?)
- 자원의 적절한 사용(예 불필요한 요소를 디자인에 넣지는 않았는가? 핵심 기능이 빠진 것은 없는가? 가성비 높은 소재를 사용하였는가?)
- 제품 차별화(예 타사와 차별화되는가? 기업정체성과 합치하는가?)

위의 예시는 자동차를 기준으로 하고 있다. 따라서 제품별로 그에 합당한 디자인 체크리스트를 개발할 필요가 있다. 한편 소비자에 따라 이들 요소에 대한 중요도는 다르기에 시장별, 제품별로 적절히 조정할 여지도 있다.

4 제품 실물화에 활용되는 기술/기법

현대 사회로 접어들면서 빠르고 정확한 제품 구현의 기술이 속속 등장하고 있다. 물론 이러한 추세는 앞으로도 계속될 것이다. 이와 연관된 몇 가지 내용을 간략히 소개하겠다.

4.1 AR/VR 기술의 활용

자동차 회사들은 가상 및 증강 현실 룸(VR/AR room)을 두고, 새로운 차량 디자인이 나오면 여기에 모여 회의한다. 참석자들은 헤드 마운트 디스플레이(HMD)를 머리에 쓰고 3D로 구현된 신차 디자인을 검수하고, 테스트까지 해본다. 대부분의 차량 업체는 신차 디자인 확정 전에 이런 과정을 거친다.

4.2 컴퓨터를 활용한 기법

Computer-Aided Design(CAD), Computer-Aided Engineering(CAE), Computer-Aided Manufacturing(CAM), Design for Manufacturability(DFM), stereolithography(SLA, 3D printing technologies의 근원 기술) 등 여러 기법이 있다. 이들 용어는 새로운 기술의 등장과 기술 간의 융합으로 새로운 용어로 대체되기도 한다.

- 독자들은 톰 크루즈(Tom Cruise)의 영화 '미션 임파서블(Mission: Impossible)'을 알고 있을 것이다. 그런데 이것은 1966년 시작된 미국 CBS 드라마를 모태로 하고 있다. 변장을 위한 가면(CAD, CAM 기술과 연관됨)은 초기 드라마부터 나타났다. 이처럼 어떤 제품에 대한 아이디어는 오래전부터 태동한 것이다. SF 드라마, 영화, 소설에서의 상상이 바탕이 되어 실제 제품이 개발되는 경우는 적지 않다.
- '메타버스(metaverse)'는 온라인 공간 또는 디지털 가상세계를 의미한다. 메타버스에서는 정치, 사회, 경제, 교육, 사업이 이뤄진다. 이는 기존의 온라인 게임 가상세계보다 한 단계 더 나아간 개념이다. 전문가들은 기존과 다른 성격을 가진 메타버스가 미래 플랫폼이 될 것으로 예측한다. '메타버스'는 1992년 Neal Stephenson의 'Snow Crash'란 소설에 처음 등장한 용어이다. 그러다 2020년 NVIDIA의 Jensen Huang(CEO)가 "우리 미래는 메타버스에 있다(The metaverse is where we will create the future)"라고 언급하면서 뜨거운 용어로 떠올랐다.

CHAPTER

11 3단계(D) 신제품 테스트(=제품 테스트+시장 테스트)

신제품이 개발되어 시장 출시되기까지 여러 단계를 거친다. 단계를 거칠 때마다 주요 결과물(예 제품 개념, 프로토콜, 원형 제품 등)이 산출되고, 이를 계속 진행할지 여부를 판단한다(예 고교 이수 후의 대학 입학 고사, 대학 졸업 후의 취업 전형). 이처럼 다음 단계로 진입하기 위해서는 '평가 관문'을 통과해야 한다.

그림 11.1 개발 과정의 '평가 관문'

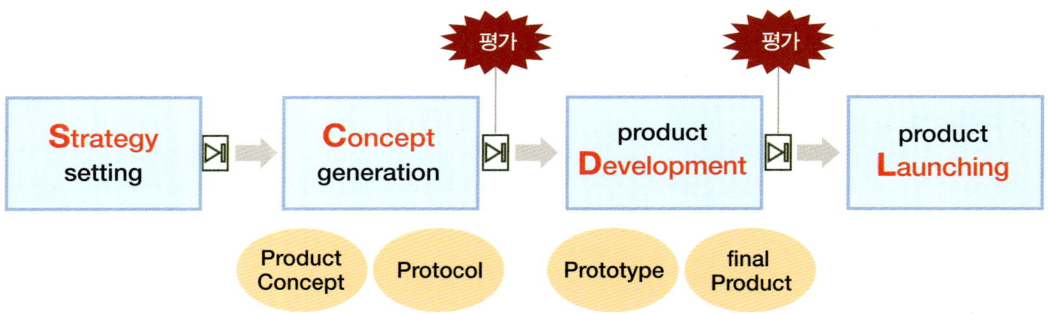

그림에서는 2, 3단계의 관문을 묘사하지만 사실 모든 단계에서 크고 작은 평가들은 수행된다. 즉 신제품 개발 과정에는 여러 테스트가 있다. 제품 개념에 대한 소비자 테스트, 제품 자체의 완성도 테스트(성능, 품질, 제조 테스트), 시장 반응 테스트, 수요 예측 테스트 등이다.

본 장에서는 3단계(D)에서 수행하는 제품과 시장 테스트에 대해 살펴보겠다. 어느 정도 개발이 완성된 제품(또는 중간 수준의 완성품)을 대상으로 그것이 제대로 기능하는지, 사용상 문제는 없는지, 시장 반응은 어떤지를 검토하는 것이다. 이러한 테스트는 보통 시장 도입(4단계: L)에 앞서 수행한다. 우선 신제품 테스트의 의미를 살펴보고, 그런 다음 제품 테스트, 시장 테스트를 차례대로 살펴보겠다.

Section 01

신제품 테스트의 의미

신제품 테스트의 유형, 유용성, 그리고 유념할 사항으로 구분하여 설명하겠다.

1 의미와 유형

제품의 실질적 개발은 3단계(D)에서 수행된다. 어느 정도 실물(초기 제품)이 완성되면 이를 대상으로 여러 테스트를 진행한다. 테스트를 거치면서 완성도가 높아질수록 4단계(L)에 가깝게 접근한다.

그림 11.2 3단계(D) 테스트 유형

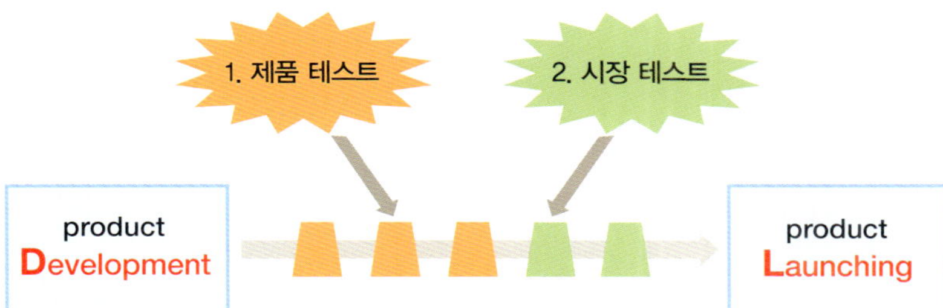

1.1 테스트 유형

테스트는 제품 테스트와 시장 테스트로 크게 구분된다. 제품 테스트는 제품 자체를 중점적으로 검사하는 것이다. 이에 비해 시장 테스트는 제품을 포함한 마케팅 전반(예 포장, 가격, 촉진 등)에 대한 시장 반응을 파악하는 것이다.

1.1.1 제품 (사용) 테스트(Product (Use) Testing, PUT, field testing, user testing)는 제품의 성능, 품질, 제조, 사용상의 문제점에 대한 검토이다.

개발된 제품은 제품 개념서에 명시된 핵심 속성을 실제로 구현하고 또한 아무런 문제없이 작동하여야 한다. 제품 테스트에서 검토할 내용은 다음과 같다.

- 원래 계획하던 성능을 제대로 발휘하는가, 안전하게 작동하는가, 정상적 용도와 사용조건에서 기능하는가?
- 고객이 실제 사용하는 여러 상황에서도 핵심 기능은 작동하는가, 제품 사용에 있어서 (기능적, 심리적 문제를 포함하여~) 불편함은 없는가?
- 정해진 예산과 기간 내에 생산할 수 있는가, 대량 제조에 어려움은 없는가?

1.1.2 시장 테스트(Market Testing, Test Marketing)는 시장 반응, 마케팅전략, 영업성에 대한 검토이다.

신제품 과업의 목적은 문제없는 제품 자체의 개발은 아니다. 시장에서 고객들이 원하고 구입하는 제품이어야 한다. 또한 기업에 이익을 가져다주어야 한다. 시장 테스트는 제한된 시간 동안 시험 시장에 신제품을 내놓고 시장의 제반 반응(중간상과 소비자 반응, 마케팅 전략의 효과, 초기 매출액)을 조사하는 것이다. 시장 테스트에서 검토할 내용은 다음과 같다.

- 소비자(경쟁사, 유통업체)는 이 제품에 어떻게 반응하는가?
- 마케팅 전략은 적절한가? (예 유통 문제는 없는지, 가격은 합리적인지, 브랜드 전략은 어떤 것이 좋은지, 광고 콘셉트는 합당한지 등)
- 수익성은 있는가? 매출 예측은 어떠한가?

제품 테스트를 통과한, 즉 품질 및 성능에 문제없는 제품을 대상으로 시장 테스트를 진행하는 것이 바람직하다. 결함 있는 제품으로 시장 테스트하는 것은 시간 낭비이다.

본격적 시장 출시(4단계: L)에 앞서 마케팅 프로그램을 '보다 현실적인 시장 여건'에서 테스트하는 것이 시장 테스트이다. 지금까지 계획하고 실현한 모든 결과물(제품, 제조, 마케팅)을 최종적으로 '한데 묶어서' 목표 시장(의 일부)에 시험적으로(또는 가상적으로) 출하해보는 것이다.

> 유년 시절부터 승마를 하였던 애니마크의 한원경 대표는 4년간 화장품 회사의 근무 경험을 바탕으로 '말(馬)용 피부연고'를 개발하였다. 하지만 승마 시장을 타겟으로 잡았던 제품은 작은 시장 규모로 인해 저조한 관심도와 구매율만 보였다. 또한 시장 테스트 결과를 통해 승마 시장은 가격 민감도가 굉장히 낮기에 상표 교체가 쉽게 일어나지 않는 것도 깨달았다. 그래서 승마 시장뿐 아니라 개와 고양이를 대상으로 하는 연고 크림 개발을 통해 시장 확장으로 해결책을 찾았다.

1.2 신제품 테스트의 절차

신제품 개발 과정(S-C-D-L)에서 언급한 바와 같이(참조: 3장), 3단계(D)의 주요 산출물은 '원형 제품(Prototype)', '최종 제품(final Product)'이고, 4단계(L)는 '상업화 제품(commercialized Product)', '시장 성과(Product Performance)'이다.

그림 11.3 3단계(D), 4단계(L)의 주요 산출물

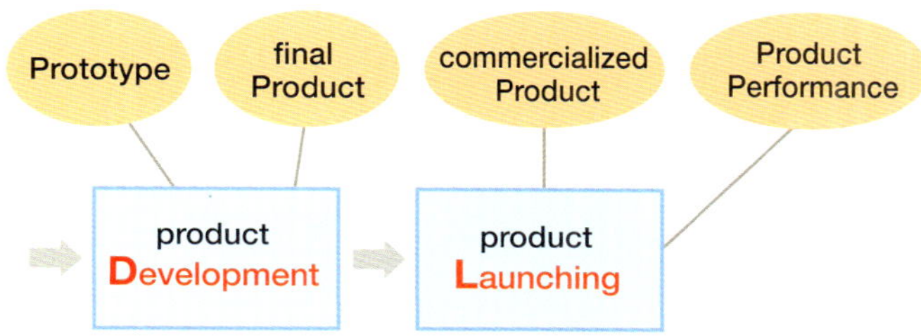

신제품 테스트의 관점에서 이를 다시 정리하면 아래 [그림 11.4]와 같다. 우선 '원형 제품'을 대상으로 제품 테스트를 하여 '최종 제품'을 도출한다. 그런 다음 이러한 '최종 제품과 여타의 마케팅 믹스(브랜드, 포장, 가격, 유통, 광고 등)를 합친 것(즉 일종의 초기 상업화 제품)'을 대상으로 시장 테스트를 한다. 이를 통해 산출되는 것이 '상업화 제품'이다. 시장 도입은 모든 것을 갖춘 '상업화 제품'을 대상으로 한다. 기업, 제품, 시장 상황에 따라 시장 테스트는 때로 시장 도입(4단계: L)에서 수행되기도 한다. 그래서 [그림 11.4]에서 보이는 바와 같이 시장 테스트, 상업화 제품은 3단계와 4단계에 중복적으로 걸쳐있다.

그림 11.4 제품과 시장 테스트의 산출물

주의) 개발 단계의 구분을 너무 의식할 필요는 없다. '어떤 활동은 어느 단계에 해당한다'라는 경직된 사고에 얽매여서는 안 된다. 개발 단계보다는 특정 활동을 중심으로 개발 과정을 인식하는 것도 나쁘지 않다. 중첩, 중복, 되풀이, 애매모호, 변화무쌍, 예측 불가능이 사실 개발 과정의 특성이다. 혁신성이 강할수록 틀에 얽매인 사고를 해서는 안 된다.

2 테스트의 유용성

일반적으로 제품 테스트는 제품 자체의 결함, 실제 시장 여건 및 사용 상황에서 나타나는 문제를 파악하는 데 도움이 된다. 한편 시장 테스트는 신제품에 대한 시장 반응(소비자, 경쟁사, 중간상), 마케팅 믹스 대안의 비교 평가, 시장 도입 후의 판매량 예측에 도움이 된다.

제품 테스트, 시장 테스트의 실시 목적이 다르고 여기서 수집되는 정보 역시 상이하기에 테스트별로 유용성을 구분하는 것도 의미 있겠지만 여기서는 설명의 편의상 이를 묶어서 제시하겠다.

2.1 개발 목표와의 부합성, 그리고 제품 결함의 확인

기본 지침과 미리 설정해둔 프로토콜에 맞게 제품이 개발되었는지 검토한다. 또한 제품의 흠결 여부에 관해서도 확인한다. 예를 들어, '적합성 품질(Conformance quality)'은 제품이 설계 명세에 부합하는 정도를 의미한다. 원래 계획한 또는 약속한 품질수준을 지키면 적합성 품질이 있는 것이다.

예 수심 30m에서 방수 시계는 작동한다, 영하 50도에서 스마트폰은 작동한다고 했으면 이러한 약속을 그대로 이행하여야 한다. 또한 해열제는 목표로 했던 해열 기능을 가져야 하고, 건전지는 정해진 수명만큼 작동해야 한다. 텀블러는 목표로 했던 5시간 이상의 온도 유지를 하고, 즉석 컵라면은 정해진 시간 내 조리가 되어야 한다.

제품에 따라 요구되는 테스트 강도 및 정밀도는 다르다. 의료기기, 약품, 비행기와 같은 부류의 제품은 무결점의 확인이 반드시 요구된다.

2.2 소비자 사용상 문제의 조기 발견

제품 성능을 충족하더라도 소비자의 사용 상황에 처하면 미처 예상하지 못한 문제들이 나타난다. 이러한 성격의 결함은 내부적 검토에서 놓칠 가능성이 크다. 제품 사용 테스트(Product Use Testing)는 이를 확인하는 절차이다. 이는 제품 자체의 단독 테스트가 아니고 소비자와 제품의 결합 테스트이다. 여기서는 기능적, 심리적, 사회적 사용상의 불편함도 점검한다.

- 벽걸이 전화기를 기업 내부에서 테스트할 때는 아무 문제가 없었다. 그러나 실제 가정에서는 수화기가 바닥으로 자주 떨어지는 문제가 발생하였다. 이는 전화기 접근성을 위해 가정에서 주로 문 옆에 설치하기에 문을 여닫을 때마다 충격으로 수화기가 떨어지기 때문이었다.
- 냉동 조리식품(디저트, 케익 믹스)은 식품회사 실험실에서는 맛있게 조리되었지만, 가정에서는 그렇지 못한 경우가 다수 발견되었다. 이는 집마다 전자레인지 사양이 다른 것을 미처 인식하지 못했기 때문이다.
- 어떤 자동차는 후방의 디자인 각도로 인해 햇빛 반사가 심하여 뒤차에 불편을 준다. 어떤 우산은 굴곡 형태와 방수 탄성으로 인해 주변인에게 불편을 끼친다. 물론 이들 제품 사용자에게는 아무 문제가 없지만.
- 'GTE airfone'은 비행 중 승객이 자유롭게 통화할 수 있는 획기적 기술의 제품이다. 그러나 기내에서 통화가 절실히 필요한 경우는 그리 많지 않고, 또한 통화 내용이 노출되고 통화 소음으로 인한 주변의 따가운 눈총을 받는다는 불편함으로 인해 이의 이용을 꺼리게 된다.

벽걸이 전화기

기업 실험실에서 발견하기 어려운 문제점 몇 가지는 다음과 같다.

① 사용 빈도가 높을 때, 또는 장시간 사용해야 나타나는 문제

이러한 문제는 짧은 기간 실험실에서의 한두 번 테스트로 밝혀내기 어렵다.

2014년 7월 '불만제로'에서는 먼지가 엄청나게 묻어나오는 세탁기를 다뤘다. '먼지 거름망'을 수조 아래에 배치한 것이 원인이었다. 이러한 구조로 인해 세탁할 때마다 먼지가 차곡차곡 쌓였고 이러한 먼지 찌꺼기가 어느 순간부터 세탁물에 대량 묻어 나오게 된 것이다. 실험실에서는 한두 번의 시험만 하기 때문에 이런 문제를 발견하지 못한 것이다.

② 다양한 여건에서 야기되는 문제

- 머리 화장품의 경우, 일반적 날씨의 지역에선 아무 문제가 없지만 매우 건조한 지역에서는 금방 마르기에 효능을 전혀 발휘하지 못했다. 초코파이는 우리나라에서는 아무 문제가 없지만 더운 나라에서는 초콜릿 부분이 녹고, 추운 나라에서는 언다는 문제가 발생하였다.
- 우리나라 자동차는 협소한 지역에서 단시간 운전하는 데 별 문제가 없었지만, 미국과 같이 광활한 나라에서 며칠 동안 쉬지 않는 장거리 운전, 로키산맥 같은 산악 운전에서 엔진 과부하 문제가 발생하였다.

③ 소비자(남녀노소, 민족, 인종)의 각기 다른 사용 방식으로 인한 문제

고객을 폭넓게 고려하지 않으면 어디선가 문제가 발생한다. 개발자의 협소한 관점에 기초한 제한된 여건에서의 테스트 결과 일반화는 위험하다. 공학 지식이 많은 사람, 지적 능력이 높은 사람, 제조자 관점에서는 사용 불편함을 느끼지 못하겠지만 일반인에게 그렇지 않은 경우는 흔하다. 예를 들어, 카메라 기능이 많다면 조작 버튼이 복잡해도 괜찮다고 개발자는 생각하지만, 일반 소비자는 그렇지 않다. 유사한 예로는 사용이 복잡한 전자레인지, DVD 플레이어, 프린터 복합기 등이다.

- 대부분의 사람은 고도로 훈련된 사람만 운전할 수 있는 특수한 사양의 최고급 자동차보다는 아무나 쉽게 운전할 수 있고 고장 없는 자동차를 선호한다.
- 저자는 우르오스 로션을 가끔 사용하는데, 로션을 짜낸 후 통을 바닥에 탁하고 내려놓으면 그 충격으로 작은 구멍에서 로션이 높게 튀어 오른다. 한번은 이것이 눈에 들어간 적도 있었다. 코로나19로 인해 엘리베이터에 손 소독제가 설치되었는데 한번은 어린아이가 어른이 하던 것을 따라 이를 쭉 눌렀다가 눈에 들어간 사고가 있었다.

우르오스 로션 통, 어린아이 키 높이에 설치된 손 소독제

참고로 사진 속 엘리베이터 버튼은 자주 사용되는 1층이 두드러지지 않는다. 10장 '유니버설 디자인'의 인식가능성(Perceptible Information)이 떨어진다.

2.3 제조, 유통상의 어려움 발견

제조, 유통은 제품 자체와는 관련 없지만, 여기서 곤란한 문제는 결국 제품 문제로 귀결된다. 그래서 가능한 제품 설계 초기부터 효율적 제조 공정과 유통 방식도 함께 강구하는 것이 바람직하다. 또한 신제품 개발팀은 기업의 제조 역량 및 유통 현황에 대해서도 이해하고 있어야 한다.

코로나19 화이자 백신은 유통 보관 단계에서 콜드체인이 관리되어야 하고, 다른 코로나19 백신과 달리 희석이 필요하다. 이로 인해 저개발 국가에서는 사용이 쉽지 않았고, 그렇지 않은 국가에서도 강화된 요건으로 위탁의료기관을 선정해야 한다는 어려움이 있었다.

2.3.1 소량 생산에서는 발생하지 않던 문제가 대량/대규모 생산에서 발생한다.

일 인분 밥 지을 때와 100인분 밥을 한꺼번에 지을 때는 메커니즘이 달라야 한다. 동일한 방식으로 하면 가운데는 설익지만, 가장자리는 까맣게 타게 된다. 새우깡의 초기 대량 생산에서도 이와 유사한 문제가 발생했다.

2.3.2 부품 간의 불균형은 불필요한 원가 상승을 초래한다.

제품에 들어가는 부품 간의 균형이 중요하다. 하나의 부품이 열악하다면 그로 인해 전체 제품의 성능은 떨어진다. 이와 반대로 어떤 하나의 부품만 너무 우월한 것도 바람직하지 않다. 소량 생산에서는 별문제 아니겠지만 대량 생산의 경우에는 이러한 작은 원가 차이도 막대한 손실로 귀결된다.

어느 날 헨리 포드는 기술자들에게 폐차장에 가서 별로 망가지지 않아 재사용할 만한 부품이 있는지 조사해보라고 하였다. 그러자 기술자들은 자동차 핸들과 관련된 부품인 킹 핀(king pin)을 가져와 자신들이 그 부품을 얼마나 잘 만들었으면 폐차에서 빼내어 그대로 새 차에 장착해도 아무런 문제가 없을 것이라며 자랑을 늘어놓았다. 그러자 포드는 "그렇다면 우리가 그 부품을 만드는 데 지나치게 많은 돈을 들이고 있다는 얘기이다. 그것도 다른 부품들과 비슷하게 망가지도록 만들라"고 지시했다고 한다. 언뜻 보면 폐차에서 빼내서 그대로 사용할 만큼 잘 만들었다고 생각할 수 있지만, 사실 그러한 과대 부품을 만드는데 기업 재원을 지나치게 낭비한 것이다. 부품을 고르게 만드는 것이 전체 제품의 성능을 위해서나 또는 자원 절약을 위해서도 바람직하다.

2.4 광고 소재로의 활용

신제품 테스트는 광고 소재로 활용된다. 특히 소비자가 중시하는 속성에 대한 엄격한 신제품 테스트는 구매에 영향을 미친다.

'피부 자극 테스트 완료'를 명시하는 주방 세제

2.5 소비자 반응의 이해

최종 소비자가 제품을 어떻게 받아들이는지 파악할 수 있다. 또한 개발자의 개념적 기대치와 사용자의 실제 평가 간의 괴리 상태를 이해하게 된다. 이를 통해 소비자 지향적인 제품으로 개선시킬 수 있다.

박승대(39) 사장은 스타 개그맨들을 키워내는 연 50억 매출의 ㈜스마일매니아 CEO(최고경영자)다. 스마일매니아 출신들은 개그 프로그램 중 상한가를 치는 SBS TV의 '웃음을 찾는 사람들(웃찾사)' 출연진 중 80%를 차지하고 있다. '박승대 사단'이 성공할 수 있던 것은 1주일에 4번 개그 라이브 무대를 열어, 박수를 가장 많이 받은 아이템만 TV에 내보내기 때문이다. 시제품을 만들어 소비자 반응이 좋은 제품만 출시하는 것이다. 웃찾사의 '화상고'도 9개월간 TV에 나오지 못하고 라이브 무대에서 고쳐지고 또 고쳐졌다. 박 사장은 오전 7시면 인터넷에서 네티즌의 개그 프로에 대한 반응을 꼼꼼히 체크한다. 모니터 요원 15명으로부터도 수시로 의견을 듣는다. 그는 "개그 코드는 수시로 변하고 있고, 특히 젊은이들의 코드는 더 빨리 변하고 있어 이를 잡아내는 게 제일 중요하다"라고 말했다. – 참조: 조선일보, 2005년 4월 19일

2.6 시장 도입 후의 매출 예측

시험 시장의 매출은 시장 출시 후의 판매량 예측에 도움이 된다. 판매 예측치는 시장 도입 단계에 갖춰야 할 생산설비, 원자재와 부품, 유통망, 인원의 규모를 추산하는데 기초가 된다. 매출 예측에 관한 판단 오류는 시장 성과에 부정적 영향을 미친다. 즉 과다 예측은 과잉 시설 및 재고를 초래하기에 수익성을 악화시킨다. 반면에 과소 예측은 준비 부족을 야기하고 이는 결국 매출 기회를 놓치게 만든다.

과소 예측 사례: ○○카메라는 기존 제품보다 참신한 여러 장점을 가지고 출시되었다. 그러나 경영진은 ○○카메라의 매출 예측을 보수적으로 잡았기에 생산 시설을 크게 확충하지 않았고 원자재도 넉넉히 확보해두지 않았다. 그런데 시장 출시 후 ○○카메라의 판매는 예상 밖으로 대폭발이었다. 부랴부랴 생산을 늘리려 하였지만, 이것은 마음먹은 대로 바로 되는 것이 아니다. 2~3달이 지난 후 생산량을 대폭 증대하였지만, 이때의 시장은 예전과 같지 않았다. 휴가철이 지났기에 카메라 수요는 전반적으로 줄었고 경쟁사도 유사 제품을 판매하기 시작한 것이다.

2.7 마케팅 대안의 비교 평가

시장 테스트를 통해 마케팅 믹스 대안을 다양하게 실험해볼 수 있다(예 시험 시장(a)에서는 판촉물-x, 시험 시장(b)에서는 판촉물-y을 제공하여 매출액의 비교 평가). 이를 통해 더 나은 판매 및 서비스 방안을 모색한다.

2.8 기타: 신제품 테스트의 유용성은 그 밖에도 여러 가지가 있다.

- 신제품에 대한 판매원 반응을 파악할 수 있다.
- 신제품에 적합한 판매 교육과 훈련 방식을 모색해볼 수 있다.
- 신제품 개발팀에 실전 감각을 익히게 하고 현실 세계의 냉혹함을 맛보게 한다.

3 테스트에서 유념할 점

신제품 테스트는 시장 도입(4단계: L)에 도움이 되는 귀한 정보를 많이 산출한다. 그렇다고 신제품 테스트를 반드시 해야 하는 것은 아니다. 신제품 테스트에는 적지 않은 비용과 시간이 필요하다. 또한 여러 위험과 단점도 수반된다. 신제품 테스트에서 유념할 사항은 다음과 같다.

3.1 시간: 시장 도입의 지체

테스트 수행에 따른 시장 도입의 지연으로 기회 손실이 발생한다. 그러나 늦게 진입하더라도 테스트 덕분에 이득을 볼 때도 있다. 따라서 이에 대해서는 입체적, 장기적으로 판단해야 한다.

그림 11.5 늦게 진입하였기에(A), 매출 선점의 기회를 영원히 경쟁 제품에 놓치는 경우들

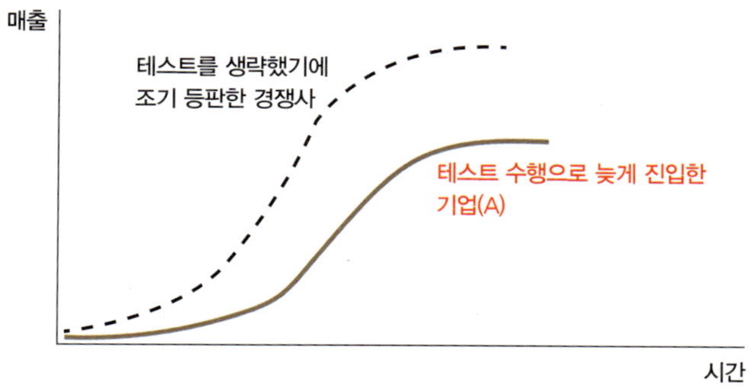

예 코로나19 백신 – 만약 대부분의 사람이 이미 접종하였다면 부작용 없는 백신을 개발한 후발 회사(A)라도 기회는 없다. 안마의자 – 대부분 가정에서 이미 들여놓았다면 후발로 들어온 제품(A)이 더 좋더라도 이를 추가 구입하지 않는다.

그림 11.6 늦게 진입하였지만(A), 제품 결함이 없기에 결국 이익이 되는 경우

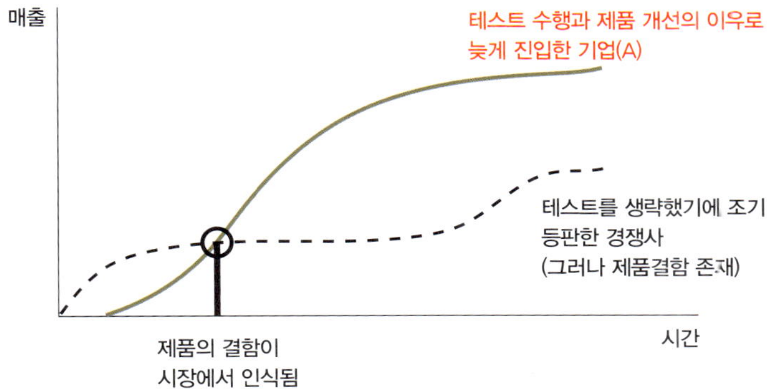

그림 11.6의 경우 결함이 있는 경쟁 제품은 소비자 불만, 가격 변상뿐 아니라 제품 불신에 따른 이미지 하락으로 회복이 오래 걸리기도 한다.

신제품 테스트로 인한 시간 지체의 득실은 경쟁회사와 소비자 특성, 제품 결함의 치명성, 결함에 대한 빠른 조치 능력(예 어떤 기업은 추후 나타날지도 모를 부정적 결과에 대한 대안으로 미리 몇 가지 대안을 비축해두기도 한다) 등을 종합적으로 고려하여 판단한다.

- 음료나 식품 업계의 기술은 대체로 평준화돼 있어 제품의 개발 아이디어나 콘셉트가 시장에서 성공을 거두는 데 큰 역할을 한다. 그러나 이와 동시에 미투 제품이 독버섯처럼 기생해 혼란을 빚는 사례가 적지 않다. 이러한 경우일수록 빠르게 시장진입을 해서 경쟁사와의 격차를 벌리는 것이 중요하다. – 업계 관계자
- 국내 업체 중 '모방 브랜드'를 만들어 보지 않은 기업은 한 군데도 없을 것이다. 트렌드가 빨리 변하는 시장에서 인기 제품이 나오면 신제품으로 대응하는 것보다 유사 제품을 빨리 내놓는 게 훨씬 유리하다. 모방 제품의 경우에는 신제품 테스트를 굳이 할 필요는 없다. – 업계 관계자

3.2 테스트 비용

테스트에는 시간뿐 아니라 적지 않은 비용도 필요하다. 어느 정도 테스트 비용을 사용할 것인가에 대해서는 제품 및 시장 상황에 따라 다르다. 다만 개념적으로는 '테스트로부터 얻는 정보 가치'가 '정보를 얻는데 필요한 비용'보다 크다면 테스트를 수행할 합당한 이유가 된다. 물론 이를 계량적으로 측정하기는 어렵지만 이러한 관점으로 테스트의 수행 여부를 판단할 필요는 있다.

Penny-wise, pound-foolish(작은 돈을 아끼려다 큰돈 쓰게 된다).

3.3 정보누설

신제품 테스트는 외부의 소비자, 유통업자 등을 대상으로 하기 때문에 비밀 보안에 각별히 신경을 쓰더라도 경쟁사에 정보(예 제품 형태, 디자인, 기능적 특성 등)가 노출될 위험은 존재한다. 이를 통해 경쟁사는 모방 제품을 빠른 시간에 개발하기도 하고, 자사 신제품에 대한 대응 전략을 구축하기도 한다.

- 아이폰4의 통신 불량 '안테나게이트' 원인은 스티브 잡스였다. 그의 비밀유지 원칙 때문에 시험 단계를 거치지 못하고 제품을 내놨다.
- 신규 서비스 상품은 종종 기존 서비스 시스템과 얽혀 있기에 기존 서비스와 완전히 분리하여 시장 테스트하기 어려운 경우가 있다. 경쟁사 노출을 우려하여 시험 단계를 생략한 기업들은 신규서비스를 시장에 도입하고 나서야 비로소 문제를 발견하게 되는데 이때는 이미 실수나 오류를 수정하기 어렵다. 또한 시장의 실망은 당해 제품뿐 아니라 후속 신제품에도 악영향을 미친다.

3.4 경쟁사의 방해

경쟁사는 자사 신제품 테스트를 방해하거나 왜곡되거나 오염된 정보를 나타나게 한다.

- 예전 대통령 선거에서 있던 일이다. 강력한 후보가 세 명 있었는데, 한 명은 여당 후보이고 다른 두 명은 야당 후보이다. 야당 후보가 단일화되면 여당 후보의 승산은 희박하다. 그래서 여당 후보는 야권 단일화가 되지 않게끔 각 야당 후보의 유세장마다 자신의 지지층을 동원하였다. 이를 모르는 야당 후보자는 거리 유세에서 수많은 관중을 보면서 자신이 이긴다는 확신을 하였기에 끝까지 단일화하지 않았고 결국 여당 후보가 대통령이 되었다.
- 경쟁사의 신제품이 '실패할 듯한 것'이라면 오히려 그것을 대량 구입해서 실패할 신제품에 대한 잘못된 투자를 부추긴다. 반면에 '성공할 듯한 유망한 신제품'으로 보이면 성공 확신을 가지지 못하게 즉 주저하게 만드는 신호를 보내고 그런 와중에 이와 유사한 제품 개발을 서둘러 시작한다.

Section 02

제품 테스트

우선 제품 테스트의 유형을 살펴보겠다. 그런 다음 제품 테스트에서 고려할 사항에 대해 살펴보겠다.

1 제품 테스트의 유형

시제품 제작이 어느 정도 완료되면 엄격한 기능 및 품질 시험, 고객 사용 시험을 거친다. 제품 테스트를 조사 주체 및 목적을 중심으로 구분하면 다음과 같다.

1.1 알파 시험(Alpha tests, internal tests by employees)

시제품이 개발되면 이제 그것이 정상적 환경하에서 제대로 작동하는가를 시험한다. 알파 시험은 시제품이 어떻게 기능 수행하는지를 파악하기 위해 기업 내부에서 시험하는 것이다. 이를 통해 시제품을 더욱 향상시킨 후, 베타(beta) 시험으로 이동한다.

In vitro는 시험관 안에서, 또는 생체(조건) 밖에서의 시험을 의미한다. 반면에, In vivo는 생체 안에서의 시험을 의미한다.

한편 적정 범위를 넘어선 한계 상황, 즉 제품의 극한 테스트도 필요하다. 이는 소비자들이 항상 적정범위 내에서만 제품을 사용한다는 보장이 없기 때문이다.

3일 치 약을 실수로 한꺼번에 먹는 사람도 있다. 자동차를 시속 150km로 8시간 동안 계속해서 운행하는 경우도 있고 산악의 비포장 도로를 장시간 운행하는 경우도 있다.

비현실적이거나 극한 상황에서 테스트하는 것은 제품의 기술발전에 도움이 되는 자료를 제시한다.

- 영화 '아이언맨'에서는 고공 비행을 하면서 새로 개발한 아이언맨 복장을 테스트하는 장면이 나온다. 주인공은 한계 높이를 초과한 높이까지 올라가서 그때 어떻게 변화하는가를 체험(영화에서는 높은 고도에서의 온도 저하로 인한 결빙 현상 발생)함으로써 중요 자료를 얻는 모습이 나왔다.
- 샴푸 제조회사는 소비자가 보통 하루에 한 번 꼴로 샴푸로 감는다는 전제하에서만 제품을 개발해서는 안 된다. 실제로 미용실에서 머리를 감겨주는 미용사는 하루에도 수십 번 샴푸를 손에 묻히게 된다. 이로 인한 피부 손상은 일상적 사용자와는 다를 것이다. 샴푸 제조회사는 이러한 극한 사용자마저 고려해야 한다. 한편 스마트폰 제조 업자는 오랜 시간 스마트폰을 보는 사람, 영유아의 약한 시력도 고려하여 제품을 개발하여야 한다.
- 고가의 고급형 오디오 기기를 설계 및 제조하는 덴마크의 전자 회사인 뱅&올룹슨(Bang & Olufsen)에서는 모든 제품을 '고문실(Torture Chamber)'에 집어넣어 혹독한 성능 테스트를 한다. 예를 들어 TV는 영하 25도의 냉동고에 6시간, 섭씨 40도의 오븐에 다시 6시간 두었다가 꺼낸다.

1.2 베타 시험(Beta tests, external tests by end-users)

이것은 제품을 사용할 기업 외부의 고객들에게 제품을 시험 사용하게 하고 그들의 경험과 의견을 피드백 받는 것이다.

베타 시험에서는 제품 사용 경험에 대한 정보만 산출하는 것은 아니다. 예를 들어, 제품 사용하기 이전에 느껴지는 반응(pre-use sense reactions), 더 나은 성능, 디자인, 원가 절감에 대한 정보(diagnostic Information)도 획득할 수 있기 때문에 이를 폭넓게 활용한다.

한편 기업은 뜻하지 않은 곳에서 제품 성능 테스트의 결과를 무료로 얻기도 한다.

- 미국 20대 젊은이들이 방탄조끼의 성능 시험을 벌이다가 진짜로 총을 쏴 1명이 숨졌다. 2015년 5월, 미국 캘리포니아에서 마르티네스(20)는 동네 공원에서 방탄조끼를 입고 성능 시험을 하다 친구 램버트(21)가 쏜 총에 맞아 숨졌다. 경찰에 따르면 램버트가 쏜 총알은 마르티네스가 착용한 방탄조끼 상단부를 그대로 뚫고 지나갔다. 숨진 마르티네스는 이날 램버트를 비롯한 친구 3명과 함께 '과연 방탄조끼를 입으면 총알이 뚫지 못하고 정지하게 되는지'를 놓고 시험하는 과정에서 변을 당했다고 경찰은 전했다. - 참조: 연합뉴스, 2015년 5월 27일
- 인터넷에선 생명을 구한 '총알 막은 휴대폰'이 화제가 되었다. 내전으로 뒤숭숭한 시리아에서 촬영된 것으로 전해지는 문제의 휴대폰은 외부 케이스, 배터리 등이 뻥 뚫린 모습이다. 이 휴대폰을 품에 지닌 사람은 휴대폰 덕분에 목숨을 건졌다고 한다. 휴대폰이 총알 속도를 늦춰 치명상을 막았다는 것이다. – 참조: PopNews, 2012년 8월 17일

1.3 감마 시험(Gamma tests)

베타 시험은 길어야 몇 주간 시행되기에 최종 사용자들은 신제품이 자신의 욕구에 얼마나 들어맞는지, 또는 비용 측면에서 얼마나 효율적인지에 관한 판단의 시간을 충분히 가지기 어렵다.

> 애플 컴퓨터의 파워북(노트북)은 디스크 드라이브의 결함을 베타 시험에서 발견하지 못했다. 결국 시장 도입 후에야 깨닫게 되었다.

감마 시험은 시간이 얼마나 걸리든 간에 소비자가 당면하는 모든 문제를 확인하고 이를 해결한다. 모든 문제를 확인한다는 점에서 이상적 제품 사용 테스트이지만 비용과 시간이 많이 필요하기에 대부분 기업은 베타 시험만 수행한다. 그러나 아주 사소한 문제도 치명적일 수 있는 신약과 의료기기에서는 감마 시험이 요구된다. 그래서 신약은 10년 이상 걸려 출시되는 경우가 흔하다. 이런 점에서 볼 때 코로나19 백신은 테스트 기간이 이례적으로 짧은 편이었다.

2 제품 사용 테스트의 설계에서 고려할 사항

테스트 설계가 적절할수록 의미 있는 정보가 많이 산출된다. 다음은 테스트 설계에서 고려할 사항들이다. 누구를 조사 주체로 참여시킬 것인지, 어떤 방식으로 참여시킬지(응답 방식, 장소 등), 상표나 기업명을 노출시킬지, 제품 사용 설명은 어느 정도로 제공할지, 제품 사용 테스트의 기간은 어느 정도로 길게 할지, 응답 기록은 어떤 방식으로 할지 등 이러한 내용은 신제품의 시장 조사와 연관되기에 17장에서 다루도록 하겠다.

Section 03

시장 테스트

시장 테스트(Market Testing)는 신제품의 본격 발매에 앞서 시장 반응을 조사하는 것으로 드레스 리허설과 비슷하다. 이러한 시장 테스트에서 중요 의사결정은 다음과 같다.

첫째, 시장 테스트를 할 것인가, 만약 실시하기로 한다면 그 정도(the amount of marketing test)는 어느 정도인가?

둘째, 언제, 어디서, 얼마나 시장 테스트를 할 것인가?

셋째, 어떤 유형의 시장 테스트 기법을 구체적으로 사용할 것인가?

이들 내용을 아래에서 좀 더 살펴보겠다.

1 시장 테스트의 실시 여부와 정도

신제품 개발에 대한 투자 금액과 위험(investment cost and risk)이 많을수록, 그리고 신제품 성공에 기업이 기대하는 바가 클수록 불확실성을 줄이기 위한 시장 테스트가 필요하다. 이에 비해 다음 상황에서는 이를 생략하거나 대폭 줄이기도 한다.

- 계절적 요인(예 무더위가 시작하기 전에 출시해야 하는 에어컨, 아이스크림), 경쟁적 요인으로 인한 시간적 압박이 심하다.
- 경쟁사에 신제품 정보의 노출 위험이 있다.
- 시장 테스트의 비용이 큰 것에 비해 그로부터 얻게 되는 정보 가치가 그리 높지 않다. 즉 조사의 가성비가 높지 않다.
- 신제품 개발 과업에 소요되는 자본 투자가 소액이고, 신제품의 목표 수익도 그리 높지 않다.
- 제품 사용 테스트가 성공적으로 시행되었고 여기서 고객 반응도 좋은 편이다.
- 고객 관심도가 높고 잠재욕구의 존재가 확실하다. 2차 자료로도 충분한 정보를 얻을 수 있다.

- 축차적(market-by-market basis)으로 시장을 확장하기에 시장 도입 단계에서 시장 테스트를 병행할 수 있다.

2 시장 테스트의 장소와 시기

시장 테스트를 위해 선정하는 소규모 시장이 시험 시장(test markets)이다. 시험 시장에 따라 나타나는 조사 결과는 다르기 때문에 시험 시장 선택에 만전을 기해야 한다. 즉 시장 테스트의 장소와 시기는 시장 테스트에서 중요한 결정 사항이다.

2.1 장소: 시험 시장의 선택

판매를 예정하는 전체 시장을 대표하는 성격을 갖추어야 한다. 그래야 시험 결과를 기반으로 한 전체 시장에 대한 예측이 정확해진다.

- 직장인, 대학생들이 주로 찾는 명동, 강남, 시청, 신촌에 소재하는 매장은 외식업체들이 신제품을 가장 먼저 선보인 뒤 고객 반응을 살피는 테스트 베드(test bed, 시험 시장)이다. 테스트 베드 매장의 기본 조건은 해당 업체 핵심 고객들이 골고루 찾는 곳이어야 한다.
- 2022년 3월 대선을 앞두고 그동안 역대 대선 결과와 100% 일치하였던 지역에 관한 관심이 높아졌다. 충청북도의 청주 상당구, 청주 흥덕구, 증평군, 음성군, 옥천군 이렇게 5곳과 충청남도의 금산군 1곳을 더해 총 6곳이 지금까지 모든 대통령 선거의 투표 결과와 일치했다. 충청북도가 대선의 척도가 된 데는 지리적 이유가 있다. 경기도, 강원도, 경상도, 전라도 모두와 경계를 맞대고 있는 지역이라 한 쪽으로 정치적 성향이 쏠리지 않고 충청북도 고유의 색깔보다는 주변의 영향을 고루 받는다.

2.2 시점과 기간

시장 테스트의 실시 시점을 언제로 하고 그 기간은 얼마나 하는가의 결정은 중요하다. 물론 이의 결정에는 제품과 시장 특성을 고려해야 한다.

1백 발 사격하니 뜨거워 못 잡는 신형 소총: 한국군의 주력 소총인 K2 소총을 대체하기 위해 새롭게 개발된 신형 기본화기인 K2 C1 소총이 어찌 된 일인지 보급 시작 2달 만에 공급이 중단됐다. 그 이유는 황당하게도 총을 여러 발 쐈더니, 너무 뜨거워져 도무지 잡을 수 없다는 불만이 속출했기 때문이다.

육군이 자체 시험한 결과, 야전에서 1백 발 연속 사격했더니, 손으로 잡아야 하는 총열 덮개 온도가 60도까지 올라갔다. 이는 기존 총열 덮개를 플라스틱에서 알루미늄으로 바꾸면서 생긴 문제이다. 군은 소총 보급 전에도 사격 시험을 거쳤지만, 여름철이 아닌 4~5월에 실시해 총이 그렇게 뜨거워질 줄 몰랐다고 해명했다. – SBS 뉴스, 2016년 10월 12일.

3 시장 테스트 유형

시장 테스트에는 여러 방법이 있다. 통제 수준(엄격한 인위적 통제 vs 실제의 현실적 상태), 규모(소규모 vs 대규모), 제품 형태(가상 제품 vs 실제 제품) 등의 기준으로 구분할 수 있다.

외생변수의 통제 정도가 엄격하고 테스트 규모가 작을수록 내적타당성(internal validity)은 크다. 이에 비해 실제 상황, 대규모, 실제 제품의 경우에는 테스트 결과의 일반화(generalization)와 연관된 외적타당성(external validity)이 크다.

3.1 가짜 판매 방법(Pseudo Sale Methods)

'모의(또는 모조) 시험 시장(Simulated Test Market, STM)'으로도 불리는 이 방법은 어떠한 상품이 실제로 있다고 가정하고 그 제품을 살 것인지를 잠재 소비자에게 묻는 것이다.

모조 상점을 설치하고 대략 30~40명의 소비자에게 구입하는 이유(또는 구입하지 않는 이유)를 묻고 이들에 대한 프로필을 조사한다. 이 방법은 적은 비용으로 테스트 결과를 빨리 알 수 있으며 경쟁사에 노출되지 않는다는 장점이 있다. 모조 시험 시장의 결과는 좀 더 확장된 시험 마케팅의 실시 여부의 판단 자료로도 쓰인다.

모의 시험 시장에는 매출의 추측(speculative sale), 예비 시험 시장(pre-test market) 등의 방법이 있다.

① 매출의 추측(짐작 또는 예상, speculative sale): 제품 개요를 개략적으로 보여주고, 소비자의 추가 질문에 대답한 후 이런 성격의 제품을 구입할지(또는 신제품의 사용 가능처)를 묻는다. 이 방식은 기술 기반의 신제품이거나 또는 고객(기업)이 전문 분야에 속하기에 실제 시장 상황에서 얻는 정보가 그리 중요하지 않은 경우에 사용한다.

② 예비 시험 시장(pre-test market): 가상의 구매 환경을 만든 뒤 소비자들이 어떻게 행동하는지 관찰한다. 여기에는 다양한 방법이 존재하는데, 예를 들어, 소비자들을 모아서 실험실에서 광고를 보여주고 가상적인 소매점 환경을 제공한 뒤 제품을 선택하도록 하는 방법도 이에 해당한다.

3.2 실제 시장에서 테스트

이것은 위의 방법과 정반대 성격을 가진다. 제품을 실제 시장에 내놓고 그 제품에 대한 시장 현상을 있는 그대로 파악하는 방법이다(Full Sale Methods). 시장 도입을 작은 규모로 수행한다고 보면 된다.

현실 상황의 변수들(예 매장 크기, 점원 능력, 테스트 당시 경쟁 제품의 마케팅)이 복잡하게 영향을 미치므로 신제품 시장 반응의 해석에 주의가 요구되지만, 실제 상황에서 테스트를 한다는 장점이 있다(즉 외적타당성이 큰 방법이다).

참고로 '가짜 판매 방법', '실제 시장에서의 테스트'의 양극단 사이에는 중간 성격의 다양한 시장 테스트 기법들이 존재한다(예 Informal Selling, Direct Marketing, Minimarkets, Scanner Market Testing).

3.3 '메타버스(metaverse)'에서 시장 테스트

'메타버스(metaverse)'란 가상(가공), 추상, 초월을 의미하는 '메타(meta)'와 세상, 우주를 뜻하는 '유니버스(universe)'를 합친 합성어이다. 이는 온라인 공간 또는 디지털 가상세계를 의미한다. 메타버스는 실제 현실과 비슷하게 구현된 '실감 나는 세계'이기에 현실에서 일어나는 활동(정치, 사회, 경제, 사업, 교육 등)이 가능하다. 또한 현실의 연장선에 있기에 사용자들의 몰입도와 친밀도는 높다. 이러한 메타버스의 특성으로 인해 제품과 시장 테스트에 활용될 여지가 있다.

- '다이슨'은 온라인 가상공간에 '데모 VR'을 열었다. '가상 체험' 전시장에서는 몰입형 가상 체험이 가능해 오프라인 데모 스토어를 방문했을 때 경험하는 것과 유사하게 제품을 사용하고 조작해 볼 수 있다.
- 메타버스에서 개인들을 대신하는 아바타들의 옷, 신발, 모자, 가방 등에 이르기까지 아바타 치장용 제품들이 '정품' 브랜드 제품으로 구입되고 있다. 나이키는 아바타를 위한 신발, 모자, 의류 등에 나이키 로고가 사용되는 것에 돈을 물리기로 했고, 나아가 메타버스에서 자사 디자인을 판매하기 위해 관련 부서도 만들고, 상표등록도 신청했다. 이러한 상업적 활동은 시장 테스트도 다양한 방법으로 가능하다는 점을 시사한다.

지금의 초 · 중학생, 그리고 앞으로 태어날 아이들은 디지털 기기와의 상호작용, 가상공간에서의 만남에 더욱 익숙하고 자연스러운 디지털 신세대이다. 이들이 MZ세대의 뒤를 이어 우리 사회의 주요 구성원으로 활약하는 시기가 도래하면 메타버스의 활용은 더욱 일상화될 것이다.

Section 04 신제품 테스트에 대한 마무리

여기서는 신제품 테스트에 대한 몇 가지 내용을 종합적으로 정리하고자 한다.

1 신제품 테스트는 시장 도입(4단계: L)에 들어서기 전의 마지막 검토 단계

어떤 문제를 발견하거나 더 좋은 대안을 발견하는 귀한 기회이다. 기업은 시장 테스트를 통해 마케팅 경험을 큰 비용 들이지 않고 획득할 수 있고, 잠재적 문제점을 파악할 수 있다. 또한 막대한 비용이 투입되는 본격적 시장 도입에 앞서 필요한 것이 무엇인지 파악하는 데 도움이 된다.

> 로마 시대 검투사(gladiator)는 오랜 시간의 훈련과 여러 단계를 시험을 통과한 다음에 마침내 경기장(arena)에 등장한다. 그리고 경기장에서 그의 실력은 백일하에 드러난다. 상대를 압도하는 그 어떠한 경쟁력이 없다면 그는 다시 경기장에 설 수 없다.

기업에서 개발하는 신제품도 어떤 의미에서는 검투사와 비슷하다. 시장(즉 경기장)에서 소비자와 유통업자에게 냉철한 평가를 받는다. 신제품의 초기 계획 의도가 아무리 훌륭하더라도, 개발 과정에 엄청난 정성을 기울였더라도 그것 자체로는 의미가 없다. 정작 중요한 것은 시장에서의 평가이다. 무언가 부족하다면 그 신제품은 가차 없이 시장에서 퇴출당한다. 제품 테스트, 시장 테스트는 시장 진입 전에 이러한 문제를 발견하고 해결하는 마지막 단계이다.

2 신제품 테스트의 전개에는 융통성 있는 자세가 필요

일반적으로 제품 테스트를 먼저 한 다음에 시장 테스트(소비자, 수익성 등)를 한다. 그렇지만 반드시 이러한 순서를 따를 필요는 없다. 제품과 시장 테스트를 묶어서 하기도 하고, 때로는 시장 테스트를 먼저 하기도 한다. 사실 소비자 반응이 시원치 않다면 굳이 힘들게 제품 테스트를 할 필요는 없다.

신제품 테스트에서 고려할 사항은 제품 특성, 시장 상황(소비자, 경쟁사 등), 테스트 유형, 비용 및 시간 등이다. 이러한 제반 요소를 종합적이면서도 입체적으로 고려하여 테스트의 실행 여부, 테스트의 방법, 테스트 예산과 기간 등을 결정한다.

다음은 신제품 테스트에 대한 의사결정에서 고려할 내용이다.

- 신제품 테스트는 지금 상황에서 진정 필요한 것인가?
- 테스트가 필요하다면 어떤 유형의 테스트를 할 것인가(더 나은 테스트 방법은 없는가)?
- 테스트를 언제 얼마나 할 것인가?
- 어느 정도의 비용으로 할 것인가?
- 테스트를 그만해도 되는 판단 기준은 무엇인가?

테스트를 통해 신제품 성과가 좋아질 수 있지만, 반대로 테스트로 인해 오히려 신제품 성과가 마이너스가 되기도 한다. 테스트에 대한 현명한 판단을 위해서는 테스트에 대한 전반적 이해가 요구된다. 다음은 신제품 테스트에 대한 태도와 행동에 대한 몇 가지 제언이다.

① 조금 더 나은 완성체를 위해 현재 상태에 만족하지 않고 끊임없는 개선 노력을 기울인다. 한두 번 작은 성공에 만족해서도 안 되지만 한두 번 실패에도 좌절해서는 안 된다.

어니스트 헤밍웨이(Ernest Miller Hemingway)는 대표작 '무기여 잘 있거라'의 결말 부분을 서른아홉 번이나 고쳐 쓴 뒤 책으로 출간했다. 영화감독 앨프레드 히치콕(Alfred Joseph Hitchcock)은 '싸이코'의 샤워 장면을 일흔여덟 번이나 재촬영을 거듭한 끝에 충격적인 분위기를 생생하게 살릴 수 있었다.

② 돌다리도 두들겨 보고 건너는 신중함이 요구되지만 때로는 과감한 결단력이 요구된다.

모두가 만족할 입시안은 없다. 국가의 나아갈 방향에 대한 비전을 세우고 그에 따른 정책 결정을 내린 후 결과에 대한 책임을 지는 것이 정부의 할 일이다. 그 일을 하라고 국민이 권력을 주고 세금을 낸다. 지금까지 여러 입시 정책을 시행해 봤지만, 아직도 최적의 입시제도를 도출하지 못하고 있는 것은 모든 사람의 입맛에 맞는 제도가 없다는 걸 방증하는 것이다. 따라서 최적의 입시제도를 찾기보다는 가장 공정하고 객관적으로 평가할 수 있는 제도가 무엇인지 고민해야 된다. - 참조: 조선일보, 2018년 8월 4일

3 신제품 테스트는 신제품 특성을 반영하여 수행

점진적 신제품에 대해서는 시장 조사가 비교적 용이하지만, 급격한 혁신 제품은 그렇지 않다. 혁신 제품의 경우, 고객들은 기술적 내용을 모르는 경우가 많다. 따라서 평소와는 다른 방식으로 접근한다.

> 새로운 아이디어를 얻기 위해 시장 조사를 하는 것은 어리석은 짓이다. 우리의 목표는 일반인들을 이끄는 것이다. 그들은 무엇이 가능한지 모른다. 과거 단순 생산 설비에서도 포드사의 결정은 시장 조사가 아니라 직관을 통해서였다. 헨리 포드가 만일 일반인들에게 무엇을 원하느냐고 물었다면 그들은 아마도 '자동차가 아닌, 더 빠른 말'이라고 대답했을 것이다. – 盛田昭夫(모리타 아키오, SONY 회장)

문제의 규명에 효과적인 조사 방법도 있지만 새로운 해결책을 탐색하는데 효과적인 조사 방법도 있다. 다양한 방법을 숙지하고 제품 개발 상황에 적합한 방법을 채택하는 것이 바람직하다.

본 장에서는 신제품 테스트의 의미에 대해 비교적 자세히 설명하지만, 제품 테스트, 시장 테스트의 여러 기법 및 유형에 대해서는 간략히 설명하였다. 지금은 4차 산업혁명의 시대이다. 여기서는 ABC(AI, Big Data, Cloud), 6G, 사물인터넷(IoT), 초연결(Hyper-connected), 로봇, 무인자동차, 드론, O2O, Fin-Tech, 메타버스(VR, AR을 포함), 3D Printing, Sensor 등이 핵심기술로 거론되고 있다. 이러한 제반 기술을 응용한 테스트 기법도 상당수 있다. 이 분야에 관심 있는 독자들은 최신 사례를 찾아보기를 권한다.

신제품 개발 과정(4)
L: 완성된 신제품의 시장 도입

PART 05

PART

05

신제품 개발 과정(4)

실물적 개발이 어느 정도 완료된 제품은 테스트를 거친다(3단계: D). 다양한 테스트를 통과하여 이제 시장에 도입해도 괜찮다는 결론이 나면 이제 신제품 개발은 시장 출시를 앞두게 된다. 그렇다면 한시름 놓고 시장에서의 결과만 기다리면 되는가?

아니다! 승부는 지금부터이다. 시장 도입(4단계: L) 순간부터 소비자의 냉정한 평가가 시작된다. 경쟁사 역시 가만있지 않는다. 또한 예상치 못한 돌발 사태가 언제 어디서 터질지 모른다. 시장에서 성공해야 신제품 과업은 진정 성공한 것이다. 개발 과정에서 열심히 노력했다는 사실은 별 의미가 없다. 물론 실패한 신제품도 의미 있는 공헌을 하지만 그것은 나중 문제다(참조: 15, 16장).

> 제품 개발과 시장 판매를 모두 담당하는 기업은 시장 도입 단계에서 긴장을 늦춰서는 안 된다. 그러나 마케팅, 제조, 유통 역량이 부족한 중소 개발 업체의 경우에는 제품 개발까지만 전념하고 그다음은 다른 기업의 손에 제품을 맡긴다(그런 업체의 경우 12, 13장 내용은 별로 유용하지 않을 수 있다). 사실 지금 이 책도 제품 개발(즉 책의 집필)은 저자가 하지만 인쇄 출판 및 영업은 출판사에서 진행한다.

개발 과정의 마지막 단계(L)에서 할 수 있는 일에는 물론 제약이 있다. 이미 앞에서 해놓은 것, 즉 1~3단계(S-C-D) 결과물에 구속된다. 시장 도입에서의 재량권은 그리 크지 않다. 그러나 도입 전략의 차이로 인해 시장 성과는 크게 달라지기에 결코 소홀해서는 안 된다.

그림 1~3단계(S-C-D)와 4단계(L)의 관계

전 단계의 우수한 성과물이 도입 전략의 실패로 미흡한 시장 성과를 거두기도 한다. 반면에 평범한 성과물이 도입 전략의 성공으로 예상 밖 성과를 거두기도 한다.

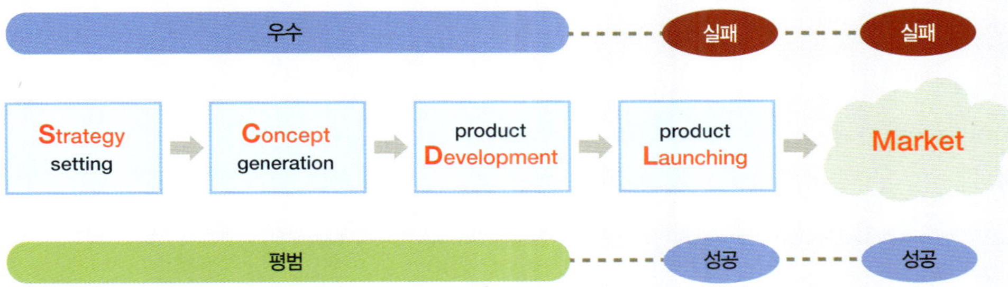

시험 전날까지 열심히 공부하더라도 정작 시험 당일의 컨디션 난조로 시험을 망칠 수 있다. 물론 역의 관계도 어느 정도 가능하다.

신제품 개발의 마지막 단계인 시장 도입(L)은 신제품 성과에 많은 영향을 미치므로 이의 성공적 관리는 중요하다. 12장에서는 신제품의 시장 도입에 대한 제반 내용을 살펴보겠다. 한편 13장에서는 도입된 신제품의 확산 및 수용에 대해 살펴보겠다.

CHAPTER

12 4단계(L) 시장 도입

신제품 테스트를 성공적으로 통과하면 이제 제품은 본격적으로 시장 국면(main market phase, 또는 market launching, commercialization phase)에 들어선다. 신제품 개발 과정(S-C-D-L)에서 언급한 바와 같이(참조: 3장), 4단계(L)의 주요 산출물은 '상업화 제품'(commercialized Product), '시장 성과'(Product/Market Performance)이다.

그림 12.1 4단계(L)의 주요 산출물

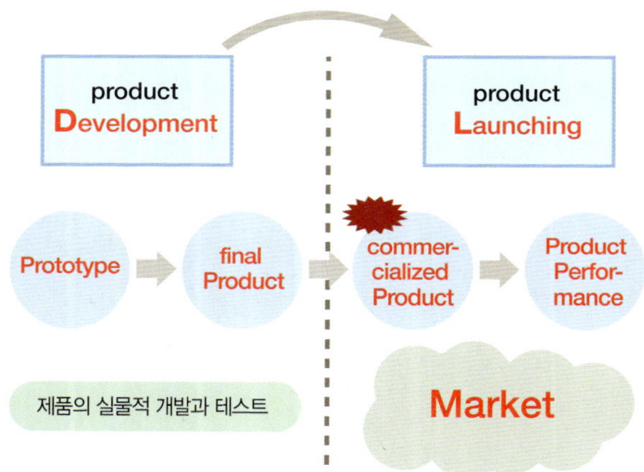

'최종 제품'(final Product)을 기반으로 여기에 여타 마케팅 믹스(브랜드, 포장, 가격 등)를 가미하여 시장에 제공하는 제품, 즉 시장 도입용 제품이 '상업화 제품'(commercialized Product)이다.

진짜 아티스트는 '상품'을 내놓는다. - Steve Jobs

그림 12.2 **'상업화 제품'에 대한 개념(참조: 11장)**

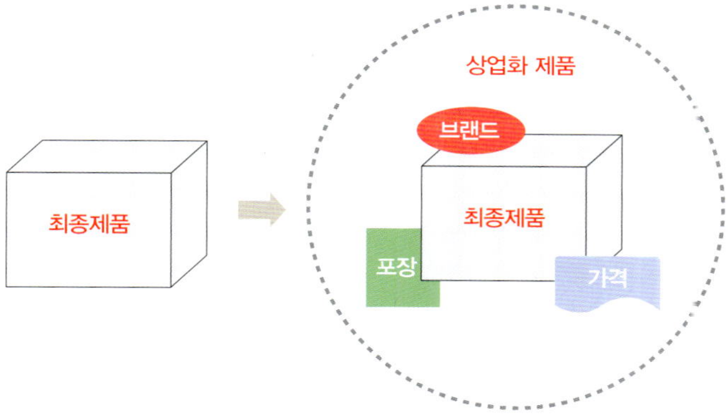

순두부가 새롭게 개발 완료되었다고 하자('최종 제품'). 그럼 이제 시장에 내놓기 위해서는('상업용 제품') 한 팩에 들어갈 순두부 용량, 간장 소스, 일회용 수저, 포장, 상표, 라벨, 가격, 브랜드 등이 종합적으로 결정된다. 또 다른 예로 새로운 소주가 개발되었다고 하면, 이제 그것을 시장에 내놓기 위해 소주 용량(250mL, 500mL), 포장(유리병, 종이팩), 병뚜껑, 상표 등이 결정된다.

연구개발 및 엔지니어 입장에서는 지금이 신제품 개발의 마무리 단계이지만 마케팅 및 생산 관리자 입장에서는 이제부터 제품 관리가 본격화된다. 일단 제품이 상품화되어 시장에 도입되면 이때부터 제품수명주기(Product Life Cycle, PLC)는 시작된다.

그림 12.3 **신제품 개발(NPD)과 제품수명주기(PLC)의 관계**

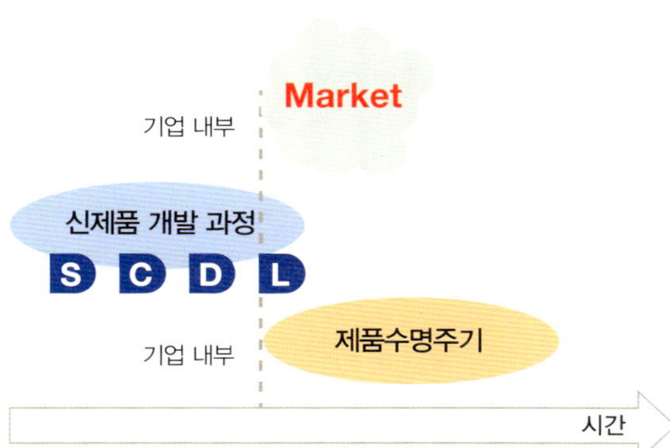

Section 01

시장 도입의 개관

제품 출시(4단계: L)의 기간은 대략 대외적 신제품 발표(announcing the new product)를 기점으로 앞뒤 몇 주 또는 몇 달간이다. 이 기간은 제품을 시장에 등장시키기는 매우 어려우면서도 중요한 단계이다.

1 시장 도입의 의미

1.1 대규모 투자의 발생

시장 도입에서 마케팅과 생산의 역할은 크다. 그런데 두 가지 기능의 수행에는 적지 않은 자금이 필요하다. 제품 특성과 기업 상황에 따라 다르지만, 개발 과정 중 4단계의 자금 소요가 가장 큰 편이다(예 제조설비, 원자재와 부품, 공급처와 유통망 구축, 광고 및 판매촉진, 판매원의 충원 및 교육 등). 제품 개발 단계(D)에도 많은 자금이 소요되지만 시장 도입 단계와 비교하면 적게 느껴질 정도이다.

1.2 도입 전략에 따라 달라지는 시장 성과

어떻게 제품을 도입하는가에 따라 성과는 달라진다. 잘못된 결정과 미숙한 실천으로 인해 그동안 공들인 개발 노력이 충분한 보상을 받지 못한다.

2013년 9월 NHN엔터테인먼트의 '에오스 온라인'(MMORPG 게임)은 준비 기간의 열성과 제품 유망성으로 인해 의욕적으로 시장에 도입되었다. 그러나 유감스럽게도 시장 조기 정착을 위한 조치의 잘못으로 다수의 신규 사용자가 발생하지 않았다. 가장 큰 문제는 '천골 사건'(1,000골드가 현금 200만 원에 거래되어 게임에 유입된 사건)이다. NHN엔터테인먼트는 게임홍보를 위해 PC방 업주들에게 게임머니인 골드를 얻을 수 있는 쿠폰을 제공하였다. 이러한 쿠폰은 업주들에 의해 아이템 거래사이트로 흘러 들어갔고 이는 게임이 개시된 지 하루 만에 게임 내 엄청난 빈부격차를 야기하게 되었다. 즉 쿠폰으로 골드를 쉽게 확보한 몇몇 게임 내 거대자본가들에 의해 게임이 초반부터 지배됨으로 무자본으로 게임을 시작한 일반 유저들은 판타지를 얻지 못하기에 반발감을 가졌다.

1.3 발 빠른 대응의 가능 시점

도입 단계에 많은 돈이 들어가지만 이를 한 번에 쏟아붓는 것은 아니다. 이 기간은 시장 반응을 민감히 평가하여 발 빠른 대응을 할 수 있는 마지막 기회이다. 이를 통해 더 큰 성과를 거둘 수도 있고, 반대로 더 나쁜 성과를 미연에 방지(예 '손절')할 수도 있다.

- 'Mazagran'은 Coffee–Cola Hybrid 제품(커피 맛의 콜라)으로 Starbucks와 PepsiCo가 협력하여 만든 제품이다. 이 제품은 별다른 인기를 끌지 못하고 시장에서 금방 사라져 버렸다. 그러나 이 제품으로 Starbucks가 큰 손해를 입지 않은 것은 그나마 초기 도입 단계에서 충분한 시장 조사를 하였기 때문이다.
- 로켓을 발사하고 안정화되기까지 초기 단계의 추적 조사는 중요하다. 신제품의 도입 초기에도 빠른 조치를 위한 이러한 정밀 추적시스템을 갖춰야 한다.

예상치 못한 제품 결함, 시장 상황의 돌변(경제의 급격한 악화, 전혀 판이한 신기술 등장, 정부 정책의 변화, 핵심부품 및 소재 확보의 문제 등)으로 바로 철수한 불운한 제품들이 있다. 그러나 조속한 철수를 하였기에 그나마 피해는 최소화된다.

2 시장 도입 단계에서 (한 번 더) 검토할 사항

2.1 '신제품 전략 성명서(PSS)' 검토

신제품 개발의 1단계(S)에서 설정한 '신제품 전략 성명서(PSS)'를 다시 보면서 여기에서 어긋난 점은 없는지 검토한다. 물론 초기의 개발 전략 안을 고지식하게 고집할 필요는 없다. 그 사이 시장 상황과 기업 여건은 변할 수도 있기 때문에 신축성, 융통성 있게 판단한다.

2.2 큰 그림(big picture)에서 접근한다.

공간적으로는 제품 포트폴리오의 관점에서 판단하고, 시간적으로는 기존 제품의 재고 상태, 이번 신제품의 후속 신제품의 예상 출시 시점도 고려한다.

2.3 환경 변수를 포괄적으로 고려한다.

때로는 기업의 의지보다 시장 상황에 의해 신제품 성과는 결정된다. 어떠한 돌발 상황도 그것을 긍정적으로 활용하는 자세가 필요하다.

- 2020년 초, 코로나바이러스가 창궐하면서 우한과 인근 지역 수백만 명의 중국인들이 자택에 고립되면서 재택근무와 지루함을 달래기 위해 인터넷에 의지하였다. 그 결과 모바일게임 등의 서비스 제공 기업들은 때아닌 호황을 누렸다. 예를 들어 블록버스터 게임들은 플레이 시간과 게임 내 구매가 급증하였다.
- 날씨가 매출에 직접적 영향을 미치는 의류산업의 관계자는 "날씨가 영업부장이다"라는 말을 하였다. 실제로 2011년은 장마가 기록적으로 길었는데 그에 따라 의류 매출, 특히 오프라인의 대리점 매출은 격감하였다.
- "꽃이 지기로소니/바람을 탓하랴/…" – 조지훈의 '낙화(落花)'

2.4 파급 효과에 대해서도 계획한다.

- 한류를 염두에 두고 드라마 제작하는 경우, 제작 초기 단계부터 배우들에 대한 캐스팅, 촬영 장소에 대한 로케이션, PPL에 등장할 물품 등을 한류 열풍과 연관 지어 결정한다.
- 게임, 스마트폰을 많이 하면, 단기적으로는 안구건조증 환자가 많아지지만, 중장기적으로는 척추 측만증, 디스크, 그리고 치매 증세가 많이 나타난다. 따라서 이와 연관된 의료 및 제약산업의 매출은 증가한다. 게임과 의료는 밀접한 상관관계를 가지고 있다.

제품 개발의 초기부터 해당 신제품뿐 아니라 이와 연관된 주변 제품, 산업도 염두에 둔다. 이러한 준비를 통해 '신제품 본연의 성과+파급 상품의 성과'를 거둘 수 있다.

Section 02

시장 도입에서의 주요 의사결정

시장 도입(L)의 계획과 집행에 따라 신제품 성과는 달라진다. 단순히 운에 맡겨서는 안 된다. 또한 제품 개발이 완료된 후에 부랴부랴 계획을 세워서도 안 된다.

개발 초기 단계부터 시장 도입에 대해서도 고민하는 것이 현명하다. 개발 경험이 많은 기업일수록 제품이 구체화될수록 마케팅 계획도 이와 같은 속도로 구체화한다. 또한 마케팅 계획을 제품 개발 과정에 구조적으로 내재화하기에 제품 개발이 완료되면 바로 시장에 체계적으로 도입할 수 있다.

시장 도입 단계에서는 다양한 의사결정이 내려진다. 이중 주목할 의사결정 사항으로는 도입 시점, 도입 장소, 초기 표적시장, 도입기 마케팅 믹스 등이다.

보응우옌잡(베트남 전쟁영웅)의 '3불(不) 전략': 적이 원하는 곳에서 싸우지 않는다, 적이 원하는 시간에 싸우지 않는다, 적이 생각하지 못하는 전술로 싸운다.

1 도입 시점의 관리: "제품을 언제 출시할 것인가(when)?"

도입 시점에 따라 신제품 성과는 달라진다.

- 최적의 타이밍을 잡는 것이 중요하다. 에이브러햄 링컨은 남북전쟁 중 북군의 전세가 유리해지는 상황에 맞춰 노예 해방 선언을 발표했다. 선언문은 몇 개월 전에 작성했지만, 최고의 타이밍을 위해 치밀하게 기다렸다.
- 삼성테크윈은 2005년 1월 세계적인 카메라 시장 성숙기를 맞아 교체 수요를 겨냥한 프리미엄급 카메라 개발 프로젝트에 착수했다.

도입 시점의 기본은 특별한 사항이 없다면 '빠르면 빠를수록 좋다'(참조: 4장 가속화의 중요성 및 장점). 특히 유사 제품의 등장이 조만간 예상될 때에는 신속한 도입을 통해 제품 위치를 확고히 선점하는 것이 중요하다.

제품 특성에 따른 선점 효과는 다르다. 예를 들어, 과자류, 청량음료는 한두 달 늦게 출시되어도 큰 문제는 없지만, 승용차(스마트폰, 코로나19 백신, 안마의자 등)는 그렇지 않다. 한 번 구입하면 오래가는 제품의 경우에는 빠른 출시가 중요하다.

그러나 때로는 여러 변수를 고려하여 최적 시점을 기다리는 것이 현명한 경우도 있다.

그림 12.4 도입 시점에 대한 최적의 결정

신제품–A는 최단 시간, 반면 고려하거나 기다려야 할 요소가 있는 신제품–B는 이를 반영한 시점

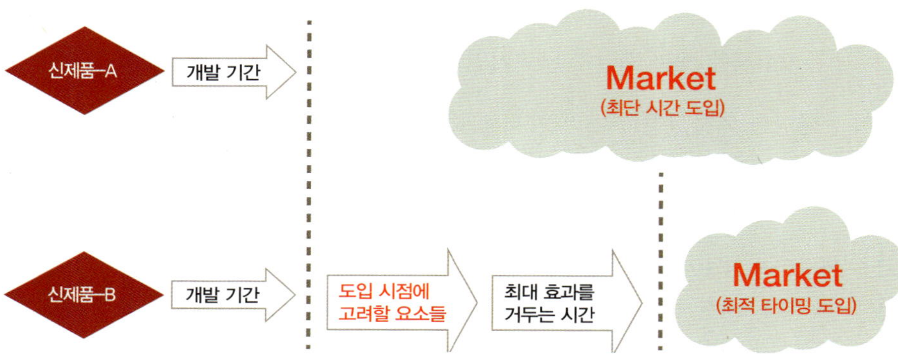

1.1 도입 시점에 영향을 미치는 요소

출시 시점을 결정할 때는 기업 내부 여건은 어떠한지, 제품의 계절성은 없는지, 경쟁사 움직임은 어떤지, 경제 상황은 어떠한지, 소비자의 제품 수용 준비 상태는 어떤지, 신제품과 관련된 인프라는 갖춰졌는지 등을 종합적으로 고려한다. 이중 몇 가지를 아래에서 설명하겠다.

1.1.1 고객 욕구

'결정적 순간'에 도입 시점을 잡는다.

첫째, 분위기가 고조될 때까지 참았다가 가장 결정적인 순간에 터뜨린다. 그러기 위해서는 시장과 고객의 움직임에 대한 실시간 정보가 중요하다(예 공포영화의 경우, 공포스러운 장면은 분위기를 한껏 고조시킨 다음에 나타난다).

둘째, 기다림의 순간을 너무 오래 끌면 고객이 지친다. 그럴 경우 정작 해결책과 조우해도 감동이 덜하다. 마치 배고픔의 시간이 너무 길면 나중에 허기를 느끼지 못하는 것과 마찬가지이다.

욕구가 적절히 차오를 때까지 기다린다. 그래야 감동도 있고 구매 행동도 즉각 발생한다. 이러한 점은 시리즈 형태의 최초 제품에서도 중요하지만, 후속 시리즈의 출현에 특히 해당한다. 후속 시리즈 제품의 출현은 적절한 간격을 둔다(예 해리포터 시리즈의 영화 개봉 시기, 미국 인기 드라마의 시즌별 방영 시기, 아이폰의 신작 발표 등).

후속 신제품을 너무 빠르게 내놓으면 전작에 대한 신선함과 만족감이 떨어진다. 또한 촘촘한 간격 때문에 지금보다는 다음번의 후속 신제품을 기다리기도 한다. 어느 정도 목이 빠지게 기다리게 하는 것은 중요하다. 이 과정에서 상품의 신비한 이미지를 높일 수도 있다. 물론 해리포터, 아이폰처럼 후속 제품의 출시가 다소 늦더라도 소비자들이 '기다린 보람이 있었다'란 생각이 들도록 제품에 공을 들여야 한다.

1.1.2 제품 완성도

제품 결함이 미심쩍고 이를 개선할 여지가 있다면 출시를 연기하는 것이 좋다.

'갤럭시노트7'의 배터리 폭발은 제품 크기는 줄이면서 배터리 용량을 늘리는 과정에서 발생한 기술적 오류와 촉박한 개발 및 납품 일정으로 인한 검증 부족이 종합적으로 작용한 결과로 확인됐다. 갤럭시노트7의 공개 행사는 작년(2015년)보다 11일 앞당겨진 8월 2일이었다. 통상 9월 초에 신제품을 공개하는 애플보다 조금이라도 먼저 제품을 내놔 시장을 선점(先占)하기 위해서였다. 전자업계 관계자는 "일정을 열흘가량 앞당기는 것은 개발 착수와 동시에 거의 밤을 새우다시피 하는 개발진에게는 엄청난 부담"이라고 말했다. – 참조: 조선일보, 2016년 9월 6일

때로는 제품의 특성을 고려하지 않고, 상징적이거나 기념일에 억지로 맞추는 무리수를 두기도 한다.

광화문의 현판은 G20 정상회의와 8.15 경축 행사 등의 이유로 애초 계획보다 무려 4개월이나 앞당겨져 복원되었다. 하지만 충분한 건조 과정을 거치지 못한 현판은 얼마 지나지 않아 갈라졌다(2010년).

1.1.3 기업의 내부 여건

기존 제품에 대한 제살깎아먹기(자기잠식, cannibalization)가 있다면 이러한 현상이 제거될 때까지 잠시 연기하는 것도 좋다.

> 책의 경우, 신규 개정판이 어느 정도 완성되어도 아직 서점 및 창고에 기존 판의 재고가 많이 남아 있다면 신규 개정판의 출고가 미뤄진다. 이러한 점은 매년 개선된 제품을 출시하는 자동차, 스마트폰도 마찬가지이다.

그러나 한편 이러한 머뭇거림으로 인해 사업 기회를 영영 놓치기도 한다. 예를 들어, SONY는 브라운관 TV 사업에 미칠 영향을 우려해 평면TV 사업을 주저하였고, 코닥은 주력 사업인 필름의 잠식을 우려해 디지털카메라로의 전환을 미루었다. 결국 SONY, 코닥은 삼성, 캐논에 선두 자리를 빼앗기고 말았다. 이에 비해 질레트 면도기는 자기잠식을 두려워하지 않고 과감하게 신제품을 시장에 속속 등장시킴으로써 시장을 주도해나갔다.

> "시장에서 자사 제품은 2~3년 내 구식제품이 될 것이며, 이는 자신들에 의해서 혹은 다른 기업 누군가에 의해서 그렇게 될 것인가의 문제일 뿐이다."(Bill Gates) 경쟁사에 당하기에 앞서 스스로 자기 제품을 폐기하는 것이 가장 좋은 전략이기도 하다.

1.1.4 계절, 시기적 특성

계절을 타는 제품, 시기와 연관성이 높은 제품은 이에 맞춰서 출시한다.

> - 일반적으로 건설사는 총선을 피해 아파트 분양 일정을 조정한다. 실제로 역대 총선이 있던 달에 아파트 분양 물량은 그 전후 달과 비교해 현저히 줄어든 것으로 나타났다. 대형 건설사의 분양팀장은 "총선이 있는 달은 선거 영향으로 아파트 분양에 대한 관심이 줄어들고, 홍보 효과도 낮으므로 선거전이 한창인 시기는 분양을 피하는 경향이 있다"라며 "아무래도 분양물량이 총선 직전, 직후 달에 몰릴 수밖에 없다"라고 말했다. – 참조: 연합뉴스, 2016년 3월 22일
> - 빙과류는 늦어도 5월 전에는 시장에 도입되어야 한다. 애국심 고취 영화는 '광복절'을 앞두고 개봉한다.

1.1.5 시장 인프라와 고객의 준비 상태

신제품 실패의 대표적 원인 중 하나는 시장(또는 소비자)이 아직 준비되지 않은 상태에서 성급히

진입하는 것이다. 시장 인프라가 어느 정도 갖춰질 때까지 도입을 지연시키는 것도 고려해볼 가치가 있다.

발포정 비타민C 제품이 1992년 국내에서 의욕적으로 도입되었다. 그러나 당시에는 생수가 널리 보급되지 않은 상태였기에 물에 발포시켜 먹는 이 제품은 여러 장점(맛, 성분, 재미)에도 불구하고 시장 성과가 그리 좋지 않았다.

1.1.6 시장 상황

경기침체기와 국가적 재난 시기에는 대중들의 시선에 적절하지 않은 제품 도입은 가능하면 피한다.

1.2 제품 도입 시기와 신제품 성과의 관계

너무 늦게 시장에 들어가는 것도 좋지 않지만 때 이른 도입도 바람직하지 않다. 그래서 일반적으로 도입 시점과 신제품 성과의 관계는 역 V자 형태를 가진다.

그림 12.5 **제품 도입 시기와 신제품 성과의 관계**

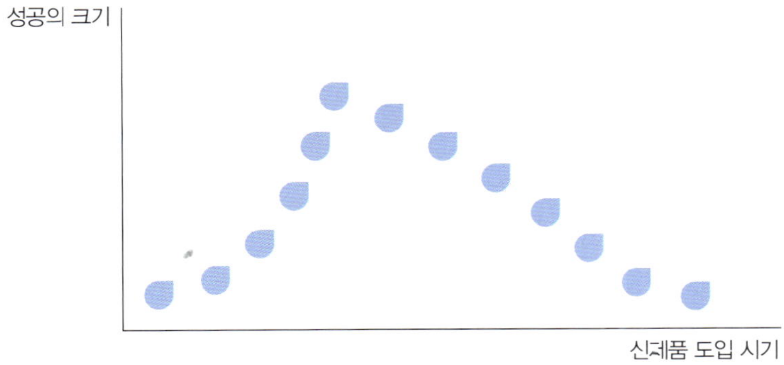

참조: 이러한 곡선의 형태는 기술, 제품, 산업, 소비자 등의 맥락에 따라 다르다. 다양한 상황에서 나타난 사례들을 축적하면 제품과 시장별 특징을 이해하는 데 도움이 될 것이다.

우화: 성질 급한 원숭이는 복숭아가 채 익기도 전에 따 먹고는 복숭아는 떫어서 맛이 없는 과일이라고 생각을 굳혔고, 느림보 원숭이는 너무 익어버린 복숭아를 따 먹고는 복숭아는 시큼해서 맛이 없는 과일이라고 규정지었다.

원숭이와 같은 어리석음을 기업에서도 쉽게 범한다. 기존 기술로부터 신기술로의 전환, 그리고 신제품의 시장 도입을 적절한 시점에 하는 것은 생각만큼 쉽지 않다.

애플이 아이폰을 내놓기(2007년) 15년 전에 최초의 스마트폰이 탄생했었다. IBM이 제작한 '사이먼 개인 통신기'가 그 주인공이다. 1992년 제작된 이 통신기는 전화기와 PDA를 통합한 최초의 기계이다. 4.5×1.4인치의 LCD 터치스크린에 스타일러스도 있었다. 전화를 주고받는 것은 물론이고 이메일과 팩스의 송수신도 가능하며 주소록, 달력, 세계시계, 약속관리 등의 기능도 있었다. 그러나 최초의 스마트폰은 아이폰이나 안드로이드폰 같은 성공을 거두지 못하고 소리도 없이 사라졌다. 총판매 대수는 약 5만 대인 것으로 전해진다. - 참조: PopNews, 2015년 6월 16일

2 도입 지역: "제품을 어디서 출시할 것인가(where)?"

2.1 두 가지 도입 유형

한꺼번에 모든 지역에 동시 도입하는 방법도 있지만, 축차적으로 시장을 확장해가는 방법도 있다.

전국적 도입은 일시에 전체 지역에 유통할 수 있는 자신감, 자본, 마케팅 역량을 보유하였을 때 사용한다. 또한 경쟁 제품의 조속한 등장이 예상되는 경우, 신속한 도입을 통해 전체 시장에서의 확고한 위치를 선점할 때 적합하다.

이에 비해 경쟁 제품의 도입에는 상당 시간이 걸릴 것으로 예상되고, 전국적 도입을 뒷받침할 재정 능력이 부족하거나, 제품 위험이 미심쩍다고 판단될 때에는 전체 시장에 한 번에 도입하기보다는 축차적(market-by-market basis) 도입을 하면서 조금씩 개선을 꾀한다.

2.2 축차적 도입의 의미

전국적 도입과 비교해 축차적 도입은 시장 진입의 속도가 더디게 진행된다는 단점이 있다. 그러나 조금씩 시장을 전개해나가기 때문에 혹시 있을지 모를 실패를 최소화할 수 있는 장점이 있다.

한편 축차적 접근의 경우, 시장 전개의 순서를 현명하게 선택해야 한다. 만약 순서를 잘못 잡으면, 성공 잠재력이 높은 제품을 초기 시장의 실패로 인해 포기하거나 주저하게 만들 수 있다.

문제지를 펼치고 처음 접하는 문제들이 전체 시험의 분위기를 좌우한다. 그래서 학생들이 시험을 어렵게 느끼게 끔 하는 것을 선호하는 교수들은 초기 문항을 제일 어려운 문제로 배치한다.

일반적으로 기존 시장과 여러 면(예 소비자 특성, 문화, 유통망)에서 유사한 시장, 지리적으로 가까운 시장, 마케팅 비용이 적게 드는 시장, 성공 가능성이 큰 시장을 앞쪽에 배치하고 점차적으로 시장을 펼쳐나간다(rollout).

때로는 가장 까다로운 시장을 먼저 공략하기도 한다. 국내 중견 LED 생산 업체는 미국 메이저리그 야구장의 야간 조명탑을 성공적으로 수주하였다. 이러한 혁혁한 결과로 국내 운동 경기장의 조명 공사는 손쉽게 수주할 수 있었다.

3 초기의 표적 고객: "누구를 먼저 표적 시장으로 할 것인가(to whom)?"

도입 초기에는 모든 마케팅 노력(예 유통, 광고)을 최적의 잠재고객 집단을 대상으로 집중하는 것이 바람직하다. 수익 창출을 통한 개발비의 빠른 회수, 시장 성공의 경험, 개발팀의 사기 앙양, 다른 시장으로의 파급 효과 등을 위해 초기의 표적 고객을 전략적으로 선택한다. 물론 이러한 고객 집단에 대한 윤곽은 시험 마케팅 과정을 거치면서 어느 정도 파악되어야 한다.

조폭 코미디 영화는 서울보다 지방에서 인기가 높게 나타났다. 이는 조폭 코미디의 경우 사투리를 쓰는 등장인물이 다른 장르의 영화에 비해 많아 지방 사람들에게 친근감을 주기 때문인 것으로 풀이된다. 서울과 달리 지방에선 다양한 예술영화를 볼 수 있는 기회가 적은 것도 지방 관객들이 조폭 코미디에 몰리는 이유의 하나로 꼽힌다.
– 참조: 한국경제, 2004년 3월 26일

소비재 경우에는 초기 수용자(early adopters), 다량 사용자(heavy user, 기존의 선호 상표에 상당한 충성심이 강하다는 단점도 있음), 의견 선도자(opinion leader), 저렴한 비용으로 접촉 가능한 사람 등을 먼저 고려한다(참조: 13장).

다음의 소비자는 유망한 초기의 표적 고객이다.

- 신제품 출시 이전부터 관심을 표명하고 호의적 태도를 보인 고객
- 신제품과 유사 성격을 가진 기존 제품의 사용자(예 Netflix, WATCHA는 기존의 시청 패턴을 바탕으로 영상물을 추천한다)
- 자사 브랜드에 충성심을 가진 고객

4 초기의 마케팅 전략: "초기 시장을 어떠한 방식으로 활성화시킬 것인가(how)"

마케팅 믹스(marketing mix)란 마케팅 목표의 달성을 위해 사용하는 마케팅 도구들의 집합이다. 목수가 망치, 톱, 대패 등의 도구(tools)를 사용하는 것처럼 마케팅 관리자는 표적 고객들로부터 원하는 반응을 얻기 위해 마케팅 도구를 사용한다. 마케팅 믹스는 기업의 통제 가능한 마케팅 변수들의 집합인데 흔히 '네 가지의 P(the four Ps, 4Ps)'로 불린다.

① 제품(Product): 소비자가 제품으로부터 향유하는 제품의 모든 측면을 의미

② 가격(Price): 소비자가 제품을 구매하는데 부담하는 비용 또는 제품을 판매하는 도매상/소매상에게 부과하는 가격

③ 유통경로(Place): 도매상, 소매상, 물적유통 등 기업과 최종소비자를 연결하는 중간상에 대한 정책 및 관리

④ 촉진(Promotion): 기업이 이해관계자와의 의사소통에 대한 관리

기업은 이러한 통제 가능한 도구(4Ps)를 사용하여 고객을 만족시키고 경쟁자에 대비되는 경쟁우위를 창출한다.

도입기의 마케팅 전략은 특히 중요하다. 출시 관리(launch management)는 각별히 준비해야 한다. 이 부분은 내용이 많기에 다음 항에서 설명하겠다.

Section 03

시장 도입 단계의 마케팅 관리

마케팅 대한 폭넓은 지식은 신제품 관리에 도움이 된다. 여기서는 신제품과 밀접한 마케팅 믹스를 중심으로 살펴보겠다. 이에 앞서 몇 가지 중요한 점을 언급하겠다.

첫째, 신제품의 마케팅 믹스(예 브랜드, 포장, 가격, 유통, 광고, 판매촉진 등)는 기존 제품의 경우와는 다르다. 이러한 차이는 주로 신제품의 신규성(newness) 또는 혁신성(innovativeness)에서 비롯된다(참조: 2장 신제품의 유형).

둘째, 제품, 기업, 시장, 고객 특성에 따라 적합한 전략을 사용한다. 모든 경우에 들어맞는 만능 전략은 없다.

셋째, 마케팅 믹스 요소들을 유기적이면서도 통합적으로 관리한다.

- "우리는 유통의 25% 이상을 뿌린 상태에서야 광고 활동을 시작합니다. 그렇게 해야 광고 효과를 볼 수 있기 때문입니다. 만약 그전에 한다면 광고로 오게 되는 고객을 놓치는 경우가 많습니다." – 국내 □□제약회사의 전무
- "나의 비즈니스 모델은 비틀스이다. 비틀스는 서로의 부정적 기질을 견제하고, 균형을 이루는 네 남자로 구성된다. 이들은 전체가 부분의 합보다 더 컸다. 비즈니스 세계에서도 위대한 성공은 결코 한 사람에 의한 것이 아니라 여러 명으로 구성된 팀이 이뤄낸다." – Steve Jobs(애플 창업자, 2003년 미국 CBS 방송의 '60분' 인터뷰)

1 제품 관리

신제품 개발 과정(S–C–D–L)은 제품 개발에 초점을 두고 있다. 또한 신제품 테스트를 통해 만반의 준비를 한 '상업화 제품'이 어느 정도 도출된 상태이므로 시장 도입(4단계: L)에서의 제품 관리는 간략히 다루겠다.

제품 관리에서 유념할 사항 몇 가지는 다음과 같다.

1.1 제품 우월성에 대한 최종 검토

제품 자체가 시장 성과에 결정적인 역할을 한다. 이를 명심하고 제품 우월성의 여부 및 그 정도에 대한 냉정한 판단을 최종적으로 검토한다.

가격과 비교해 더 나은 혜택(higher benefit-to-cost ratio)의 제품, 우월한 제품(product superiority), 경제성 있는 제품(product economic advantage)의 성공 가능성은 크다. 반면에 제품 결함(product deficiencies), 제품 우위성 부족(lack of product advantage)은 실패 확률이 높다.

> 재차 강조하지만 '제품 우월성'은 '고객 지향성'과 병행해야 한다. 기술 혁신적 제품은 성공의 충분조건이 아니다. 제품은 연구개발진의 일방적 관점이 아니라, 고객과의 쌍방향적 관점에서 우월해야 그 의미가 있다.

실질적 제품 우위가 없는 경우에 기업은 다른 보조 수단(예 광고, 촉진, 유통 등)에 의존하는데('non-product strategy'), 이는 임시 처방일 뿐이다. 고객에게 더 나은 가치(value)를 그것도 경쟁력 있는 가격으로 제공하는 것이 성공의 핵심이다. 이에 대한 확신이 고객 마음속에 뿌리내리면 후속 신제품은 시장에 수월하게 도입된다.

1.2 여러 상황을 고려한 제품 변형

시장 테스트를 통과한 제품이더라도 다양한 상황에 맞게 추가적 조치(예 제품의 크기, 분량, 특정 성분의 추가, 포장 형태 등)를 취한다. 이는 서로 다른 시장을 위한 상업적 노력이다. 변형 노력에 해당하는 몇 가지 예는 다음과 같다.

① **제품의 제시 형태: 완제품 또는** DIY(Do It Yourself)

완제품을 시장에 내놓기보다는 오히려 성취 욕구를 충족시킬 기회를 제공한다. IKEA는 그 전형적 예이다.

스웨덴 IKEA는 반제품을 생산하여 고객에게 창의적 경험을 부여하고 이를 통해 다양한 효용을 제공함으로써 제품 가치를 더 느끼게 만든다. IKEA의 반제품 효과는 '이케아 효과(IKEA effect)'로 정의되는데, 이는 소비자들이 자신이 만든 제품(self–made product)에 대해 더 높은 가치를 준다는 것이다.

② 환경과 문화를 고려한 제품

- 타이어 제조기업은 도심, 폭설, 사막 지역 등을 구분하여 다른 방식으로 제조된 타이어를 수출한다. – H 타이어 기업의 담당자
- 2015년 일본 도쿄 신주쿠의 한 호텔에는 하룻밤 내내 맘껏 울 수 있는 '울음방' 객실이 등장해 화제다. 여기에는 눈물 없이 볼 수 없는 영화 12편이 갖춰져 있다. 우리 영화 '내 머리 속의 지우개'도 포함되어 있다. 울고 싶을 때 편하게 맘껏 울기 힘들기에 이런 서비스가 등장한 것으로 보인다. – 참조: 한겨레, 2015년 5월 13일

2 브랜드 관리

성공적 브랜드는 기업에 엄청난 영향을 미친다(예 KT의 3세대 이동통신 서비스 'SHOW', 애플의 'iPod', 크라운 맥주의 'Hite' 등). 어떤 브랜드는 기업 전체의 명성은 물론이거니와 기업의 다른 브랜드에도 영향을 미친다. 물론 역으로 기업의 전체 명성이 개별 브랜드의 매출에 영향을 미치기도 한다.

공장에서 제조되는 것은 제품(product)이지만 소비자가 사는 것은 브랜드(brand)이다. 제품은 경쟁사가 복제할 수 있지만, 브랜드는 유일무이하다. 제품은 쉽사리 시대에 뒤질 수 있지만, 성공적인 브랜드는 영원하다. – Stephen King

제품은 브랜드를 가짐으로써 어떤 부가가치를 가진다. 브랜드 에퀴티는 브랜드로 인해 제품 및 서비스에 부가가치를 높여주고, 동일 노력을 들여도 더 큰 효과를 가져다주는 힘이다.

브랜드 에퀴티(brand equity): 브랜드가 없을 때보다 그 브랜드가 있으므로 인해 매출 및 이익의 증대를 가져오고, 경쟁자보다 강력, 지속, 차별화된 우위를 부여해주는 브랜드 힘의 원천

브랜드(또는 상표)란 개인이나 조직이 자신의 제품(서비스)을 특징짓고 이들을 경쟁 제품(서비스)으로부터 차별화시킬 의도로 만들어진 이름, 용어, 사인, 심벌이다. 브랜드는 하나의 제품 또는 서비스를 다른 것들로부터 차별화시키거나 식별할 수 있게 하기 위한 어떤 것이다.

사람이 평생 살면서 어떤 것에 이름을 붙이고 이를 세상에 알릴 기회는 몇 번이나 가질까? 자기 자식, 그리고 자기 소유의 무언가에 이름을 붙여주는 정도의 기회만 있지 않을까 생각된다. 그런 점에서 보면 자신이 새롭게 만든 나라, 기업, 조직, 제품, 점포, 이론, 소설 등에 이름을 붙인다는 것은 정말 대단한 일이 아닐 수 없다.

신제품 브랜드에 대한 몇 가지 의사결정 사항은 다음과 같다.

2.1 자신의 브랜드를 가질 것인가?

브랜드 관리에 드는 비용과 노력 또한 적지 않고, 실패 위험도 크다. 또한 새로운 브랜드를 소비자들에게 알리고 이를 확신시키기까지 적지 않은 시간도 소요된다. 그러나 자기 브랜드가 없다면 기업의 모든 노력은 다른 기업의 명성에 도움이 될 뿐이다(예 대필(代筆) 작가는 아무리 글을 잘 써도 세상에 자기 이름을 알릴 수 없다).

2002년 초, 레인콤은 ODM 방식(주문자개발 생산방식)의 생산을 포기하고, '아이리버'라는 독자 브랜드로 새롭게 시장개척에 나섰다. 창업주인 양덕준 사장은 "ODM의 수익성은 좋았지만, 나만의 브랜드가 아니면 미래가 없다고 생각했기 때문"이라고 말했다. – MP3 플레이어로 세계를 장악, 샐러리맨에서 벤처부호로 변신한 '레인콤'의 양덕준 사장

그러나 자기 자본이 부족하고 마케팅 역량이 떨어지는 기업의 경우에는 좀 더 현실적 결정을 해야 하기도 한다.

2.2 새롭게 이름을 붙일 것인가, 아니면 기존 이름을 활용할 것인가?

제품의 이름, 즉 브랜드를 어떻게 정할 것인지의 결정은 매우 중요하다. 제품 자체의 실체적 역량도 중요하지만 이에 붙는 브랜드에 따라 시장 성과는 달라지기 때문이다.

제품마다 다른 이름의 개별상표(individual brand)를 취할 것인지, 아니면 이름만 들어도 바로 어떤 기업의 브랜드임을 바로 알 수 있는 하나의 공동상표를 취할 것인지에 대한 결정은 중요한 브

랜드 전략이다. 물론 현실에서는 이러한 양극단 전략의 중간 위치에 존재하는 다양한 조합이 있다. 이에 대한 판단은 신제품과 기존 제품 간의 거리감(물리적, 심리적 거리), 적합성, 기업 전체의 브랜드 전략 등을 종합적으로 고려한다.

기아 자동차의 야심작 'K9'이 판매 부진에 빠져 있다. 2012년 5월 출시 당시 월 판매 목표를 2,000대로 제시한 바 있지만, 출시 첫 달인 지난 5월 1,500대 판매된 이래 계속 내리막이다. 이러한 판매 부진 원인은 성능이나 편의장치의 완결성보다는 '마케팅 실패' 혹은 '브랜드 한계'에서 찾는 시각이 우세하다. K9을 직접 타본 수입 브랜드 사장은 "가속감 등 동적 성능이나 편의장치를 보고 솔직히 기아차 기술력에 깜짝 놀란 것은 사실"이라며 "하지만 성능과 판매가 그대로 연결되는 것은 아니라는 업계의 교훈이 K9 사례에서 재확인되고 있다"라고 말했다. 그는 "기아차는 모닝과 프라이드 등 중저가 브랜드 이미지가 강하기 때문에 고급 차에 대한 인지도나 신뢰도가 낮다"라며 "K9은 이러한 브랜드의 한계를 넘어서지 못한 것 같다"라고 진단했다. 메르세데스-벤츠의 딜러는 "우리 고객들은 우수한 성능 때문에 구매하기도 하지만, 그보다는 벤츠 이미지를 보고 사는 고객들이 많다"라고 말했다. 또한 K9은 각종 편의장치가 주로 운전자 중심으로 설정돼 있는데 기사를 두는 K9 소비자들에게 별다른 구매 요인이 되지 않는다는 지적도 있다. – 참조: 한겨레, 2012년 10월 4일

2.3 새로운 이름을 붙인다면 어떠한 이름으로 할 것인가?

특별한 의미가 없는 브랜드네임(예 Kodak, Adidas)을 만들고 이를 집중 커뮤니케이션함으로써 제품에 연결감을 가지게도 한다. 때로는 제품 특장점(USP, Selling Idea)을 브랜드네임으로 한다(예 팡이제로, 물먹는 하마, 한스푼 세제, 졸음 번쩍 껌). 브랜드네임을 붙이는 방식은 이들 이외에도 다양하다. 참고로 브랜드 요소(=브랜드네임+상징+로고+캐릭터+슬로건+징글)의 선정에는 다음 기준들이 언급된다. 기억용이성(Memorable), 유의미성(Meaningful), 선호가능성(Likable), 전이가능성(Transferable), 적응성(Adaptable), 보호가능성(Protectable).

이상과 같은 여러 기준이 있지만 이를 맹목적으로 따를 필요는 없다. 제품 특성, 기업 전략, 소비자 성향 등을 고려하여 자신에 적합한 브랜드 관리를 모색한다.

브랜드 관리는 단순히 신제품에 이름을 붙이는 것이 아니다. 브랜드로 인한 다양한 파급 효과와 장기적 효과가 있기에 이를 포괄적으로 인식해야 한다.

3 가격 관리

시장에 내놓을 제품(또는 서비스)이 결정되면 이제 기업은 제품에 대해 소비자들이 지불할 가격을 책정한다. 물론 이와 반대로 제품 가격을 먼저 대략 결정한 다음에 가격대를 맞춘 제품을 개발할 때도 있다.

가격은 기업이 제공하는 제품 및 서비스르 인한 혜택의 대가로 요구되는 금액이다. 소비자가 소유 또는 사용함에 따라 얻는 제품/서비스로쿠터의 혜택(benefit)에 대한 대가로 지불하는 금액이다. 따라서 소비자에게 제공되는 제품/서비스의 혜택이 클수록(또는 단지 클 것이란 인식만으로도) 교환 대가로 요구되는 가격은 높게 책정된다.

가격은 원가, 성능, 마케팅 목표, 시장(소비자, 경쟁) 상황, 가격 민감도 등을 종합적으로 고려하여 결정한다. 이렇게 결정된 제품 가격은 매출, 이익, 시장 점유율은 물론 제품 이미지, 유통경로, 마케팅커뮤니케이션 등에 폭넓은 영향을 미친다.

신제품 가격 관리한 몇 가지 내용은 다음과 같다.

3.1 제품의 혁신성에 따른 가격 전략

혁신성이 높은 제품일수록 가치 평가는 상당히 어렵다. 비교할 수 있는 준거 제품이 없기 때문이다(예 최초의 전화기 가격, TV 수신료, 비행기 여객 요금, 인터넷망 사용료). 이런 경우에는 유사한 제품, 또는 유사한 욕구 개념을 기준으로 가치를 간접적으로 책정한다.

① 혁신 제품(innovative product)의 가격 전략: 초기 고가 전략(skimming strategy)과 침투전략(penetration strategy)으로 분류된다. 초기 고가 전략은 신제품의 가격을 처음에는 매우 높게 하였다가 시간이 지나면서 차츰 단계적으로 인하한다. 이는 가능하면 많은 단기 이익의 실현에 그 목적이 있다. 반면에 침투전략은 비교적 낮은 가격으로 제품을 시장에 진출시켜 짧은 시간 내 교두보를 확보하려는 전략으로 단기 이익을 조금 희생하더라도 장기 수익을 더 많이 올리는데 주안점을 둔다.

② 모방 또는 유사 제품(imitative product, me-too product)의 가격 전략: 제품이 이미 시장에 있는 기존 제품들과 비교하여 뚜렷이 다르거나 나은 점이 없는 경우, 이러한 유사 제품에 대한 가격 전략은 경쟁 제품들의 가격에 대비한 상대 가격 관리가 중요하다.

혁신성에 따른 가격전략은 제품의 상대적 중요성, 대체성, 욕구 수준 등에 따라 좀 더 세분된다.

3.2 가격 결정에서 고려해야 할 그 밖의 요소

첫째, 초기 수요의 규모이다. 매출 규모가 크면 규모의 경제 및 경험 곡선 효과가 나타나기 때문에 저렴한 가격 책정이 가능하다. 또한 신규 경쟁사의 진입을 억제하고 아울러 또 다른 수요를 촉발할 수 있다.

택배회사의 경우, 택배 수량은 원가에 영향을 미친다. 예를 들어, 물건 한 개만 배달하는 경우와 물건 100개를 배달하는 경우를 생각해보자. 운반비와 인건비가 3만 원이라면, 한 개를 배달할 때는 3만 원 이상을 받아야 손해가 발생하지 않지만, 100개의 경우에는 개당 300원 이상을 받으면 손해가 발생하지 않는다.

둘째, 제조 원가도 중요하지만, 소비자의 지각 가치도 고려한다. 즉 소비자가 제품으로부터 얻게 될 가치를 고려하여 제품 가격을 결정한다. 가치란 제품에 대해 소비자가 지불하려는 최대 가격을 의미한다. 그래서 제품 가치 평가의 측정을 소비자들의 그 제품에 대한 '지불 의사 가격(WTP : Willing to Pay)'으로 측정하기도 한다.

- 정가가 없는 제품(예 예술 작품, 희귀 음반, 피규어), 또는 가격 협상이 가능한 제품(예 미국 시장의 자동차)의 판매자는 잠재 구매자에게 "얼마면 사겠냐?"를 지나가는 투로 물어보는 경우가 많다. 이를 통해 판매자는 제품에 대해 잠재 구매자가 지불하려는 최대 가격을 추정할 귀한 정보를 얻게 된다.
- 카페에는 다양한 가격대의 커피 제품이 있다. 캐러멜시럽이나 초콜릿 파우더, 휘핑크림 등의 성분이 추가될 때마다 가격이 껑충껑충 뛴다. 하지만 실제 원가의 차이는 별로 없다. 샤넬은 자체적인 브랜드 이미지 관리 차원에서 가격 정책을 사용하는 것은 샤넬만의 특별한 전략이라며 특정 제품에 대한 수요가 높으면 '희소성'을 유지하기 위해 가격을 올린다고 한다.

유보 가격(고객들이 지불할 용의가 있는 가격)을 파악해서 지불할 마음이 있는 최대 한도로 높은 가격을 받는 것이 기업 입장에서 반드시 좋은 것만은 아니다. 시장과 소비자는 그렇게 단순하지 않다.

2015년 6월 중동호흡기증후군(MERS)이 확산하자 마스크를 찾는 사람들이 많아졌다. 그러자 5월까지 2,400원이었던 'KF(Korea Filter)94' 마스크는 6월 초엔 약국에 따라 5,000원까지 올려 팔았다. 사람들의 불안한 마음을 이용해 약국, 제조사 등이 너무 돈벌이에 나서는 것 아니냐는 비판이 나왔다. 마스크 제조업자와 약국은 수익의 최대화를 위해 수요공급의 원칙을 따라 가격을 올려도 좋은 것인가? 이로부터 5년이 지난 2020년 코로나19가 창궐하면서 유감스럽게도 마스크 가격의 폭등과 부족 현상은 다시금 우리 사회에서 반복되었다. 한편 화이자, 모더나가 개발한 코로나19 백신의 가격은 어느 정도로 책정하는 것이 적절한가?

셋째, 신제품 가격에 영향을 미치는 그 밖의 다양한 요소는 원가의 시간에 따른 변화, 가격과 연관된 제품 이미지(예 가격-품질 연상 심리, price-quality inferences), 계절성, 제품믹스, 사회적 책임 등이다.

3.3 신제품 가격에 대한 의사결정의 시점

가격 책정은 제품 개발의 초기 단계부터 시작하는 것이 바람직하다. 이를 통해 신제품 가격 전략을 미리 마련할 수 있을 뿐 아니라 바람직한 제품 개발 방향의 설정에도 도움이 된다.

에어컨의 경우, 사용 전기량의 절약, 디자인, 찬바람의 세기 중 어디를 집중해서 개선할 것인가에 따라 시장 반응은 달라진다. 기업이 고려하는 신제품의 각종 기능이나 특징의 변화에 대한 가치를 고객들이 어떻게 받아들이는지를 계량적으로 측정하고, 이를 바탕으로 개발 방향을 결정하고 이를 가격에 반영한다.

4 유통경로 관리

시장 제공물(market offerings)의 기본 사양인 제품과 가격이 결정되면 이제 그것을 어떻게 소비자에게 전달할지 결정한다. 유통이란 제품 또는 서비스를 생산자로부터 소비자나 최종 사용자에게 옮겨가는 과정(전달, delivery)이다.

어떤 사람(또는 기업)이 기발한 아이디어를 가지고 이를 우여곡절 끝에 제품화에 성공하였다고 하자. 그러면 이제부터 당면한 문제는 '이렇게 좋은 제품을 어떻게 넓게 퍼져있는 사람들에게 팔 것인가'이다. 소비자와 접촉해서 물건을 팔아주는 사람, 조직, 기구가 절대적으로 필요하다. 아무리 좋은 제품을 개발하더라도 여기저기 퍼져있는 수많은 사람에게 팔아줄 중간상을 확보하지 못하면 그

제품을 광범위하게 그리고 대량으로 팔 수 없다(드라마 참조: 'Breaking Bad' 2008~2013시리즈).

- 코로나19 백신 역시 물류와 유통망이 있었기 때문에 전 세계적으로 접종이 가능하였다.
- 제품 개발과 이의 제조는 물론 어렵다. 그렇지만 제품을 시장에서 판다는 것은 이와 비교할 수 없을 정도로 어렵다. 소설, 시, 영화 시나리오, 논문을 쓰는 것은 어느 정도 실력이 있으면 가능하다. 그렇지만 이를 출판해서 시장에 유통해줄 출판사(영화사)를 만나기는 무척 어렵다. '해리포터'의 작가인 Joanne K. Rowling 역시 '해리포터' 1편의 출판사를 만나기까지 적지 않은 곤란을 겪었다.

매출이 발생하려면 여러 조건이 맞아야 한다. 예를 들어, 소비자가 원하는 시간, 원하는 장소 그리고 원하는 분량만큼 구매할 수 있어야 한다. 이러한 조건을 생산자나 소비자가 직접 해결할 때도 있지만, 효율성 측면에서 제3자, 즉 중간상이 담당한다.

소비자는 삼겹살 600g만 사고 싶다. 그러나 도축장에서는 일정 부분만 도축할 수 없다. 정육점이 중간 역할(보관, 포장, 손질, 소량 판매 등)을 담당한다.

신제품 유통경로 관리는 다음을 유념한다.

첫째, '제품 경쟁력'도 중요하지만 자사 제품을 유통해주는 '중간상 경쟁력'도 중요하다. 제품, 가격, 촉진 등이 평범하더라도 유통 우위를 확보하면 소비자가 이를 선택할 가능성이 커진다.

광고를 보고 'a-제품'에 대한 구매 욕구가 유발되더라도, 'a-제품' 매장을 쉽게 찾을 수 없거나, 설혹 어디 있는지 확인되더라도 입지가 좋지 않거나, 또는 매장을 방문하더라도 중간상의 판매 서비스가 미흡하다면, 유통에서 우위를 가진 'b-제품'이 선택될 가능성은 얼마든지 있다.

둘째, 기존 유통 경로에 비해 효율적이면서 효과적인 새로운 유통경로의 창의적 개발이 중요하다.

우리나라 화장품 시장은 1970년대에는 방문 판매원이 유통을 장악하였다. 당시 화장품 업계의 선두 주자인 T-기업은 오랜 시간 구축한 막강한 방문 판매원 조직이 있었다. 1980년 중후반 화장품 업계에 새로 진출한 L-기업은 T-기업가 같은 방문 판매원 조직의 단기간 구축이 어렵기에 다른 방식의 유통(즉 화장품 대리점)을 하였고 그 결과 시장에 안착하였다. 1990년대 중반 새롭게 화장품 업계에 진출한 C-기업은 방문판매나 할인점이 아닌 새로운 방식 즉 처음으로 슈퍼마켓 판매 방식을 채택함으로써 후발 진입의 단점을 극복하였다.

셋째, 유통 분야의 혁신은 빠르게 일어난다. 이러한 변화를 예의주시하고 신제품 특성에 적합한 새로운 혁신을 선제적으로 활용한다.

[질문] 월마트 같은 대형 업체들이 진출하면서 동네 가게들이 망한다는 비판도 강한데~.

〈답변〉 "아버지가 캔자스주(州) 박스터 스프링스 66번 도로에서 주유소를 운영했다. 고속도로가 인근에 뚫리면서 주유소가 서서히 망해간 경험이 있다. 누구의 잘못도 아니며, 변화에 순응하지 못한 결과일 뿐이다. 창조와 경쟁은 항상 변화를 가져온다." – Harold Lee Scott Jr. (세계 최대 유통업체인 미국 월마트의 회장)

5 마케팅 커뮤니케이션 관리

기업이 지속해서 존속하고 성장하려면 무엇보다도 경쟁력 있는 가치를 시장에 제공하여야 한다. 신제품 개발 활동은 이러한 가치 창출과 연관된다. 그렇지만 '경쟁력 있는 가치의 창출'만이 시장의 성공을 담보하는 것은 아니다. 광고를 비롯한 마케팅 커뮤니케이션은 제품 중심의 가치 창출에 못지않게 중요하다. 이는 설혹 경쟁력 있는 제품이 새로이 개발되었더라도 소비자들이 이를 알지 못하거나 혹은 알더라도 진정한 가치의 이해가 부족하거나 좋아하는 마음이 생기지 않는다면 이러한 실체적 가치가 빛을 발휘하기 어렵기 때문이다. 따라서 기업은 제품 존재를 알리고 이의 우월성을 설득해야 한다. 이러한 일은 시장(market)을 향한 커뮤니케이션(communication), 즉 마케팅 커뮤니케이션(marketing communication)을 통해 이뤄진다.

- 재능과 잠재력을 가진 연기자, 가수, 요리사, 발명가, 작가 등이 세상에 알려지지 못한 채로 오랜 무명 생활을 하는 경우는 많다. '복면가왕', 'K팝스타', '미스트롯' 등의 프로그램을 보면 알려지지 않은 사람 중에 엄청난 실력의 소유자들이 많다는 것을 새삼 깨닫게 된다.
- '에르메스(Hermes) 핸드백' 하면 어떤 생각이 떠오르는가? 아마도 세련되고 멋진 여성이 멋있게 옷을 차려입고 자랑스럽게 들고 다니는 모습이 연상될 것이다. 그러나 핸드백 자체는 그냥 하나의 물건에 불과하다. 몸빼 바지를 입은 중년의 파마머리 아주머니가 비닐 시장바구니 옆에 들고 다녀도 되는 가방일 뿐이다. 다만 이러한 모습이 어울리지 않는다고 대중들이 생각한다면, 제품개념을 알게 모르게 사람들에게 심어 놓은 에르메스의 마케팅 노력의 결과이다.

신제품 마케팅 커뮤니케이션에 대해 다음 내용을 제시한다.

5.1 도입 초기 단계의 임팩트 있는 커뮤니케이션

시장 도입은 이왕이면 떠들썩하고 요란스럽게 들어가는 것이 바람직하다.

> Steve Jobs는 제품을 극적으로 선보이는데 강박적으로 매달렸다. 신제품 발표회에서 그는 자신의 신제품 데뷔를 항상 멋진 이벤트로 만들었다. 또한 짧은 머리, 텁수룩한 수염, 까만 하프 터틀넥 상의, 철 지난 헐렁한 청바지, 뉴발란스 운동화는 하나의 트레이드 마크가 되었다.

때로 사회적 이슈(예 고가격으로 이슈가 되었던 '신라면 블랙')가 되면 고객 인지도가 향상되기에 확산 속도는 빨라진다. 그 결과 시장의 성공과 실패가 빠르게 결정되기에 때에 따라서는 빠르게 미련을 버리고 기업의 다른 제품으로 매진하게도 해준다.

5.2 제품 혁신성을 고려한 커뮤니케이션

제품 혁신성은 광고 소구점(ad appeal)의 선택과 실현 방법에 영향을 미친다. 예를 들어, '기존 제품의 수정 및 개량'처럼 제품에 어떤 새로운 기능/성분이 추가(또는 개선)되었다면, 이러한 객관적 신규성(newness)을 강조하는 소구를 한다.

- 비타500: 기존 드링크에 비하여 카페인이 없다.
- 2013년 12월 출시된 갤럭시S4 액티브: 갤럭시S4의 변종 제품으로 방수 · 방진 기능을 처음으로 갖추었다.

신제품 혁신성, 광고 제작, 매체 집행은 상호 연관되기에 이를 고려한 커뮤니케이션을 한다.

5.3 경쟁사와 공동 커뮤니케이션

신제품을 세상에 널리 알리는 노력은 비용과 시간이 소요된다. 필요하다면 공통 영역에 대한 커뮤니케이션을 경쟁사와 함께 하는 것도 도움이 된다. 또한 경쟁사 움직임을 보고 유사 시점에 동시에 하는 것도 도움이 된다.

- PCS(개인휴대통신) 광고가 신문과 방송을 뜨겁게 하였다. 1997년 10월 1일 서비스 개시일이 절정이었다. 광고업계에선 한국통신프리텔(016), 한솔PCS(018), LG텔레콤(019) 3사가 1년간 광고비로 사용할 예산을 800억 원으로 추산했다. 3사는 4월부터 두 달간 'PCS란 무엇인가'라는 공동광고를 집행함으로써 시장을 넓히려는 정지작업을 함께 하였다. 그런 다음 7월부터는 개별 광고전을 시작하였다. – 참조: 1997년 10월경의 신문 매체
- 2020년 3월 중순에 국내외 기업의 신차가 대거 출시되었다(예 캐딜락 XT6, 기아 신형 쏘렌토, 신형 아반떼 등). 일반적으로 자동차 업계는 잘 팔리는 자동차일수록 성대한 신차효과로 여론몰이에 나서는 것이 일반적이다. 이는 대중들에게 특별한 인상을 남기고, 업계 및 경쟁사들에 신차 품질과 마케팅 역량을 과시할 수 있기 때문이다. 그렇지만 이 시기는 코로나19 사태로 대규모 인원이 모이는 행사를 열 수 없을 뿐 아니라 판로 뚫기가 쉽지 않은 상황이었다. 그러나 내수 침체를 극복하기 위해서는 신차 출시를 더는 미룰 수 없는 상황이었기에 이 시점에 모두 출시하게 되었다.

5.4 제품 개발 완료 전의 사전 광고

때로 기업은 제품 개발이 완료되기도 전에 시장에 향후 도래할 신제품에 대한 대대적 광고를 하기도 한다. 물론 경쟁 기업에 신제품 내용을 알리기에 이에 대한 대비 시간을 준다는 단점도 있다. 그러나 여기에는 몇 가지 장점도 있다.

첫째, 소비자 마음을 선점한다. 실제 개발이 경쟁사보다 늦더라도 이를 먼저 공표하면 소비자 마음에는 선점 브랜드로 각인된다.

둘째, 잠재소비자들에게 구매에 대한 고민의 시간을 미리 제공한다. 그 결과, 제품이 출시되면 매출이 조기에 실현된다.

셋째, 경쟁사의 추격 개발 의지를 꺾는다.

5.5 기타의 고려 요소

시장 도입 초기에는 가능한 모든 마케팅 커뮤니케이션 방법을 동원한다. 광고, 홍보, 판매촉진, 이벤트, 체험단 모집 등이다.

의사소통 타이밍: 동일 메시지라도 이것을 언제, 어디서, 어떤 여건에서 말하는가에 따라 효과는 달라진다. 여행 상품에 대한 수용도가 가장 높은 시점은 휴가철 또는 황금연휴를 앞두고 여행계

획을 세울 때이다. 학원이나 학습지 광고는 자녀의 초라한 성적표를 받고 난 다음이다. 이러한 순간, 즉 정보를 받아들이는 자세가 되어 있는 순간을 열린 틈(apertures)이라 한다.

용돈 인상에 대한 요구는 부모님이 기분 좋은 상황에서 하는 것이, 피곤하고 짜증 날 때 하는 것보다 성공 가능성이 높다. 광고가 방영되는 전후 프로그램의 성격에 광고는 영향을 받는다. 지금은 시장에서 사라졌지만 '815 콜라'의 광고는 삼일절 또는 광복절 특집 프로그램 뒤에 하는 것이 효과적이었다. 다른 지역에서의 재난 발생 뉴스는 재난 물품에 대한 수요를 자극한다. 친구 결혼식에 다녀온 노총각, 노처녀에게 결혼정보회사 광고는 훨씬 눈에 잘 들어온다.

Section 04

시장 도입에서 고려해야 할 그 밖의 이슈

시장 도입에서 고려할 사항은 앞에 제시된 내용만 있는 것은 아니다. 시장에 제품이 도입되는 순간부터 사회에 영향을 미친다. 기업은 매출 성과뿐 아니라 사회적, 법적, 윤리적 책임에 대해서도 고려해야 한다. 여기서는 윤리, 제품 결함에 대한 이슈를 살펴보겠다.

1 신제품 개발의 윤리적 측면

기업의 경영 활동은 국가, 경제, 사회, 개인에 방대한 영향을 미치기에 기업은 이들에 대한 경제적, 법적, 윤리적, 자선적 책임을 다할 것을 요구받는다. 이처럼 기업 책임에는 윤리적 책임(ethical responsibility)이 포함된다.

> 기업의 사회적 책임 및 윤리적 활동은 '하면 좋은 일'이 아닌 비즈니스에서 '반드시 해야만 하는 일'이 되었다. – Kotler and Lee(2015)

윤리 활동이 단기간 기업에 수익을 가져다주는 경우는 드물지만, 비윤리적 활동의 경우에는 그것이 시장에 알려지는 순간, 즉각적 치명상을 입힌다.

1.1 윤리의 개념

윤리(ethics)는 인간이 어떤 무리 속에서 서로 의존해 사는데 지켜야 할 질서를 뜻한다. 더불어 사는 사회의 구성원으로서 지켜야 할 행동규범이다. 이런 맥락에서 볼 때, 비윤리적 마케팅이란 마땅한 도리나 이치에 맞지 않는 방식으로 기업이 마케팅을 수행함으로써 그 사회에 불편함을 끼치는 것이다. 규제 및 법을 심각히 위반한 것은 당연히 포함되며, 그 정도까지는 아니더라도 사회적 물의를 일으키거나 소비자, 사회에 폐가 되는 행위 역시 비윤리적 마케팅에 속한다.

미국 슈퍼마켓 체인 월마트가 흑인 바비인형의 가격을 백인 바비 인형의 절반 수준으로 깎아 판매해 논란이 일었다. 백인 발레리나 바비 인형은 5.93달러에, 흑인 발레리나 인형은 3달러에 나란히 판매하였다. 이에 대해 월마트는 봄 신상품 판매를 위한 재고 처리 차원에서 가격을 변경한 것이라고 설명했다. 하지만 월마트가 가격 책정이 함축하는 의미를 주의 깊게 고려했어야 한다는 비판이 있다. 아동 발달 전문가는 "가격 인하는 흑인 인형을 낮게 평가한다는 의미를 함축한다"라며 "회사 측의 의도가 그렇지 않다는 것이 명백하지만 때때로 이런 일이 부차적인 역효과를 일으킬 수 있다"라고 지적했다. - 참조: 연합뉴스, 2010년 3월 12일

1.2 윤리에 관한 판단과 예측의 어려움

좋은 의도가 반드시 좋은 결과를 가져오지 않는다. 미야자키 하야오(宮崎駿)는 어린이들이 맘껏 밖에서 뛰어노는 것을 조장하도록 '이웃집 토토로'를 만들었다고 한다. 그런데 그 결과는 역으로 아이들이 만화를 보기 위해 TV 앞으로 더 많이 몰려들었다는 것이다. 다이너마이트, 원자 에너지, 유전자 지도, SNS 등도 이와 마찬가지로 초기에는 인류에게 혜택을 제공하기 위해 개발되었다. 그러나 이러한 개발은 동시에 나쁜 의도에도 악용되고 있다.

개발을 시작하기 전에 이로부터 파급되는 모든 결과를 예측하기란 어렵다. 물론 개발자가 좋은 의도에서 개발했다는 사실을 사람들은 알기에 개발자를 비난하지 않는다. 그런데도 개발자는 이러한 모든 가능성을 염두에 두고 그 무언가를 개발하고 이를 세상에 공표할 필요가 있다. 세상이 이를 받아들일 준비가 되지 않았다면 이의 공표를 지연시켜야 한다. 그렇지 않다면 초등학생에게 실탄이 장전된 총을 주는 것과 마찬가지이다.

1.3 윤리의 자발성

윤리적 행동은 자발적 선택의 영역이다. 강제할 문제는 아니다.

- "오늘은 재료가 신선하지 않으니 음식값은 절반만 받겠습니다.", "최근에 재료비가 절감되었기에 제품 가격을 인하하겠습니다." 이렇게 선제적으로 기업 활동을 벌이는 기업은 윤리적임에는 분명하다. 그렇다고 이를 하지 않는 기업을 비윤리적이라고 규정하기는 어려울 것이다.
- 남들이 모두 의자를 편안하고 푹신하게 만드는데 힘쓸 때, 딱딱한 나무 의자만을 만드는 사람이 있었다. 사람들이 오랫동안 앉아있기 불편한 의자를 왜 만드는지 물었다. 그의 대답은 다음과 같았다.

의자가 푹신하면 사람들이 오래 앉아있게 되는데 의자에 오래 앉는 것은 건강에 나쁘다. 그래서 의자는 딱딱하고 불편해야 사람들이 자주 일어서게 되고 그래야 건강하게 된다. 바로 눈앞의 이득만 생각하는 것이 아니라 사용자의 건강까지도 배려하는 자세였다.

이러한 자발적 윤리 행동을 하는 기업들이 많아질수록 우리 사회는 행복한 사회가 된다. 이들 기업이 많아지는데 소비자는 중요한 역할을 할 수 있다. 즉 이들 기업의 노력을 높게 평가하고 비록 물리적, 금전적 혜택은 적을지라도 이들 제품을 선택하는 것이다. 소비자 의식 수준이 높을수록 기업의 윤리 의식도 높아지게 된다.

2 신제품 개발 과업의 잘못에 대한 책임

2.1 제조물 책임법(Product Liability, PL)

'제조물 책임'이란 제품 안정성이 결여되어 소비자 피해가 발생한 경우, 제조자가 부담해야 할 손해배상 책임을 말한다. 통상 제품 결함이 발생했을 때 수리, 교환, 환불은 제조업자의 기본 의무이다. 이에 더해 '제조물 책임'은 제품 결함으로 인해 발생한 인적, 물적, 정신적 피해까지 공급자가 부담하는 한 차원 높은 손해배상제도이다.

자동차의 에어백 폭발사고로 인한 피해 보상을 받으려면 소비자가 제조업자의 과실을 입증해야 하지만, 제조물 책임에서는 '제조물 결함'만 입증하면 자동차 제조업체가 무거운 배상책임을 진다. 제조업자에게 결함 있는 제품을 만들지 못하게 무거운 책임을 요구하는 것이다.

우리나라에선 2002년 '제조물 책임법'을 시행하였다. 제조업체의 책임을 묻기가 수월해지자 배상을 요구하는 사람도 많아졌다.

LG전자 에어컨 사용설명서에는 '에어컨에서 나오는 물을 마시지 마세요. 배탈의 원인이 됩니다'라고 적혀 있고, 삼성전자 노트북 사용설명서는 '노트북 위에 양초를 올려놓지 마세요'라고 경고한다. 우리가 상식이라고 여길 만한 내용에 대해 정색하며 '경고'해 소비자들을 당황하게 하는 '황당 매뉴얼'이 늘고 있다. 전자제품 사용설명서에 황당 매뉴얼이 들어가기 시작한 건 2002년 '제조물책임(PL)법' 시행 이후다. 전자제품 업체들은 소송에 휘말리는 것에 대비해 제품설명서를 새로 쓰기 시작했다.

2.2 리콜

리콜(recall)이란 제품 결함으로 인하여 소비자의 신체, 생명, 재산상의 위해가 발생하거나 발생할 수 있는 경우, 이를 제조, 수입, 판매하는 기업이 정부의 권고 또는 명령에 의하거나, 자발적으로 해당 제품을 수거하여 파기하거나 수리, 교환, 환급하여 시정하는 행위를 의미한다.

미국의 대형 초콜릿 제조업체 '마스(Mars)'가 네덜란드 공장에서 제조된 자사 제품 수천만 개에 대한 리콜을 결정했다. 이번 결정은 독일 소비자가 마스의 초콜릿바 '스니커즈'에서 빨간색 플라스틱 조각을 발견한 데 따른 것이다. 조사 결과 플라스틱은 네덜란드 공장에서 사용하는 보호 덮개로 확인됐다. 리콜은 네덜란드 공장이 제조한 제품이 유통되는 55개국에서 이뤄지는데, 네덜란드에서만 400만 개가 리콜된다. – 참조: 뉴스1코리아, 2016년 2월 24일.

막대한 리콜 비용으로 인한 수익 악화, 기업에 대한 소비자 불신 등으로 파산에 이르는 경우도 발생한다. 예를 들어, 일본의 에어백 회사인 다카타는 에어백 리콜 사태를 버티지 못하고 2017년 6월 파산신청을 하였다.

현재 리콜 사례는 해마다 증가추세를 보인다. 그 이유는 경쟁에 뒤처지지 않기 위해 끊임없이 신제품을 개발하는 것에 비해 이를 충분히 테스트하는 시스템과 재원이 열악한 형편이기 때문이다. 여기에 더해 글로벌 아웃소싱 증가에 따라 책임소재를 명확히 가리기 어렵게 되었고 이를 사전에 관리하는 데 역시 한계가 있기 때문이다.

2.3 위기에 대처하는 마케팅 커뮤니케이션

위기관리에 있어서 커뮤니케이션은 중요한 역할을 한다. 성공적인 대응의 경우 위기로부터 조직이 받을 충격을 최소화하고 일상 업무로의 빠른 회복을 도와준다. 반면에 부적절한 커뮤니케이션은 오히려 상황을 걷잡을 수 없이 악화시킨다. 제품 위기 상황에서 기업이 구사하는 위기 커뮤니케이션 전략에 따라 브랜드 평판, 판매량, 주가, 종업원의 사기에 영향을 미친다.

식품 안전 사고는 지속적으로 발생하며 심지어 대형화되는 추세이다. 식품 안전사고는 국민의 건강과 관련이 있기에 식품 사고가 한번 발생하면 단순히 해당 제품의 매출이 감소하는 차원을 넘어 기업이 그동안 쌓아왔던 명성이 실추되고 브랜드 이미지에도 커다란 손상을 주기 때문에 기업을 위기 상황에 처하게 한다.

위기관리 커뮤니케이션은 위기 유형에 따른 적절한 대응책의 마련이 중요하다. 위기 유형으로는 루머(rumor), 자연재해(natural disaster), 악의적 사건(malevolence), 사고(accidents), 조직 악행(organizational misdeed) 등이 있다. 참고로 위기관리 커뮤니케이션 전략으로는 다음의 일곱 가지가 있다. 공격(Attack the accuser), 부인(Denial), 변명(Excuse), 합리화(Justification), 환심 사기 또는 비위 맞추기(Ingratiation), 시정 조치(Corrective Action), 사과(Full apology)이다.

CHAPTER

13 신제품의 확산과 수용

기업 내외의 여러 자극과 동기(예 소비자 기호의 변화, 경쟁사의 신제품 도입, 새로운 규제, 신기술 및 신소재, 창업가적 발상 및 추진 등)에서 비롯된 신제품 개발은 여러 사람 또는 조직간 협조로 이루어진다. 개발 과정(S-C-D)을 거쳐 완성된 신제품은 이제 시장에 도입(L)되어 소비자, 중간상, 경쟁사, 일반 대중에 광범위한 영향을 미친다.

확산(擴散, diffusion)이란 사회 구성원 사이에 어떤 것(예 신제품, 혁신, 소문, 뉴스, 아이디어, 전염병, 지식, 언어 등)이 흩어져 퍼지는 것을 의미한다. 신제품을 개발한 기업 입장에서는 보다 빠른 속도로, 보다 크게 소비자에게 확산하기를 희망한다.

- 확산 속도를 가능한 나중으로 늦추고, 확산 크기를 낮추려는 경우도 있다. 감염병(예 코로나19, 원숭이 두창, 조류인플루엔자), 불리한 뉴스, 나쁜 아이디어의 확산 등이다.
- 애플의 MP3 플레이어인 '아이팟'은 출시 5년 만에 1억 개가 팔렸다고 로이터 통신이 2007년 4월 9일 보도하였다. 이는 휴대용 음악 기기의 대명사로 불려온 소니의 '워크맨'이 1979년 첫선을 보인 후 1억 대를 돌파하기까지 13년 6개월이 걸린 것과 비교된다.

신제품의 시장 보급에 관한 연구는 크게 확산과 수용(또는 채택)으로 구분된다. 확산 연구는 시장에 도입된 신제품이 시간 및 공간 차원에서 어떠한 모습으로 시장 전체에 퍼지는가에 관심을 둔다. 이에 비해 수용 연구는 혁신(또는 신제품)에 대한 개별 소비자의 반응에 초점을 둔다.

여기서는 우선 확산의 의미와 모습을 간략히 살펴보겠다. 그런 다음 소비자의 신제품 수용 과정, 그리고 수용 속도에 대해 살펴보겠다. 신제품이 어떠한 과정을 거쳐 확산하고 소비자가 수용하는지에 대한 이해는 신제품의 성공적인 확산 및 수용을 위한 마케팅 전략 구축에 도움이 된다.

그림 13.1 시장 확산에 대한 개념도(점선은 확산 시점의 단축과 확산 크기의 증폭을 묘사)

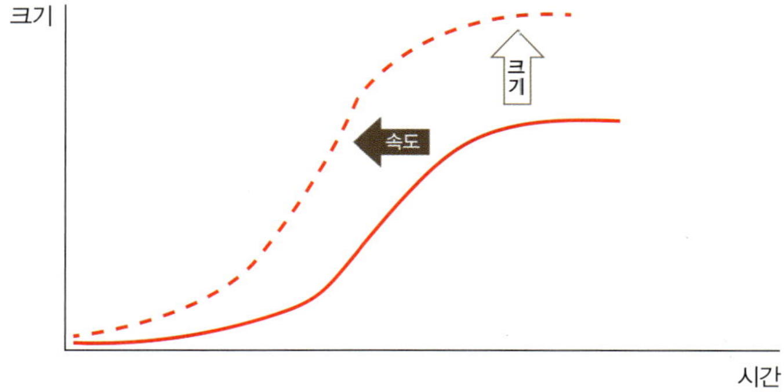

Section 01

확산

1 확산의 의미

'확산'이란 사회 구성원 사이에 시간이 흐르면서 어떤 경로를 통하여 무언가 새로운 것이 전달되는 과정이다. 이러한 정의에서 알 수 있듯이 확산의 4요소는 사회 구성원, 시간의 경과, 경로를 통한 전달, 혁신이다.

- 2019년 12월 중국 우한(武汉)에서 발생한 코로나19(혁신)는 지난 3년 동안(시간) 전 세계 사람들에게(사회 구성원) 비말을 통해(경로) 감염, 즉 확산하였다.
- Gabriel Tarde(프랑스 사회심리학자, 1843~1904)의 S형 확산 곡선에서 비롯된 연구는 1940년 확산 패러다임(paradigm)이 형성되었다. 1950년 미국에서 확산 연구는 급증했고 1960년 개발도상국에서도 이 분야 연구가 활성화되었다. 마케팅 분야의 확산 연구는 1960년대 시작되었다. 주로 신제품의 시험 마케팅, 신제품의 목표시장, 확산을 위한 전략적 계획, 혁신 속성이 신제품 구매에 미치는 영향이 수행되었다(참조: Everette M. Rogers, Diffusion of Innovations, The Free Press, 1983, pp.5,74,91).

확산하는 그 무언가는 기업의 신제품만 해당하는 것이 아니다. 그래서 이에 관한 연구는 사회학, 심리학, 미디어 커뮤니케이션, 경영학, 교육학, 감염학, 범죄심리학 등의 학제적 성격(interdisciplinary nature)을 가진다.

확산 결과는 크게는 세계 역사를 바꿀 정도로 파괴력이 있기에 혁신의 확산은 매우 중요한 연구 주제이다.

역사의 흐름을 바꿀 정도의 세계적 전염병 확산은 몇 차례 있었다(예 중세유럽의 봉건제도를 붕괴시킨 흑사병, 제1차 세계 대전을 종료시킨 스페인 독감 등). 전염병뿐만 아니라 기업의 신제품 역시 우리의 삶과 사회의 작동방식을 송두리째 바꿔 놓기도 한다(예 라디오, 텔레비전, 냉장고, 신용카드, 개인용 컴퓨터, 인터넷, 스마트폰, 무인 자동차 등).

2 확산의 형태(모습)

신제품 확산의 형태는 제품별, 산업별, 국가별로 상이하다. 즉 여러 요인으로부터 영향을 받아 어떤 확산의 형태를 가지게 된다. 이는 역으로 확산 형태로부터 그러한 상황적 맥락을 이해하고 해석하는 데 도움을 받기도 한다.

그림 13.2 확산의 형태에 영향을 미치는 요소

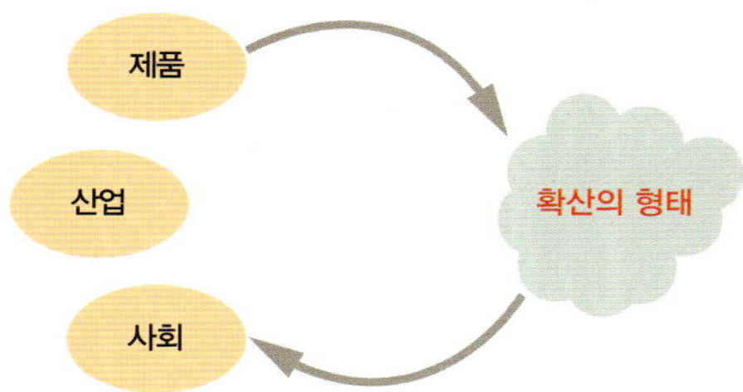

참조: 확산 형태를 통해 역으로 그 사회를 이해하기도 한다.

확산의 일반적 형태로는 S자형(누적)이 많이 거론된다. 확산 형태에 대한 다양한 자료 축적은 유사 범주별 신제품의 확산 예측에 도움이 된다.

한편 질병 자료는 기업의 신제품과 다른 성격이 있지만, 확산의 본질을 이해하는 데 유용하다. 다음은 국내 코로나19의 누적 확진자 그래프이다. 사스(2002년), 신종플루(2009년), 메르스(2015년), 코로나19(2021년), 원숭이 두창(2022년)의 확산 그래프도 세부 모습은 다르지만, 전반적으로 어떠한 유사성을 가진다.

그림 13.3 코로나19의 초반 일 년간의 누적 확진자

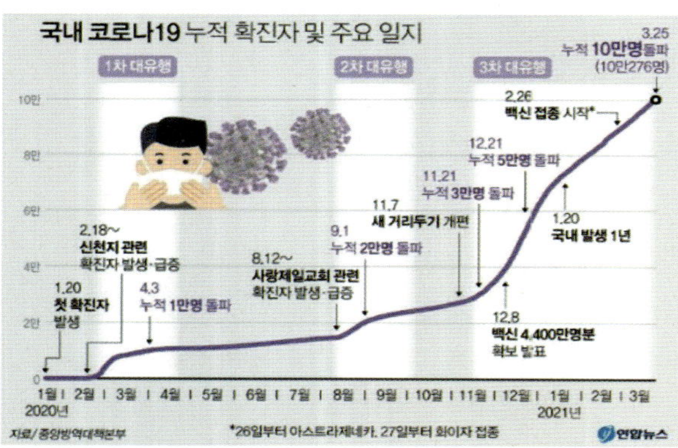

김영은 이재윤 기자 / 20210325
트위터 @yonhap_graphics 페이스북 tuney.kr/LeYN1

참조: 2022년 5월 말 우리나라 확진자 수는 1,800만 명을 넘었다.

신제품을 채택한 소비자 숫자가 '어떤 일정 수준(비율)'을 돌파하면 혁신의 전개 양상이 달라진다. 이처럼 확산에는 어떤 변곡점이 존재한다. 물론 변곡점의 특정 수치는 제품에 따라 다르다. 새로운 변화의 태동은 아주 작은 숫자로부터 시작한다. 그러한 숫자는 처음에는 아주 더디게 늘어나지만, 어느 문턱(변곡점)을 넘기는 순간부터 변화는 더 이상 생경한 것이 아닌 하나의 중심 흐름이 된다(예 초기 기독교의 전파, 기득권 정치에 대한 혁명의 흐름 등). 동조하는 숫자가 급격히 늘어난다. 즉 그동안 머뭇거렸던 대중들은 이러한 새로운 흐름으로 갈아탄다. 소수파는 이제 다수파가 된다. 그러므로 변곡점(예 20%)을 기준으로 앞뒤 18%와 22% 사이는 질적으로 큰 차이가 있다. 이러한 현상을 알기에 확산을 막으려는 입장에서는 이러한 변곡점을 넘지 못하게 온갖 수단을 쓴다.

그림 13.4 **확산의 변곡점**

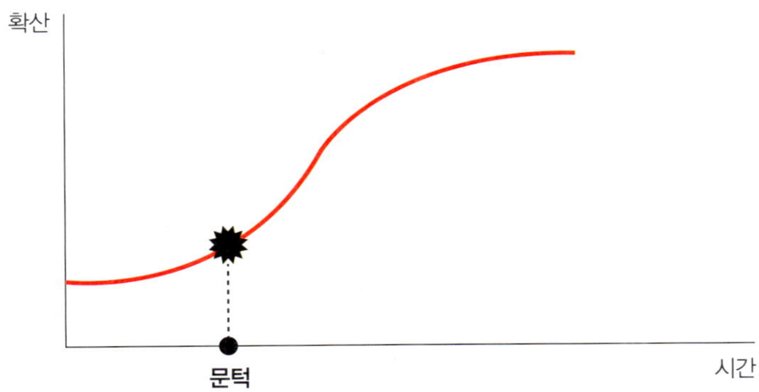

변증법의 기본 법칙 중 하나인 '양적 변화에서 질적 변화로의 이행의 법칙 및 그 역의 법칙'(Law of transition from quantitative change to qualitative change, vice versa)은 양적인 변화가 어느 한계에 이르면 질적인 변화를 일으킨다. 다시 말해서 처음에는 1에 1을 더하면 2가 되고 2에 2를 더하면 4가 되는 식으로 양적인 변화만을 일으키지만, 어느 한계에 이르면 질적 변화를 일으키게 된다. 양적 변화는 일정한 질적 동일(同一) 속에서 눈치채이지 않게 점차적으로 진행된다. 그러나 그것이 일정 한계에 다다르면 그 변화의 과정에서 비약적인 이행이 생기게 된다. 즉 질에 근본적 변화가 일어나 새로운 질로 이행한다. 이 이론은 사회현상에서도 그대로 적용된다. 어떤 사람이 레깅스를 만들어 입었다. 그것을 다른 사람이 우연히 보고 똑같이 레깅스를 입는다. 그것을 또 다른 사람이 본뜬다. 이렇게 한 사람 두 사람 입기 시작한 것이 어느 임계점에 이르면 사회 전체에 레깅스가 크게 유행한다(특이한 옷차림에서 하나의 일상복으로 질적 전환).

Section 02

소비자의 수용(또는 채택) 과정

소비자의 수용(受容) 과정(adoption process)은 신제품이 시장에 출시되면서 시작한다. 이것은 잠재 또는 유망 소비자들(prospective customers, prospects)이 신제품을 어떻게 알게 되고, 시험적으로 사용(즉 시용, 試用)하며, 그것을 수용(또는 거부)하는가에 대한 것이다. 이러한 과정에 대한 이해는 초기 시장의 침투에 대한 효율적이면서도 효과적인 마케팅 전략의 수립에 도움이 된다.

확산이 사회 구성원들 사이에서 일어나는 과정(거시적 차원)을 다루지만 수용은 소비자 차원, 즉 그들의 마음에서 일어나는 과정(미시적 차원)을 다룬다. 혁신의 수용 과정은 개인(혹은 의사결정 단위체)이 처음으로 혁신을 알게 되고 이에 대한 태도를 형성하며 이의 수용 여부를 결정하는 일련의 정신적 과정(mental process)이다.

Rogers는 커뮤니케이션 이론을 바탕으로 기존의 확산 이론들을 효과적으로 통합하였다. Rogers의 확산 이론은 개인 수준에서 확립된 것이지만 이러한 내용은 조직 수준(의사결정 단위체)에도 적용된다.

1 수용 과정의 흐름

혁신이란 사람들이 새롭다고 지각하는 제품, 서비스 또는 아이디어에 관련된다. 수용 과정은 혁신에 관한 이야기를 처음 접하는 순간부터 최종적 수용에 이르기까지의 개인이 겪는 내면적 심리 과정이다.

수용 과정에는 다양한 모델이 있다. 일반적으로 널리 알려진 혁신수용 모형(1962년)은 다음과 같다.

① 인식(awareness): 소비자는 혁신에 대해 알고 있지만 이에 대한 정보는 부족한 상태이다.

② 관심(interest): 소비자는 혁신에 대해 더 많은 정보를 찾도록 자극을 받고 이를 유념해서 살펴본다.

③ 평가(evaluation): 소비자는 혁신을 시용하는 것이 의미 있는지에 대해 숙고하고 이를 판단한다.

④ 시용(trial): 소비자는 혁신을 소규모로 시험 삼아 사용해봄으로써 더 많은 정보를 획득한다.

⑤ 수용(adoption): 소비자는 혁신을 정식으로 채택할 것을 결정한다.

그림 13.5 신제품의 수용 과정

어떤 대상에 대한 소비자 반응 모델은 여러 가지 있다. 위의 혁신수용 모델은 [인지 → 태도 → 행동 의도]와 같이 어떤 일련의 단계(계층)를 순차적으로 거치는 계층 효과 모형(hierarchy of effects model, hierarchical model)에 해당한다. 1920년대 등장한 계층 효과 모형은 현재까지도 많이 활용되고 있다.

수용 과정의 흐름은 신제품을 접한 소비자들이 어떠한 단계를 거치면서 마음과 행동이 움직이는가를 보여준다. 신제품의 마케팅 관리자는 소비자들의 현 단계를 파악하고 여기서 그다음 단계로 빠르고 쉽게 이전되도록 도와주어야 한다.

한편 소비자 수용 과정은 추후 소비자의 반복 구매 행동, 브랜드 충성도 등으로 이어지기에 이에 대한 이해와 관리가 중요하다.

어떤 사람을 처음 만나거나 얘기를 듣게 되면 그냥 '아, 나 그 사람 알아' 하는 Know의 단계가 된다. 그런 다음 좀 더 여러 내용을 접하게 되면 '아, 나 저 사람 어떤 사람인지 알다' 하는 Understand의 단계가 된다. 여기서 좀 더 지나면 '저 사람 이런 점이 마음에 드네' 하는 Like의 단계가 된다. 그래야 관계가 지속된다. 그러다 어느 시점에 가면 '저 사람은 이런 점이 대단해' 하는 Respect의 단계가 된다. 그보다 한 단계 더 나아간 것이 '사랑'이다. 사랑의 이전 단계에 해당하는 Like나 Respect의 단계가 없으면 언젠가 분명 문제가 생긴다. - SK텔레콤 김신배 사장

2 수용자의 유형별 분류(adopter categories): 수용 시간에 기초한 수용자 분류

혁신의 수용은 사회 시스템 내에서 갑자기 한꺼번에 이루어지는 것은 아니다. 즉 혁신의 수용에는 개인별 시간 차이가 있다. 이러한 시간적 차이, 즉 특정 개인이 다른 구성원보다 상대적으로 혁신을 빨리 수용하는 성향을 혁신성(innovativeness)이라고 한다.

혁신성, 즉 신제품의 채택 속도에 따라 고객은 몇 가지 유형으로 구분된다. Rogers는 수용의 평균 시간과 표준편차를 이용하여, 혁신자(innovator), 초기 수용자(early adopters), 초기 다수자(early majority), 후기 다수자(late majority), 최후 수용자(느림보, laggard) 등으로 분류하였다. 정규분포의 형태를 가정하면 이들이 차지하는 비율은 혁신자(2.5%), 초기 수용자(13.5%), 초기 다수자(34%), 후기 다수자(34%), 최후 수용자(16%)가 된다.

그림 13.6 **정규분포를 기준으로 한 수용자 분류**

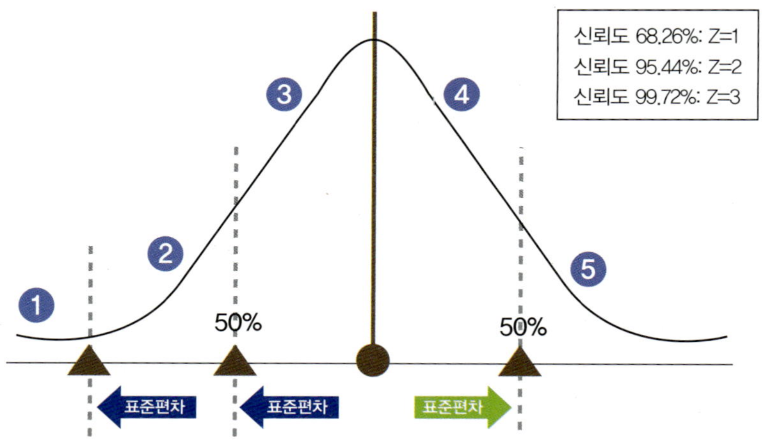

각 집단의 특성은 다음과 같다.

① 혁신자: 모험심이 강하다. 위험을 부담하면서 새로운 아이디어를 사용하려고 한다.

② 초기 수용자: 소속 집단에서 존경을 받는 그룹이다. 공동체에서 의견 선도자이며, 새로운 아이디어를 신중하면서도 빠르게 수용한다.

새로운 도전에는 여러 성격의 대응이 따른다. 무조건적 맹신과 수용, 무조건적 불신과 배척, 무관심에서 비롯된 무시, 진지한 접근과 성실한 검토 등이다. 역사상 뛰어난 발전과 공헌은 예외없이 마지막 방식 즉 진지하고 성실한 연구자들의 몫이었다.

③ 초기 다수자: 신중하다. 비록 의견선도자는 아닐지라도 평균적인 사람들보다는 먼저 새로운 아이디어를 수용한다.

④ 후기 다수자: 비교적 의심이 많다. 대다수 사람은 그것을 사용한 후에 비로소 혁신을 수용한다.

⑤ 최후 수용자: 전통에 묶인 사람들이다. 변화에 의심이 많고, 전통에 얽매여 있다. 신제품이 시간이 흘러 그것이 어떤 전통으로 받아들여질 때 비로소 이미 낡은 혁신을 수용한다.

이러한 수용자 분류는 도입 단계(L)에서 유용하다. 예를 들어, 혁신자 및 초기 수용자는 초기 확산에 있어서 큰 영향을 미치는 집단이다(two-step flow). 따라서 이들 대상의 마케팅 전략에 공을 들여야 한다. 이를 위해 이들 집단의 인구 통계적(demographic), 심리 묘사적(psychographic), 행동적(behavior) 특성 파악이 요구된다.

초기 수용자에 대한 몇 가지 가설: 비교적 나이가 젊고, 높은 사회적 지위를 가진다. 여유 있는 경제적 여건, 전문 직종을 가진다. 후기 수용자에 비해 지적 능력이 높은 편이다. 비교적 다양한 정보의 원천을 활용한다. 또한 여러 곳에 퍼져있는 정보의 원천을 이용한다. 초기 수용자들의 사회적 관계는 후기 수용자들보다 넓은 편이다. 이들은 의견 선도자인 경우가 많다.

한편 혁신성은 고정된 것이 아니다. 제품, 시간, 상황에 따라 이러한 성향은 변화한다.

- Goldsmith & Hofacker(1991)는 소비자의 혁신성을 구체적이고 세분된 분야별로 측정하고 연구해야 한다고 주장하며, DSI(Domain Specific Innovativeness: DSD)측정 지수를 개발했다. 이는 혁신 대상이 무엇인가에 따라 소비자의 혁신성은 달라진다는 점을 가정하고 있다.
- 저자의 20~30대 시절에는 비교적 혁신자 집단에 속하였다. 예를 들어 '아래아한글(HWP)'의 초기 버전(1.2)부터 사용하였고 이것의 개정판이 나오면 바로 구입하곤 하였다. 또한 파워포인트를 강의에 빠르게 도입하였다. 그러나 나이가 들면서 후기다수자, 최후수용자에 속하는 편이다. 예를 들어, 018로 시작하는 전화번호를 마지막까지 사용하였고, 대다수가 스마트폰을 사용하던 때도 구형 휴대폰(3G)을 고집하였다.

'아래아한글'의 초기 매뉴얼(1989년)

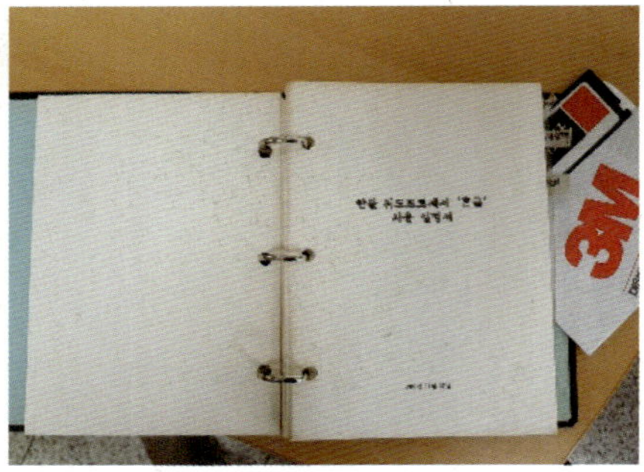

3 대인적 영향

신제품 수용에 있어서 사람 간 관계는 중요한 역할을 한다. 대인적 영향이란 타인의 혁신에 대한 태도나 구매에 대해 어떤 한 개인이 미치는 영향력을 의미한다.

대인적 영향력은 상황별로 달라진다. 수용 단계 중 특히 평가 단계에서 초기 수용자보다 후기 수용자에게, 안정된 상황보다는 위험에 직면한 상황에서 대인적 영향력은 더 큰 영향을 미친다.

대인적 영향에 관한 몇 가지 내용은 다음과 같다.

3.1 의견 선도자

대인적 영향에 관한 연구는 주로 의견 선도자, 초기 수용자를 중심으로 이루어졌다. 의견 선도자(opinion leader)는 특정 주제에 대한 전문성과 영향력을 가지고 있어서, 제품의 구매나 선택에 대해 집단의 다른 구성원에게 영향을 미치는 사람을 의미한다. 이들은 제품 범주 및 특정 제품에 대해 상대적으로 더 다양한 지식과 경험이 있고, 관여도 역시 높은 편이다. 의견 선도자는 초기 수용자 유형에 해당하는 경우가 많지만, 반드시 그런 것만은 아니다.

1662년, 영국 왕 찰스 2세와 포르투갈 공주 캐서린 브라간자의 결혼은 영국에서 차가 크게 유행하게 된 계기를 마련했다. 캐서린은 낯선 나라에 시집간다는 염려 때문에 만병에 효과가 있다는 동양의 신비스러운 차를 가져갔다. 캐서린은 차 마시는 풍습을 궁정에 소개하였다. 당시 궁정을 드나들던 귀족들은 가장 높은 지위에 있던 왕과 왕후가 하는 것이라면 무엇이든 따라 했는데, 시민들 역시 이러한 귀족들의 풍습을 그대로 흉내 내기를 즐겼다. 이렇게 차 문화는 영국에서 빠르게 퍼져나갔다. – 참조: 이소부치 다케시(2005), 홍차의 세계사 그림으로 읽다(강승희 번역), 출판: 글항아리.

3.2 간접 영향

초기 수용자(early adopter)는 아직 구매하지 않은 집단들에게 직간접적으로 영향을 미친다. 예를 들어, 제품에 관한 대화, 실연 등을 통해 정보 확산을 일으킨다.

3.3 마켓메이븐

의견 선도자와 초기 수용자 이외에도 마켓메이븐(market maven: 시장에 숙달한 사람 또는 명수(expert)란 의미)이란 용어가 있다. 마켓메이븐은 제품, 상점, 서비스 등에 대한 다양하고 전반적 정보를 수집하고, 자신의 경험이나 지식을 다른 사람들에게 제공하는 소비자들이다. 일반 소비자의 정보 욕구를 충족시키는 이들은 때로 소비자간 토론을 유발하기도 한다. 이들이 온라인에 올린 소감, 추천, 댓글은 일반 대중의 소비에 영향을 미친다(참조: 인플루언서).

인플루언서(influencer): 인스타그램, 유튜브, 트위터 등의 SNS에서 많은 팔로워, 구독자를 가진 사용자나 포털사이트에서 영향력이 큰 블로그를 운영하는 파워블로거 등을 통칭한다. 인플루언서는 연예인 인플루언서와 소셜미디어 인플루언서로 구분된다. 연예인 인플루언서가 매스미디어를 통해 다수의 군중에게 널리 알려진 전통적 의미의 유명인이라면, 소셜미디어 인플루언서는 소셜미디어 맥락 안에서 다수 추종자를 보유하고 있는 의견 선도자이자 영향력 행사자의 지위를 갖는다. 소셜미디어 인플루언서 마케팅은 고액을 지불하여 유명 연예인을 모델로 쓰는 것보다 상대적으로 비용도 절감되고, 또한 SNS 사용자 급증으로 인해 효율적 마케팅 방안으로 주목받고 있다.

마켓메이븐이 의견 선도자나 조기 수용자와 다른 점은 그들 지식은 특정 제품에 한정되지 않으며 또한 일반 대중을 대상으로 포괄적 정보를 제공한다는 점이다. 반면에 의견 선도자, 조기 수용자는 특정 제품에 한정된 전문 지식(경험), 제품에 기반한 대인 간 커뮤니케이션을 통해 주로 이뤄진다. 즉 일반 대중을 대상으로 전반적 정보를 제공하는 것은 아니다.

3.4 사회적 전염 이론(Social Contagion Theory)

사회적 전염이란 한 사람이 시작하여 다른 사람이나 전체 그룹에까지 퍼지는 행위를 의미한다(Levy and Nail, 1993). 의견 선도자의 생각, 태도, 행동이 수용자에 미치는 영향을 전염 행동(contagion behavior)으로 보고 있다.

신제품이 소비자들에게 확산하는 과정 역시 사회적 전염 이론으로 볼 수 있다. 이때 사회적 전염은 제품 속성, 소비자 특성, 소비자간 상호작용, 주변인 성격 등에 의한 영향을 받는다. 이러한 제반 요소에 따라 사회적 전염(즉 시장 수요)의 형태는 달라진다.

Section 03

수용 속도

1 수용 속도(또는 확산 속도)의 개념과 이에 영향을 미치는 요인

수용 속도(rate of adoption)는 하나의 혁신이 사회 시스템에 속한 구성원들에 의해 수용되는 속도이다. 이는 보통 일정 기간에 혁신을 수용한 시스템 내 구성원의 숫자(또는 비율)로 측정된다.

수용 속도에 영향을 미치는 변수는 여러 가지가 있다. '신제품의 지각되는 혁신 속성'은 그 중 대표적이다. 참고로 그 이외의 변수로는 혁신에 관한 결정의 형태(임의적, 집단적, 권위적), 의사소통 경로, 사회 시스템의 성격, 변화 촉진자의 노력, 소비자 특성(인지 방식(cognitive style), 인지 학습(cognitive learning), 지각된 자기 능력(self-efficacy)) 등이 있다.

초기에 개발된 총은 정지된 자세에서 멀리 있는 표적을 쓰러뜨리기 위한 것이었기에 크고 무거워도 상관없었다. 또한 한 발을 발사할 때마다 목표물을 재조준하기 때문에 연속 발사의 필요성도 크지 않았다. 그러나 적을 눈앞에 두고 활발히 움직여 싸우는 전투 상황에서는 크고 무거운 총은 무용지물이다. 좁은 장소에서 연속 발사가 가능한 작고 가벼운 돌격 소총에 대한 욕구가 자연스레 생겼다. 독일에서 먼저 MP(machine pistol, 자동권총)가 개발되었다. 한편 시베리아 출신의 28살 청년 미하일 칼라시니코프는 제2차 세계 대전이 일어나자 키예프 사단의 전차병 중사로 전쟁에 참여했다. 당시 독일군은 자동으로 연속 사격이 가능한 단기관총이 있었지만, 소련군(현재 러시아)은 한 발을 발사할 때마다 손으로 볼트 핸들을 일일이 당겨야 하는 총을 사용했기 때문에 불리한 싸움이었다. 미하일은 전우들을 더 잃고 싶지 않은 마음에서 자동소총, 즉 AK47을 개발하였다. AK47은 독일의 G3과 미국의 M16과 함께 3대 돌격소총으로 현재 전 세계 1억 정 이상 유통될 정도로 많이 사용되고 있다(참조: 마쓰모토 진이치, '역사를 바꾼 총 AK47', 민음인 출간). AK47은 여러 가지 혁신 속성을 가지고 있었기에 수용 속도가 무척 빨랐다.

'신제품의 지각되는 혁신 속성' 즉 개인의 혁신 수용에 영향을 미치는 제품 속성은 다음과 같다.

1.1 상대적 이점(relative advantage)

기존 제품에 비해 우수하게 보이는 정도를 의미한다.

미하일 칼라시니코프가 개발한 AK 소총은 제작비가 싸다. 또한 혹한, 혹서는 물론 물에 젖거나 모래가 들어가도 제 기능을 발휘한다.

1.2 양립성(compatibility)

개인의 가치관 및 경험에 부합하는 정도를 의미한다. iPod, iPhone, iPad는 통일된 운영체계를 가지기에 이들 사용자는 애플 신제품이 나올 때마다 훨씬 쉽게 이를 사용한다. 카카오톡을 기반으로 하는 카카오택시, 카카오뱅크, 카카오내비도 이와 마찬가지이다.

어떤 신제품은 기존의 사용 방식과 가치관 등과 크게 다르지 않기에 채택이 용이한데 비해, 다른 어떤 신제품은 문화와 인식 자체가 바뀌어야만 채택되는 경우도 있다. 예를 들어, 켈로그의 시리얼 제품이 아침 식사 대용으로 자리 잡기까지 아침 식사에 대한 기존 인식의 대전환이 요구됐었다. 세탁기, 세척기, 결혼정보회사 등도 기존의 인식 전환이 선행되어야 했다. 이러한 심리적 또는 문화적 장벽을 깨부수지 않고서는 이런 제품들은 자리 잡기 곤란하기 때문이다.

전동 킥보드

어린 시절 킥보드에 익숙했던 사람들에게는 쉽게 다가갈 수 있다.

1.3 복잡성(complexity)

사용과 이해의 어려운 정도를 의미한다.

> AK47은 무엇보다도 조립과 손질이 간편하다. 부품 수가 8개밖에 되지 않고 구조 또한 단순하다. 전문가가 아니더라도 분해, 청소, 조립을 15분이면 한다. 또한 조작 및 사용법을 누구나 쉽게 배울 수 있다.

1.4 시용 가능성(trialability, divisibility)

제한된 기준 하에서 사용할 수 있는 정도를 의미한다. 영어 회화 학습기의 단기간 무료 대여, 신문의 한 달 무료 구독, WATCHA의 2주 무료 체험, 슈퍼마켓의 시식 코너 등은 이러한 시용에 대한 예이다.

- 3D TV가 무엇인지는 알지만 3D의 입체감이 실제로 어느 정도인지 소비자들은 잘 알지 못한다. 따라서 사람들이 많이 다니는 유통매장에 이를 전시하여 사람들이 오가며 체험하게 하고 있다.
- 인터넷전화 무료 체험: 인터넷전화 업체인 삼성네트웍스는 오는 8월 31일까지 기업 등에서 인터넷전화를 무료 체험할 수 있게 한 '백문불여일콜(百聞不如一Call)' 행사를 벌인다고 22일 밝혔다. 100개 기업을 대상으로 하는 이번 행사는 한 달 동안 인터넷 전용 전화기를 공짜로 제공, 통화요금을 받지 않고 인터넷전화의 각종 기능을 써보도록 하는 것이다. 삼성네트웍스는 "착신과 발신 번호 '070'이 부여되는 인터넷전화의 본격 서비스에 앞서 인터넷전화의 장점을 말로 설명하는 것이 아니라 소비자가 직접 느껴보도록 하려는 취지"라고 설명했다.
  - 참조: 조선일보, 2005년 8월 23일
- 친구가 준 사탕이나 과자를 우연히 먹어보고 그 제품을 사러 간 적이 있을 것이다. 이러한 과정을 기업이 의도적으로 하는 것이 우리가 슈퍼마켓에서 흔히 경험하는 시식이다.

1.5 관찰 가능성(observability, communicability)

사용 결과가 관찰되고 다른 사람에게 제품 혜택을 설명할 수 있는 정도를 의미한다. 관찰이 용이한 제품은 제품의 특장점에 대해 사람들이 쉽게 알 수 있기에 확산이 빠르다.

요약하면, 신제품의 지각되는 속성이 상대적 이점이 많고, 양립성이 있으며, 복잡성은 낮고, 시용 가능성이 크며, 관찰 가능성이 높다면 그 신제품의 수용 속도는 매우 빠르게 일어난다.

2 기술 수용 모형

IT(정보 기술) 대상의 대표적 수용 모형으로 기술 수용 모형(TAM: Technology Acceptance Model)이 있다(Davis, 1989). 정보 기술(제품, 서비스)에 대한 소비자 수용의 설명 및 예측에 관한 간결하면서도 유용성이 높은 모델로 평가받고 있다.

이 모형은 사회심리학의 합리적 행동 이론(Theory of Reasoned Action)에 기초하고 있다. 핵심 변수는 '지각된 유용성'과 '지각된 사용 용이성'으로 사용자 수용은 이러한 두 가지 신념(생각)에 영향을 받는다는 것이다.

2.1 지각된 유용성(perceived usefulness)

특정 시스템 사용을 통해 업무수행 정도가 높아질 것으로 지각하는 정도를 의미한다. 즉 시스템 사용에 따른 혜택의 지각이다.

2.2 지각된 사용 용이성(perceived ease of use)

특정 시스템을 쉽게 사용할 수 있다는 신념의 정도를 의미한다. 시스템이 유용하다고 지각되더라도 사용이 용이하지 않으면 수용은 이 요소에 의해 거부될 수 있다.

기술 수용 모형(TAM)은 이 분야의 초석을 마련한 것이기에 추후 이를 수정 발전시킨 모형들이 계속 등장하고 있다(예 기술 수용 이론(UTAUT)). 이러한 후속 연구들을 살펴보면, TAM의 핵심인 유용성, 사용 용이성은 그대로 포함된다. 다만 여기에 외생 변수(사용자 특성, 과업 특성, 조직 구조 특성, 시스템 설계 특성)가 추가되거나 혹은 태도 이외의 매개 변수(예 주관적 규범(subjective norms), 지각된 행동 통제(perceived behavioral control), 유희성(playfulness))가 추가되면서 모형이 확장 발전되고 있다.

신제품 개발과 연관된 분야

PART 06

PART

06

신제품 개발과 연관된 분야

지금까지 신제품 개발 및 시장 도입의 과정(S–C–D–L)에 대해 살펴보았다. 이제 PART 06은 신제품 개발과 연관되는 몇 가지 주제를 소개하겠다.

우선 신제품 개발팀을 살펴보겠다. 개발을 직접 수행하는 사람과 조직은 활동 전반에 걸쳐 큰 영향을 미친다. 신제품 개발팀에 관한 내용은 조직의 구축(14장)과 이의 운영(15장)으로 나누어 살펴보겠다. 한편 신제품 성과에는 여러 요인이 영향을 미친다. 이들 중 핵심 요인(key success/failure factors)에 대한 지식은 실패를 피하고 성공 확률을 효율적으로 높이는 데 도움이 된다(16장).

> 초임자들은 관련된 모든 요소를 신경 쓰느라 정작 중요한 핵심 요소에 대해서는 신경을 덜 쓰기도 한다. 반면에 경험이 많은 사람들은 핵심 요소에만 집중해서 힘을 쏟기 때문에 성과도 좋고 동시에 힘도 덜 든다.

마지막으로 신제품 개발에 필요한 정보 획득과 연관되는 시장 조사에 대해 살펴보겠다(17장).

CHAPTER

14 신제품 개발팀(1)
조직의 구축

신제품 개발에서 일어나는 모든 활동은 결국 여기 참여하는 사람들이 수행한다. 이들 역량이 미흡하거나 이들에 대한 관리가 서투르면 만족스러운 성과를 거두기 어렵다. 유망한 아이디어, 첨단 기계와 설비, 높은 기술력, 풍족한 자금이 있더라도 사람 및 조직이 이를 받쳐주지 못하면 제대로 작동하지 못한다. 신제품 개발에 참여하는 사람 및 조직 관리가 그래서 중요하다.

개발 참여자들의 적극적이면서도 헌신적 노력, 이들 개발팀에 대한 적절한 지원은 신제품의 성공 확률을 높여준다. 좋은 아이디어, 짜임새 있는 계획안도 이를 실천하는 사람과 조직이 형편없다면 그 성과는 보잘것없다. 일정은 자주 지연되며 결과물도 만족스럽지 못하다. 운이 좋아 일부 성과를 거둔다고 하더라도 그것은 단발성이다. 제품 개발을 감당할만한 팀을 구성하고 이를 적절히 운영하는 것은 신제품 개발 성공의 핵심 요인이다.

14장에서는 신제품 개발팀의 구축에 대해 살펴보겠다. 조직 형태, 팀의 구성과 역할, 개발 참여자의 자질 및 역량에 대해 살펴보겠다. 한편 조직 설계에 따라 구축된 신제품 개발팀의 운영에 대해서는 15장에서 살펴보겠다. 15장에서는 조직 운영에 대한 제반 이슈(갈등 및 조정, 보상, 의사소통, 글로벌 팀, 개방형 혁신)를 살펴보겠다.

팀 구축을 잘해 놓으면 운영은 그만큼 수월해진다. 반면에 팀 자체가 부실하면 운영을 아무리 잘해도 한계가 있다.

그림 14.1 신제품 개발팀 구축(14장)과 운영(15장)

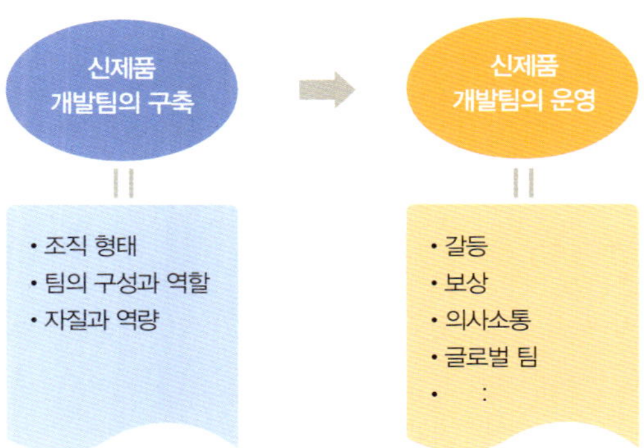

Section 01 신제품 개발팀의 구축

1 교차기능팀

신제품 개발은 여러 기능부서의 협조 속에서 이뤄진다. 따라서 통합과 의사소통을 극대화하는 조직구조의 설계와 관리에 대해 많은 관심이 쏠린다.

그림 14.2 諸기능적(multifunctional), 諸학문적(multidisciplinary) 성격을 가지는 신제품 개발

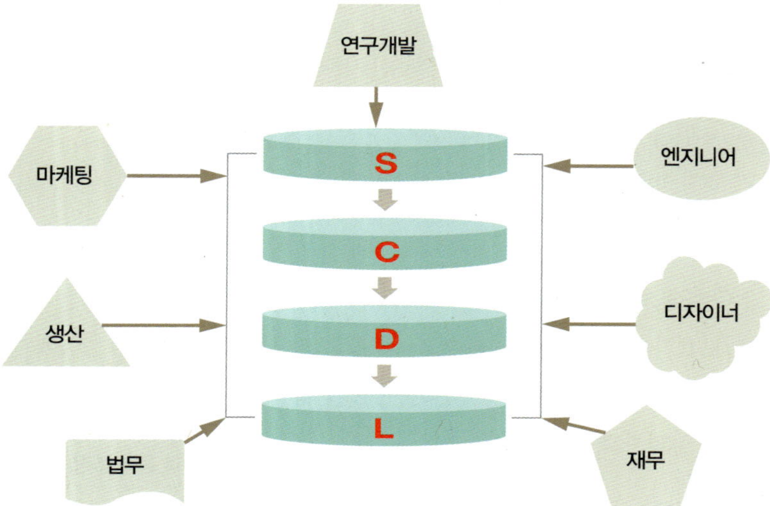

여러 기능부서의 협조 속에서 신제품 개발은 이뤄지기에 교차기능팀(CFT: cross-functional team, 다중기능팀)이 꾸려진다. 이것은 여러 기능별 전문가들이 하나의 목적, 즉 신제품 개발을 위해 모인 팀이다.

여러 기능을 통합하는 교차기능팀의 장점은 고객지향성, 복잡한 문제해결, 창의성, 조직 학습, 일원화된 접촉, 그리고 개발 소요 시간의 단축(신속성) 등이 있다.

교차기능팀에 투입되는 기능 부서의 종류, 직급, 전문성, 사람 숫자 등은 신제품 프로젝트의 성격에 따라 달라진다.

> 신제품 개발 과정(S–C–D–L)의 진행에 따라 또는 업무 성격에 따라 참여하는 기능 부서의 유형 및 기능부서별 공헌도는 달라진다. 이러한 점을 반영하여 중도에 팀 구성원의 변화를 겪기도 한다.

그림 14.3 **교차기능팀(개발과 연관된 기능 부서에서 차출된 사람들이 모여 만든 팀)**

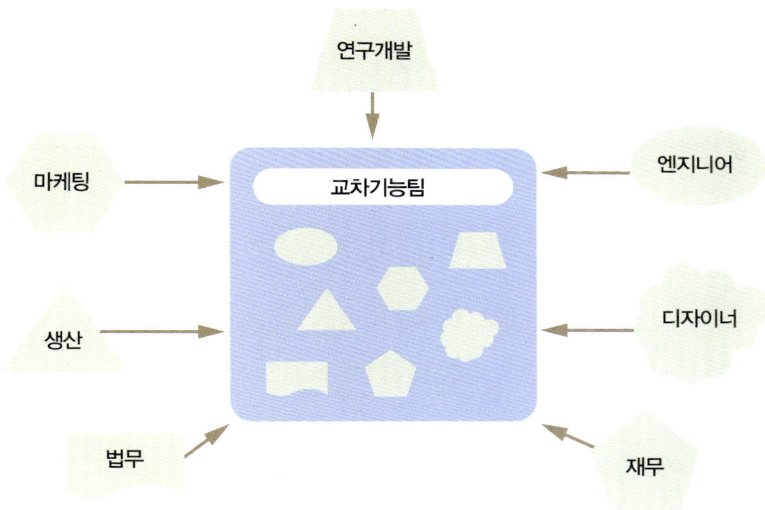

교차기능팀은 신제품 개발 과업을 위해 기능 부서별 전문 인력이 모여 만들어진 프로젝트팀이다. 즉 프로젝트팀(신제품 개발팀, Development teams)에 합류하는 구성원들은 원래의 소속 부서가 있다. 기존 부서와의 연결 정도에 따라 교차기능팀의 성격과 운영은 달라지기 때문에 이러한 연결을 기준으로 몇 가지 조직 유형으로 구분된다. 이러한 기준을 '프로젝트화 정도(Degree of Projectization)'라고 하는데 이는 프로젝트팀에 속한 기능 부서 직원의 전담(몰입) 수준을 의미한다. 프로젝트 중요성이 높을수록 '프로젝트화'는 커진다. 즉 기존 부서로부터 독립적으로 되고 프로젝트팀에 대한 몰입도는 커진다. 그 결과 프로젝트팀의 자율성, 재량권은 높다(예 벤처팀).

그림 14.4 **프로젝트화의 강약에 따른 구분**

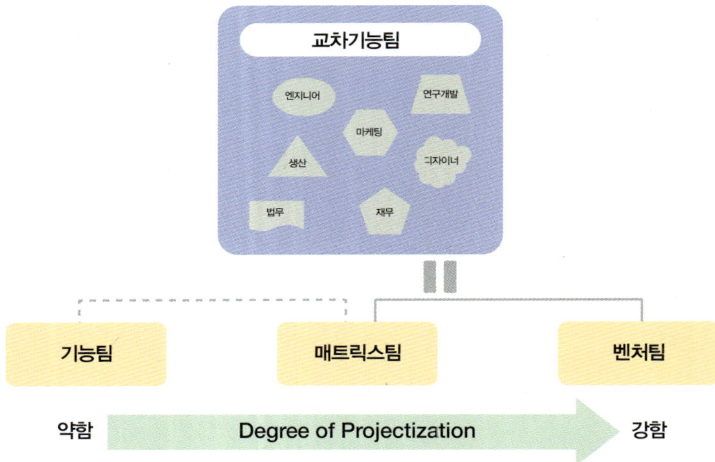

1.1 기능팀(functional team)

엄밀한 의미에서 본다면 위에서 언급한 교차기능팀이 꾸려지는 형태는 아니다. 물론 필요에 따라 다른 기능 부서의 협조를 얻기는 하지만 주로 어떤 하나의 기능 부서(예 디자인, 포장, 생산 부서)가 주도적으로 신제품을 개발하는 것이다. 개발 참여자는 원래의 기능 부서 일을 하면서 새로운 프로젝트를 시도한다. 기존 제품의 소소한 향상, 새로운 용기나 용량 제품의 개발 등과 같은 비교적 단순한 프로젝트, 또는 특정 기능 중심의 프로젝트에 적합하다. '프로젝트화 정도'의 수준은 낮은 조직 형태이다.

1.2 매트릭스팀(matrix team)

교차기능팀은 매트릭스팀부터 본격적인 의미가 있다. 물론 지금까지 개발 과업에 참여하는 사람들은 '기존 기능 부서(functional department)', '신규 프로젝트팀(project team)' 양쪽 모두에 발을 담근 상태이다. 그들에게 양쪽 모두의 일은 중요하고 또한 기능 부서장과 프로젝트 팀장에게 보고할 의무도 있다. 물론 매트릭스팀은 프로젝트 중요성에 따라 좀 더 세분된다. 즉 기존 기능 부서와 신규 프로젝트팀 중 어느 쪽에 비중(우선)을 두는가에 따라 functional matrix team(70:30), balanced matrix team(50:50), project matrix team(30:70) 등으로 나뉜다.

1.3 벤처팀(venture team)

기능 부서에서 차출된 인원들은 기존 부서로부터 독립적인 관계가 된다. 즉 별개의 새로운 프로젝트팀 소속으로 되어 그 팀의 과업을 전담한다. 벤처팀은 다양한 기능 부서 사람들로 구성되지만 기존 업무를 떠나 특정 제품이나 사업을 구상하고 집행하는 전적인 책임을 맡는다. 일상 업무와 잡무, 정규 예산, 정해진 근무 시간 등에서 해방된 사내 기업가이다. 비공식적 작업장 또는 창고와 같은 곳에서 신제품 개발 과업에 대한 재량권을 가지고 운영한다. 세계적으로 새로운 신제품(New-to-the-world products or really-new products), 기업의 새로운 제품 계열(new to the firm products or New product lines)(참조: 2장)의 개발에 적합하다(예 Lockheed's Skunkworks).

- 제2차 세계 대전이 한창이던 1943년 록히드(Lockheed)는 캘리포니아에 있는 조립공장의 한 귀퉁이에 서커스단과 같은 대형 천막을 치고 거기에 태스크포스 형식으로 엔지니어와 조립공들을 불러 모았다. 운영에 관한 전권을 켈리 존슨에게 주는 방임주의 형태의 부서를 만든 것에서부터 출발했다. 여기서 1944년 미군의 첫 제트기 P-80이 탄생하였고 1945년 실전 배치되었다. 스컹크 웍스(Skunk Works)라는 이름이 붙은 이유는 초기에 선정한 부지 주변에 고무 가공 공장이 있었기 때문이다. 고무 가공 시 온도에 따른 변형의 방지를 위해 유황 계열 물질을 섞는데, 이때 동물이 썩은 것과 유사한 냄새를 풍긴다. 당시 유행하던 만화인 'Li'l Abner'에서 '스콩크 웍스(Skonk Works)'라는 죽은 스컹크를 갈아서 무언가 만드는 정체불명의 공장이 나오는데 컬버(Irving Culver)라는 엔지니어가 이를 보고 자신이 근무하는 천막을 스콩크 웍스라 부르기 시작하였다. 심지어 그는 미 해군에서 전화가 왔을 때 "예, 스콩크 웍스입니다."라고 하기도 했다. 이런 연유로 한동안 스콩크 웍스란 이름이 굳어졌다. 그러다 만화 원작자가 저작권 문제를 제기함에 따라 60년대부터 지금의 '스컹크 웍스'라는 이름이 쓰였다.
- 로레알은 '페르소'를 본사가 아니라 '로레알 테크놀로지 인큐베이터'를 통해 개발했다. 혁신 제품은 전통 조직이 아니라 스타트업(신생 벤처기업)에서 나올 가능성이 크다는 조직 이론에 충실한 선택이었다.
- 우리나라 프로축구 1부리그 팀에는 울산, 전북, 제주, 포항 등 10개 팀이 있다. 1부리그 팀을 기능 부서라고 한다면 국가대표팀은 프로젝트팀으로 볼 수 있다. 단발로 끝나는 국가 간 친선경기, 크리스마스 자선경기에는 강도가 약한 '매트릭스팀' 성격의 조직이 형성된다. 반면에 월드컵과 같은 중요 경기를 앞두고 몇 달간 기존의 팀을 떠나 합숙 훈련을 하며 국가대표 감독의 강한 통솔을 받는 '벤처팀'이 꾸려진다.

기업은 신제품 특성, 시장 상황, 기업 규모, 자원, 목적 등을 종합적으로 고려하여 이에 적합한 조직구조를 선택한다. 이를 위해 신제품 개발 조직의 기본 형태, 이용 가능한 여러 가지 대안, 각 대안의 장단점, 상황에 따른 이상적인 조직 형태에 관한 사례 등의 풍부한 이해가 요구된다.

기능 부서 간 통합이 많이 요구될 때, 관료주의적 장애를 극복하고자 할 때, 빠른 개발에 대한 압박이 심할 때, 전혀 새로운 제품을 개발할 때는 벤처팀, 전속팀(dedicated teams)의 중요성이 강조된다.

2 신제품 개발팀 구축에서 유의할 점

여기서는 개발팀 구축과 관련해서 몇 가지 유의할 점을 살펴보겠다.

2.1 신제품 개발팀의 구축 순서

신제품 아이디어(또는 전략)를 먼저 발상하고 난 다음에 이에 적합한 개발팀을 구축하기도 하지만, 신제품을 책임지는 조직을 먼저 만들고 여기서 신제품 아이디어를 찾기도 한다. 어떤 것이 먼저인가 하는 순서보다는 아이디어와 조직 간의 상호조화를 추구하는 것이 관건이다.

신제품 개발 전략(PSS)이 마련되면 이제 이러한 전략 실현에 적절한 사람들은 어떤 사람들인지 결정된다. 예를 들어, 피코 빔(초소형 빔프로젝터) 개발에 집중하기로 결정했다면(PSS) 대형 빔프로젝터 기술자보다 소형 부품과 조립을 많이 취급했던 휴대폰 기술자의 충원이 중요시된다. 중국 시장 진출이 결정되었다면, 중국어와 중국 전문가의 충원이 중요시된다.

2.2 신제품(또는 신사업)에 대한 책임을 지는 담당자(또는 조직)

기업 구성원은 각자 자신의 역할이 있다(예 생산, 재무, 마케팅, 회계, 인사 등). 또한 기업에는 신제품(또는 신사업)을 구상하거나 기획을 담당하는 구성원(또는 조직)도 있다. 다음의 구성원 또는 조직이 평소 이를 담당한다.

① 제품 관리자(product manager): 상당수 기업은 제품 관리자에게 신제품 개발에 대한 책임을 부여한다. 그런데 제품 관리자는 기존의 제품 계열 관리에도 바쁘기 때문에 새로운 것에 많은 관심을 쏟기 힘들다. 또한 기존 제품과 연관된 기술, 시장의 지식은 높지만 새로운 시대에 적합한 신기술과 신사업에 대한 전문성, 정보, 전략적 마인드가 미흡한 경우가 많다.

② 기능 부서의 관리자(functional area managers): 마케팅, 엔지니어링, 디자인, 제조 부서의 관리자는 자기 분야의 사정 및 새로운 동향에 밝은 편이다. 이들 각 부서로부터 유발되는 신제품 아이디어 역시 적지 않다. 다만 자기 분야에 대한 이해도와 민감도는 높지만 이의 실현에 수반되는 다른 부서에 대한 이해가 부족하기 때문에 종종 부정적 기류에 휩싸이기도 한다.

③ 신제품 위원회(new product committee): 대다수 기업은 상위 경영진들로 구성된 위원회를 구성하고 정기 모임을 통해 신제품 개발안을 심사하고 승인한다. 그러나 위원회는 집단 의사결정을 하기 때문에 책임감이 약한 편이고, 때로는 현장에 대한 이해가 부족하다. 또한 공식 절차를 중요시해서 의사결정이 지연되며 정치적 이해관계가 작동하기도 한다.

④ 신제품 개발 전담부서(new product department): 주로 대기업은 상당한 재량권을 가진 신제품 개발 부서를 설치한다. 부서 책임자는 최고경영자에게 직접 보고한다. 부서의 주요 책임은 새로운 아이디어를 창안하고 심사하며, 직접 상품화 개발을 집행한다. 그러나 신제품 개발이 항시 요구되는 기업이 아니라면 이러한 상설 조직의 운영은 부담스럽다. 또한 이에 합당한 유능한 전문가를 확보하기 쉽지 않고, 부서 업적을 위해 과잉 신제품 개발이 초래되기도 한다. 또한 기존에 있는 사람에게 익숙한 기술과 제품에 치중된다는 문제도 있다.

⑤ 최고경영자: 신제품 의사결정은 기업의 운명을 좌우하는 주요 결정이다. 그래서 대다수 기업(특히 중소기업, 스타트업)은 신제품 업무를 최고경영자가 담당한다. 특히 최고경영자가 창업자인 경우에는 신제품 또는 신사업에 아이디어가 많고 열정도 많다. 다만 나이가 들면서 시장을 읽는 안목이 예전 같지 않고, 과거의 성공 공식에 너무 얽매이기도 하고, 독단적인 결정에 아무도 제동을 걸기 어렵다는 문제점이 존재한다.

2.3 신제품 개발팀의 유연성

신제품 개발팀은 기업 내부와 외부 여건에 적합하도록 구축해야 한다. 즉 과업 상황별로 이에 참여하는 사람과 조직 구조를 유연하게 변경한다. 모든 상황에 적합한 하나의 정답은 없다. 물론 말은 쉽지만 복잡한 현실 속에서 신축성 있게 조직을 구축하고 필요에 따라 변형하기란 사실 쉽지 않다. 특히 사람과 연관되기에 변동을 주기 어렵다.

2.4 신제품 개발팀의 확장성

프로젝트팀의 핵심은 소수 인원으로도 가능하다. 다만 이들 소수는 프로젝트와 연관된 내부 기능 부서들과의 협력관계를 폭넓게 유지해야 한다. 아울러 제품 개발에 도움이 되는 외부 조직(예 고객, 외부전문가, 유통망, 공급상, 규제 기관 등)과도 유기적 연결 관계를 가져야 한다.

2.5 신제품 개발팀의 다양성

프로젝트팀에는 다양한 성향을 지닌 사람들이 포함되어야 한다. 열정적이거나 모험적인 사람들로만 팀이 구성되는 것도 문제가 있지만, 보수적이거나 위험회피 성향의 사람들로만 구성되는 것도 문제가 있다(참조: 다음 항의 신제품 팀의 역할).

> 가족 모두가 말썽만 부리는 사람, 돈을 써대는 사람(또는 돈을 아끼기만 하는 사람), 놀기만 하는 사람(또는 일만 하는 사람)으로만 구성되면 그 가족은 건강하지 못하다. 다양한 성향의 사람들로 조화롭게 구성되어야 한다. 최상의 축구팀은 활기찬 젊은 선수와 경험과 노련미 있는 나이 든 선수가 함께 존재한다.

정체된 조직에 변화를 주려면 조직안에 '다른 감각'을 지닌 사람을 너그럽게 받아들여야 한다. 혁신 에너지는 '창의적 마찰(creative abrasion)' 없이는 발현되지 않는다. 독특한 직관과 감수성으로 무장한 모난 돌(괴짜)을 수용하고 이들이 마음껏 기량을 발휘할 수 있도록 포용력을 발휘해야 한다. 경영은 결국 사람들이 하는 것이다. 단 한 사람의 투입에 따라 조직 전체의 화학적 융합에 엄청난 변화가 나타나기도 한다.

2.6 협력의 조직 문화

일이 힘들어질수록 협력 관계는 약화된다. 아마도 자기 살기 바쁘기에 다른 사람에 대한 배려가 어렵기 때문일 것이다. 따라서 평소 협력에 대한 조직 문화를 강화해둘 필요가 있다. 팀워크(teamwork)가 좋을수록 창의성이 좋고 서로 간의 정보를 공유하며 난관 극복에 힘을 합친다. 이를 위해서는 팀원 개개인의 노력도 중요하지만 팀 리더나 최고경영자의 역할이 중요하다.

> 기꺼이 협력하는 자세, 다른 누군가를 신뢰하는 것은 짧은 시간에 얻는 것은 아니다. 시간도 필요하고 어떤 극적 경험의 공유도 필요하다.

2.7 프로젝트에 대한 주인의식(ownership) 또는 시민의식(citizenship)

신제품 개발은 시간이 오래 걸리고 또한 실패의 위험부담이 항상 있다. 따라서 주인의식을 가지고 참여하는 것이 중요하다. 주인의식을 가지려면 교육 및 훈련, 임파워먼트, 동기부여가 필요하다. 예를 들어, 자신이 하는 일에 대한 충분한 지식과 기술이 없다면 주인의식은 생기기 어렵다.

임파워먼트(empowerment, 권한 부여, 권한의 하부이양)란 상위 경영층(또는 상사)이 하위 조직(또는 하급 직원)에 권한과 재량권을 부여하는 것을 의미한다.

Section 02 신제품 개발팀의 구성과 역할

전술한 바와 같이 신제품 개발은 여러 기능의 협조 속에서 이뤄지기에 신제품 개발팀에는 다양한 전문 지식을 갖춘 구성원들이 존재한다. 이들은 신제품 개발팀에서 자기 본연의 역할(예 마케팅, 엔지니어링, 디자인, 제조 등)을 하지만 동시에 다른 역할도 한다.

첫째, 개발팀에서의 위상 또는 직급에 따라 리더와 팀원으로 나뉜다.

둘째, 개발팀에서 부여받은 공식적인 역할 이외에도 다양한 역할을 수행한다(예 제품 옹호자, 지지자, 조정자 등).

그림 14.5 신제품 개발팀의 위계와 역할

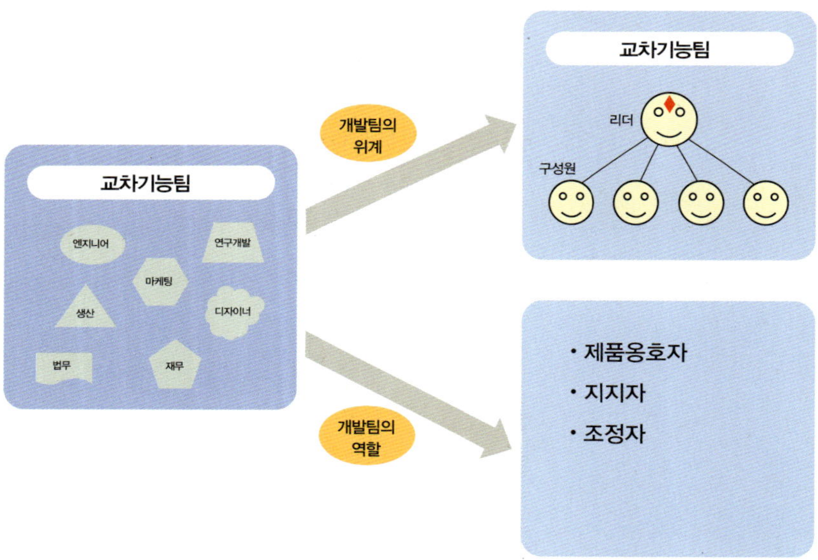

1 신제품 개발팀의 위계

신제품 개발팀은 위계 상 리더와 팀원으로 구분된다. 신제품 개발팀의 리더와 팀원의 의미 및 바람직한 특성을 살펴보겠다.

1.1 신제품 개발팀의 리더(project manager or team leader)

1.1.1 팀 리더의 중요성

팀 리더의 선발은 매우 중요하다. 개발팀 성과에 가장 큰 영향력을 미치는 구성원은 바로 신제품 개발 팀장이기 때문이다.

- 국가 지도자(예 세종대왕, 미국의 조지 워싱턴, 영국의 처칠), 전정터의 장군(예 충무공 이순신), 축구 감독(예 2002년 월드컵 대표팀 감독 히딩크), 오케스트라의 지휘자, 기업의 최고경영자(예 애플의 스티브 잡스) 등을 보면 리더가 얼마나 중요한지 알 수 있다.
- 저자와 오랜 시간 공동연구를 한 David Wilemon 교수와 이런저런 얘기를 하다가, 신제품 개발에서 제일 중요한 요소는 무엇인가 하고 뜬금없이 질문한 적이 있었다. 신제품 분야에 대해 오랜 기간 다양한 연구를 해온 Wilemon 교수의 답변은 바로 나왔다. 그것은 바로 신제품 개발팀 리더였다.

1.1.2 팀 리더의 역량

팀 리더에 대해 설명하자면 한 권의 책으로 부족할 정도로 많은 연구가 축적되어 있다. 여기서는 몇 가지 내용만 언급하겠다.

① 일반관리자(General manager): 세분되고 전문화된 기능 업무를 전체 목적을 고려하여 종합하고 조정하는 일반관리자 역량이 요구된다. 오케스트라 지휘자가 되려면 모든 악기를 이해하고 이들 간 화합을 이끌어내는 능력이 필요한 것과 마찬가지이다.

② 격려와 배려, 그리고 의사소통의 기술: 사람의 마음을 사로잡는 소프트 스킬(soft skill)을 갖춘 리더는 잘못에 대해 지적할 때도 부하 직원의 마음을 상하지 않게 하고, 힘든 지시를 내리더라도 좀 더 마음에서 우러나서 이를 따르게 한다. 같은 말을 하더라도 상대방의 기분을 좋게 하는 말은 관계를 부드럽게 만들고 때로는 얻기 힘든 양보도 쉽게 이끌어낸다. 감동적이고 설득하는 표현은 쉽게 나오는 것이 아니다. 우선 발상 자체가 신선하고 독창적이어야 한다. 생각이 바뀌어야 말도 바뀐다.

- 프랑스의 대표적 계몽사상가인 볼테르는 런던에서 3년 동안 망명 생활을 했다. 당시 프랑스에 대한 영국인들의 감정은 좋지 않았다. 어느 날 영국 폭도들이 그를 죽이려고 하자 그가 말했다. '영국인들이여, 당신들은 내가 프랑스인이라는 이유로 나를 죽이려 하고 있소. 그런데 내가 영국인으로 태어나지 못한 것으로 이미 충분히 벌을 받은 것 아니오?' 그는 가까스로 죽음을 모면했다. – '아부의 처세술'(박희권의 호모글러벌리스), 한국경제신문, 2018년 10월 30일.
- "얼마 전부터 나는 자네에게 축하의 말을 해주고 싶었다네." 사장이 직원에게 말했다. "아이고 감사합니다. 사장님" 그 직원이 좋아하며 대꾸했다. 그러자 사장은 "그런데 자네는 언제 내게 그럴 기회를 줄 건가?"하고 응답했다. – 리더스 다이제스트, 1991년 7월

③ 솔선수범: 힘든 일, 하기 싫은 일, 책임이 따르는 일을 팀원에게 미루지 않고 솔선수범한다.

독수리와 같이 나는 비둘기는 평소보다 높게 날게 된다.

④ 좋은 인재를 알아보는 눈: 프로젝트팀에 적합한 사람들을 발굴하고 그들을 적극적으로 참여시킨다.

(탁월한 조직을 만들기 위해~) "실패는 봐주지만 무능함은 봐주지 않는다." – Gary P. Pisano(하버드대학교 교수)

⑤ 도전 정신: 모험심, 새로운 시도의 자극, 창의성 강조, 실패에 대한 담담함 등은 모두 연결된 마음가짐이고 또한 신제품 개발에서 중요한 정신이다. 이러한 팀 문화의 조성은 팀 리더가 좌우한다.

- "실패를 두려워 마라, 혁신은 실패로부터 배우는 거다"(Michael Dell, Dell 컴퓨터 창업자). "더 이상 실수를 하지 않는다면 넌 끝장이다"(John Cleese, 영화배우, 제작자).
- 언제부터인가 한국 축구 대표팀 경기에 이어 일본 대표팀 경기를 보면 "축구는 저렇게 해야 하는데…" 하는 부러운 생각이 들곤 한다. 우리는 실수가 두려워 백패스 하기 급급한데 일본은 전진 패스가 날카롭게 이어지다 골이 터진다. 책임 회피성 백패스나 '뻥 축구'를 한다. 어릴 때부터 지도자에게 욕을 안 먹고 손찌검을 당하지 않기 위해 축구를 하는 우리의 시스템이 오히려 달인이 되는 것을 방해하기 때문이다. – 참조: "한국 축구, 월드컵에서도 백패스만 할 건가," 조선일보, 2017년 9월 13일
- 예전에 젊고 유망한 경영자가 실패한 계획으로 회사에 1,000만 달러의 손실을 입힌 적이 있었다. 젊은이는 왓슨이 당연히 자신을 해고할 것으로 생각했다. 왓슨은 이렇게 말했다. "너무 걱정하지 말게. 자네를 교육시키는데 단돈 1,000만 달러를 투자했을 뿐이니까." – IBM 창립자 톰 왓슨(Tom Watson Sr.)

- 5개를 혁신하면 4개는 실패한다. 그러나 나머지 1개가 미래를 만든다. – Philip Kotler(마케팅의 대가)
- 바보는 다른 실험 결과를 기대하면서 같은 방법을 계속 쓰는 사람들이다. – Albert Einstein

⑥ 관용: 넓은 도량을 가진다. 개인의 독특함을 인정하고, 다소 규범을 깨는 행위에도 관대하다. 또한 기다려주는 참을성도 있다.

- The opposite of talking isn't listening. The opposite of talking is waiting. – Fran Lebowitz
- The mind is like a parachute. It doesn't work if it is not open.

⑦ 책임지는 자세: 리더는 자기 조직의 모든 면에 대해 무한책임을 지는 자리이다. 책임은 실행한 사람이 아니라 결정한 사람이 져야 한다. 실행하는 사람은 보통 힘없는 말단 직원 또는 하급 병사들이다. 이들에게 책임을 미루고 뒤에 숨어서는 안 된다.

저자는 예전에 광고대행사에서 근무한 적이 있었다. 그때 유난히 어떤 팀장을 사람들이 따랐는데, 그 이유는 그가 학벌이 좋거나 실력이 월등해서가 아니었다. 일이 잘되면 팀원들의 공로로 돌리지만 만에 하나 잘못되면 자신이 모든 책임을 지는 사람이었다. 이와 반대로 '부하의 공적은 상사의 것, 상사의 실패는 부하의 책임'이란 자세를 가져서는 부하들의 마음을 사로잡을 수 없다.

1.1.3 팀 리더의 선발 순서

팀 리더를 먼저 뽑은 다음 그를 중심으로 팀원이 결정되는 경우가 있고, 반대로 팀원들이 결정된 다음에 이들이 자신을 이끌 팀 리더를 선정하는 경우도 있다. 순서에 따른 장단점이 다르기 때문에 상황에 적합하게 순서를 결정한다.

팀원들이 팀 리더를 선정하는 경우에는 팀 리더가 강한 리더십을 발휘하지 못하는 경우가 흔하다. 또한 자신을 뽑아준 팀원들에 대한 마음의 빚과 자신을 배척했던 팀원들에 대한 서운함을 떨치지 못한다면 통합의 리더십을 발휘하지 못한다.

리더에 대한 몇 가지 문구를 추가로 언급하면 다음과 같다.

- '리더 십계명': ① 사업의 목적과 의의를 명확히 하고 지시하라. ② 구체적인 목표와 계획을 세워라. ③ 강렬한 바람을 늘 품고 있어라. ④ 누구에게도 지지 않을 노력을 하라. ⑤ 강한 의지를 가져라. ⑥ 훌륭한 인격을 갖춰라. ⑦ 어떤 역경과 마주쳐도 결코 포기하지 마라. ⑧ 직원들에게 애정을 가지고 다가가라. ⑨ 직원들에게 늘 동기를 부여하라. ⑩ 항상 창조적으로 사고하라. – '경영의 신(神)'으로 불리는 이나모리 가즈오(稻盛和夫)
- '리더십 위기의 다섯 가지 이유': 리더는 다음 다섯 가지 잘못으로 리더십 위기를 맞는다. ① 좋은 결과에 대한 집착 ② 자신의 조직을 '잘 작동하는 기계'로 착각 ③ 오만함 ④ 자기 자신에 대한 이해 부족 ⑤ 의미 없는 성취감 추구. – 참조: 미국 경제 전문지 포브스의 2018년 7월호
- 무능한 간부는 적보다 더 무섭다. – Erwin Rommel(제2차 세계 대전 독일의 장군)
- 네이비실(Navy SEAL)의 일곱 가지 리더십 원칙. ① 용기: 위험을 감수하라. ② 믿음: 투명하고 겸손하라. ③ 존경: 가면을 쓰지 말아라. ④ 성장: 멘토를 찾아라. ⑤ 탁월함: 독특함과 친해져라. ⑥ 회복력: 일곱 번 넘어지면 여덟 번 일어나라. ⑦ 조정 능력: 모든 것을 공유하라.

1.2 신제품 개발팀의 팀원(team members)

개발팀 구성원들은 자신의 기능적 또는 전문적 역할을 수행하는 것이 가장 기본이기에 각자 영역에 대한 충분한 지식을 갖추어야 한다. 이와 아울러 신제품 개발은 협력 과업이며 팀으로 운영되기에 다음과 같은 점이 요구된다.

- 전체(team)를 위해 노력한다.
- 좁고 편향된 기능적 관점에만 갇혀서는 안 된다.
- 다른 사람들과 함께 일하는 법을 배워야 한다.
- 프로젝트팀과 프로젝트 자체에 대한 애정이 있어야 한다.
- 무임승차 하지 않고 자신의 일을 찾아 나선다.

유머: 대기업에서 식인종 여러 명을 채용했다. "그대들은 이제 우리 사람이 됐어. 동료들을 잡아먹는 일은 없어야 하네." 사장의 당부 말이었다. 식인종들은 그러기로 약속하고 한 달이 지나자 사장이 다시 그들을 찾았다. "모두가 그대들이 하는 일에 만족하고 있다네. 그런데 여비서가 없어졌지 뭔가. 여비서가 무슨 일을 당했는지 누구 아는 사람 없나?" 그들은 하나같이 고개를 저었다. 사장이 돌아가자 그들 중 우두머리가 동료 식인종을 나무랐다. "이런 바보 같은 놈들! 몇 주 동안 관리직에 있는 자들을 잡아먹을 땐 아무도 눈치채지 못했잖아. 어느 멍청한 놈이 여비서를 잡아먹은 거야!"

2 신제품 개발팀에서의 역할

신제품 개발팀의 구성원(=팀 리더+팀원)은 자신에게 주어진 본연의 과업을 수행하면서 동시에 자신의 배경, 직급, 전문 지식과 관계없이 팀의 구성원으로서 어떤 역할을 맡기도 한다. 물론 이러한 역할은 공식적으로 주어지는 것도 아니고 누가 전담하는 것도 아니다. 팀에서 나타나는 역할은 매우 다양하지만 여기서는 그 중 몇 가지만 살펴보겠다.

2.1 제품 옹호자(product champion)

초기 단계의 어설픈 아이디어가 멋진 신제품으로 승화하려면 이를 소중히 지켜주는 챔피언(옹호자)이 필요하다.

중세시대의 앵글로-노르만 법은 유죄와 무죄를 무장의 대결 결과에 따라 결정하는 특이한 결투재판 제도를 갖고 있었다. 성직자, 어린이, 여성, 노령이나 질병 때문에 싸울 능력이 없는 사람은 자신을 위해 '대리로 싸워줄 사람' 즉 챔피언을 선정할 권리가 있었다(참조: Walter Scott의 소설, 'Ivanhoe').

하나의 신제품이 개발되어 시장에 도입되기까지 그 신제품에 대한 남다른 애착을 두고 어려운 시기에도 이를 포기하지 않고 지켜내는 구성원을 제품 옹호자(product champion)라고 한다. 성공한 사람의 뒤에 헌신적 부모 또는 아내가 있듯이 성공한 제품 뒤에는 이를 보호하고 지켜내는 옹호자가 있다.

신제품 개발 과정에는 수많은 험로가 놓여 있다. 난관에 부딪힐 때마다 이를 포기하지 않고 지켜주는 사람이 있어야 신제품은 마지막 관문을 통과한다. 제품 옹호자는 제한된 기업의 자원이 해당 신제품에 우선으로 투자되는 데도 많은 역할을 한다. 또한 제품 옹호자는 많은 사람이 그 신제품 아이디어를 잊고 있을 때도 결코 그 신제품을 포기하지 않고 그것을 살릴 방법을 계속 강구한다.

'성공의 아비는 많지만, 실패는 항상 고아이다'란 말이 있다. 흔히 사람들은 어떤 것의 성공 가능성이 커 보이면 그것에 달려들어 추후 성공에 자신이 일조하였다고 얘기하려 하지만 그 유망했던 아이디어가 실패하면 나와 상관없는 것이라고 냉정히 말한다. 제품 옹호자는 누구도 관심 두지 않고 눈길조차 주지 않을 때도 이를 지켜주는 수호신과 같은 존재이다. 설혹 실패하더라도 뒤에 숨지 않는다. 제품 옹호자야말로 '진정한 아비'이다.

뉴질랜드의 92세 할아버지(피터 데이비)가 소리 에너지를 이용해 순식간에 물을 끓이는 음파 주전자를 발명했다. 지난 10여 년 동안 혼자 집중적으로 연구해온 끝에 음파 주전자 개발을 눈앞에 두고 있으며 이제 자신의 기술을 사서 음파 주전자를 대량 생산할 사업자를 찾고 있다. 그가 음파 주전자에 관심을 두기 시작한 지는 50년도 넘는다. 제2차 세계대전 때 영국 전투기 조종사로 활약했던 그는 집에서 색소폰을 연주하면서 소리의 각기 다른 진동수에 따라 모든 물체가 공명한다는 사실을 알아내고 소리 에너지에 관심을 두게 됐다. 그는 "어떤 음역에서는 유리잔들이 딸랑딸랑하고, 어떤 음역에서는 칼과 포크가 흔들린다는 사실을 알아냈다"라면서 "이후 수없이 시행착오를 거듭하면서 음파로 물 끓이는 장치를 연구해왔다"라고 말했다. 그는 음파 주전자는 순식간에 물을 끓일 수 있고, 아무리 적은 양의 물도 끓일 수 있어 필요한 양만 빨리 끓일 수 있는 장점이 있다며 소리는 전기를 사용해 만들어 내게 된다고 밝혔다. – 연합뉴스, 2008년 2월 1일

제품 옹호자에 대한 몇 가지 내용을 언급하면 다음과 같다.

① 제품 옹호자는 시장에서의 성공뿐 아니라 실패와도 연관된다. 즉 제품 옹호자로 인해 기업이 더 큰 손해를 입는 비극적 스토리도 있다.

② 제품 옹호자는 특정 사람만 하는 것도 아니고 모든 것을 옹호하려는 성향의 사람도 아니다. 마케팅 담당자는 제품혁신에, 생산 담당자는 공정 혁신의 옹호에 힘을 쏟는다. 이처럼 자신의 관심 영역에서 주로 발생한다. 따라서 기능부서에 무관하게 모두 제품 옹호자가 될 수 있다.

③ 제품 옹호자는 급진적 혁신에만 관심을 보이는 것은 아니다. 급진적 혁신뿐 아니라 점진적 개선에도 관심을 가진다.

④ 제품 옹호자에 대한 드라마틱한 스토리는 기업 위계 상 매우 높은 사람(최고경영자, 회장) 또는 낮은 사람(말단 직원, 신입 직원)에 대한 것이 많지만, 사실 이러한 위계 수준과 관계 없이 모든 계층에서 나타난다.

2.2 지지자(sponsor, supporter)

프로젝트에 대한 지원과 관심을 보여주는 후원자(지지자)는 신제품 성과에 긍정적 영향을 미친다. 특히 최고(상위) 경영층의 지원과 관심은 중요하다. 물론 최고 경영층은 신제품 개발팀에 소속되어 있지는 않다(참고로 소규모 기업의 경우에는 신제품 개발팀 리더가 바로 최고 경영층인 경우가 종종 있다).

연구 결과 신제품 개발의 전체 과정에 걸친 최고경영자의 높은 관심과 지원, 또는 주도적 개입은

신제품 성공과 밀접한 관련이 있다. 즉 최고경영자의 프로젝트에 대한 긍정적 태도와 물질적, 정신적 지원은 중요하다.

한편 최고경영층이 프로젝트를 올바로 지원하려면 우선 시장을 제대로 이해하고 있어야 한다. 그러기 위해선 "좀 더 시장에 가깝게 다가가는 것"이 중요하다. 즉 최고경영층과 시장 사이의 간격은 좁아야 한다. 그런데 기업 규모가 커지면서 기업을 창업하고 시장에 대한 날카로운 안목을 가졌던 경영자는 시장에서 점차 멀어진다. 예를 들어 거리의 포장마차에서 튀김과 떡볶이를 만들면서 장사하는 사람은 손님들 반응을 바로 확인할 수 있기에 그것을 제조과정에 즉각 반영한다. 그러나 그 사람이 성공해서 튀김과 떡볶이 사업을 크게 하고 사무실 책상에서 관리만 하는 사장이 된다면, 그는 더 이상 현장에서 사람들과 접하는 경우가 줄어든다. 물론 그가 고용한 종업원들이 그가 예전에 하였던 역할을 하면서 고객들 반응을 즉각 살필 것이다. 그러나 종업원은 종업원일 뿐이다. 사장이 아니기에 필사적으로 사업을 살려보겠다는 주인의식 역시 부족하다. 또한 자신의 의견을 제조공정에 반영하고 싶어도 보고 및 승인 절차의 복잡함에 지레 포기할 수도 있다. 따라서 초기에는 시장 욕구를 잘 반영하던 제품과 서비스도 점차 시장과 고객에게서 멀어지게 된다. 이를 방지하기 위해, 즉 시장 반응과 변화를 즉각적으로 기업경영에 반영하기 위해서는 최고경영자 스스로가 직접 고객과 상대하던 예전의 그때를 항상 염두에 두고 시장과 밀접한 거리를 유지해야 한다.

최고경영층의 무모한 목표와 고집, 그리고 과도한 관심이 프로젝트팀에 해를 끼치기도 하지만 때로는 성과를 가져오기도 한다.

> 스티브 잡스는 막무가내식 리더였다. 제품 출시 일정을 일방적으로 통보하거나, 판매목표 수치를 근거 없이 부풀리기 일쑤였다. 실패할 때도 있었지만 때로는 혁신의 원동력이 됐다.

2.3 중재자(갈등 및 이해관계의 조정자, mediator, integrator, translator, coordinator)

팀 리더(project manager)가 주로 이러한 역할을 맡지만, 반드시 그런 것만은 아니다. 의견 대립하는 양측의 견해 차이를 조정하려면 양측 입장을 모두 이해하고 있어야 한다. 또한 중재자 역할을 하려면 양측으로부터 공정성, 신뢰성, 객관성을 인정받아야 한다. 대립하는 양측의 입장을 조정하고 오해를 풀어주고 통합해주는 사람이 있어야 팀은 잘 굴러간다.

> 경영을 제대로 한다면 관련된 사람들 모두가 만족해야 한다. 시민, 직원, 사장들이 더 만족할 수 있는 길을 찾지 못한다면 운영방식이 크게 잘못된 것이 틀림없다. - Henry Ford(자동차 왕)

2.4 아이디어맨(괴짜, 엉뚱한 사람, creator, idea source)

팀에서는 새로운 아이디어나 문제해결책을 제시하는 사람이 가끔 있다. 이러한 역할은 어떤 한 사람이 주로 하기도 하지만, 사실 그 누구라도 이런 역할을 한다. 팀에 새로 영입된 직원, 외부에서 스카우트된 직원은 신선한 사고방식을 가지기에 팀 합류 초기에 이런 역할을 많이 한다.

참신한 아이디어 하나가 꽉 막힌 전세를 역전시키는 일도 있기에 이러한 역할이 발현되는 환경을 조성해준다(예 뜻밖의 휴가, 학술대회 참가, 외부 교육).

2.5 합리적 비판자(rationalist, realist)

어떤 대안에 대한 객관적, 현실적 의견을 제시하는 역할이다. 합리적 사고를 하며 상황을 비교적 냉철히 판단하는 사람들이다. 열정과 도전 정신을 가진 사람들 입장에서 보면 자신의 꿈을 꺾거나 찬물 끼얹는 사람으로 보이기도 한다. 그러나 현실을 직시하는 이들이 있기에 무모한 도전을 중도에 멈출 수 있다.

팀에 그린라이트만 켜는 사람만 있다면 폭주하는 열차를 멈추기 어렵다. 물론 레드라이트만 켜는 사람만 있어도 발전은 없다. 중간 성격의 '노란 경고등'을 적시에 용기 있게 밝혀주는 사람이 필요하다.

2.6 분위기 메이커(facilitator, booster, cheerleader)

하품이 전염되는 것처럼 감정(공포, 슬픔, 행복 등)도 전염된다. 긍정적 기운 역시 전염성이 강하기에 주변 사람들에게 좋은 기운을 불러일으킨다. 조직에 긍정적 기운을 불어넣는 파이팅 넘치거나 사기를 북돋거나 마음이 따뜻한 조직원의 역할은 예상보다 크다. 특히 좌절과 어려움이 산적한 신제품 개발 과업이기에 이런 역할을 하는 조직원은 소중한 존재이다.

야구팀에서도 이런 역할을 하는 파이팅 넘치는 선수들이 있다. 감독은 그들의 실력 여부를 떠나 팀의 단합과 사기 앙양을 위해 그러한 선수를 소중히 여긴다.

'비호감에서 Be 호감으로' 오재원의 인생 역전: 한국 야구 역사에 남을 11.19 대첩('프리미어12'의 준결승전에서 일본에 4:3으로 대역전승), 역전타의 주인공은 이대호였지만 팬들에게 가장 큰 감명을 준 선수는 오재원이었다. 상황에 어울리지 않을 수도 있는 파이팅과 상대를 향한 자극도 두려워하지 않는 세리머니. 승부에 대한 집착과 언쟁을 두려워하지 않는 파이터 기질로 인해 '비호감' 선수로 낙인찍혀왔고, 사실 그동안 오재원은 이런 이유로 인해 많은 야구팬에게 비난을 받아오기도 했다. 하지만 이런 선수가 '우리 팀(일본을 상대하는 국가대표팀)'이 되자 파이팅 기질이 승리를 향한 열정을 불러일으킴을 느끼게 되고 열정 넘치는 세리머니가 포기를 잊게 함을 느꼈기에 오재원은 급작스레 '비호감'에서 'Be 호감' 선수로 등극하게 되었다. – 참조: http://1boon.kakao.com/sportsvod/oh1120

2.7 기타

팀에서 나타나는 그 밖의 역할(긍정적, 부정적 역할을 모두 포함)로는 무엇이 있을지 생각해보기를 권한다(예 살림꾼, 일정 관리자, 정보통, 외부연결고리, 싸움꾼, 트러블메이커 등).

Section 03

신제품 개발 참여자의 자질과 역량

신제품 개발 활동은 결국 사람이 하므로 이들 역량이 매우 중요하다. 전문성, 창의력, 정보력, 성실성, 배려심, 공감 능력, 윤리의식, 열정, 도전 정신, 커뮤니케이션, 팀워크, 체력 등은 기본적으로 중요시되는 능력이다. 또한 가능한 이러한 자질 모두를 고루 겸비한 인재일수록 좋다. '인사(人事)가 만사(萬事)이다'란 말처럼 좋은 인재를 뽑아 놓으면 일은 저절로 잘 풀린다.

- 성공하는 이는 실패하는 이가 하기 싫어하는 것을 하는 습관이 있다 – Thomas Edison
- 스티브 잡스의 일대기를 보면 그가 A급 인재에 대해 얼마나 많은 정성을 들였는지 알 수 있다. "스티브 잡스는 세상을 이분법으로 분류한다. '깨달은 사람'이 아니면 '멍청한 놈'이었다. '최고'든지 아니면 '완전히 쓰레기'였다. 스티브 잡스 밑에서 일하는 건 만만치 않았다. 그의 세상엔 '신들'과 '골빈 놈들'만 있다는 양극화된 시각을 가졌기 때문이다. '신(神)'에 속하는 사람들은 받들어 모셔졌기 때문에 무슨 일을 해도 괜찮았다." - 참조: Walter Isaacson(2011)의 'Steve Jobs'.

신제품 개발 참여자의 자질과 능력에 대한 몇 가지 내용을 아래에서 살펴보겠다.

1 창의력

창의적 발상은 시장과 고객에게 가치를 창출하는 제품, 서비스에 대한 참신한 아이디어, 디자인, 방식 등을 '생각해내는 능력'이다. 즉 '어떤 아이디어, 개념, 물건을 처음으로 만들어 내거나 그들 관계의 발견 또는 재구성하는 행위 능력으로서 주어진 상황에서 적절하고, 새롭고, 또 효과적이어야 한다'라고 정의된다.

창의력이 풍부한 구성원이 많을수록 그 조직의 창조 역량은 커진다. 따라서 기업은 창의성 있는 인재 선발에 노력을 기울여야 한다. "아기는 한 명의 산모가 아홉 달을 기다려 낳는 것이지 아홉 명의 산모가 한 달씩 번갈아 가면서 낳는 것은 아니다", "바둑 9단 한 명을 바둑 1급 백 명이 힘을 합쳐도 이기기 어렵다"란 말이 있듯이 한 명의 천재 또는 창의적 인재가 중요하다.

> 클래식 음악과 대중가요 등을 들으면 정말 많은 음악이 있다는 것을 알게 된다. 새롭지 않다면 새로운 곡은 존재하지 않는다. 피아노 건반은 108개이다. 바둑판은 361개이다. 그 안에 무한한 것들이 나타난다.

창의성 있는 사람을 선발하기 위해서는 이들을 선별할 수 있는 판단 기준이 마련되어야 한다. 여러 연구가 있지만 지금까지 개략적으로 밝혀진 바로는 창의성 있는 사람들은 표면적으로는 전혀 연관이 없어 보이기 때문에 일반인들은 간과하고 있는 여러 영역을 교묘히 연관시키는 능력이 있는 자들로서(예 죠지 오웰의 '1984'와 매킨토시의 연결, 초코파이와 情의 연결 등), 그들은 대체로 판단의 독립성, 사람보다는 기계 또는 아이디어와 보내는 시간을 선호, 반복되는 작업의 거부, 내성적 성향, 유연한 사고력, 새로운 경험에 대해 개방적, 강한 탐구심, 집중력, 놀기 좋아함, 즉흥적 또는 충동적 등의 성향을 보이는 경우가 많다.

한편 창조력은 언어능력과 마찬가지로 성인이 된 후 갑자기 발달시키기 무척 어려운 능력이다. 또한 창조하는 능력을 남에게 가르친다는 것(타인에게 전수하는 것)도 그리 쉬운 일은 아니다. 창조력이란 어린 시절부터의 자유스러운 사고 훈련 속에서 자연스럽게 커가는 것이다. 제한된 것에서만 선택하고 남의 머리가 없으면 생각을 못 하는 사고방식 속에서 자라난 세대가 나이 들어서 '자기 자신만의 것'을 생각해내기란 어렵다.

> 개인의 창조력은 궁극적으로 교육제도와 연관이 있다. 따라서 개인 및 조직의 창조 역량의 제고를 위해서는 근본적으로 우리 교육제도의 개선이 필요하다고 본다(참고: "선진교육개혁", 중앙일보, 1993년 11월 9일~12월 30일).

2 열정

하나의 성공적 신제품이 개발되기까지 적지 않은 시간, 노력이 들어간다. 따라서 열정은 매우 중요한 자질이다. 처음의 불꽃(창의적 아이디어)도 중요하지만, 그것이 오래도록 유지되려면 많은 연료가 필요하다. 연료에 해당하는 부분이 바로 열정이다.

- 출근할 때 표정과 퇴근할 때 표정을 보면 그 사람의 자기 일에 대한 태도를 알 수 있다. 물론 출근할 때 표정이 밝아야 한다. 표정이 밝다는 것은 출근하는 것이 즐겁기 때문이다.
- James Dyson(다이슨 기업의 창업자)은 먼지봉투가 꽉 차면 흡입력을 잃는 진공청소기에 짜증이 났고, 이 문제를 해결할 청소기 개발에 직접 나섰다. 먼지봉투가 없고 먼지 입자를 흡입하는 세상에서 가장 작은 집진기를 가진 진공청소기의 개발은 실패와 좌절의 연속이었다. 5,126개의 시제품을 만들었다가 부수는 동안 5년 이상의 시간이 흘렀다. 5127번째 시제품을 제작하고 나서야 상용화에 성공했다. 이 청소기는 다이슨에 50억 달러(약 5조5,000여억 원)의 부(富)를 안겨줬다.

3 실천력

누군가 움직이지 않으면 바뀌는 것은 하나도 없다. 아무리 좋은 아이디어, 의도, 또는 계획을 세우고 있더라도 그것을 실천에 옮기지 않으면 애초부터 그런 기발한 생각을 하고 있지 않던 기업(팀)과 마찬가지일 것이다. 어떤 의미에서 창의력이란 남들이 생각 못 했던 기발한 것을 생각해내는 능력이 아니라, 누구나 생각해 봤을 간한 것을 남들보다 더 빠르게 세상에 내보내는 것이다. 그래서 실천력, 집행력 있는 인재는 신제품 개발 과업에 매우 소중하다.

- "좋은 생각을 한다는 것과 그 좋은 생각을 행동으로 옮긴다는 것은 별개의 것이다." - Mahatma Gandhi
- 신은 모든 새에게 벌레를 주지만 둥우리에 벌레를 던져주지는 않는다. - 스웨덴 속담
- "Happiness is not something ready-made. It comes from your own actions." - Dalai Lama
- 渡(도): 무언가를 건너간다는 의미의 한자이다. 아프리카의 얼룩말들은 먹이(초원의 풀)를 찾아가기 위해 악어가 득실대는 강을 건너간다.
- "얼마나 열심히 일하는가를 말하지 말고, 얼마나 많이 해냈는가를 이야기하라." - James Ling(미국 사업가)
- "'최선'은 학교 다닐 때나 대우받는 거고…, 직장은 '결과'만 대접받는 데다." - 드라마 '미생'(2014년)
- "정치가는 말이나 의도가 아니라 그들이 취한 행동의 결과에 책임져야 한다." – Machiavelli

4 실패하였을 때 포기하지 않는 끈기와 근성(강한 회복력, 스트레스에 강한 내성)

신제품 개발 과정에는 수많은 난관이 도사리고 있다. 포기하고 싶은 시점이 언젠가 발생한다. 중요한 것은 이때 다시 일어서는 힘이다.

> '모든 사람이 이성을 잃고 너를 비난해도 / 냉정을 유지할 수 있다면 / 모두가 너를 의심할 때 자신을 믿고 / 그들의 의심마저 감싸 안을 수 있다면 / 네가 말한 진실이 악인들 입에 왜곡되어 / 어리석은 자들을 옭아매는 덫이 되는 것을 참을 수 있다면 / … 네 일생을 바쳐 이룩한 것이 무너져 내리는 걸 보고 / 낡은 연장을 들어 다시 세울 용기가 있다면 / … 승리와 좌절을 만나고도/ 이 두 가지를 똑같이 대할 수 있다면(If you can meet with triumph and disaster / And treat those two impostors just the same)/ … 무엇보다 아들아, 너는 비로소 한 사람의 어른이 되는 것이다!' – Rudyard Kipling, '만약에(If)'

스트레스(stress)란 인간이 심리적 혹은 신체적으로 감당하기 어려운 상황에 처했을 때 느끼는 불안과 위협의 감정을 의미한다. 신제품 개발 과업은 불확실한 환경, 불안전한 여건 속에서 매번 어려운 과업을 감당하기에 스트레스가 적지 않다. 스트레스의 개념에서 알 수 있듯이 스트레스는 감당하기 어렵다고 느껴지는 수준에서 발생하므로 사람마다 다르게 다가온다. 즉 어떤 사람에게는 별일 아닌 것이 다른 사람에게는 심각한 스트레스가 될 수 있다. 따라서 육체적, 정신적으로 강인하게 단련된 사람은 스트레스를 겪는 경우가 좀 더 줄어든다.

> "기량이 향상될수록 걱정거리는 줄어든다." – Pablo Picasso

한편 회복 탄력성(resilience, 극복 능력, 탄성, 탄력성, 회복력)이란 원래 제자리로 돌아오는 힘을 일컫는 말로, 심리학에서는 주로 시련이나 고난을 이겨내는 긍정적인 힘을 의미하는 데 쓰인다. 물체마다 탄성이 다르듯이 사람도 그 회복력은 다르다. 회복 탄력성이 강한 사람은 스트레스 상황에서 잠시 흐트러졌던 몸과 마음을 다시 균형감과 평정심을 유지하는 방향으로 빠르게 돌아온다. 이러한 능력은 자신이 현재 당면한 문제에 집중력을 잃지 않고 유연하게 대처할 수 있게 한다.

CHAPTER

15 신제품 개발팀(2) 조직의 운영

신제품 개발팀을 탄탄히 구축하였다면 조직 관리의 50% 이상은 달성한 것이다. 그러나 좋은 사람을 선발하고 적절한 조직 형태를 구축해 놓았더라도 이의 운영이 소홀하다면 애써 만든 조직의 효과는 반감될 것이다. 여기서는 신제품 개발팀의 운영에 대한 몇 가지 이슈를 살펴보겠다.

그림 15.1 신제품 개발팀의 운영에 대한 제반 이슈

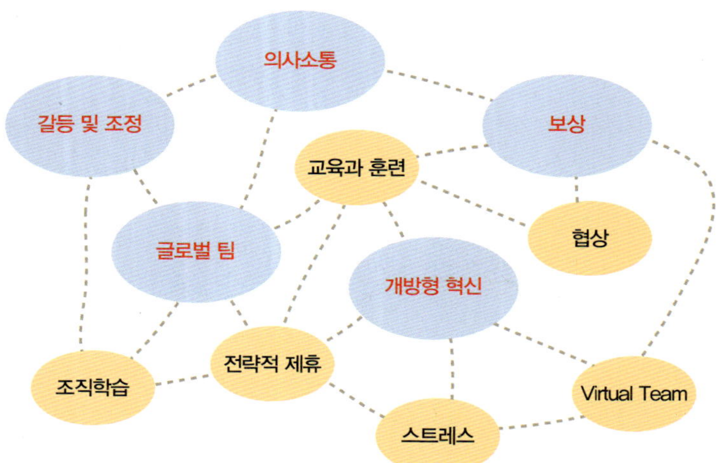

다양한 이슈가 존재하며 이들 간 서로 강한 또는 약한 연관성이 존재한다(예 갈등과 의사소통 간의 강한 연관성).

Section 01

개발팀의 운영에 대한 개관

조직 이론에서 제시하는 대부분 내용은 신제품 개발팀의 운영에도 적용된다. 여기에 더해 신제품 개발과 연관된 몇 가지 사항을 추가하면 다음과 같다.

1 개발 참여자의 성향

조직 운영은 조직원을 대상으로 하기 때문에 무엇보다 구성원에 대한 이해가 선행되어야 한다. 그런데 사람은 제각기 다르다. 개성과 가치관이 다르고 전문 영역이 다르며 처한 여건이 다르고 그 동안 겪은 경험치가 다르다. 그렇기에 특수성, 차별성, 장단점을 가진다. 물론 장점만 있는 사람은 없다. 장점은 살리고 단점도 긍정적으로 활용할 방안을 마련하는 것이 중요하다.

2 제품 유형, 목표 시장

제품의 혁신성 수준에 따라(참조: 2장) 요구되는 인재는 다르다. 제품 유형에 걸맞은 인원을 충원하고 이들에 적합한 방식으로 조직을 운영한다.

한편 추구하는 목표 시장을 고려하여 조직 운영을 다르게 가져간다.

- 토요타 자동차는 렉서스의 예상 고객으로 미국의 여피족(Yuppies: Young, Urban, Professional 머리글자에서 나온 용어로 고등교육을 받고, 도시 근교에서 살며, 전문직에 종사하는 젊은 고소득층을 의미)을 생각하였다. 그들의 취향에 맞게 디자인하기 위해 디자인팀을 캘리포니아 뉴포트 비치에서 3개월 동안 생활하게 하였다.
- 중국에 진출하는 한국 업체들은 '여러 개의 중국'을 알아야 한다. 중국 전체 1인당 소득은 1만400달러지만 베이징과 상하이는 2만2,000달러이다(2019년 기준). 이처럼 중국은 소득도 천차만별이고 지역마다 기후도 다르기에 상품군도 달라야 한다. 이러한 학습은 시간이 걸리기에 중국 현지 회사와의 합작을 통해 기업 운영 방식과 소비자 특성을 습득하는 것도 하나의 방법이다.

3 최신 기술의 활용

MZ세대의 의사소통과 선호하는 보상 유형은 기존 세대와 다르다. 신제품 개발팀은 다양한 사람들로 구성되기에 세대 차이는 당연히 발생한다. 어느 한쪽을 고집하는 것보다 상호 간 이해하려는 노력이 중요시된다. 아울러 최신 기술은 기존의 고질적인 조직 문제 해결에도 도움될 때가 많기 때문에 이를 적극적으로 활용한다.

신제품 개발팀의 성공적 운영을 위해서는 과학적 조직 이론, 금전적 보상, 잘 정리된 규율 등도 필요하지만, 이에 못지않게 개발 프로젝트에 대한 애정, 상호 간의 신뢰, 자유와 절제 분위기 등과 같은 마음가짐 역시 중요하다.

Section 02

신제품 개발팀의 운영에 대한 주요 이슈

신제품 개발팀의 운영에는 다양한 이슈가 존재한다. 이들 중 갈등과 조정, 의사소통, 보상, 글로벌 팀, 개방형 혁신 등을 좀 더 살펴보겠다.

1 신제품 개발에서의 갈등

신제품 개발은 여러 사람이 함께하는 과업이기에 갈등 발생의 소지가 크다. 따라서 갈등 관리는 매우 중요한 이슈이다.

- 갈등(conflict)이란 구성원 간 목표, 기대, 정책에서의 차이를 의미한다. 즉 어떤 구성원이 자신의 목표 달성에 있어 다른 구성원이 방해된다고 여길 때 나타나는 상황으로, 즉 자신의 역할 수행의 제약으로 인해 야기된 하나의 욕구불만 상태이다. 이러한 갈등의 크기는 목표, 영역, 상황인식에 대한 구성원 간 불일치의 수준과 연관된다.
- "Take self-driving cars. We have not really got a moral code for designing the algorithms that decided whether the car should protect its driver or the maximum number of lives. Perhaps we will leave those decisions to computers as well?" – Bettina von Stamm(독일의 혁신 연구자)
- 2008년 장안에 화제가 되었던 드라마 'On Air'를 보면 하나의 드라마가 완성되기까지 얼마나 많은 사람이 다양한 조직과 서로 얽혀 있는가를 알 수 있다. 드라마 작가, PD, 연기자, 연예기획사, 촬영감독, 조명감독, 편집진, 방송사, 외주제작사 등 상이한 목적과 문화를 가진 사람과 조직들이기에 태생적으로 적지 않은 갈등을 내포하고 있으므로, 이들을 얼마나 잘 묶는가에 따라 전체 성과는 좌우된다.

1.1 갈등의 해소 유형

갈등의 관리 방법은 여러 가지가 있다.

유통 경로에서 갈등: 유통 경로상 갈등(예 제조업자와 소매상, 소매상과 다른 소매상 간의 갈등)은 자주 발생하기에 주요 이슈로 다루어졌다. 갈등의 해소방안으로 경로 주도자(channel captain)의 역할을 중요시하고 있다.

경로 주도자란 마케팅 경로에서 주도적 역할을 하는 경로 구성원을 의미하는 데 보통 경로 구성원들 중에서 가장 큰 힘(power)을 가진 구성원이 경로 주도자가 된다. 경로 주도자가 지도력(힘)을 발휘하면 마케팅 경로 갈등의 발생 확률이 줄어들고 혹여 갈등이 발생하더라도 이를 신속히 해결할 수 있다.

여기서는 신제품 개발 분야에서 많이 인용되는 Gobeli, Koenig and Bechinger(1998)이 제시한 갈등 관리를 중심으로 살펴보겠다. 이들이 제시한 갈등 관리의 다섯 가지 유형은 대면(confrontation), 주고받기(give and take), 철회(withdrawal), 완화(smoothing), 강압(forcing)이다.

그림 15.2 **갈등 관리의 다섯 가지 유형**

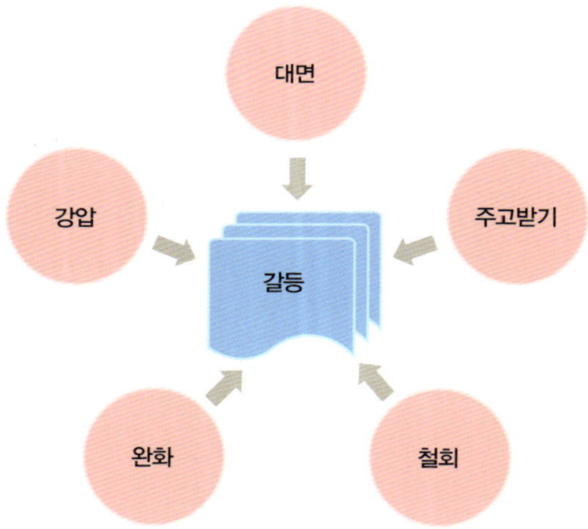

1.1.1 대면

갈등 당사자가 서로 마주보고 둘의 의견이 접점을 볼 때까지 해결책을 같이 찾는 방법이다(예 끝장 토론). 서로 수긍할만한 해결책을 찾을 때까지 협력하여 노력한다. 갈등 당사자 간에 가장 바람직한 해결책을 찾는데 도움이 되지만 오랜 시간이 걸린다는 단점이 있다. 그러나 이러한 의사소통과 협력의 과정을 통해 과업 자체를 좀 더 이해하게 되고 또한 서로 간의 입장을 이해할 수 있는 장점이 있다.

이상적 방법이지만 실제 이러한 실천은 쉽지 않다. 서로 간의 신뢰와 상대방에 대한 존중이 전제되어야 협상테이블에 앉기 때문이다.

- 일단 양 당사자가 대면한다는 것 자체로도 문제의 절반은 해결된 셈이다. 대부분의 갈등 당사자들은 서로 같은 자리에 있는 것도 그리고 상대방 얘기를 들으려고도 하지 않는 경우가 많다.
- The thing I hate about an argument is that it always interrupts a discussion. –G. K. Chesterton

1.1.2 주고받기

주고받기식의 타협적 방법이다. 양 당사자는 서로 수용할만한 타협적 해결책을 찾는 것이다. 서로 양보할 것은 양보하면서 접점을 찾아 나선다(예 국회에서 여당과 야당 간의 협상 방식). 이를 위해 타협하고 조율한다. 하나를 양보하면 상대방으로부터 다른 하나를 요구하는 식으로 서로의 요구사항을 주고받으면서 해결책을 찾는 것이다.

신제품 개발에서는 이러한 주고받기 협상을 통하여 제품에 탑재되는 일련의 속성(feature)을 결정하면서 프로젝트를 진행하기도 한다(마케팅과 제조의 주고받기의 예 고객이 원하는 성능은 한 개 줄이고 대신 고장에 따른 고객 불만은 적게 함).

대면 방법을 통해서는 기존에 없던 제3의 멋진 해결책을 찾기도 하지만, 주고받기식은 기존 자기 것에서 하나씩 점진적으로 양보하면서 합의점을 찾을 뿐이다. 이 방법은 양호한 방법이지만 당사자 간 힘의 균형이 깨진 상태라면 후술하는 강제의 방법과 유사하게 흐르기 때문에(예 힘센 상대방에게 대부분을 양보) 좋은 해결책이 아닐 수도 있다.

1.1.3 철회(또는 회피)

갈등을 일으킬만한 이슈 자체를 일단은 피하고 보는 방법이다. 즉 갈등을 유발할만한 의견 제시를 아예 피하거나 아니면 의견 제시했더라도 바로 철회하는 것이다. 인기 없는 개발팀 멤버, 즉 팀에서 호응을 잘 받지 못하는 팀원은 일부러 문제를 일으킬 가치가 없다고 생각하고 자신의 의견을 말해야 하는 순간에도 지레짐작으로 한 발 뒤로 물러선다. 그러나 근원적 문제를 해결하지 않고 그냥 표면만 덮어둔 상태이기에 언제든 재발의 위험성이 있다.

갈등을 해결하는 커뮤니케이션의 기회 자체를 피하는 것이기 때문에 점차 대화는 적어진다. 그러나 언젠가 원래의 문제는 발생하기 때문에 때늦은 의사소통으로는 더 심화된 문제를 감당하기 어렵다.

전술한 대면의 방법은 서로 간 이해하는 부분도 커지고 공감대도 형성된다. 또한 문제가 더 커지기 전에 이를 해결한다는 장점도 있다. 그러나 회피나 철회를 자꾸 하다 보면 구성원 간 의사소통은 핵심을 벗어나 겉돌기만 한다.

1.1.4 부드럽게 완화

의견 차이를 일으키는 부분을 되도록 최소화한다. 이러한 방법은 피상적인 해결책을 선택하게 한다. 즉 서로 간 차이의 평균점을 통해 갈등을 해소하기 때문에 결국 아무도 원하지 않는 중간점을 선택하게 된다.

최종 선택은 그 누구에게도 최선은 아니다. 갈등의 원인을 심도 있게 해결하기보다는 눈에 보이는 갈등의 요철 부분만 부드럽게 완화한 것이기 때문에 여전히 갈등의 골은 남아있다.

갈등의 단초가 되는 예리한 아이디어(idea edge)를 부드럽게 갉아버리는 것으로 '좋은 게 좋은 것이란 식으로 중립적 또는 평균적 해결'을 택한다. 그러나 신제품은 무언가 특이하고 새로운 것이어야 한다. 모든 사람이 대략 만족하는 부드럽게 완화하는 방법으로는 그저 평범한 제품만 나올 뿐이다. 은근슬쩍 또는 두루뭉실하게 넘기므로 '이 맛도 저 맛도 아닌 것'이 산출된다.

1.1.5 강요

어떤 한 당사자의 의견 또는 해결책을 상대에게 강제한다. 리더가 강제적으로 조율하거나 특정 안건으로 결정함으로써 갈등이 일견 봉합되지만, 마음속 앙금은 남아있다. 앞서 설명한 '철회'는 갈등거리를 당사자가 알아서 스스로 거둬들이는 것이지만, '강요'는 갈등 소재를 스스로 거두지 않고 상대방의 힘에 의해 강제적으로 물리는 것이다.

사람들은 다툼을 싫어하기에 강한 주장을 하는 사람의 의견을 들어준다. 그런데 이러한 것이 반복되면, 자기주장이 강한 사람은 계속 자기 의견을 관철하고 점잖은 사람은 계속 양보만 한다. 그러나 어느 한쪽의 의견이 지배적인 것은 결코 바람직하지 못하다. 아무리 현명한 사람도 모든 것에서 옳을 수 없기 때문이다. 또한 내부적으로 상대를 힘으로 굴복시켰다고 해서 좋아할 만한 것은 아니다. 신제품에 대한 최종 평가는 결국 시장에서 내리기 때문이다.

하나의 기능 부서(예 마케팅 또는 제조)가 모든 것을 주도하는 것은 바람직하지 않다. 만일 마케팅, 생산, 엔지니어링, 재무 부서 중 어떤 하나가 과도하게 주도하면, 서로 다른 부서 간의 협력을 강화하기 위해 만든 교차기능팀의 효과를 거두기는 어렵다. 대등한 힘과 균형을 가지고 더 큰 목적을 향해 협력하는 것이 바람직하다.

- 짝짓기를 위한 아프리카 영양 수컷들의 다툼은 여러모로 위험한 순간이다. 우열을 다투는 과정에서 뿔이 꼬여 비명횡사하는 경우도 있다. 또한 상대방을 밀어내는데 정신이 팔려 천적이 가까이 다가오는 것도 모르고 또한 격렬한 혈투 끝에 이겼어도 기진맥진해져 맥없이 사냥감이 되기도 한다.
- 사람이 사는 곳에서 크고 작은 갈등은 얼마든지 있다. 그렇지만 그 갈등의 당사자 중 어느 한쪽에 권력이 일방적으로 쏠리면 갈등 해소는 평범하지 않고 상상도 할 수 없게 증폭된다. 예를 들어, 비등한 관계 사이의 갈등은 이럭저럭 해결되지만, 사장과 종업원, 임금과 신하의 갈등은 한쪽의 일방적 파멸로 끝난다.

이상의 방법들은 통합적 관리 유형(대면, 주고받기)과 역기능적 유형(철회, 완화, 강요)으로 구분된다. 통합적 갈등 관리의 스타일은 역기능적 스타일보다 갈등 해소의 과정 및 결과 모두 바람직하게 나타난다.

이상 열거한 방법이 갈등 해결을 위한 방법의 전부는 아니다. 또한 한 가지 방법만을 사용하는 경우보다는 하나의 갈등 이슈에 대해 여러 방법을 입체적으로 사용하기도 한다. 또한 어떤 장치를 미리 마련해서 갈등을 예방하기도 한다.

SRT 고속열차가 개통된 지 얼마 안 되어 부산 여행을 한 적이 있었다. 시설도 깨끗하고 의자도 편했다. 또한 넓게 트인 창문은 시야를 시원하게 해주었다. 창가 쪽 좌석이었기에 경치를 구경하는 느긋한 여행을 기대했지만 열차가 출발한 지 얼마 안 돼서 햇볕이 들어오자 창문을 공유하는 뒷좌석 승객이 커튼을 밑에까지 내려서 경치는 전혀 보지 못하고 말았다. 햇볕이 그리 강한 편도 아니었고, 경치를 즐기는 편이었기에 내 마음대로 했다면 아마 커튼을 치지 않고 부산까지 갔을 것이다. 이러한 경험은 수년 전 일본 신칸센 여행을 떠올리게 하였다. 비행기처럼 좌석마다 창이 독립적으로 뚫려 있었는데, 그때는 왜 이렇게 창문을 비경제적으로 의자마다 따로 만들었을까 궁금하였다. 그런데 막상 이런 경험을 하다 보니 그 이유를 알 수 있었다.

사회적 또는 조직적 갈등을 예방하는 장치를 선제적으로 마련한다. 물론 여기에는 비용과 노력이 들어가겠지만, 갈등으로 발생하는 사회적 손실과 비용보다는 훨씬 적을 것이다(예 층간소음, 주차 등에 대한 갈등).

1.2 갈등의 발생 원인

갈등은 신제품 개발의 여러 장면에서 그리고 여러 시점에서 빈번하게 발생한다. 어떤 경우에 어떤 일에서 주로 발생하는지에 대한 규명은 이에 대한 적절한 예방과 그러한 성격에 적합한 관리방안의 마련에 유용하다.

"분노를 기록하는 것은 마구 분노를 토해내면서 자기가 옳다고 느끼기 위한 방편이 아니다. 갈등을 유발한 것이 무엇인지, 어떻게 하면 문제를 해결할 수 있을지 이해하기 위한 노력의 한 방법이 돼야 한다. 나 자신에게서 떨어져 나와 다른 사람의 관점에서 나를 바라봐야 한다." – 인도 독립운동을 이끈 Mahatma Gandhi

과업의 우선순위에 대한 불일치, 업무 성과에 대한 책임, 모호한 업무 등의 원인으로 갈등은 주로 발생한다. 예를 들어 '모호한 업무'를 설명하면 다음과 같다. 집안일에 대한 분담을 어떻게 하는가에 대한 법적 강제조항은 없다. 집마다의 여건, 부부간의 힘, 관행 등에 따라 각자의 일이 정해지고 그러한 것이 시간이 흐르면서 안정적으로 정착되는 경우가 많다. 물론 안정화되기까지 적지 않은 갈등은 있을 것이다.

- 어느 대학 병원이든 환자가 입원하면 정맥주사(IV)부터 놓는다. 정맥주사를 잡아놔야 추후 필요할 때 항생제나 항암제 같은 약물을 즉각 투입할 수 있기 때문이다. 그런데 정맥주사는 의사와 간호사 모두에게 달갑지 않은 업무이다. 긴 주삿바늘을 혈관에 아프지 않게 안정적으로 삽입하기 어려울 뿐 아니라, 밤낮을 가리지 않고 병동 여기저기서 수요가 생기기 때문이다. 그래서 대학 병원마다 정맥주사를 누가 맡느냐를 놓고 의사와 간호사 사이에 눈에 보이지 않는 신경전이 벌어진다. 정맥주사를 누가 하는지에 대한 정해놓은 법 규정은 없다. 간호대의 파워가 다른 대학 병원보다 센 A 대학 병원에서는 의사들이 주로 정맥주사를 맡는다. 반면 서울 B 대학 병원에서는 전적으로 간호사들이 전담한다. – 참조: 조선일보, 2013년 12월 7일
- 평화란 하느님이 인간에게 내리는 선물이 아니라, 인간이 서로 나누는 선물이다.

1.3 갈등의 순기능

갈등은 소모적이어서 업무 효율성을 저하시키고 때로는 팀워크를 방해하기도 한다. 그러나 갈등을 잘만 관리하면 전혀 갈등이 없는 것보다 긍정적이다. 갈등 없이 모두 하나의 의견에 동의하는 것은 집단 사고라는 우를 초래하기도 한다. '반대의견이 없는 제품 콘셉트는 이미 실패다'라는 말이 있을 정도이다.

적당한 갈등은 조직의 건전성 향상에 도움이 된다. 사람들 또는 조직 간의 건전한 불일치는 새로운 시각을 가지게 하고, 한 번 더 신중한 생각을 하는 등 신제품 개발에 활력을 더한다. 갈등은 때로 창의적인 생각이 떠오르게도 하고 더 나은 의견을 개진하는 생산적 역할도 한다. 팀의 창의성을 위해 일부러 갈등을 조장하기도 한다.

- "모두가 같은 음으로 노래 부르면 화음을 이룰 수 없다." - 더그 플로
- "우리가 조직과 관련해서 가장 두려워하는 것들, 즉 동요, 혼란, 불균형 등이 실은 창의력의 주요한 원천이다." - Margaret J. Wheatley(조직행동 교수 겸 작가)
- "기업 내에는 불협화음이 있을 수 있다. 사장은 이를 하나의 화음으로 만들어 내야 한다. 그러나 너무 화음을 만들려고 하지 마라. 기업을 생동력 있게 유지하는 힘을 빼앗아 버릴 수 있다." - 후지사와 다케오(藤澤武夫, 혼다의 공동 창업자)
- "어떤 일에 대해 모든 팀원이 동의한다면, 최종 결론을 미루고, 그 문제에 대해 더 깊이 이해하고, 이에 동의하지 않는 사람이 나타날 때까지 시간을 가져야 한다." – Alfred Sloan(GM 회장, 간부회의 석상에서 언급)

신제품 개발에서의 갈등은 이의 대처와 활용에 따라 긍정적 또는 부정적으로 작용하기에 갈등을 충분히 이해하고 이에 적합한 관리를 하는 것이 중요하다.

2 신제품 개발에서의 의사소통

신제품 개발팀의 운영에서 가장 중요한 이슈는 아마도 의사소통(communication)일 것이다. 신제품 개발팀에서 일어나는 많은 문제는 의사소통을 통해 원만히 해결되기도 하지만, 반대로 의사소통이 원인이 되어 새로운 문제들이 발생하기도 한다.

의사소통(communication)이란 상징, 기호, 메시지를 통한 사회적 교류, 정보의 전달이나 교환을 의미한다. 사람들은 의사소통을 통해 정보, 아이디어, 감정, 느낌, 의견 등을 교환 또는 공유함으로써 어떠한 공감대(공통 영역)를 구축하게 된다. 정보전달 및 의미 공유가 제대로 이뤄지고 공감이 많이 이뤄질수록 의사소통은 소기의 성과를 거두게 된다.

의사소통에 관한 내용은 방대하기에 여기서는 일부만 소개하겠다.

2.1 의사소통의 중요성

최상의 성과를 산출하기 위해서는 개발 내내 구성원 간, 또는 연관 조직 간 협조가 요구되는데 이를 위해서는 의사소통이 필수적이다. 어떠한 원인이든 대화 단절은 팀워크, 조직 학습, 기술이전 등과 같은 개발 활동에 치명적이다. 의견이 제때 반영되지 못하면 신제품 개발은 잘못되거나 엉뚱한 방향으로 한참 동안 흘러간다. 자원은 낭비되고 소중한 시장 기회마저 잃게 된다.

- 개별 기능팀의 성과는 높은 데 비해 전체 조직 효율성은 바닥인 '부분 최적화'의 문제는 미흡한 의사소통으로부터 초래된다. 반도체회사 설계부서에서 환상적 제품이 설계되었지만, 생산 설비와 맞지 않아 생산을 못 했던 사례도 있었다.
- "직원들이 더욱 큰 범위의 작업 프로세스를 의식하지 않고, 자신의 업무 목표에만 집중하는 조직은 붕괴하기 쉽다." – Herbert Simon(조직론의 대가)
- "경영관리의 요체는 의사소통에 있다. 의사소통과 정보공유만 잘되어도 직원들의 사기, 일할 의욕, 창의적 분위기가 몰라보게 증진된다." – F. J Roethlistberger(경영학자)
- "내 눈엔, 자기 부서만의 이익을 앞세우는 사람들로 이뤄진 팀은 진정한 의미의 팀이 아니다. 같이 모여 있기만 하지 실질적으로 함께 일은 안 하는 것이다. 그들은 그저 자신이 맡은 부문의 이익과 성과를 위해, 또 자신들의 조건을 보호하기 위해 일한다. 그래서 공통점을 찾지 못하고 점점 멀어지게 된다. 정말 훌륭한 팀을 만들기 위해선, 같이 머리를 맞대고, 함께 살아남기 위해 노력한다는 정신을 심어줘야 한다. 그런데 이것은 굉장히 어려운 일이다." – Peter Senge

의사소통은 양뿐 아니라 질도 중요하다. 단순히 대화를 많이 나누거나 밥을 같이 먹는다고 해서 의사소통이 잘 되고 있다고 볼 수 없다. 상대에 대한 이해와 배려, 상호 간 신뢰, 경청의 자세 등이 전제되어야 한다.

- "내게 와서 '당신이 생각하는 것이 이겁니까?' '이것에 대해 어떻게 생각하세요?'라고 질문하는 것을 두려워하지 않는 사람들이 크게 성공할 수 있습니다." – Bobbi Brown(바비브라운의 CEO)
- 진정한 친구만이 네 얼굴이 더럽다고 말해준다. – 시칠리아 속담

기업 체질을 강하게 만들기 위해서는 반대의견이 자유롭게 도출되는 문화, 제도적 장치를 조성해야 한다. 회의의 최고 목적을 '합의 도출'로만 봐서는 안 된다. 만약 그렇게 오해한다면 어떻게 하

면 쉽게 합의를 도출할 것인가에 대해서만 생각한다. 정작 중요한 것은 합의의 도출 과정이다. 특히 의사결정에 대한 모든 내용이 투명하게 노출되도록 회의가 진행되어야 한다.

2.2 의사소통이 어려운 이유

신제품이 개발되어 시장에 도입되기까지 기업 내 여러 기능 부서, 즉 연구개발, 생산, 엔지니어링, 마케팅, 전략, 재무/회계 등이 참여한다. 또한 외부 관련 조직(예 중간상, 공급상 등)도 참여한다. 이처럼 신제품 개발은 이질적 구성원들이 팀을 이루어 서로 협력하는 과업이다. 그런데 여기서 알 수 있듯이 동질적 조직이 아니기에 의사소통이 쉽지 않다.

개발팀에 속한 기능별 전문가는 학문적 배경, 실무 경험이 다르다. 그리고 이로부터 체득한 인성, 언어, 습관(routine) 등에서 뚜렷이 구분되는 성향을 지니기도 한다. 이러한 차이는 동일 문제에 대해서도 서로 다른 표현 및 처리 방식을 가지기에 서로 불편을 느낄 수 있다.

- 흔히 언급되는 의사결정자와 조사자의 차이: 의사결정자는 단순성(simplicity: Can't you just answer yes or no?"), 확실성(certainty: "It is or it isn't"), 즉각성(immediacy: "Now"), 구체성(concreteness: "Aren't we number one yet?")을 선호한다. 반면에 조사자는 복잡성(complexity: "The variability of response indicates…"), 확률성(probability: "Maybe"), 미래성(futurity: "It appears that by the end of year…"), 추상성(abstraction: "Our exponential gain indeed appears favorable")을 선호한다. 쉽게 말해 의사결정자는 "내일 비의 양은 20.5mm이고, 내리는 확률은 37.5%로 편차는 0.05이다."와 같은 모호하고, 장황한 설명보다는 "우산을 가지고 갈지 말지"에 대해 간단히 말해주는 것을 선호한다. 물론 이러한 성향은 천성적이라기보다는 역할에 따라 후천적으로 얻은 성향으로 보는 것이 타당할 것이다.
- 처음 만난 사람과 20~30분 이야기하다 보면 그의 말투와 주로 사용하는 용어들을 통해 대략 어떤 직업에 종사하는지 짐작할 수 있다. 이처럼 우리가 하는 일은 우리의 언어, 성격, 의사결정 방식 등에 영향을 미친다.

유사 성향과 사고방식을 가진 사람과의 공감대 형성 및 대화는 쉽다. 그러나 서로 다른 성향과의 대화는 그리 쉽지 않다. 그러나 한쪽으로만 치우쳐진 사람들로 형성된 팀은 창의적 대안을 창출하는 데 효과적이지 않다. 이질적 구성원들의 성향을 억지로 동일화시키는 것이 아니라 상호 간의 차별성을 이해하고 그러한 이질성을 최대한 활용하는 데 초점을 맞춰야 한다.

2.3 부서 간의 공통 관계에 대한 관리

디자인은 제품의 다른 기능들과 적절히 통합되어야 하고, 디자인된 제품은 비용 효율적으로 제조되어야 한다. 이를 위해서는 디자인 과정에서의 인터페이스(interface, 경계면, 접촉면, 공통 부분)에 관심을 기울여야 한다. 즉 디자인 부서는 연구개발, 엔지니어링, 생산, 마케팅 부서와의 긴밀한 협력이 요구된다(참조: 10장). 디자인 부서뿐 아니라 신제품 개발과 관련된 기능 부서들은 다른 부서와 협력 및 통합이 중요하다. 이러한 부서 간 인터페이스 관리에서 핵심은 의사소통이다.

"제조와 엔지니어링에 종사하는 사람은 꼭 함께 잘 필요가 있다. 그전에 이 사람들은 서로 농담도 주고받지 않았다." – Lee Iacocca(1980년대 도산 위기에 빠진 크라이슬러를 극적으로 회생시킨 경영자)

인터페이스를 향상할 수 있는 몇 가지 방법은 다음과 같다.

2.3.1 근접거리 배치(colocation)

근접거리 배치란 다양한 개인 혹은 기능적 영역들을 근접한 거리에 위치시키는 것이다. 근접거리 배치를 통해 기능 부서들은 통합되고, 정보 흐름은 원활해진다. 또한 공동 문제를 용이하게 발견하고 함께 해결하는 데 도움이 된다. 자주 접촉하는 기회를 통해 개발 과정의 불필요한 낭비 역시 예방된다.

삼성전자 수원사업장에 들어선 세계 최대 규모의 연구개발(R&D) 건물인 '디지털연구소': 디지털연구소는 지하 5층, 지상 36층, 연면적이 6만5,000평으로 서울 여의도 63빌딩(5만300여 평)보다도 넓다. 삼성전자가 디지털연구소를 세운 이유는 여러 곳에 흩어져 있던 R&D 인력을 한곳에 모아 시너지 효과를 높이기 위해서다. 이 건물에 근무하는 DM(디지털미디어) 총괄 소속 R&D 인력만 모두 4,100여 명이다. 이 중 1,500여 명이 석박사 학위 소지자이고 미국, 영국, 일본, 러시아 등지에서 온 외국인도 150여 명에 달한다. 건물 안에 식당, 헬스클럽 등의 편의 시설까지 갖췄다. 디지털연구소 바로 옆에는 지난 2001년 11월 준공된 지상 27층 규모의 정보통신연구소가 있다. 회사 관계자는 "디지털연구소 운영에 550억 원 이상의 비용이 추가로 들어간다"라면서 "하지만 서로 다른 기능을 하나로 수렴하는 컨버전스(융 · 복합) 시대에 연구원이 한곳에 모여 협력한다면 550억 원이 아니라 5,500억 원 이상의 효과를 거둘 수 있을 것"이라고 말했다. – 참조: 조선일보, "삼성전자, 세계 최대 '디지털연구소' 첫 공개," 2005년 10월 31일

물론 근접거리 배치가 물리적 또는 지리적으로 가까워야만 성취되는 것은 아니다. IT 기술을 통한 디지털 근접거리 배치(digital colocation)도 가능하다.

2.3.2 제3자를 통한 방법

이는 관련 부서 모두를 잘 알고 있는 중립적 위치의 제3자를 통한 인터페이스 관리이다. 예를 들어, '생산성 엔지니어(Producibility Engineer)'는 디자인과 제조를 모두 이해하는 엔지니어이다. 즉 제품 콘셉트 및 디자인의 의도를 이해하고 있으며 동시에 그 디자인과 연관되는 공장의 제조 능력 역시 이해하고 있다. 이들은 보통 어떤 부서 소속이 아니기에 기능영역별 다툼의 당사자가 아니다. 따라서 중립적 위치에서 부서 간의 통합 및 중재를 관리한다. 생산성 엔지니어를 통해 디자이너는 생산 가능한 디자인(design for manufacturability)을 만들게 된다.

2.4 의사소통에 대한 몇 가지 추가 사항

① 최고경영자로 보고가 올라오면서 업무 성과는 과대 보고되고 위험 경고는 축소된다. 반면에 하위 실무자로 내려오면서 업무 명령은 점차 심각하게 증폭된다.

② 비공식 조직(예 동아리, inner circle, 비선 조직, 비선 실세 등)은 조직 활성화 및 의사소통에 도움이 되지만 때로는 독소로 작용하기도 한다.

Every company has two organizational structures: The formal one is written on the charts; the other is the everyday relationship of the men and women in the organization. – Harold S. Geneen

③ 리더는 설명 의무가 있다. 정부는 주요 정책이 국가의 현재와 장래를 위해 올바른 것인지에 대해 권력의 원천인 국민에게 합리적으로 설명할 수 있어야 한다. 이와 마찬가지로 신제품 개발팀 리더는 구성원들에게 어떤 결정 또는 행동에 대한 설명 의무를 가지고 있다. 그저 입 다물고 따라오라고 하는 것은 구성원의 진심 어린 협조를 이끌어내기 어렵다. 알리지 않아도 잘 알 거라고 믿고 적극적 의사소통에 소홀한 사람이 많다. 그러나 실제 그렇지 않은 경우는 많다. 적극적으로 커뮤니케이션해야 하고, 정보공유를 틈틈이 확인해야 한다.

"좋은 정부와 나쁜 정부의 가장 중요한 판별 기준은 정부가 국민에게 '설명 책임'을 이행했느냐 여부에 달렸다."
– Bill Emmott(영국 경제 전문지 '이코노미스트'의 편집장 및 도쿄 특파원 역임)

④ '물리적 근접성, 커뮤니케이션 방식에서 융통성을 가지는 팀'이 사람들이 직접 교류하는 팀, 가상 세계에서만 교류하는 팀(Virtual Team)보다 창의적이다. 즉 완전한 아날로그팀과 완전한 디지털팀의 중간의 조직 형태가 가장 창의적인 것으로 평가된다. 즉 너무 붙어 있거나 너무 떨어져 있는 팀들보다는 약간의 거리감이 있는 팀이 좋은 성과를 거둔 것으로 나타났다.

3 보상

개발팀원들이 의욕을 가지고 일을 한다면 업무 성과는 높을 것이다. 이를 위해서는 정당한 평가와 이에 따른 보상이 중요하다. 평가, 보상, 동기부여는 밀접한 연관성이 있다.

다음은 개발팀의 보상에 대해 고려할 점이다.

3.1 보상의 영향력

보상은 구성원의 의사결정과 행동에 영향을 미친다. 일상의 사소한 작업부터 기업 운명을 좌우하는 중요 과업에 이르기까지 보상 또는 벌은 구성원 의식과 행동에 알게 모르게 많은 영향을 미친다.

실패 위험이 곳곳에 도사리고 있는 신제품 개발을 힘있게 진척시키려면 기회가 생겼을 때 과감한 슛팅을 하는 것과 같은 결단력이 필요하다. 어떤 아이디어에 투자할 것인가, 필요한 기술을 자체 개발할 것인가 아니면 외부로부터 들여올 것인가, 언제 어디서부터 시장에 진입할 것인가, 어떠한 마케팅 전략을 사용할 것인가 등은 잘못 판단하면 기업에 미치는 데미지가 적지 않기에 막중한 책임이 뒤따르는 결정이다. 이러한 중요한 결정일수록 사람들은 상당한 이익을 기업에 가져올지도 모를, 그러나 동시에 커다란 위험이 있는 '혁신적 대안'을 채택하기보다는 성과는 비록 적지만 위험이 적은 '보수적이고 안전한 대안'을 선택하고자 한다. 그러나 혁신적 결정을 내려야 할 때 머뭇거린다면 가능할 수도 있는 성공을 경쟁사에 빼앗길 것이다. 물론 신제품팀의 과감한 도전은 최고경영자의 위험과 실패에 대한 자세, 보상체계, 그리고 기업 문화와 깊이 관련된다.

- 2008년 6월, 캐나다 수도인 오타와(Ottawa)를 방문한 적이 있었다. 시내 한복판에는 눈에 띄는 전쟁기념상이 있었는데, 기념상 받침대의 각 면에는 캐나다가 참전했던 전쟁, 즉 제1차 세계대전, 제2차 세계대전, 그리고 한국전쟁의 연도를 기록해두고 있다. 캐나다는 이 동상을 통해 국가는 결코 이들의 희생을 잊지 않는다는 것을 강하게 표현하고 있다. 이 동상을 보는 캐나다 국민은 국가에 대한 어떤 신념과 가치관을 자연스럽게 가지게 될 것이다.

- 만약 축구팀 구단에서 득점하는 선수에게만 보너스를 지급한다면 누구도 골대 근처에서 다른 사람에게 패스하지 않고 무리해서라도 자신이 직접 슈팅할 것이다.

3.2 평가의 공정성

명확하고 객관적 근거에 기반해 평가해야 한다. 또한 평가 과정은 투명하고 공정해야 한다. 평가 체계를 신뢰할수록 보상에 대한 불평불만은 적어진다.

기업의 건실성은 공정한 평가를 기반으로 한다. 평가 기틀을 올바로 마련하고 이를 일관성 있고 지속성 있게 지켜야 한다.

바이올린 연주자가 플루트 연주자를 평가하기는 어렵다. 또한 평가를 해서도 안 된다. 피평가자는 '누가 자신을 평가하는가'에 민감하다. 이러한 점을 유념하고 평가자를 선정해야 한다.

3.3 보상의 예측 가능성

뜻밖의 보상은 극적 효과와 선전 효과가 있다. 그러나 예상 밖 보상을 받은 직원은 행복하겠지만, 과거에 유사 업적을 내고도 보상받지 못한 직원들의 마음은 이로 인해 조직을 떠날 수 있다. 기대 이상의 보상은 감동을 주지만 그로 인한 부정적 여파도 종합적으로 고려해야 한다. 즉 보상은 충동적이 아니라 사려 깊게 실행해야 한다.

3.4 개인별 보상 또는 팀 전체에 대한 보상

창의적인 사람은 팀별 보상보다는 개별 보상(개인 차원의 보상)을 더 선호하는 편이다. 자기 능력에 대해 인정받기를 원하기 때문이다.

개인별 보상의 장점도 있지만 이로 인한 단점도 존재하기에(예 이기심, 지나친 경쟁, 가시적 성과 위주) 팀 전체에 대한 보상을 위주로 하는 기업도 있다. 예를 들어, 판교에 있는 소프트웨어 개발 회사(M 사)는 개인별 성과급은 절대 따로 주지 않는 것으로 유명하다.

3.5 보상의 방식

금전적 보상(예 현금 지급, 보너스, 연봉 인상, 해외 여행권 등), 업무적 보상(예 팀장 맡김), 승진 보상(예 대리에서 과장으로 특진), 상징적 보상(예 트로피, 상패, 메달 수여) 등 그 방식은 다양하다.

3.6 보상의 시기

보상의 타이밍은 보상 효과에 영향을 미친다. 업적의 성격에 따라 그 타이밍을 다르게 가는 것이 적합하겠지만, 일반적으로 보상은 피브상자가 보상받기를 원하는 시기에 수행하는 것이 바람직하다.

고맙다는 인사는 빨리할수록 좋다. - 그리스 속담

3.7 과정에 대한 보상 또는 결과에 대한 보상

세상 사람들은 보통 '과정보다는 결과'를 위주로 평가한다. 아무리 어리석은 계획안을, 그것도 허술하게 집행하였더라도 결과가 좋으면 그것은 좋게 평가된다.

"성공은 수만 번의 실패를 감싸준다." - George Bernard Shaw(노벨문학상 수상자)

반면에 힘든 여건 속에서 도전적 과제에 대해 최선을 다하였더라도 결과가 나쁘면 좋은 보상을 받기는 어렵다.

제품이 어떠한 어려운 기술 및 제조상의 문제를 극복하고 시장에 나왔는가 하는 점도 중요하기는 하지만 사업주는 그 제품이 기업에 어떤 실질적 이득을 가져왔는가를 중심으로 개발팀을 평가한다.

그러나 신제품 개발 과업만큼은 결과뿐 아니라 과정에 대해서도 평가하고 이에 걸맞은 보상을 해야 한다. 이를 위해 평가자는 시장 배경 및 맥락을 이해하고 개발팀원의 노력과 마음가짐을 알고 있어야 한다. 과정에 대한 적절한 보상은 추후 동일한 긍정적 행동을 유발하는 데 효과적이다.

2015년 38명이 숨진 메르스 사태 이후 감사원 감사에서 행시 출신 공무원들은 대부분 빠지고 의사 출신들만 징계를 받았다고 한다. 이러한 방식으로 편중된 책임을 묻는다면 다음에는 아무도 책임이 뒤따르는 의사결정과 행동에 사명감을 가지고 뛰어들지는 않을 것이다. 신규 감염병에 대한 대응은 불확실성이 많다. 최선을 다하더라도 잘못될 가능성이 있다(예 백신 확보의 실패, 백신에 대한 과잉 투자, 백신 부작용, 거리두기에 대한 실책 등). 이러한 잘못(?)에도 희생양을 만든다면, 그 누구도 과감하고 신속하게 감염병 대응을 하지는 않을 것이다.

4 신제품 개발의 세계화

4.1 세계화의 의미

신제품 개발은 점점 세계화(globalization)되고 있다. 신제품 개발에서 국제화 현상이란 신제품 개발에 참여하는 인력, 제조 장소, 필요 자원과 부품 등이 국내로 국한되지 않고 전 세계로 범위가 확장되는 것을 말한다. 따라서 세계적으로 흩어져 개발하는 팀에 대한 관리(Managing Globally Dispersed Teams)가 새로운 이슈로 떠오르고 있다.

디자인은 이탈리아에서 하고, 부품은 독일에서 만들고, 원자재는 중국에서 수입하고, 조립은 우리나라에서 하는 등 신제품 개발이 여러 나라에 걸쳐 수행된다.

글로벌팀이란 최소 두 국가 이상의 출신들로 구성된 팀을 의미한다. 어떤 한 지역에 같이 존재할 때도 있지만 그렇지 않을 때도 있다. 후자의 경우에는 원활한 소통을 위해 video conferencing, teleconferencing, metaverse 등의 IT 기술을 활용하고 있다.

신제품 개발의 국제화가 잘되는 기업일수록 기업 성과는 높은 편이다. 그 이유는 다음과 같다. 더 큰 시장의 수요 창출, 신제품에 해외 시장의 문화, 시장 상황, 소비 욕구의 반영, 세계 여러 곳의 인재와 자원의 활용 등이다.

4.2 세계화의 동기

신제품 개발이 국제화되는 이유는 다음과 같다.

4.2.1 흡입 요인(특정 국가로의 끌어당김)

비용의 절감, 개발 과정의 효율화를 꾀할 수 있다. 우선 원자잿값, 기술 인건비, 지대 등의 제품 생산 및 개발 비용의 절감이다(예 인도, 베트남, 미얀마, 동유럽 등 개발도상국의 해외 기술 인건비의 저렴). 또한 나라, 지역마다 특장점이 있는 기술, 자원, 아이디어가 다르다. 그래서 세계 각지의 지식, 인재, 자원들을 모아 글로벌 역량을 통합할 수 있다.

4.2.2 돌출 요인(해외로의 진출)

더 큰 시장과 소비자를 확보할 수 있다. 즉 국내 시장에서 얻는 수익의 몇 배를 해외 시장에서 얻는다. 이처럼 기업의 국제 활동 영역이 넓어지면 국내 시장뿐 아니라 다양한 해외 시장의 고객 욕구에 맞는 세계 공통의 신제품을 개발하게 된다. 그래서 세계 시장을 대상으로 하는 기업들 대부분은 신제품 개발을 위해 세계적 관점과 안목을 가지고 세계 여러 나라 사람들로 이뤄진 팀을 구성하곤 한다.

국내 패스트푸드점이 해외 진출하면 현지에 알맞은 신제품 개발의 필요성이 생긴다. 또한 이러한 활동이 더욱 확장되면 전 세계를 대상으로 한 글로벌 제품을 개발하게 된다.

4.2.3 글로벌 신제품 개발팀(Global new product teams) 관리의 어려움

국내에서 우리끼리 개발하던 때와 다른 어려움에 당면할 수 있다. 몇 가지 예를 들면 다음과 같다. 각 지역 또는 나라별 조직의 자율권(재량권), 지역별 보상 방식, 지역별 작업 환경 등이다.

이를 해결하기 위해서는 각 지역의 (경제, 정치, 법률, 행정 규제뿐 아니라~) 문화, 언어, 역사, 생활 습관의 차이를 이해하는 것이 도움이 된다. 국제적 문화 감각을 가진 기업일수록 더 나은 성과를 산출한다. 이러한 소양을 쌓기 위해서는 글로벌 시장에 대해 열린 마음, 지역마다 다른 고객 욕구와 선호의 차이에 대한 존중, 지역마다 상이한 문화, 환경의 이해 등이 필요하다. 문화적 요인(cultural factors)은 팀원의 심리와 행동에 포괄적 영향을 미치기 때문이다.

- '3개월 동안 거기서 일하면 이상하지 않게 느껴지는 것, 그것이 조직문화다'라는 말이 있다. 새롭게 접하는 국가, 종족, 종교, 가정에서 만나는 문화도 이러한 성격이 있다. 처음에 접하였을 때는 무척 이상하지만 거기서 일정 시간 지내면 그것이 당연하다고 느껴지는 것이 '문화'이다.

- 라오스 사람들은 재물과 출세 욕심이 그리 많지 않다. 그래서 초과 업무와 야근을 위해 흔히 사용되는 인센티브(예 금전적 보상, 승진 등)는 별로 효과를 발휘하지 못한다. 즉 우리가 흔히 알고 있던 조직 및 인적자원 관리 기법은 효력이 없다. 그래서 라오스에서의 인적자원 관리는 한국 기업에 도전이다. 이를 해결하기 위해서는 라오스 사람들의 동기부여, 민족성, 문화, 생활방식에 대한 이해가 우선 되어야 한다(김종배와 한인구, 2018).

글로벌팀으로 신제품을 개발할 때는 외국인 성향에 대한 이해는 필수적이다. 물론 외국을 이해하는 것도 중요하지만 동시에 우리 자신에 대한 이해도 소홀해서는 안 된다.

우리나라 사람은 자신의 느낌과 감정을 우선시하기보다는 타인의 생각을 민감하게 의식한다. 무리에서 튀지 않으려는 성향도 이와 연관된다. 오랜 시간 농사를 지어온 정착 민족이라 눈에 띄는 의견이나 행동을 억제하였기 때문일 것이다. 회의에서 반대의견을 내기 힘든 것, 자신의 기호나 개성보다는 집단에 동조하는 것 등은 이러한 맥락과 연결된다. 다양한 의견이 자유롭게 표현하는 것이 신제품 개발에서 중요하기에 이러한 점을 조직 운영에 감안해야 한다.

5 개방형 혁신

기존 제품에 비해 새로움(newness), 복잡성(complexity)이 클수록 그리고 투자 규모가 클수록, 기업 혼자서 감당하기에는 비효율적이거나 심지어 불가능한 경우가 많다. 제약산업에서 Global R&D의 경우, 기업 단독으로 운영되는 경우는 1% 이하에 불과하다고 한다.

기술이나 산업 트렌드가 하루가 다르게 변화하고, 이질적 기술 간의 융합이 속속 등장하는 요즈음에는 아무리 자본력이 든든하고 기술력과 마케팅이 뛰어난 거대 기업일지라도 제품혁신에 필요한 모든 조각을 다 갖추기는 힘들다. 자신에게 부족하거나 필요한 혁신의 나머지 조각들을 누가 가졌는지에 대한 정보, 그리고 이들과의 제휴가 중요하다.

헨리 체스브러(Henry Chesbrough)가 제시한 개방형 혁신 패러다임(Open Innovation Paradigm)은 이러한 신제품 개발 추세를 고려해볼 때 의미 있는 개념이다(참조: Henry Chesbrough, 'Open Innovation: The New Imperative for Creating and Profiting from Technology', Harvard Business School Press, 2003).

개방형 혁신(Open Innovation)은 연구 개발 또는 제품화 과정에서 다른 기업이나 연구소, 대학 등의 기술을 활용하는 것이다. 즉 연구 개발, 혁신, 기술, 부품 또는 신제품을 외부적으로 찾고 그 원천으로 사용하는 과정이다.

개방형 혁신은 기존의 폐쇄형 혁신 모델(Closed innovation models)과는 여러 면에서 비교된다. 물론 기존의 폐쇄형 혁신모델에서도 혁신의 시발 또는 투입 요소의 일부를 내부 원천뿐 아니라 외부 원천들(고객, 경쟁사, 유통, 기술, 규제 등)로부터 적극적으로 찾는다. 그러나 개방형 혁신 패러다임을 수용하는 기업은 제품 혁신의 초기 단계(Fuzzy Front End phase)에서 더 이상 미충족 욕구 또는 미해결 문제(unmet needs or unresolved problems)에만 초점을 두지 않는다. 물론 이러한 욕구 및 문제의 규명은 중요하다. 그러나 이러한 욕구와 문제의 규명으로부터, 즉 백지상태에서부터 신제품 개발의 모든 것을 홀로 하겠다는 사고로는 그 한계가 있다. 개방형 혁신에선 그 대신 발명가, 신생기업, 또는 대학연구실, 정부 등과 같이 이미 다양한 기술을 개발한 원천들을 제품의 공동개발 파트너로 또는 기업 내부의 개발 역량에 영향을 미치는 자극 또는 토대로서 이를 적극적으로 찾아 나선다.

자기가 속한 산업의 시각에만 한정되지 않고 동종 또는 이종 산업의 여러 주체에 의해 이미 개발된 기술, 또는 제품 아이디어를 발전시키는 것은 맨땅에서 독자적으로 필요한 기술을 홀로 개발하는 것보다 덜 위험하고 더 효과적이다. 예를 들어, 어떤 물체의 표면이라도 오염과 얼룩을 제거해주는 P&G의 'Magic Eraser Cleaning Pad'의 초기 아이디어는 독일의 화학회사로부터 나왔고, 이 제품에 사용되는 스펀지는 세제 산업이 아닌 자동차 산업의 절연체로부터 비롯되었다.

개방형 혁신은 단순히 제품 개발의 일부 단계를 아웃소싱(outsourcing)하는 것보다 더 많은 의미를 함축한다. 공급상과의 전형적 아웃소싱 협정과 달리, 개방형 혁신을 실천하는 기업들은 자기가 원하던 기술을 이미 개발한 기업, 또는 어느 정도까지 기술의 제품화에 성공한 기업들과의 공동 연계를 꾀한다. 또한 아웃소싱은 어떤 기업의 단독적인 구상하에서 그 과업의 일부만을 외부에 떼어주는 것이기에 기존 기업의 사고의 틀(경영방식)을 벗어나기 어렵다는 한계가 있다. 실무자 경험에 따르면, 제품 혁신의 40~50% 정도는 백지상태에서 새롭게 개발되는 것이 아니라, 이미 만들어져 있던 것(ready-made new product ideas)이라고 한다. 이러한 신제품 아이디어들은 기업 내부의 구성원뿐 아니라, 외부의 유통업자, 공급자, 최종 사용자 또는 이미 출간된 자료에서도 비롯된다. 이제는 '연구와 개발'(Research and Develop)이 아닌, '연결과 개발'(Connect and Develop" program)이라는 프로그램을 통해 기업내부의 지적 자산이 외부에서 시장화되거나 다른 아이디어를 파생시키거나 라이선스 되기도 하고, 반대로 외부의 아이디어가 기업 내부로 유입되기도 한다.

한편 'NIH신드롬'은 외부 기술과 아이디어를 적극적으로 활용해야 하는 개방형 혁신의 걸림돌이기도 하다. 이의 극복을 위해 때로는 내부 개발팀에게 어느 정도의 개방형 혁신 과업을 강제적으로 할당하기도 한다. 이러한 일련의 학습경험을 통해 개방형 혁신을 다루는 능력이 생기게도 된다.

NIH(Not Invented Here) Syndrome('여기서 만들어지지 않았다' 증후군): 자기만이 최고라는 생각을 가지기에 외부의 것을 수용하지 못하는 성향을 의미한다. 예를 들어 R&D 조직은 흔히 자신들이 직접 개발하지 않은 기술이나 연구 성과에 대해 배타적 성향을 보인다. 문제는 NIH 신드롬이 단순히 연구 개발 측면뿐만 아니라 기업의 경쟁력 전반에 심각한 부작용을 초래한다는 점이다. 그 이유는 외부의 유망 기술을 적시에 수혈하지 못하기에 제품 경쟁력 향상에 치명타를 입는다는 점, 나만 잘 할 수 있다는 지나친 자신감은 조직 갈등을 불러온다는 점, 조직 창의성을 악화시킨다는 점 등이 있다.

개방형 혁신은 실천에 여러 어려운 점도 있지만, 제대로만 관리하면 많은 장점이 있다. 개방형 혁신을 통해 기업은 궁극적으로 글로벌 R&D 구성원으로 속하고, 이를 통해 연구 개발과 혁신의 속도를 가속화시킬 수 있다. 또한 여러 주체가 함께하기 때문에 위험의 분산 효과도 있다. 또한 동종 산업을 초월하기에 예기치 않던 새롭고 혁신적 발상이 창출되기도 한다.

향후의 기술과 시장 변화 상황을 고려해볼 때, 개방형 혁신은 더욱 요구될 것이다. 기술 변화가 빠르고, 특허 장벽이 높아지면서 홀로 개발 또는 연구하는 것은 물리적으로도 불가능할 뿐 아니라 효율성과 효과성 차원에서도 현명한 전략은 아니다. 개방형 혁신의 개념은 동일하지만 그것이 현실적으로 전개되는 모습은 여러 가지가 있다. 따라서 향후 이에 대한 많은 관심과 노력이 요구된다.

Section 03

신제품 개발팀의 폐쇄

1 개발팀 폐쇄(Closing the Team Down)의 의미와 유형

신제품 개발팀은 언젠가 종료한다. 개발 프로젝트가 완료되면 개발팀의 존재 이유가 사라지기 때문이다.

매트릭스 팀의 경우에는 원래의 소속 부서에 복귀하면서 자연스럽게 해체된다. 반면에 독립적 성격의 벤처팀은 몇 가지 경우로 나뉜다. 기존의 제품관리팀에 신제품을 인수인계하고 매트릭스팀처럼 해체하는 경우, 인수인계는 하지만 해체하지 않고 또 다른 새로운 프로젝트를 착수하는 경우, 개발 완료된 신제품의 관리를 직접 맡아서 운영하는 경우 등이다.

2 신제품 개발팀 폐쇄의 중요성

기업은 신제품 개발팀의 구축에 많은 정성을 쏟는다. 그러나 이에 비해 신제품 개발팀의 폐쇄에 대해서는 그리 많은 관심을 두지 않는다. 그러나 신제품 개발 과업은 한두 번 하고 그만두는 과업이 아니다. 기업이 존속하는 한 신제품 과업은 멈출 수 없다. 폐쇄 방식은 후속 과업 및 사내 구성원에게 적지 않은 영향을 미치므로 이를 소홀히 처리해서는 안 된다. 이를 몇 가지로 나누어 살펴보면 다음과 같다.

2.1 해당팀의 구성원뿐 아니라 여타 다른 개발팀에의 영향

개발팀을 폐쇄하는 경우는 여러 가지가 있다. 신제품 개발 과업을 성공적으로 마쳤고 이를 제품관리 부서 또는 영업 부서에서 맡게 되어 더 이상의 업무가 없는 경우도 있지만, 반면에 개발 과업이 미진하거나 성과를 거두지 못해서 중도에 폐쇄될 때도 있다. 특히 후자의 경우에는 해당 조직원뿐 아니라 이를 지켜보는 기업 구성원에도 영향을 미치므로 신중하게 처리해야 한다(예 성과에 대한 적절한 보상, 폐쇄 이후의 조직 이동에 대한 배려 등).

삼성그룹은 2014년 12월 4일 정기 임원인사를 하였다. 눈에 띄는 것은 삼성전자에서 '갤럭시' 신화를 창조한 무선사업부의 임원을 대폭 정리한 것인데(무선사업부 임원 205명 가운데 50여 명을 자문역으로 전환하거나 다른 계열사로 이동시킴), 이는 최근 모바일 사업 실적이 크게 악화하면서 대규모 조직 개편을 감행한 것이다. 무선사업부는 IT · 모바일 부문 내 핵심 조직으로, 지난 10년 동안 컴퓨터, MP3, 카메라 등의 사업을 흡수하면서 조직이 급격히 커졌었다.

2.2 지식 경영의 차원

개발팀은 프로젝트를 진행하는 과정에서 많은 학습을 하게 된다. 성공과 실패를 떠나 소중한 경험과 자료가 축적된다. 신제품 개발팀이 존속하면 그러한 지적 자산 관리는 용이하지만 일단 그 팀이 폐쇄되면 이의 관리는 어렵다. 따라서 팀을 폐쇄할 때는 조직 학습 차원(지식 경영 관점)에서 이에 대한 체계적 관리가 요구된다.

"아프리카에서 노인의 죽음은 도서관 하나가 사라지는 것이다." - Amadou Hampete Ba(아프리카 말리 출신의 소설가)

직원이 이직하면 보통은 그가 가진 지적 자산도 동시에 회사를 떠난다. 지적 자산을 개인 차원으로 두지 말고 기업 공유 차원으로 관리하는 방안을 강구해야 한다. 사람과 마찬가지로 지적 자산이 많이 쌓인 기업일수록 더 나은 의사결정을 할 수 있다.

2.3 사람 간의 관계

팀원 간의 협력 관계는 언젠가 끝나게 된다. 프로젝트 성과에 따라 그 이별의 모습은 결정되기에 이에 대한 세심한 관리가 요구된다. 성공의 산물에 대한 특정인의 독차지, 실패에 대한 책임소재 다툼 등은 좋은 헤어짐이 아니다. 마무리가 좋아야 언젠가 미래에의 새로운 만남을 기약할 수 있다.

군자는 절교할 때도 악담은 하지 않는다(君子絕交不出惡言). - 삼국지

2.4 개발팀 폐쇄의 타이밍과 결단

기업에는 여러 성격의 개발팀이 존재한다. 폐쇄가 합당한 개발팀은 빠른 폐쇄가 바람직하다. 그러

나 여러 이유로 결정이 머뭇거리기도 한다. 예를 들어, 프로젝트에 대한 최고경영자의 애착과 아쉬움으로 버리지 못하는 경우, 그 프로젝트로 인해 먹고 살거나 이득을 보는 사람과 조직들이 있고 이들의 힘이 있기에 감히 없애지 못하는 경우, 희박하지만 시장 변화를 통해 성공 가능성이 예측되는 경우 등이다. 폐쇄에 대한 의사결정이 불확실해서 미적거리는 일도 있지만, 폐쇄 집행 자체가 어려운 경우도 있다. 어쨌거나 폐쇄를 현명하게 결정하고 이를 빠르게 집행하는 것이 중요하다. 그래야만 정작 중요한 프로젝트에 기업의 소중한 자원과 인력을 집중적으로 투여할 수 있다.

- 가지치기(剪枝, pruning)는 과수원에서 꽃을 많이 피우게 하거나 과일이 많이 열리게 하려고 쓰는 방법이다. 가지가 너무 많다면 땅 밑으로부터 흡수하는 영양분이 어쩔 수 없이 여러 군데로 분산된다. 필요 없는 가지들을 정리한다면 그만큼 남아있는 튼튼한 가지에 더 많은 영양분이 공급될 것이다.
- "가야 할 때가 언제인가를 분명히 알고 가는 / 아름다운 뒷모습." - 이형기 시인 '낙화'

신제품을 성공적으로 개발하면 이제 쉬어도 되는 것은 아니다. 하나의 프로젝트가 종료되면 바로 다음에 착수할 제품을 생각해야 한다. 오늘의 고객, 제품, 기술, 그리고 조직(팀원)에 집착하면 내일은 없다. 오늘의 성공에 대한 안주(安住)가 기업의 미래를 가로막는 장애물이다.

- "기업들이 안정적 수익을 보장하는 현재의 캐시카우(현금창출원)에 대한 집착 때문에 서서히 끓는 물 속의 개구리와 같은 운명을 맞이하고 만다." – Charlene Li(컨설턴트)
- 미국 내 발행 부수 1위 신문사였던 나이트리더는 2009년 9위권 업체에 팔리며 문을 닫았다. 디지털 시대에 적응하지 못한 탓이다. 온라인 신문으로 전환하기 위한 부서를 조직했지만, 회사 성장을 좌우할만한 구체적 전략을 세우지 않은 채 부분적 혁신에 안주한 업보이다. 반면에 소프트웨어 기업 어도비는 그 반대의 경우이다. 대표상품이었던 영구적인 라이선스를 제공하는 고가의 소프트웨어 대신 저렴한 구독 서비스로 사업을 전환하는 과감한 결정을 내렸다. 이로 인해 상당 기간 매출 감소와 기존 고객의 반발이라는 타격을 입었지만, 결과적으로 두 배 이상의 매출 신장과 함께 새로운 전성기를 열었다. - 참조: 한국경제신문, 2021년 4월 16일
- "기존 사업에만 몰두하다간 도태되기 쉽다. 테슬라와 손잡고 전기차 배터리를 만든 건 95살의 파나소닉을 변화시키기 위한 승부수였다." – 쓰가 가즈히로(津賀一宏, 파나소닉 사장)
- 과학적 연구에 의하면, 목표가 달성되고 나면 인간 두뇌는 활성도가 둔화한다. 따라서 사람은 끊임없이 새로운 목표를 만들고 도전하지 않으면 점점 추락하게 된다. 이런 불행을 피하기 위해서는 하나의 목표를 달성하고 나면 그 즉시 다음 목표를 설정해서 뇌에 새로운 프로그램을 입력해 주어야 한다. - '성공하는 DNA, 실패하는 DNA' (무라카미 가즈오, 村上和雄)

CHAPTER

16

신제품 개발의 성과를 결정짓는 요인들

'오징어게임', '기생충', '007 제임스본드', '매트릭스', '해리 포터', '미션 임파서블', '라라랜드', '왕좌의 게임', '종이의 집' 모두 세계적으로 성공한 영화 또는 드라마이다. 이에 비해 실패한 영화는 영화관에서 빠르게 사라지기 때문에 우리 기억에 남는 것이 별로 없다. "무엇이 이들의 성공과 실패를 좌우하는가?"

성공한 영화를 살펴보면, 적절한 캐스팅, 대중의 흥미를 끌 수 있는 소재나 기획, 탄탄한 감독과 팀워크 있는 제작진, 충분한 제작 지원이 공통으로 발견된다. 성공한(또는 출세한) 사람들을 살펴보면, 타고난 재능과 열정, 노력과 성실성, 건강과 체력, 경제력, 원만한 대인관계가 공통으로 존재한다. 우승을 거둔 스포츠팀에는 우수 선수진, 팀원 간 유대, 경기 집중력, 노련한 감독과 코치진, 이들을 지원하는 구단주가 공통으로 존재한다.

기업이 시장에 내놓는 신제품도 이와 마찬가지이다. SONY Walkman, iPod, iPhone, Galaxy, 오리온 초코파이, 허니버터칩, 포켓몬빵과 같이 성공한 제품도 있지만, 그렇지 않은 제품도 많다.

허니버터칩과 포켓몬빵

신제품 성과에 영향을 미치는 결정적 요인을 알게 된다면 실패를 피하고 성공 확률이 높은 신제품(예 서비스, 영화, 서적, 음반, 정책)을 만들 것이다. 이러한 발상에 착안하여 연구자들은 성과에 큰 영향을 미치는 핵심 요인(key success/failure factors)을 밝히고자 노력하였다.

어떤 일(예 국민투표, 스포츠, 재난재해, 범죄 등)이 종료되면 그러한 결과가 왜 나타났는지에 대한 분석 기사들이 많다. 그러한 기사에서 빠지지 않는 것이 바로 결과를 결정지은 요인들에 대한 열거이다.

그림 16.1 신제품 성과에 영향을 미치는 핵심 요인

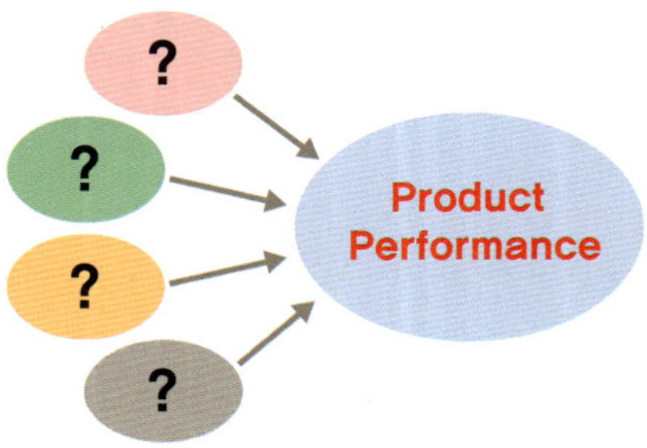

여기서는 신제품 성과에 영향을 미치는 요인을 살펴보겠다. 실무자들은 그리 시간적 여유가 많지 않기에 어떤 요인이 중요한지를 조속히 알고 싶을 것이다. 이번 장은 이러한 궁금증 해소에 조금이나마 도움이 될 것이다. 참고로 여기 소개된 핵심 요인을 염두에 두고 책의 앞부분을 다시 읽는다면 전과 다른 관점으로 보게 될 것이다. 또한 신제품 관리는 이들 핵심 요인과 어떻게든 연관됨을 확인할 것이다.

이번 장의 후반부에 언급하겠지만, 결정 요인의 영향력은 생각처럼 그리 단순하지 않다(예 A 배우가 있어서 성공한 영화도 있지만, A 배우가 있어도(또는 있었기에) 실패한 영화도 있다. 자금과 인력이 풍부해서 성공한 기업도 있지만, 그로 인해 난관에 봉착한 기업도 있다. 용모가 뛰어나서 행복한 사람도 있지만, 오히려 그로 인해 삶이 불행한 사람도 있다).

Section 01

신제품 개발 성과에 대한 개관

신제품 개발하는 기업은 어떻게 하면 성과를 조금이라도 좋게 할 것인지에 많은 관심을 가진다. 이를 위한 다각적 노력 중 대표적인 것이 신제품 성과, 즉 성공과 실패에 영향을 미치는 결정 요인(또는 핵심 요인, critical success or failure factors)의 규명이다.

1 결정 요인의 규명

경영학자 피터 드러커(Peter F. Drucker)는 1년에 2주간의 휴가를 보내면서 세 가지를 집중해서 점검했다. 첫째, 지난 1년간 내가 잘한 일: '더 잘할 수는 없었을까?' 둘째, 내가 실수한 일: '왜 실수했는가?' 셋째, 반드시 해야 했는데 못한 일: '(왜 그것을 하지 못하였고) 언제 할 것인가?' 한 시기가 끝나면 '했던 일'과 '하지 못한 일'로 나뉘고 또한 '했던 일'은 성공과 실패로 구분될 것이니, 이러한 세 가지 점검은 지난 시기 모든 것의 점검이 된다.

신제품 개발 관리자도 자신이 관여한 신제품에 대해 피터 드러커처럼 세 가지 점검을 해야 한다.

첫째, 성공한 신제품: 성공을 거두었지만 이보다 더 잘할 수 없었을까?

둘째, 실패한 신제품: 왜 실패하였는가?

셋째, 개발했어야 하는데 못한 신제품: 왜 그것을 개발하지 못하였고 이를 언제 착수할 것인가?

이러한 반성과 정리는 해당 제품 개발팀의 보상, 책임 소재, 그리고 향후 개선을 위해 의미가 크다.

이러한 점검은 결국 원인 분석이고 이는 곧 결정 요인의 규명이다. 신제품의 성공과 실패는 기업 내부 및 외부의 여러 요인으로부터 영향을 받는다. 이들 요인에 대한 지식과 경험이 풍부한 기업은 그렇지 못한 기업보다 더 좋은 성과를 거둘 확률이 높다.

> "최초에 내놓은 제품이 크게 성공을 거뒀을 때 그 제품이 왜 그렇게 성공했는지 제대로 이해하지 못하면 문제가 발생한다. 이런 상태에서 내놓는 두 번째 제품은 실패한다." - Steve Jobs

핵심(또는 결정) 요인의 규명이 왜 중요한지를 살펴보면 다음과 같다.

1.1 신제품 개발 관리 단순화

신제품 개발에는 신경 써야 할 요소가 무수히 많다. 또한 개발에 참여하는 사람과 조직도 다양하다. 핵심 요인의 규명은 이들 몇몇 축소된 요인을 중심으로 집중하여 관리한다는 장점이 있다. 연관된 요인 모두를 관리하는 것은 현실적으로 불가능할 뿐 아니라 효율 면에도 떨어진다. 여러 요인을 한꺼번에 신경 쓴다는 것은 결국 아무것도 제대로 관리하지 못하는 것과 마찬가지이다.

1.2 핵심 요인별 관리 방안 마련

개발 참여하는 '기능 부서 간 원활한 의사소통과 협력'이란 핵심 요인의 규명은 CFT(cross-functional team)란 방안을 이끌었다. 물론 핵심 요인별 방안은 기업 및 제품의 특성, 시장 환경, 그리고 경영자 의지에 따라 조금씩 다를 것이다. 적극적 관리 필요성을 일깨운다는 점에서 핵심 요인에 대한 인식은 중요한 역할을 한다.

핵심 요인에 대한 여러 관리 방안이 학계와 실무계에서 개발되었다. 특히 실무에서는 여러 면에서 검증된 업계 최고의 방식(Best Practices)에 관한 관심이 높은 편이다.

1.3 아이디어 선별(screening in or out)에 도움

신제품 아이디어를 선별할 때 이를 평가하는 여러 변수가 있다. 성과에 많은 영향을 미치는 핵심 요인은 선별의 주요 평가 기준이 된다.

- 어떤 아이디어가 개발로 성공하려면 그 아이디어의 실현과 연관된 역량을 갖추어야 한다. 만약 취약한 부분이 있다면 이의 선택을 신중히 해야 한다. 취약점의 보완 없이 개발에 착수하면 적지 않은 난관에 부닥칠 것이다. 따라서 결정적으로 필요한 역량, 즉 핵심 요인에 대한 사전 이해는 초기 단계의 아이디어 선별에 도움이 된다.
- '성공 못 할 일은 하지 말고, 얻지 못할 물건은 바라지 말며, 오래 있지 못할 곳에는 머물지 말고, 다시 못 할 일은 행하지 말라'(不爲不可成, 不求不可得, 不處不可久, 不行不可復) – 管子

1.4 한정된 경영자원의 효과적 배분

기업의 자원과 시간은 제한이 있다. 모든 것을 잘하려 하면 귀중한 자원과 시간이 분산될 위험이 있다. 현재 과업과 가장 관련 있는 핵심 요인에 우선으로 제한된 자원과 시간을 집중 투자해야 한다. 핵심 요인의 규명 연구는 요인을 단순히 밝히는 것뿐 아니라 이들 간 영향력 크기에 대해서도 알려주기에 이를 반영한 차별적 관리에 도움이 된다.

1.5 시장 흐름의 이해와 예측

핵심 요인들은 고정된 것이 아니라 상황에 따라 변화한다. 제품, 시장, 기술, 기업 간 제휴 등의 여건에 따라 새롭게 추가 또는 탈락이 발생한다. 또한 영향력의 질적 내용과 양적 크기도 달라진다. 핵심 요인의 변화에 대한 이해는 역으로 시장 흐름을 이해(예측)하는 데 도움이 된다.

이상의 이유로 핵심 요인의 규명은 중요하다. 그러나 이러한 중요성에도 불구하고 이를 제대로 파악하기란 쉽지 않다. 게다가 밝혀진 요인의 속성을 깊이 있게 이해하기는 더욱 어렵다.

다음 사례는 결정 요인의 발견 바로 앞에서 아쉽게 멈춘 것을 보여준다. 금광이 발밑 30cm 아래 있다는 사실을 모른 채 파던 행위를 멈추는 것과 같은 아쉬운 장면이 연구 현장에서 종종 발견된다.

> 임상시험의 개념을 처음 도입한 James Lind는 1747년 실험을 통해 '비타민C가 괴혈병을 치료할 수 있다는 것'을 발견했지만, 아쉽게도 이를 자신이 밝혔다는 사실은 깨닫지 못하였다. 해군 군의관으로 근무했던 린드는 괴혈병을 앓던 12명의 선원을 골라 이들을 여섯 개의 그룹으로 나누고 한 그룹에만 오렌지와 레몬을 먹였다. 나머지 그룹에는 사과주, 식초, 소금물, 사하제(설사 일으키는 약)를 먹였다. 그 결과 오렌지와 레몬을 먹은 두 명의 선원만 나은 것이다. 하지만 린드는 자신이 무엇을 발견했는지 제대로 이해하지 못했다. 6년 후 400쪽에 달하는 '괴혈병에 관한 논문'을 쓰면서 자신의 실험을 설명하는데 단 4페이지만 할애했다. 이후 린드는 끓여 농축한 레몬 주스(이럴 때 비타민C는 열에 파괴된다)가 괴혈병 치료에 소용이 없는 것을 보고 더는 연구하지 않고 포기하였다. 그리고 다시 엉뚱한 사혈 치료에 몰두하였다. - Wootton(2007).

핵심 요인은 지극히 상식적인 경우도 적지 않다. 그럼에도 불구하고 요인에 대한 과학적 규명은 더 나은 성과의 산출을 위해 필요하다.

- 신제품의 성공은 몇몇 과업을 눈부시게 잘 해낸 것과는 관련이 없다. 오히려 여러 많은 과업을 경쟁자보다 아주 조금 더 잘한 데서부터 비롯된다. – Cooper and Kleinschmidt, 1988.
- 에베레스트산을 어떻게 올라갔냐고요? 뭐 간단합니다. 한 발, 한 발, 걸어서 올라갔지요. 진정으로 바라는 사람은 이룰 때까지 합니다. 안 된다고 좌절하는 것이 아니라, 방법을 달리합니다. 방법을 달리해도 안 될 때는 그 원인을 분석합니다. 분석해도 안 될 때는 연구합니다. 이쯤 되면 운명이 손을 들어주기 시작합니다. – Edmund Hillary(1953년 인류 최초로 에베레스트산을 등정).
- 사람의 본질은 거의 다 거기서 거기다. 사람들을 차이 나게 하는 것은 바로 그들의 습관이다. – 孔子

2 신제품 개발의 성과란 무엇인가?

핵심 요인의 설명에 앞서 종속 변수(dependent variable)에 해당하는 '신제품 성과'(New product performance)에 대해 살펴보겠다.

그림 16.2 핵심 요인과 신제품 성과의 관계

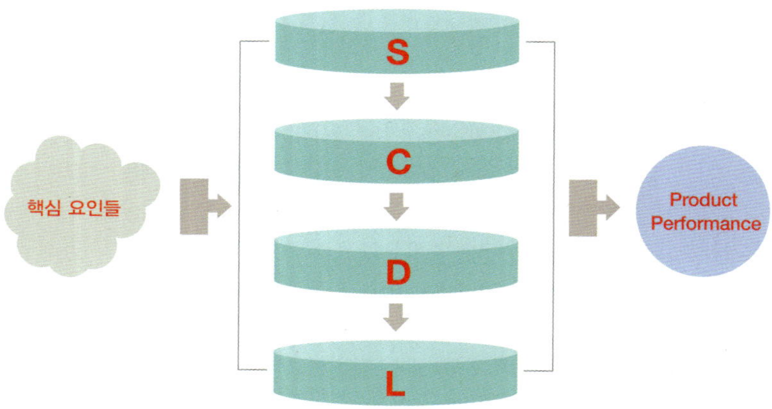

참조: 핵심 요인이 신제품 개발 단계를 매개로 성과에 영향을 미치는 관계로 묘사하였지만, 개발 단계 자체가 핵심 요인이 되기도 한다.

2.1 신제품 성과의 개념과 측정

신제품 성과에 대한 정의와 측정은 연구 관점에 따라 다양하다. 여기서는 단일 차원과 복합 차원으로 구분해서 살펴보겠다.

2.1.1 단일 차원의 신제품 성과

Cooper(1979a)는 신제품 성공과 실패를 기업에서 획득한 수익성(profitability)을 기준으로 하였다. 즉 평가 대상이 되는 신제품과 유사한 유형의 신제품(또는 투자)에서 최소한도 허용되는 수익성 기준(the minimal acceptable profitability level for its type of investment)과 비교되는 정도에 의해 측정하였다. Hopkins(1980)는 모든 중요한 면에서(in all important respects)에서 신제품 성과가 경영자의 기대를 충족시킨 경우를 '성공'으로 정의하고, 적지 않은 면에서(in some important respects) 그러한 기대에 못 미치는 경우를 '실패'라고 정의하였다. 대다수 연구는 신제품 성과를 단일 차원, 즉 전반적인 수익(overall profitability) 또는 기대에 실제 성과가 다다른 정도(extent to which a project meets company expectations)로 정의하고 측정하였다.

수익과 관련된 변수를 주로 측정하는 이유는 일반적으로 사업의 궁극적 성과는 수익이기 때문이다. 여기에는 또한 다음과 같은 장점도 있다. 첫째, 수익성은 사업부가 보유한 제품 계열의 시장성(수익 측면)과 제품 계열의 생산성(비용 측면)을 골고루 반영하는 지표이다. 둘째, 수익성은 유효한 목표가 갖추어야 할 요건인 구체성과 측정 가능성을 모두 갖춘 지표이다. 셋째, 자료 수집이 용이하고 변화추이를 살필 수 있다.

2.1.2 다중 차원의 신제품 성과

Cooper(1987a)는 신제품 성과에 대한 측정이 단일 차원, 즉 재무적 척도(financial terms) 중심으로만 되어 있다고 비판하였다. 재무적 척도는 신제품 성과에 대한 양적 측정치 중의 하나에 불과하기에 신제품 성과의 대표 측정치로 보기 어렵다는 지적이다. 예를 들어 재무적 성과는 비록 낮지만, 시장 점유율을 크게 개선하거나 기업에 새로운 제품(시장) 기회를 열어준다는 점에서 성공으로 간주될 수도 있다. 어떤 면에서는 재무적 성과의 지나친 추구는 혁신 제품의 도전을 방해한다.

Cooper가 제시한 신제품 성과를 측정하는 다양한 지표는 다음과 같다.

① 수익성: 최소한의 수익성 기준을 성취하였는지 여부

② 자본 회수 기간: 초기 투하 자본을 회수하기까지 걸린 기간

③ 국내시장 점유율: 시장 도입 후 3년이 지난 시장 점유율

④ 해외시장 점유율: 시장 도입 후 3년이 지난 해외시장 점유율

⑤ 상대적 매출액: 최근 5년 동안 도입된 다른 신제품과의 상대적 매출액

⑥ 상대적 수익: 최근 5년 동안 도입된 다른 신제품과의 상대적 수익

⑦ 목표 대비 매출액: 신제품의 실제 매출액이 원래 매출 목표를 달성하였는지 여부

⑧ 목표 대비 수익: 신제품의 실제 수익이 원래 수익 목표를 달성하였는지 여부

⑨ 새로운 제품 분야에 대한 기회 제공: 신제품이 기업에 새로운 제품 범주의 기회를 어느 정도 제공하였는지 여부

⑩ 새로운 시장에 대한 기회 제공: 신제품이 기업에 새로운 시장의 기회를 어느 정도 제공하였는지 여부

이들 측정치에 대한 요인 분석 결과, 세 가지 요인이 도출되었다.

첫째, 수익성 차원(Financial Performance)

둘째, 새로운 기회 제공 차원(Opportunity Window)

셋째, 시장 점유율 차원(Market Impact)

이는 기존 연구의 가정과 달리 성과는 다차원 개념(multidimensional concept)임을 보여준다.

신제품 성과의 다중 차원은 이와 관련된 핵심 요인 또한 성과 차원별로 중요성이 달라짐을 시사한다. 즉 신제품에서 원하는 목적(또는 성과)이 무엇인가에 따라 중요시 여길 핵심 요인을 달리해야 한다. 이러한 점은 프로젝트의 추구 목적에 따라 선별 기준(screening criteria)을 달리 적용해야 함을 의미한다.

성과에 대한 개념 정의 및 측정에 관한 연구는 초기에 단일 차원이었으나 점차 다차원 개념으로 발전해왔다. 이는 기업이 신제품 개발로부터 추구하는 바가 여러 가지 있을 수 있다는 인식에서 비롯되었다.

2.2 신제품 성과 측정에서 고려할 점

신제품 성과의 측정 방식에 따라 측정값은 다르게 나타난다. 이를 고려하여 더 정확한 신제품 성과를 측정해야 한다. 측정값에 영향을 미치는 요소로는 시점, 장소, 대상(주체), 조사방식, 척도 등이 있다. 참고로 여기서 언급하는 내용은 신제품 성과의 측정에만 해당하지 않는다. 핵심 요인의 측정, 신제품 테스트의 측정(11장)에도 해당한다.

"It is much more difficult to measure nonperformance than performance." – Harold S. Geneen

2.2.1 측정 시점

신제품 성과를 언제 측정하는지는 중요한 이슈이다. 측정 시점에 따라 성공과 실패가 뒤바뀌기도 한다.

> 뒤늦게 관심받는 영화: 2020년 초 신종 코로나바이러스 감염증 확산으로 영화관을 찾는 발길은 뚝 끊겼지만, 온라인동영상 서비스(OTT) 이용 시간은 늘고 재난 영화가 덩달아 인기를 끌었다. 영화 '감기'(2013년) 이용 횟수도 평소보다 크게 증가했다. 국내 개봉 당시 포털사이트 네이버 기준으로 평점 7점대를 받았으나, 최근 10점 만점이 잇따르며 재평가하는 관람 후기가 줄을 잇고 있다. – 참조: 부산일보, 2020년 1월 30일; MBN, 2020년 2월 4일

한편 핵심 요인의 영향력을 언제 분석하는가에 따라 연구 결과는 달라진다. 일반적으로 성과는 사후분석을 하는 경우가 대부분이다. 즉 개발 중간이 아니라 개발 결과가 완전히 판가름 난 후의 분석이다. 따라서 개발 도중의 실제 영향력과는 괴리가 있다.

> 어떤 성공 신제품의 경우, 사후적으로 분석하니 핵심 요인 {a, b, c, d, e}가 도출되었다고 가정하자. 그런데 이중 실제로 {a, c, e}만 성공 요인인데, 아무 영향력 없이 그냥 함께 존재하였던 {b, d}마저도 덩달아 성공 요인으로 잘못 인정될 수 있다. 반면에 만약 이 신제품이 실패하였다면, 실제는 긍정적으로 작용하던 {a, c, e}마저도 실패 요인으로 간주될 수 있다.

2.2.2 측정 대상(응답자)

신제품 성과(또는 핵심 요인)에 대한 기능 부서 간 또는 조직원 간 인식 차이를 고려하여야 한다. 성과를 보는 관점과 평가는 개인의 특성, 기능적 역할, 참여 시점에 따라 다르다. 따라서 어떤 한 기능 부서(예 연구개발, 엔지니어, 마케팅 등)만 연구대상으로 하지 말고, 신제품 개발에 관여한 모든 사람의 의견을 종합적으로 조사할 필요가 있다(Kim and Wilemon 2009). 또한 면접 자료의 이면에 감춰진 응답 배경, 심리, 태도에 대해서도 고려해야 한다.

이상의 두 가지 측정 이슈만 언급하였지만, 성과 측정에는 이들 이외에도 다양한 이슈가 존재한다(참조: 11장, 17장).

Section 02

신제품 개발 성과에 영향을 미치는 요인 (실패 요인 중심)

여기서는 신제품 성과에 영향을 미치는 요인, 특히 실패 요인을 중심으로 살펴보겠다. 실패 연구의 전제는 과거 실패한 신제품 사례들을 사후적으로 분석하여(post-mortem of new product disasters) 실패에 이르게 만든 함정이 무엇이고, 개발 과정에서 나타나는 문제점은 무엇인지를 확인하여 앞으로 이런 잘못을 극복하거나 피함으로써 성공 가능성을 높이는 데 있다.

1957년 9월, 포드자동차는 대대적 광고와 함께 중간 가격대의 신형 자동차 '에드셀(Edsel)'을 출시했다. 개발비는 무려 2억 5천만 달러였는데 이는 전대미문의 엄청난 금액이었다. 그러나 1959년 11월, 10만 9,466대의 초라한 판매 실적에 그친 에드셀은 생산을 영구 중단했다. 워낙 기념비적인 실패 사례이기에 여러 원인이 제기되었다. 예를 들어, 개성 없는 브랜드, 애매한 스타일과 성능, 경기 불황, 생산 결정부터 시장 출시까지의 지체 등이다. 그렇지만 무엇보다 중요한 원인은 과학적 방법을 표방하였지만 결국 최종 결론은 직관과 감정에만 의존한 낡은 방식이었다는 점이다. - 참조: John Brooks(1969), Business Adventures.

1 실패 요인의 유형

신제품 실패와 밀접한 연관이 있는 요인들로 지적된 것은 다음과 같다.

① 시장 정보의 문제(부적절한 시장 조사): 고객 욕구나 선호에 대한 이해 부족, 잠재 수요에 대한 과대 추정, 제품 테스트/시장 테스트의 실패, 경쟁자 능력에 대한 과소평가

② 제품 경쟁력 문제: 혁신성(또는 차별성) 부족, 품질(기술, 디자인) 결함, 어떠한 우위도 없는 모방제품

③ 마케팅 전략의 문제: 잘못 설정된 표적시장과 포지셔닝, 유통 경로에 관한 판단 오류(유통경로의 장악 및 협조 부족), 부적절한 판매원/촉진/광고전략, 브랜드 관리의 패착, 너무 높은 가격 설정

④ 제품 개발의 문제: 예상하지 못한 기술적 문제 발생, 초기 예상보다 높아진 개발비, 애초 계획

했던 대로 만들지 못함, 제조 공정상의 문제

⑤ 시장 도입의 문제: 도입 시점 및 장소에 대한 판단 오류, 소비자의 신제품 수용에 대한 잘못된 이해

⑥ 기업 여건(포트폴리오)에 부적합한 신제품 개발: 제품 구성의 불균형, 자금 운용의 실패.

⑦ 조직의 문제: 부서 간 갈등, 기능 부서 간 능력의 부조화, 의사소통 결핍, 최고경영자의 독선, 성공에 대한 의지와 열정 부족.

⑧ 개발 자금의 문제: 자금의 부족, 적시 자금 투입의 실패.

⑨ 상황 변화: 정부 정책의 변화, 소비자 선호의 변화, 기타 환경 요인의 변화(예 날씨, 천재지변, 전쟁, 코로나바이러스 등).

그림 16.3 신제품 실패의 여러 유형(전략과 조직, 마케팅, 기술, 자금, 상황으로 크게 구분됨)

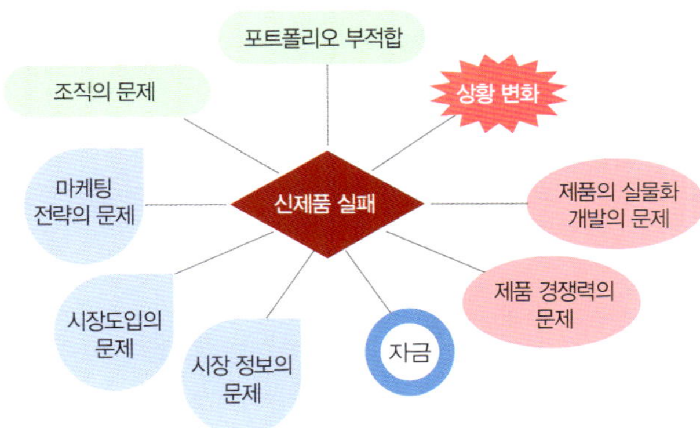

실패 유발의 핵심 요인은 이상과 같이 여러 가지가 있다. 물론 이들 요인에 대한 경직된 인식은 주의해야 한다. 예를 들어, "신제품은 경쟁사보다 기술, 품질, 가격 등에서 우월해야만 시장에서 성공한다"란 말이 언제나 맞는 것은 아니다. 그렇지 않더라도 (다른 요인 덕분에) 성공하는 경우는 있다.

1970년대부터 최근까지의 연구를 검토해보면 한 가지 흥미로운 사실이 발견된다. 이미 실패 요인으로 지적된 항목들이 현재에도 대부분 지적된다는 점이다. 연구자에 따라 연구 방법과 분석 변수에 차이는 있지만, 이렇게 시대가 흘렀음에도 불구하고 실패 요인들이 그대로 반복 지적된다는 점은 우선 그러한 요인들이 여전히 의미 있는 변수라는 사실을 의미한다. 또한 그러한 실패 요인을 실무자들이 많이 인식하지만, 현실적으로 이의 대처가 여전히 어렵다는 점도 시사한다.

요인의 존재를 몰라서 그 요인을 통제하지 못하는 것은 아니다. 요인의 존재도 알고 이에 대한 대처 방법을 알더라도 현실적으로 이의 집행이 어렵기에 통제하지 못 할 수도 있다. '고양이 목에 방울 다는 것이 최선이다'라는 사실은 누구나 알고 있다. 그러나 실제로 고양이 목에 방울 다는 것은 무척 어렵다.

2 실패의 몇 가지 사례

여기서는 위에서 언급한 실패 요인 중 몇몇 요인과 연관된 사례를 살펴보겠다. 물론 실패의 원인을 하나로 규정짓는 데는 무리가 있다. 어떤 결과는 많은 요인이 서로 엇물려 작용한 경우가 대부분이다. 설명의 편의를 위해 대표적 원인을 중심으로 살펴본다는 점을 감안하길 바란다.

2.1 고객 욕구의 이해 부족(추가 원인: 최고경영자의 독선)

마케팅 조사 결과가 부정적임에도 불구하고 최고경영자가 자신의 선호 아이디어를 강행하면 실패하는 경우가 종종 있다. 최고경영자는 자신의 성공 경험과 노하우를 구성원들이 따라 하도록 강하게 독려하는 성향이 있다. 문제는 리더가 자신의 성공담에 집착하면 조직 균열이 생기고 유연성이 떨어진다는 데 있다. 과거의 성공 역사는 고집과 편견을 만들기 쉽다(Bonoma, 1981).

회장님의 오기: 코카콜라의 독특한 맛은 어떻게 해서 나오는가? 원료 배합의 비밀은 회사 안에서도 회장과 사장밖에 모른다. 그래서 두 사람은 만약의 사고를 대비해 절대로 같은 비행기를 타지 않는다는 전설이 나돌 만큼 미국인이 즐기던 콜라의 맛. 그런데 이 맛을 새 회장이 된 로베르토 골제타가 바꾸기로 했다. 그리고 종전의 코카콜라는 제조하지 않기로 했다. 1985년의 일이다. 회장은 새 콜라를 발표하면서 "이것은 100년 가까운 회사의 역사상 가장 중요한 신개발품이다"라고 자랑했다. 그는 자기가 뛰어난 기업가라는 것을 사람들에게 알리고 싶었고, 자기 이름을 역사에 길이 남기고 싶었다. 신상품의 개발을 서두른 것은 이런 욕구에 사로잡혔기 때문이었다. 그는 자신만만했다. 판매에 앞선 여러 시장 조사 결과도 그의 결단을 뒷받침하는 듯했다. 맛 테스트의 참가자들도 새 콜라 맛이 좋다는 의견들이었다. 물론 전문가 의견 중에는 신상품의 맛에 회의적인 것도 있었다. 그러나 회장은 자료 중 신상품에 유리하게 보이는 것만 골라 읽었다. 회장 편을 든 전문가들의 가장 큰 잘못은 미국 사람들은 코카콜라를 단순한 음료가 아니라 자랑스러운 유산의 일부로 여긴다는 사실을 무시한 데 있었다. 막상 대대적 선전과 함께 새 콜라의 판매가 시작됐지만, 뜻밖에도 소비자 반응은 냉랭하기만 했다. 새 콜라의 판매량은 계속 떨어지기만 했다. 결국 회사는 막대한 경제적 손실뿐 아니라 엄청난 이미지 손상을 본 다음에야 옛 코카콜라를 다시 제조하기로 했다. – 참조: 조선일보, 홍사중 문화마당, 2001년 4월 10일

2.2 기술적 결함(추가 원인: 개발 비용이 많이 들거나 개발에 성공해도 적정 가격으로 제공이 어려운 제품)

아이디어는 개발 착수하기도 전에 포기 또는 유보('kill' or 'hold')되는 경우가 많다. 대표적 이유는 제품 개발과 생산에 관련된 기술적 난제를 극복하지 못했을 때이다.

도마뱀에서 힌트 얻은 접착테이프: 천장에 거꾸로 붙어 있는 도마뱀에서 힌트를 얻어 강력한 접착테이프를 개발해 냈다고 BBC가 보도했다. 맨체스터 대학 연구팀이 개발한 이 테이프는 사람이 한 손바닥에 붙이면 작은 도마뱀처럼 천장에 매달려 있을 정도로 강력하다. 도마뱀의 비밀을 처음 밝혀낸 것은 3년 전 미국 캘리포니아 연구진인데 이들은 '반데어 월스력(力)'이라고 불리는 분자 간 끌어당기는 힘 때문에 도마뱀이 유리판에도 거꾸로 매달릴 수 있고, 이 힘은 도마뱀의 발가락에 분포한 수십억 개의 털 모양 구조에서 나온다는 사실을 확인했다. 맨체스터팀은 이를 응용해 접착테이프를 제작하였다. 아직 2㎠ 정도의 제작에 불과하지만, 그 접착력은 진짜 도마뱀 발과 같다고 한다. 그런데 이 테이프를 만들어내는 것은 마치 컴퓨터 칩 제조처럼 돈이 많이 들고 시간이 오래 걸리고 접착력이 도마뱀처럼 오래가지 않는 것이 문제라고 방송은 지적했다. – 참조: 동아일보, 2003년 6월 2일

위의 아이디어는 발상이 매우 참신하다. 그러나 이 제품이 개발되어 성공하려면 강력 접착제에 대한 욕구 또는 용도가 충분해야 하고, 접착력의 지속성에 대한 기술적 문제가 해결돼야 하고, 또한 경제적으로 이를 대량 생산할 수 있어야 한다. 이 중 하나라도 결핍하면 이 제품은 실패한다.

2.3 높은 소비자 가격

기존 제품보다 여러 장점이 있더라도 상대적으로 너무 높은 가격이 책정된다면 시장에서 성공하기 어렵다.

글로벌 위성 휴대전화 서비스를 제공하던 '이리듐'은 1999년 8월 법원에 자발적 파산을 신청했다. 이리듐은 66개의 저궤도 위성을 통하여 글로벌 이동전화, 데이터 및 무선호출 서비스를 제공하는 국제 단일 이동통신 서비스이다. 모토로라 주도로 전 세계 15개국 18업체가 참여하여 설립한 위성통신 서비스 컨소시엄인 Iridium LLC가 10여 년간 모두 50억 달러를 투자해 1998년 1월부터 서비스를 시작하였다. 그러나 개발 과정의 과도한 투자로 44억 달러의 천문학적 채무를 기록하면서 차질을 빚었다. 물론 이리듐은 지상 700~800km를 비행하는 저궤도 위성 66개를 통해 지구 전체를 무선통신으로 연결하는 첨단 통신기술의 상징으로 기대됐다. 세계 각지의 경영인, 여행가, 보도기관, 군대 등에서 수요가 확산하였으며, 코소보 내전, 중미재해 현장에서 탁월한 성능을 발휘하였다.

기존 통신수단으로 통화할 수 없는 지역이나 전 세계 어디서나 통화할 수 있다는 장점은 있지만, 적정수준의 매출 및 서비스 가입자 수를 확보하지 못하여 실패하였다. 특히 단말기가 지나치게 크고 비싸다는 점도 문제였다. 단말기 가격은 1,000달러를 웃돌았고, 국내의 경우 가입비용은 단말기를 포함해 300~500만 원 정도이다. 또한 분당 통화료가 1달러를 넘을 정도로 통화료가 비싼 것도 문제가 되었다. – 참조: 한겨레, 2000년 3월 19일, 5월 10일, 한국경제신문, 2000년 3월 13일

2.4 고객 욕구 또는 사용 상황을 도외시한 제품

기존 제품보다 기술적으로 우월한 제품이 개발되었더라도 이러한 신제품을 모든 고객이 원하는 것은 아니다.

- Woolworth mousetrap: 미국에서 쥐덫을 가장 많이 제조, 판매하던 'Woolworth'라는 회사는 종래의 나무로 된 쥐덫을 플라스틱으로 바꾸어 만들었다. 이 새로운 쥐덫은 모양도 좋았고, 쥐도 잘 잡히며 아주 위생적이었다. 값도 종래의 나무제품보다 약간 비싼 정도였다. 기존의 나무로 만든 쥐덫은 잡힌 쥐와 쥐덫을 함께 버려 그 쥐덫을 다시 사용하지 않았다. 그러나 플라스틱 쥐덫은 종래의 나무 쥐덫보다 약간 비싸지만, 모양도 좋고 위생적이라 어쩐지 한번 쓰고 버리기 아깝다는 생각이 들게 하였다. 이에 따라 소비자에게는 잡힌 쥐만 버리고 쥐덫을 깨끗이 세척하는 즐겁지 않은 일이 생기게 되었다. 그러자 고객들은 점점 이 귀찮은 일을 하지 않으려고 종래의 나무 쥐덫을 선호하게 되었다. 그 결과 새롭고 질적으로 우수한 쥐덫은 팔리지 않게 되었다.
- 쿠쿠에서 나온 돌솥 밥솥은 소비자들이 '압력밥솥에서도 돌솥 밥을 먹고 싶다'라는 욕구에서 출발하여 이를 신제품으로 출시하였다. 그러나 돌로 만들어진 내 솥은 보온이 잘 안 되서 이를 다시 스테인리스 밥솥에 옮겨야만 보온이 된다는 번거로움이 있었다. 결국 이러한 번거로움 때문에 현재는 돌솥 밥솥을 생산하지 않는다.
- 제품 기술 개발은 시장의 요구나 추세에 절대 의존적이다. 시장과의 유기적인 연결 없는 기술개발은 가능할 수 없다. 또한 시장의 요청과 직결되지 않는다면 기술 연구가 결실을 보아도 그것은 기술로서 단명하게 끝날 뿐 적자 속에서 후속 연구가 계속될 수 없다. – 윤석철(1982, 300쪽).

2.5 수요 예측의 과실

수요 예측의 잘못은 주로 기술, 고객에 대한 예측 실패로부터 비롯된다. 이러한 예측실패는 결국 신제품 실패로 연결된다.

1980년대 초 코닥은 디스크 카메라를 개발해서 앞으로의 모든 카메라가 디스크처럼 될 것이라고 자신 있게 말했다. 그러나 일본회사들이 기존의 35mm 필름을 사용하는 소형카메라를 속속 개발하자 디스크 카메라는 사라져버렸다. 코닥사는 소비자의 수요를 잘못 예측해 막대한 손해를 보았다.

2.6 시장 변화에 민감하지 못한 경우(또는 부정확한 시장 정보에 근거한 제품)

기업을 둘러싼 환경은 끊임없이 변화한다. 신제품 개발과 밀접한 시장 환경(예 기술, 고객, 경쟁사, 유통업자)의 변화를 감지하지 못하거나 이에 느리게 반응하면 시장에서의 성공은 어렵다.

프린터에 쓰이는 잉크와 카트리지를 생산하는 잉크테크 정광춘 사장은 1993년 봄 휴렛팩커드 잉크젯 프린터용 '리필잉크'를 시장에 내놨다. 한번 쓰고 버리는 비싼 카트리지에 잉크를 다시 주입, 재활용할 수 있게 하여 사용자 부담을 획기적으로 줄인 제품이었다. 2년간 개발 끝에 처음으로 내놓은 제품은 면밀한 시장 조사, 치밀한 판매망 확보를 통해 반드시 성공한다는 확신을 하고 4월쯤 제품을 시장에 뿌렸다. 이때 돌발사태가 터졌다. 휴렛팩커드 프린터의 잉크카트리지 모양이 갑자기 바뀐 것이다. 예상치 못한 복병에 일격을 당한 것이다. "휴렛팩커드의 새 카트리지에 잉크를 집어넣으면 잉크가 새는 거예요. 당연히 소비자와 거래처의 불만이 터져 나왔죠." 부지런히 새 카트리지에 맞는 제품 개발에 착수했지만, 가을에나 제품을 내놓을 수 있었다. 그러나 소비자에게 이미 '리필잉크는 못 쓸 제품'이라는 인식이 심어졌다. "아무리 좋은 제품을 만들어도 시장 정보에 늦으면 안 된다는 진리를 절실히 느꼈습니다." 잉크테크는 현재 휴렛팩커드, 캐논, 앱손 등에서 공급하는 잉크젯 프린터의 잉크카트리지를 발 빠르게 모두 국산화해 총 35개 품목을 생산하고 있다. 외제 카트리지와 품질은 같지만, 가격은 거의 절반 수준이어서 큰 인기를 얻고 있다. – 참조: 조선일보, 1997년 6월 2일

2.7 시장보다 너무 앞서 또는 늦게 출시한 제품(제품 출시의 잘못된 타이밍)

제품이 소비자와 시장을 너무 앞서나가는 경우, 즉 시장이 성숙하기 전에 내놓으면 실패 가능성이 크다.

가그린 16년 만에 인기: 동아제약은 1982년 국내 최초로 구강 청정제 가그린을 개발하였다. 가그린 개발 당시는 관련 수입 제품도 없던 시절이었다. 당시 동아제약은 내심 대성공을 기대했다. 하지만 실제 매출 3억 원에 겨우 명맥만 유지하며 혼쭐이 났다. 문제는 우리 국민의 소득 수준을 너무 앞질렀다는 것. 즉 소득 1천 8백 달러 시대에 맞지 않는 상품이었다.

그 후 자동화 시설로 판매가격을 낮추고 사용법도 간편하게 만드는 등 하나하나 소비자 입장에서 접근해 나갔다. 때를 기다린 뒤, 1996년 11월에 재발매에 들어간 가그린은 지난해 70억 원의 매출을 올리며 제약 부문서 각종 히트상품에 선정될 정도로 인기를 누렸다. 1982년 첫 출시 때는 월평균 5천 병 정도의 매상이, 재발매 후에는 월 50만 병으로 100배나 늘어났다. – 참조: 조선일보, 1998년 3월 17일

신제품을 너무 늦게 도입해도 실패하지만, 시장 또는 소비자가 준비되지 않은 상태에 너무 이르게 도입해도 실패한다. 적절한 시기 즉 너무 빠르지도 늦지도 않은 게 중요하다.

요즘 아이들은 선행학습을 많이 한다. 초등학교 5~6학년 때 중학교 수학 과정을 배우는 경우가 흔치 않다. 그러나 이러한 선행학습은 제 나이 때 배우면 쉽게 배울 것을 오히려 공부에 대한 흥미를 반감시킬 수도 있다.

2.8 신제품 개발 자금의 부족

개발 자금이 부족하면 인력, 재료, 마케팅 등에 충분한 지원을 못하기에 신제품 성과가 기대보다 못할 수 있다. 때로 자금 회수를 위해 완성도가 미흡한 개발품을 급하게 시장에 도입하는 경우도 생긴다.

이 책에서는 기술, 마케팅의 중요성을 강조하고 이에 대한 많은 설명을 할애하고 있다. 이에 비해 재무적 차원은 적은 비중으로 다루고 있다. 그렇다고 해서 개발 자금이 덜 중요한 요소란 의미는 아니다. 자금 부족으로 인해 유망한 아이디어를 중도 포기하기도 한다. 반면에 자금이 풍족한 덕분에 평범한 아이디어가 시장에서 성과를 내기도 한다. 또한 자금이 많다면 스타 인재를 영입할 수도 있다.

핵심 요인을 밝히고 체계적으로 정리하는 작업은 의미가 있다. 앞으로도 이에 관한 연구는 지속될 것이며 새로운 핵심 요인들이 밝혀질 것이다. 우리가 가진 핵심 요인에 대한 지식은 아직도 많이 부족하다.

"우리가 알고 있는 것이 거의 없다는 것은 사실이다. 한 예로, 신제품 실패의 원인을 규명하려는 연구들이 한 무더기 있는데 그러한 문헌들은 혼란스럽다. 당신이 실패의 탓으로 돌리고 싶은 그 어떤 것에 대해서도 이러한 주장을 뒷받침할 수 있는 연구물을 찾으려고 한다면 찾을 수 있다." – Crawford, 1987, p.24

Section 03

핵심 요인의 제반 특성에 대한 탐구

여기서는 핵심 요인의 연구에서 그동안 간과되거나 소홀한 부분을 살펴보겠다. 사실 그동안 핵심 요인으로 어떠한 것들이 있는지를 밝히는 노력은 많았다. 그러나 핵심 요인들이 지닌 다양한 특성에 관한 심층 연구는 드문 편이다. 핵심 요인의 속성 및 작동 기제에 대한 깊이 있는 이해는 더 효과적인 신제품 관리에 도움이 된다.

우선 핵심 요인들 자체는 어떠한 특성이 있는지, 그 영향력은 상황에 따라 어떻게 변화하는지를 살펴보겠다. 그런 다음 다른 요인과의 상호관계에 따른 영향력은 어떠한 성격을 가지는지를 살펴보겠다. 마지막으로 핵심 요인의 조사 연구에서 생각해볼 점은 무엇인지를 살펴보겠다.

여기 제시하는 내용은 실증분석을 바탕으로 하는 것은 아니다. 옳고 그름의 명확한 근거를 제시하기보다는 새로운 논의의 장을 제시함으로써 추후 이에 대한 활발한 토론과 연구를 끌어내는데 더 큰 목적이 있다.

1 개별 요인의 가변적, 복합적 특성

하나의 요인이 성과에 영향을 미치는 방식은 요인별로 다르다. 또한 동일 요인일지라도 그 영향력은 시간과 상황에 따라 가변적이다. 이러한 몇 가지 특성을 살펴보겠다.

1.1 개발 단계별 상이한 영향력

개발 단계별로 핵심 요인의 내용과 영향력 크기는 다르다. 따라서 요인의 단순 규명을 벗어나 개발 단계별로 핵심 요인의 영향력은 어떠한 차이가 있는지 이해하여야 한다.

예를 들어, 신제품 개발의 어느 단계에서 성공 요인은 다음 단계에서 결정적 장애물, 즉 실패 요인으로 작동하기도 한다.

정치인은 투표에서 이기려고 빈민층, 부유층, 검은 세력과 손을 잡아서 이들 덕분에 당선되지만, 그러나 결국 이 것 때문에 선거 다음 단계인 통치 단계에서 실패하게 된다.

개발 초기 단계에서 외부조직의 도움은 처음에는 긍정적으로 작용하지만, 진행될수록 부담으로 작용하기도 한다(예 유능한 매니저를 통해 초기 성공을 거둔 탤런트의 딜레마). 최고경영층의 지원과 관심은 신제품 개발의 초기 단계엔 긍정적이나, 후기 단계에선 과도한 부담으로 작용하고 결국 무리한 시장 도입을 하게 만들기도 한다. 초기 단계의 적합했던 조직 구조가 후기 개발 단계에서는 부적합한 조직 구조가 되기도 한다.

일류 기업이 과거에 성공하는 데 도움을 주었던 제품, 프로세스, 조직 형태가 이제는 파멸의 원인이 되는 경우가 많다. 여기서 생존 기업이 되려면 제1법칙은 뚜렷해진다. 즉 '과거의 성공'을 미래의 가장 위험한 요소로 파악해야 한다. – Alvin Toffler

1.2 영향력의 시간적 격차

어떤 요인은 즉각적으로 성과에 효력을 발휘하지만 어떤 요인은 성과에 분명 영향을 미치긴 하지만 그 영향력의 발휘까지 시간이 걸리는 경우가 있다. 이러한 지연 또는 이월 효과가 있는 경우, 분석 시점에 따라 결정요인임에도 결정요인으로 잘 잡히지 않는 경우가 있다. 즉 성과의 측정 시점을 얼마나 폭넓게 하는가에 따라 그러한 요인과의 관련성이 규명되거나 규명되지 않을 수도 있다.

1.3 양면적 영향력

영화 '클레오파트라'에서 안토니우스가 클레오파트라에게 시저를 설명하길 "강해지면 강해질수록, 그는 더 상처받기 쉽게 될 것이다."라는 대사가 나온다. 모든 약에는 부작용이 따르듯, 그 어떤 긍정 요인도 이에 수반되는 부정적 면이 있다. 물론 대부분의 핵심 요인의 영향력 방향은 긍정 또는 부정 중의 하나로만 봐도 무방하다. 그러나 일부 요인은 성과에 (+)효과뿐 아니라 (–)효과도 가져오는 '양날의 검(a double-edged sword)'과 같다.

신제품 개발의 가속화는 성공에 긍정적 작용을 하지만 동시에 개발 단계별 과업의 질적 저하를 가져오고 개발팀의 스트레스를 가중시킨다는 부정적 작용도 한다. 한편 외부조직과의 협력 및 제휴는 장점도 많지만 동시에 관리의 복잡성이란 단점도 가진다.

그림 16.4 **외부조직 협력의 양면적 영향력**

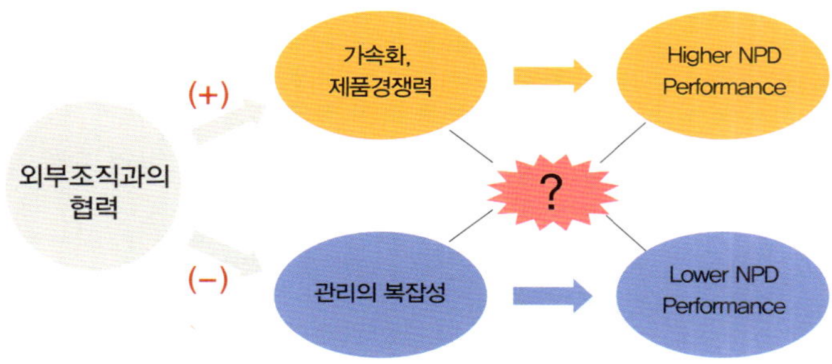

개발 관리자는 어떠한 요인이 '양날의 검'인지 파악하고, 동시에 (+)효과뿐 아니라 (–)효과도 있는 경우에는 상충관계를 이해하고 이의 전략적 선택을 해야 한다.

1.4 조직 역량 및 상황에 따라 달라지는 핵심 요인의 영향력

같은 풀을 먹고도 젖소는 사람에게 유익한 우유를 만들어내지만, 독사는 사람에게 치명적인 독을 만들어낸다. 이와 마찬가지로 동일 요인의 존재는 반드시 동일 성과를 산출하는 것은 아니다. 유사한 마케팅 노력, 비슷한 시장 상황도 기업의 조직 역량, 상황 특성에 따라 전혀 다른 성과를 배출하기도 한다. 일상의 삶에서도 '뜻밖의 횡재'라는 요인은 인생에 항상 좋은 결과만 가져오지 않는다.

귀금속 행상이던 A 씨(50)는 넉넉하지는 않지만 성실한 가장이었다. 1978년 결혼해 삼 남매를 뒀다. 그러던 1984년 7월 A 씨에게 행운이 찾아왔다. "돼지꿈을 꾸었으니 좋은 일이 있을 것 같다"라는 부인(46)의 말을 듣고 구입한 주택복권이 1등에 당첨된 것이다. 1억 원을 횡재한 A 씨는 세금을 뺀 8,400만 원으로 건물을 사들여 어엿한 건물주가 됐다. 서너 차례 부동산을 사고팔아 2억 원이 넘는 재산을 모았다. 복권 덕택에 집안 살림은 넉넉해졌지만 뜻밖의 불행이 찾아왔다. 성실했던 A 씨가 부인 이외에 다른 여자들을 만나기 시작한 것이다. 알뜰했던 남편은 씀씀이도 커져 재산을 많이 날리게 됐다. 부인에게 생활비도 제대로 주지 않고 폭행을 일삼다 1998년에는 실형을 선고받기도 했다. 결국 부인은 올해 초 법원에 이혼소송을 냈다. – 참조: 조선일보 1999년 10월 14일

이처럼 조직 역량에 따라 동일 요인도 성과에 (+)효과뿐 아니라 (−)효과를 줄 수 있다. 즉 성공에 긍정적 요인이라도 이를 잘못 관리하거나 받아들일 준비가 부족하면 실패 요인으로 작용한다.

> 인생의 세 가지 불행: 소년 시절 과거 급제하고, 부모 · 형제 권세가 대단하고, 재주와 문장이 뛰어난 것 – 정이(程□, 송나라 학자)

1.5 핵심 요인의 크기에 따른 영향력의 변화

동일 요인이라도 그 크기에 따라 성과에 (+)효과가 아닌 (−)효과를 줄 수 있다. 즉 요인의 수준이 어떤 범주 내에 있으면 긍정적으로 작용하지만, 그 이상 과도하면 부정적으로 작용할 수 있다.

> 몸에 좋은 보약도 과하게 복용하면 또는 잘못된 상황에서 섭취하면 몸에 해가 된다. 약도 적절한 분량이 중요하듯이 신제품 개발에서도 요인의 적절한 수준이 중요하다. 최고경영자의 지원과 관심은 신제품 성과에 긍정적 영향을 미치는 요인으로 규명되었다. 그러나 이러한 지원과 관심은 자식에 대한 부모의 간섭과 마찬가지로 그 정도가 과하거나 부적절한 시점에 발휘되면 오히려 부정적 영향을 미친다.

신제품 개발 관리자는 요인의 크기가 어느 수준을 넘을 때 (+)효과가 (−)효과로 전환되는지, 즉 비선형적 관계(예 역 U자 모양)의 정확한 모습을 이해할 필요가 있다.

1.6 성공 요인과 실패 요인 간의 관계

① 실패를 초래한 요인일지라도 여기에 시간적 여유와 투자를 강화한다면 성공을 불러오는 요인으로 탈바꿈될 여지가 있다.과도한 기술과 생산에 대한 투자, 너무 빠른 시장에의 출시, 또는 최고경영자의 과도한 개입은 실패를 불러오지만, 이들 요인에 시간적, 자원적, 인적 보완이 있다면 성공 요인으로 바뀔 여지는 있다. 신제품의 성공과 실패는 괴리된 단층을 사이에 두고 따로 존재하기보다는 하나의 연속적 스펙트럼에서 존재한다. 사실 성공과 실패의 갈림은 미묘한 차이에서 비롯되기도 한다.

② 성공 요인의 반대는 실패 요인이 되는가?조사에 따르면 소비자들이 특정 소매점을 찾는 주된 이유는 그들이 제공하는 상품 때문이었으나 놀랍게도 그 소매점을 포기하는 가장 큰 이유는 상품이 아니라 소매점 서비스 때문이었다(Hughes, 1991). 이 연구는 성공에 작용하는 요인과

실패에 작용하는 요인이 별개임을 시사한다. 즉 어떤 한 요인을 잘하면 성공하고 그것을 잘못하면 실패하는 것이 아니다. 신제품이 (기존에 알려진) 실패 유발 요인만 피해 가면 또는 이를 거꾸로 하면 성공하는 것은 아니다(참고: "Causes of success may not be mirror image of causes of failure." - Bitner et al. 1990). 물론 일반적으로 실패 요인은 실패로, 성공 요인은 성공으로 이어질 확률이 좀 더 높은 것은 사실이다. 그러나 실패 요인을 단순히 배제하였다고 해서 성공이 보장되는 것은 아니다.

어떤 대입 수험생이 시험을 석 달 앞두고 여자 친구를 새롭게 사귀었고, 원하던 대학에 입학하지 못한 결과가 나왔다면, "그 학생이 그때 여자 친구를 사귀지 않았다면 그는 대입에서 성공했을 것인가?"에 대해서는 어떠한 단언을 내리기 쉽지 않다. 여자 친구를 사귀지 않았다면 오히려 더 크게 대입에서 실패했을지도 모른다. 이러한 의문은 아마도 사회현상 규명의 어려움이 아닐까 생각된다. 실패 요인과 성공 요인의 상호관계에 대한 주제, 예를 들어 동일선상에 존재하는 양극단의 성격인지, 아니면 전혀 다른 선상에 따로 독립적으로 존재하는 것인지는 의미 있는 연구과제이다.

1.7 시간과 공간에 따른 핵심 요인의 변화

핵심 요인의 영향력은 여건에 따라 방향과 강도가 달라진다. 예를 들어, 시멘트 산업은 철도나 트럭운송의 제약이 있으면 성장에 크게 제한을 받게 된다. 그러나 전용 운반선이 생기면서 수로(水路) 운송비가 훨씬 싸게 들게 되면, 이전에는 '육로 운송의 용이성'이 핵심 성공 요인이었으나, 이제는 '전용선의 이용 여부'가 핵심 요인으로 작용한다.

계산기 산업의 경우 제품수명주기 초기 단계에서는 직접 회로 부분이 부가가치가 가장 많이 창출되는 부분이었다. 그러나 제품수명주기의 후반기에 들어서면 계산기의 크기를 작게 하는 기술이 매우 중요시된다(Aaker, 2007).

산업의 수명주기가 바뀜에 따라 주기별 핵심 성공 요인도 달라진다. 일반적으로 제조업체에서는 기술과 혁신이 도입기와 성장기에서 중요한 핵심 성공 요인이지만, 성숙기에 접어들면 서비스 지원 능력과 조직의 시스템화가 더욱 중요한 핵심 성공 요인이 된다. 즉 산업의 수명주기에 따라 신제품 성과에의 핵심 요인도 달라진다.

이처럼 시장에서 핵심 요인은 고정된 것이 아니라 시간과 공간의 흐름에 따라 변화한다.

2 여러 요인의 복합적 작용 기제(엇물린 관계)

앞에서는 개별 요인의 가변적 특성에 대해 살펴보았다. 여기서는 여러 요인 간의 구조적 또는 위계적 관계에 따른 작동 기제를 살펴보겠다.

요인의 특성과 영향력을 개별적으로 규명하는 것도 물론 중요하다. 그러나 요인들은 서로 엇물려 신제품 성과에 영향을 미친다. 즉 개발 과정에는 한두 가지 개별 요인만 존재하는 것이 아니라 여러 요인이 혼재하기에 여러 요인을 염두에 둔 영향력의 이해가 중요하다.

몇 가지 주요 관계를 살펴보면 다음과 같다.

2.1 요인들이 단순히 모두 존재한다고 하여 그 개체의 '생명력'까지 부여받았다고 볼 수는 없다.

요인의 존재는 필요조건일 뿐이다. '살아있는 파리'와 '파리채에 맞아 죽어있는 파리' 모두 파리가 갖추어야 할 요소를 공통적으로 가지고 있다. 다만 생명력 유무의 차이가 있을 뿐이다. 그런데 기존의 결정 요인 규명 조사 방법으로는 이러한 차이를 구별하기 어렵다.

- 어떤 소설책이든 A부터 Z까지 활자체는 모두 존재한다. 그러나 셰익스피어 소설과 삼류 소설은 그 질적 차이가 있다. 모든 악보에는 '도–레–미–파–솔–라–시'의 음계가 존재한다. 그러나 유명 작곡가의 곡은 품격이 다르다. 아인슈타인과 일반인은 육체적 요소에서 차이가 없다.
- 포유동물은 거의 모두 비슷한 숫자의 유전자를 지닌다. 침팬지와 인간의 DNA 염기서열은 98.7%가 동일하고 쥐의 DNA도 인간과 거의 90% 일치한다. 그러나 중요한 것은 유전자 자체가 아니라 유전자의 조절 메커니즘과 조합이다. 셰익스피어의 작품 맥베스, 리어왕, 오셀로에 사용된 단어의 수를 세어보면 평균 3만1,534개로 서로 얼추 비슷하다고 한다. 가장 빈번하게 등장하는 단어도 the, and, I, to 등 크게 다르지 않다. 비슷한 개수의 비슷한 단어로 이루어진 이 세 희곡이 우리에게 전혀 다른 감흥을 주는 이유는 사용된 단어의 배열과 조합이 다르기 때문이다. 3만여 개의 단어로 쓰인 희곡이 모두 맥베스가 되는 게 아닌 것처럼 비록 숫자는 같더라도 우리 유전체에는 뭔가 특별한 것이 있을 것이다. – 참조: 조선일보, "최재천의 자연과 문화," 2009년 7월 14일

성한 시계(자동차)나 고장 난 시계(자동차) 모두 같은 요소를 가지고 있다. 마찬가지로 성공한 신제품과 실패한 신제품 모두 공통적으로 최고경영자의 지원, 부서 간의 유기적 교류, 신속한 개발 기간 등을 가진다. 그런데도 성과는 판이한 경우가 비일비재하다. 성과에 '생명력'을 주는 요소는 무엇일까? 이러한 보이지 않지만 중요한 요인(invisible success/failure factors)에 대한 규명과 그 연구 방법의 개발은 이 분야의 연구에 공헌할 것으로 기대된다.

2.2 결정 요인 간의 균형적 존재의 중요성

핵심 요인의 규명은 보통 성공한 신제품과 실패한 신제품의 차이 분석을 통해 이뤄진다. 즉 성공한 집단과 실패한 집단 간에 있어서 어떤 차별적 요인의 존재 여부, 동일 요인의 크기 차이를 통해 핵심 요인의 진위를 파악한다.

그림 16.5 **핵심 요인의 규명에 대한 개념도(여기서는 ★, ●가 핵심 성공 요인)**

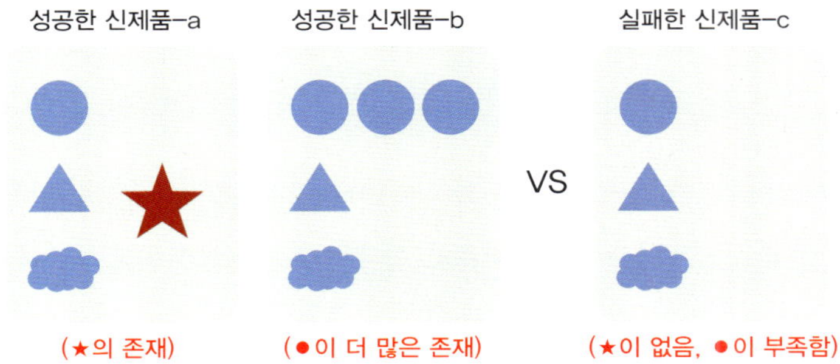

한편 일반화하기는 어렵지만, 대부분의 성공한 신제품은 결정 요인을 고루 균형적으로 갖춘 것에 비해 실패한 신제품은 결정 요인의 불균형이 존재한다.

톨스토이는 '안나 카레니나'(Anna Karenina, 1876년)의 서두에서 "행복한 가정의 모습은 대개 서로 비슷하다. 그러나 불행한 가정의 경우는 그 양태가 각양각색이다"라고 했다. 행복한 가정에는 대개 정형화된 공통점이 있는데, 거기에는 사랑, 경제력, 희망 등이 골고루 있다(윤석철, 1991, 11쪽). 마찬가지로 성공한 신제품을 살펴보면 대체로 서로 비슷한 양상을 가진다. 흔히 다음 요소들이 존재한다. 기존의 마케팅 자원(지식)과 신제품의 결합 효과(synergy), 기존의 기술과 제조 능력의 결합 효과, 고객에게 더 많은 혜택 제공, 신속한 개발 기간, 적절한 가격 전략, 충분한 시장 규모, 유통경로 지원의 양호, 최고경영층의 지원 등(Cooper and Kleinschmidt 1987b; Link 1987)이다.

'성공'의 모습이 유사하다는 현상을 주변에서 흔히 관찰할 수 있다. 한편 "불행한 가정의 모습은 각양각색"이라는 톨스토이의 말처럼 실패한 신제품은 그 양태가 제각각이다. 모든 요소가 골고루 갖춰진 둥그런 원의 모습은 어떠한 원이든 비슷해 보이는 것에 비해 이중 한 가지 또는 여러 요소의 결핍으로 인해 찌그러진 모습은 천차만별로 나타나는 것과 같은 이치이다.

- 행복에 필요한 성분이 10개라면, 10개 모두 있어야 한다. 따라서 행복의 모습은 동일하다. 반면에 어느 것 하나 또는 그 이상이 부족하면 그것은 불행이다. 따라서 불행의 모습은 매우 다변적이다. 수학적으로 표현하면 10개의 요소 모두가 있는 행복은 10C10=1이고, 그중 하나 또는 그 이상이 없어서 초래되는 실패의 모습은 10C0+10C1+……+10C9 만큼의 개수만큼 다양하다. – 윤석철(1991)
- 한 가지만 잘못해도 만 가지 선행이 빛을 잃는다(一爲不善, 衆善皆亡) – '삼국지'(三國志) 오서(吳書)편의 주해.
- '맛있는 비빔밥'은 모든 재료가 들어가고 이들이 과다 또는 과소하지 않는다. 이에 비해 '맛없는 비빔밥'은 이러한 조건 중 어떤 하나라도 충족하지 못하면 나온다. 따라서 맛있는 비빔밥은 하나이지만 맛없는 비빔밥의 유형은 무수하다.

어떤 제품은 다른 건 다 좋은데 가격이 너무 비싸서, 또 어떤 제품은 디자인이 나빠서, 또 어떤 제품은 너무 늦게(또는 너무 빨리) 시장에 진입해서 등 여러 이유로 실패한다. 성공에 필요한 요소를 골고루 갖췄을 때 신제품이 성공하는 데 비해, 어느 하나의 결정적 결핍에 의해서도 신제품은 실패할 수 있다. 신제품 개발의 성과와 결정 요인 간의 사이에는 '리비히의 최소량 법칙(Liebig's law of minimum)'이 존재한다.

- 최소량의 법칙은 독일의 식물학자 리비히(J. F. Liebig)가 1843년에 제창한 법칙인데, 생물체의 생존에 필요한 물질이나 조건이 충족되지 않을 때 성장이 제한되는 사실을 정의한 이 법칙은 '필수 영양소 중 성장을 좌우하는 것은 넘치는 요소가 아니라 가장 부족한 요소'라고 하였다. 즉 질소, 인산, 칼륨, 석회 중 어느 하나가 부족하면 다른 것이 아무리 많이 들어있어도 식물은 제대로 자랄 수 없다는 법칙이다.
- 포도주 한 병에 독 한 방울이라도 들어가면 포도주 한 병 전체는 독이 든 포도주가 된다.

2.3 결정 요인 간의 시간적 또는 위계적 관계

'최고경영층의 지원과 관심'은 흔히 성공 요인으로 간주된다. 그러나 자본력, 기술 능력, 인적 능력이 선행 또는 담보되지 않은 상태에서 최고경영층의 지원은 제품 실패의 중요 원인이 되기도 한다. 이런 점에서 볼 때, 중요한 것은 어떠한 요인의 단순 존재보다는 핵심 요인의 선후관계라고 할 수 있다.

집을 짓는데 순서가 있다. 땅을 고르고, 바닥을 다지고, 기둥을 세우고, 대들보를 올리고, 그런 다음에 집안 내부를 시공한다. 만약 이러한 순서를 뒤바꾸거나, 앞의 단계를 확실히 해 놓지 않은 상태에서 뒷 단계 공사를 시작하면 집을 완성하기도 어려울 뿐 아니라, 설혹 완성되었다 해도 그

집은 언젠가 하자가 발생할 것이다. 운동도 마찬가지이다. 축구선수가 기초 체력이 없으면 아무리 전술훈련과 심리훈련을 많이 받더라도 기량을 발휘하기 어렵다.

기업의 신제품 개발도 집 짓기와 유사한 성격이 있다. 우선으로 해 놓아야 할 일을 하지 않은 상태에서 한참 뒤에 해도 괜찮을 과업에 먼저 시간과 돈을 투자한다면 그러한 노력은 그 가치를 발휘하지 못할 것이다. 찌개를 끓일 때 들어가는 음식 재료의 순서에 따라 맛이 달라지듯이, 신제품 성과에 영향을 미치는 요인도 그 전개 순서에 따라 영향을 미친다. 참고로 이러한 점은 횡단면조사로 파악하기는 힘들다.

어떤 특정 핵심 요인의 효과는 그것이 언제 어떻게 어떤 순서로 들어갔는가에 따라 좌우된다. 따라서 우선순위(또는 필수 순위, MUST factors)를 고려한 관리가 중요하다.

- MUST factors와 SHOULD factors의 구분(Cooper 1993): Must-Meet Criteria는 Yes 또는 No로 판정한다. 이에 비해 Should-Meet Criteria는 정도의 크기로 판정한다.
- 교육 현장을 지키고 있는 일선 교사들은 모든 교육정책의 목표는 지금과 같은 '수업 붕괴 현상'과 '구조적인 교육 기회 불평등 상황'을 개선하는 데 일차적 목표를 두어야 한다는데 이견이 없다. 교실에서 수업이 이뤄지지 않고 있는데 한 학급당 학생 수를 설령 10명으로 줄인다고 그게 무슨 효과가 있을 것이며, 수능 난이도를 백날 조정해봐야 무슨 소용이 있겠느냐는 것이다. 교육개혁 문제는 원점에서 다시 시작해야 할 것 같다. - 참조: 조선일보, '3분의 1'만의 수업, 2001년 11월 14일
- 영화평론가들은 '쉬리'가 있었기에 '공동경비구역 JSA'가 성공할 수 있었다고 한다. 즉 '쉬리'가 북한에 대한 이미지의 뿔을 제거하였기에 관객들은 좀 더 마음을 열고 '공동경비구역 JSA'를 볼 수 있었고 이에 따라 엄청난 흥행 성과를 거두었다. 모토로라의 이리듐 프로젝트는 그 자체는 비록 실패하였지만, 그것은 후속되는 프로젝트의 중요 발판이 되었다.

3 핵심 요인의 조사 연구에서 고려할 점(연구 이슈)

이상 살펴본 바와 같이 성과에 영향을 미치는 핵심 요인은 여러 특성이 있다. 이러한 제반 특성에 대한 이해가 부족하면 신제품 개발에 대한 그릇된 관리지침을 내릴 수 있다. 본 항에서는 신제품 성과의 핵심 요인에 관한 조사 연구에서 고려할 점 몇 가지를 제시하겠다.

3.1 적절한 연구 방법 채택

밝히고자 하는 핵심 요인에 적합한 연구 방법을 설계해야 한다. 시간적 시차를 두고 영향력이 발

휘되는 결정 요인인 경우에는 이월 효과를 파악할 수 있는 분석이 필요하다. 결정 요인의 유형에 따라 때로는 시계열분석, 실험방법을 사용하는 경우도 있지만 경우에 따라서는 정성적 연구 방법도 필요하다.

연구 방법에 따라 요인의 성격이 밝혀지는 정도는 차이가 난다. 연구 방법별로 장단점이 있기 때문이다. 따라서 요인의 영향력 기제에 대한 입체적 성격을 파악하려면, 이에 적합한 방법을 개발하거나 여러 연구 방법을 서로 보완해서 사용할 필요가 있다.

실제 신제품의 사후적 분석(ex-post analysis of real-world projects)을 통한 핵심 요인의 규명은 현실을 반영한다는 장점이 있는 반면에 분석에 이용된 신제품 사례에 국한되기에 실패 요인의 포괄적 제시에 한계가 있다. 이에 반해 신제품에 관한 개념적 연구는 실증 자료의 분석을 통한 것은 아니지만 질적 요인까지도 포괄적으로 제시한다는 장점이 있다.

3.2 핵심 요인에 대한 충분한 사전 이해

연구 결과를 해석할 때 범하기 쉬운 실수는 바로 주변 상황을 고려하지 않는 논리 비약이다. '프렌치 패러독스(French Paradox)'라는 말이 있다. '프랑스의 역설'이라는 뜻으로 프랑스 사람들은 식사를 기름지게 하지만 심장병으로 사망하는 사람이 미국이나 다른 유럽 사람보다 적음을 일컫는 말이다. 하지만 관점을 바꿔보면, 포도주를 곁들인 식사는 대체로 마음의 여유를 갖고, 이런저런 대화를 하면서 천천히 식사를 하기 때문에 자연스레 폭식을 피한다. 또한 식사하면서 포도주를 마시는 사람들은 상대적으로 그런 시간을 즐길 수 있는 경제적 여유도 있을 것이다. 그래서 운동 등 여가를 건강을 위해 활용할 가능성도 크다. 따라서 '프렌치 패러독스'라는 말은 무엇을 먹는 것이 결정적이 아니라 이 같은 식습관 및 생활 습관에서 유래된 것이라고 가정해볼 수 있다. 이처럼 주변의 맥락을 고려하지 않는다면 추출된 결정 요인에 대해 잘못된 해석을 내릴 수 있다. 따라서 요인의 규명은 그것이 어떤 맥락에서 도출되었는지를 이해할 필요가 있다. 연구 배경(context)이 되는 나라, 산업, 기업, 조직, 문화, 제품, 기술 등에 대한 이해가 선행되어야 한다.

한편 결정요인 수준의 미세한 차이가 큰 성과 차이를 초래할 수도 있다. 예를 들어, 100m 달리기는 아주 적은 시간 차이로 순위가 구분되고 그에 따라 엄청난 성과 차이를 가져온다. 그런데 기존의 분석 방법은 이러한 미묘한 차이를 유의성 검정에서 기각할 수 있다. 이를 해결하려면, 이러한 현상에 관한 내용과 맥락을 먼저 이해하고 이에 적합한 측정과 척도, 검증법을 적용해야 한다.

3.3 창의적 연구 방법의 개발

보이지 않는 결정 요인, 시간적 순서에 따른 요인 간의 영향력 차이 등을 규명하기 위해서는 창의적 연구 방법의 개발, 그리고 이를 뒷받침하는 연구모델과 이론이 필요하다.

3.4 분석 단위의 세분화

분석 단위를 세분화하지 못하면 의미 있는 발견을 못 할 수 있다. 즉 분석단위가 크면, 뭉뚱그려진 그저 그런 평균값, 따라서 유의적이지 않은 결과 도출에 그치는 경우가 많다. 예를 들어 어떤 직업을 가진 사람들이 장수하는가를 조사하는 경우, 관행적으로 각 직업을 대표하는 표본을 추출하여 직업 집단 간의 수명을 비교한다. 그러나 동일 직업 내에서도 그 안에는 여러 세부 직능분야가 있음을 유념해야 한다.

> 1950년대 영국에서 중요한 사실을 하나 발견했다. 버스 운전사는 일찍 죽고 차장은 오래 살았다. 그 이유는 영국의 버스는 거의 2층인데 운전사는 가만히 앉아서 운전만 하고 차장은 2층을 오르내렸기 때문이다(분석 단위를 세분화하지 않는다면 운전사와 차장은 한데 묶인다). 이와 같은 맥락에서 우체국의 사무직에 있는 사람은 일찍 단명하고 집배원이 오래 산다고 한다. 사무직에 있는 사람이 걸어 다니는 집배원보다 성인병 발병률이 5배가 더 증가되었다고 한다. 그 이유도 마찬가지로 집배원은 더 많이 움직이기 때문이다.

연구의 분석 단위를 세부 직군으로 나누지 않고 동일 직군으로 묶어서 분석하였다면(예 운송업, 우편체신업 등), 업무에 따른 개인차가 있다는 중요한 사실의 발견은 어려웠을 것이다. 신제품 성과에 영향을 미치는 결정 요인에 관한 연구도 이러한 잘못을 저지르는 경우가 흔치 않다. 따라서 실제의 결정요인이 무엇인지 한 차원 더 파고드는 노력이 요구된다. 이를 위해서는 결정요인에 대한 이론적 견실함, 실무경험을 바탕으로 한 상상력이 필요하다.

핵심 요인에 대한 잘못된 이해와 부족한 지식으로 인한 그릇된 처방은 기업의 신제품 개발에 장단기적 피해를 입힌다. 물론 핵심 요인에 대한 올바른 지식을 쌓았다고 해서 신제품 개발 성과를 항상 원하는 방향으로 거두는 것은 아니다. 그렇지만 이에 대한 지식과 경험이 많은 기업은 그렇지 않은 기업에 비해 확률적으로 좀 더 나은 성과를 거둘 것이다. 이러한 조금의 차이가 기업의 운명을 결정하기도 한다.

CHAPTER

17 신제품 개발에서의 시장 조사

여기서는 신제품 개발을 위한 시장 조사 방법에 대해 살펴보겠다.

- 여러분은 그동안 신제품 개발에 대한 많은 내용을 배웠을 것이다. 개념적 이해는 하였겠지만 이를 실제 수행하기는 쉽지 않을 것이다. 본 장에서는 직접 실행 가능한 내용 중 하나인 신제품 시장 조사를 소개하겠다. 제품의 실제 개발은 제품에 따라 일반인 혼자서는 불가능한 것(예 유조선, 로켓, 백신, 핵발전소)도 많지만 신제품 조사 및 연구는 일반인도 가능하다. 한편 신제품 개발의 전체 과정은 시장 조사와 밀접히 연관되므로 조사 방법에 대한 이해는 신제품 개발의 기초가 된다.
- 평생 좋은 제품을 많이 만들었지만, 점유율 면에서 전 세계 시장을 장악한 적은 한 번도 없었다. 젊은이들의 삶을 몸소 체험하고 나서야 뒤늦게 성공의 열쇠를 찾았다. – Steve Jobs(애플 창업자)

이번 장에서는 제품 사용 테스트의 조사 설계에서 고려할 사항, 소비자에게 질문하는 방법, 시장 조사 및 신제품 개발에 대한 몇 가지 제언 등을 다루겠다.

Section 01 제품 사용 테스트의 조사 설계에서 고려할 사항

실질적 제품의 개발은 3단계(D)에서 수행된다. 어느 정도 실물(초기 제품)이 완성되면 이를 대상으로 여러 테스트를 진행한다. 이러한 테스트 중 제품 사용 테스트(Product Use Testing, PUT)가 있는데 이는 제품의 성능, 품질, 제조, 사용상의 문제점을 검토하는 것이다(참조: 11장).

여기서는 제품 사용 테스트의 조사 설계에서 고려할 사항을 살펴보겠다. 제품 사용 테스트에 해당하는 내용이지만 이들 대부분은 신제품 개발을 위한 다른 조사에도 적용되므로 이에 대한 이해는 의미가 있다.

1 제품 사용 테스트의 참여 집단과 규모

제품 사용 테스트의 주체를 누구로 하고 어떤 규모로 할 것인지에 대한 고려 사항이다. 사내 직원, 외부 전문가(연구원, 수리업체 직원, 기술지원 전문가), 소비자(고객, 비고객, 경쟁 제품 사용자), 소매상, 공급상, 인플루언서 등과 같은 집단들은 조사 참여 대상이 된다. 집단별 장단점은 다르기에 이들로부터 나온 조사 결과는 이를 감안하여 해석한다. 예를 들어, 내부 직원은 전문성이 있고 협조를 구하기 용이하지만 자사 신제품에 대한 편견과 선입견이 있다. 소비자는 주요 집단이고 비교적 객관적으로 의견을 표명하지만, 제품 및 기술에 대한 지식이 부족하다. 외부 전문가들은 일반 소비자보다 세심하게 살펴보고 더 정확한 지적을 한다는 장점이 있지만, 정보 유출의 위험성이 존재한다.

테스트에 참여하는 사람의 숫자는 조사 예산과 연관된다. 일반적으로 전문가는 3~6명, 사내 직원은 30명 이하, 최종 사용자는 많아도 좋다는 지침은 있지만, 제품과 시장 또는 기업 여건에 따라 융통성 있게 결정한다. 한편 테스트 참여 소비자는 제품의 표적시장을 대표할 수 있게 추출한다. 표본 추출에 관련된 내용은 마케팅 조사 서적을 참조하길 권한다.

- 버찌나 딸기의 맛은 어린아이들이나 새들에게 물어봐야 한다. - 괴테
- 세계 최고의 직업(?), '신혼여행 테스터': 남들은 한번 가는 신혼여행을 6개월 동안 즐길 수 있는 직업이 있다. 영국의 신혼여행 전문 업체 '런어웨이 브라이브 앤 그룸'이 신혼여행 테스터를 모집한다는 공고를 올려 주목을 받고 있다. 테스터는 6개월 동안 최고급 신혼여행지를 찾아 최고급 숙소와 최고급 휴양 시설들을 즐기게 된다. 이 기간에 테스터와 그의 파트너가 할 일은 해변에 누워 있거나 최고급 수영장에서 수영하고 샴페인을 마시는 것이다. 이후 자신이 체험한 각종 휴양지에 대한 소감을 회사에 제공하면 된다. 6개월 동안 최고급 시설을 이용한 후 테스터는 2만 유로(약 3천100만 원)의 보수까지 받는다. 테스터 지원 자격은 여행을 좋아하고 훌륭한 커뮤니케이션 기술을 가졌으며 좋은 서비스와 멋진 식사, 최고급 시설에 어울리는 사람이어야 한다. – 노컷뉴스, 2010년 3월 18일

2 테스트 참여 집단과의 접촉 방식

테스트 참여자가 결정됐으면 이제는 그들과의 접촉 방식을 선택한다. 접촉 방식에 따라 획득하는 정보의 양과 품질은 달라지므로 조사 설계에서 이를 반영한다.

2.1 접촉 유형

우편, 전화, 인터넷, 대면 면접 등 여러 방식이 있다. 응답자별 선호 방식이 다르기에 조사 대상자와 제품에 적합한 방식을 선택한다.

2007년 미국 콜로라도 대학, 텍사스 A&M 대학의 공동연구팀이 기혼 여성 4,884명을 대상으로 외도 여부를 조사한 결과, 일대일 면접조사 때는 1%가 외도 사실을 인정했지만, 컴퓨터를 이용한 설문조사 때는 6% 이상이 불륜 사실을 고백했다.

이러한 방식 중 대면 면접은 응답자와의 대화를 통해 자료를 추출하는 것이다. 대면 면접의 대표적인 방법으로 심층 면접, 표적 집단면접이 있다.

① 심층 면접(in-depth interview): 응답자의 삶, 경험, 그들이 처한 상황을 그들의 언어와 관점으로 이해할 수 있기에 사회 현상을 다양한 관점에서 심도 있게 연구하는데 좋은 방법이다.

② 표적 집단면접(Focus Group Interview, FGI): 소수의 응답자(8~12명)를 편안한 장소에 모이게 한 후 자연스러운 분위기에서 조사 목적과 관련된 특정 주제에 대해 대화를 유도한다. 자유로운 토론과 대화 과정에서 유용한 정보를 얻는다. 회의를 주재하는 진행자(moderator) 능력에 따라 조사 결과는 좌우되므로 역량 있는 모더레이트(moderate) 확보가 관건이다.

"나는 '포커스그룹'(소규모 논의 방식)을 믿지 않는다. 그들은 성공 비법을 알려주지 않는다." - Sue Y. Nabi(Vegan Skincare Line의 CEO)

2.2 접촉 인원의 단위

개별 접촉(Individual contact), 집단 접촉(Group contact)으로 구분된다.

갱서베이(gang survey): 10~20명 내외의 조사 대상자를 한 장소에 모아놓고 진행자의 통제에 따라 1~2시간 정도 조사하는 방식이다. 맛에 대한 테스트나 응답 과정에 대한 엄격한 통제가 요구되는 조사에서 널리 활용된다.

2.3 접촉 장소

엄격한 통제 장소에서 실시하기도 하지만(예 Central Location Test, CLT), 이와 반대로 사용현장(point of use: 집(Home Use Test, HUT), 사무실, 공장)에서 실시하기도 한다(예 산업재). 내적 및 외적 타당성, 제품 위험성 등을 고려하여 선택한다.

- Central Location Test: 사람들이 많이 모이는 번화가에서 지나가는 사람 중 조건에 맞는 사람을 특정 장소(예 테스트 키친, 쇼핑센터, 극장, 차량, 카페)에 데리고 와서 1시간 내외로 조사하는 방식으로 제품 테스트나 사전 광고효과 조사에 널리 활용된다. 이것은 완벽한 시설 제공, 좋은 실험 환경, 신속한 결과, 낮은 비용 등의 장점이 있다.
- Home Use Test: 신제품을 가정에서 직접 사용해 볼 수 있게 하는 방법으로 사전에 조건에 맞는 조사 대상자를 모집한 후 일정 사용기간을 주고 실제 사용 여건에서 평가하도록 하는 것이다.

3 브랜드, 기업명의 노출 여부

테스트 집단에 브랜드나 기업명을 알릴 것인가(identity disclosure)에 대한 선택이다. 신분 노출이 아무 문제가 되지 않는 경우도 있지만, 때로는 후광 효과(Halo-image effect)를 불러일으키기도 하므로 주의가 요망된다.

어떤 사람, 사물, 제품에 대한 기존의 인상이 주는 효과를 후광 효과(Halo Effect)라고 한다. 후광(halo)이란 태양이나 달의 무리, 또는 머리나 등 뒤에서 빛을 발해 성상(聖像)의 거룩함과 위엄을 더해주는 광채를 의미한다. 후광이 작용하면 그 주변의 다른 부분은 본질과 다르게 좀 더 멋지게 인식된다. 제품 자체를 객관적으로 평가해야 하는데 기존 브랜드 명성이 그러한 냉정한 평가를 방해한다. 예를 들어, 애플, 벤츠, 하겐다즈의 제품, 하버드 대학교의 졸업생이라면 당연히 좋을 것이란 선입견이 이에 해당한다.

신분 노출을 회피하는 방법으로 블라인드 테스트(blind test)가 있다. 개발자는 보통 소비자가 경쟁 제품보다 신제품을 얼마나 더 좋게 평가하는지 확인하고 싶어 한다. 이 경우 객관적 비교를 위해 블라인드 테스트를 활용한다.

4 테스트 기간

테스트 기간을 어느 정도 할지에 대한 결정이다. 단번(single)에 끝내는 방법(예 음식 맛의 시식), 단기간(short periods, 일주일 이내), 확장된 기간(extended periods, 6개월 이내), 장기간(the longer period, 6개월 이상으로 필요한 만큼) 등으로 흔히 구분한다. 제품 학습이 새로 필요하거나 기존 방식과 큰 차이가 있는 제품이라면 테스트 기간을 길게 가져간다.

제품을 한번 접할 때의 반응과 몇 번이고 반복해서 접할 때의 반응은 차이가 있을 수 있다. 사람에 대한 평가도 마찬가지이다. 한번 짧게 보면 좋지만 여러 번 보면 지루하거나 불편한 사람이 있다. 반면에 처음에는 별로였지만 여러 번 볼수록 좋은 사람도 있다.

콜라에 대한 지극히 개인적 견해이지만, 펩시콜라는 첫맛이 맛있고 적게 먹을수록 맛있다. 이에 비해 코카콜라는 많이 마실 때나 여러 번 반복해서 마실 때 좋은 것 같다. 이러한 경우 단번에 하는 조사와 일정 기간을 두고 하는 조사 간에는 서로 다른 결과를 산출할 것이다.

5 제품에 대한 설명, 그리고 사용 감독(통제)의 정도

5.1 제품에 대한 설명

테스트 참여자에게 신제품에 대한 설명을 어느 수준까지 할 것인가에 대한 결정이다. 몇 가지 방법은 다음과 같다.

① 제품 테스트할 때, "한 번 테스트해 보세요."라는 말 이외에는 아무 말도 언급하지 않는(no comment) 방법: 이 방법은 조사자가 알고 싶은 특정 부분에 대한 테스트 결과를 얻지 못할 수 있다. 반면에 미처 예상 못 한 문제를 발견하기도 한다.

② 현실에서 소비자는 신제품 정보를 주로 광고를 통해 얻는다. 광고는 시간적 제약이 있기에 제품의 핵심 정보 몇 가지만 제시된다. 광고에서 제시하는 수준 정도로만 제시(commercial)하고 테스트 결과를 살펴보는 방법이다.

③ 충분한 설명(full explanation): 제품이 적절히 사용되게끔 상당한 정보를 제시한다. 조사자는 이를 통해 원하는 정보를 얻지만, 위의 두 방법과 달리 실제 구매 및 사용 상황과는 괴리가 있다.

5.2 제품 테스트에 대한 감독(통제)

테스트 과정을 어느 수준으로 통제할 것인가에 대한 결정이다.

① 완전한 통제(total control): 대부분의 신약은 내과 의사의 통제하에서만 법적으로 테스트할 수 있다. 이러한 완전한 통제는 정확한 정보가 요구되고 환자의 안전이 관건일 때 필수적이다. 또한 대부분의 산업재(고가의 복잡한 장비), 오남용 방지가 중요한 제품도 완전한 통제가 요구된다.

② 느슨한 통제(loose control): 대부분 조사자는 사용자들의 약간 실수가 허용되기를 원한다. 이를 통해 실제 시장에서 일어나는 문제를 알게 되기 때문이다. 여기에는 기술자 또는 영업사원이 묵묵히 사용을 지켜보는 방식도 있지만(supervised mode), 아예 그것도 하지 않는 방식(unsupervised mode)도 있다.

6 테스트 결과에 대한 기록

응답자 반응을 어떤 방식으로 얻을 지에 관한 결정이다. 척도(예 명목, 서열, 등간, 비율), 측정 방법(예 쌍대 비교, 순위법, 등급법, 어의 차이 척도, 스타펠 척도, 리커트 척도, 총합 고정 척도, 비율 분할법 등)의 여러 대안을 비교하여 조사 목적에 맞는 적절한 방법을 선택한다.

한편 자료를 습득하는 방법은 관찰, 의사소통 방식으로 크게 구분되는데, 예전에는 조사원이 직접 자료를 기록하거나 녹음(Audio-record) 하였지만 요즘은 다양한 도구를 사용한다.

- 비디오 일지(Video Diary): 비디오 일지에서 얻은 자료와 관찰 후에 실시한 심층 면접 자료를 비교하면서 감춰진 소비자 욕구, 또는 국가 간 다른 문화 및 소비 행태를 찾아낸다.
- 아이카메라(eye camera): 눈동자 움직임, 시선 추적을 통해 제품에 노출된 피실험자의 관심 대상과 관심을 보이는 순서를 조사한다.
- 동공계(pupilometer): 눈동자 동공의 크기를 측정하는 것이다. 동공의 크기 변화에 따라 응답자 반응을 측정한다.
- 정신 전류계(psychogalvanometer): 특정 제품이나 단어, 그림과 같은 자극이 주어졌을 때, 그 사람의 감정 상태를 측정하기 위해 땀 흘리는 정도를 측정한다.
- 보이스 피치 분석(voice pitch analysis): 심리적 측정법의 하나로 피험자 목소리 높이의 변화를 이용하여 자극이 주는 영향력 강도를 측정한다. 신제품에 노출된 후 이에 대한 응답을 테이프에 녹음한 후 음성의 높낮이를 분석한다.
- 기능성 자기공명영상(fMRI): 뇌 영상 촬영, 뇌파 측정 등 뇌과학 기술을 이용해 사람의 뇌세포 활성이나 자율신경계 변화를 측정하여 소비자 심리를 파악하는 것을 '뉴로 마케팅(neuro marketing)'이라고 한다. 이것은 뇌 속에서 정보를 전달하는 신경인 '뉴런과 '마케팅'을 결합한 용어이다. 기능성 자기공명영상(fMRI)은 이러한 뉴로 마케팅에 해당한다. fMRI 기법은 뇌 혈류량과 혈류 내의 산소 함량을 측정하여 특정 활동과 연관 있는 뇌 영역을 시각적으로 표현한다. 자기공명영상기기 안에 있는 피실험자가 자극에 반응하여 혈류가 변화하는 양상을 파악함으로써 어떤 뇌 영역이 특정 반응에 연관되고, 특히 어떤 영역이 주도적 역할을 하는지를 파악한다.
- 간접 관찰: 과거 행동의 결과로 나타난 물리적 흔적을 관찰하는 것으로, 적은 비용으로 손쉽게 자료를 수집할 수 있다. 간접 관찰의 성공 여부는 조사에 맞는 자료를 쉽고 타당하게 얻을 수 있는 물리적 흔적을 얼마나 잘 찾아내는가에 달려있다.

Section 02

소비자에게 질문하는 방법

고객의 소리(Voice of Customer, VOC)는 신제품 개발에서 중요한 정보이다. 아마도 이를 모르는 기업은 없을 것이다. 그러나 고객으로부터 의미 있는 답변을 얻기 위한 '올바른 질문 (right questions)'을 하기란 여전히 어렵다. 여기서는 이러한 질문 방법을 살펴보겠다.

1 좀 더 나은 질문(better questions)

누가 질문하고, 언제, 어디서, 어떠한 환경 속에서 질문이 이뤄졌고, 무엇을 물어봤고, 또한 어떠한 질문 방식을 사용했는가에 따라 동일 응답자에게서 나오는 답변의 양과 질은 달라진다. 여기서는 질문 방식에 초점을 두고 살펴보겠다. 물론 전술한 바와 같이 '올바른 질문'(right questions), 즉 항상 바른 질문은 없다. 조금 더 의미 있는 답변을 끌어내는 것이 목적이기에 제목을 '좀 더 나은 질문'(better questions)으로 하였다.

단도직입적으로 말하면, 기존 조사에서 많이 물어보는 방식인 "당신이 제품에서 원하는 것은 무엇입니까?"는 좋은 질문이 아니다. 그 이유는 고객들은 기존 제품을 염두에 두고 자신이 원하는 바를 추가해서 답변할 뿐이기 때문이다. "더 좋은, 더 가벼운, 더 오래가는, 더 고장 없는, 더 빠른, 더 값싼 제품"과 같은 뻔한 응답이 나올 가능성이 크다. 그래서 '제품이 어떻게 되기를 원하는가?'라고 물어보는 것은 아주 작은 인사이트만 제공할 뿐이다. 그런데도 여전히 많은 기업은 고객들에게 현재 제품에 대해 무엇을 원하는지를 (막연히) 물어보고 있다. 이는 물어보나 마나 한 질문 방식이다.

막연한 질문 대신에 고객 자신의 경험, 바람직한 결과물 자체에 초점을 맞추어 질문하는 것이 '좀 더 나은 질문'이다. 원하는 것을 막연하게 요구하는 어설픈 질문으로는 제품 개발을 위한 아이디어 도출에 도움이 되지 않는다. 소비자 조사의 대부분이 성공을 거두지 못하는 이유는 조사하지 않기 때문이 아니라 제대로 수행하지 않기 때문이다.

그림 17.1 **막연한 질문 vs 좀 더 나은 질문**

"당신이 제품에서 원하는 것은 무엇입니까?"

VS

"지금까지 이 제품을 사용한 경험 중 좋은 경험과 나쁜 경험은 무엇입니까?"

"지금 제품을 가지고 하려던 것 중에서 가장 힘든 일은 무엇입니까?"
"이 제품은 어떤 결과를 얻기 위해 사용합니까?"

이를 좀 더 구분하여 살펴보겠다.

1.1 고객의 경험에 초점을 맞춘 질문

"지금까지 이 제품을 사용한 경험 중 좋은 경험과 나쁜 경험은 무엇입니까?"

고객에게 "어떠한 샴푸를 원하는가?"라고 묻는다면 고객들은 현재 샴푸를 기준으로 답변할 것이다. 즉 자신이 알고 있는 속성들(예 세정, 보습, 향기 등)을 기준으로 그것들이 더 나은 것을 원한다고 답변할 것이다(예 깨끗한 세척, 좋은 향, 저렴한 가격 등과 같은 천편일률적이거나 예상 가능한 뻔한 대답. 소비자는 현재 자신이 사용하는 제품을 중심으로만 생각하기에 이를 벗어난 새로운 속성에 대한 생각은 어렵다). 그러나 만약 "당신의 머릿결 또는 두피 관리에 어떤 어려움을 겪었나요?"라고 묻는다면 자신의 실제 경험을 기반으로 답변하기에 내용은 풍성해질 것이다. 탈모, 두피 가려움, 염색으로 인한 손상, 머리 손질의 어려움, 자신도 모르게 옷에 떨어진 비듬, 며칠간 머리 못 감는 상황과 같은 샴푸와 무관한 답변도 나올 것이다. 사람마다 경험한 문제가 다르기에 다양한 문제, 희망 사항에 대한 정보가 다채롭게 수집된다. 이러한 정보는 신제품 아이디어의 도출에 도움이 된다(예 염색도 되는 샴푸, 물이 필요 없는 샴푸, 두피 영양분을 보충하는 샴푸, 한번 샴푸로 일주일 유지). 이처럼 어떠한 질문을 던지는가에 따라 조사자가 얻는 답변의 양과 질은 현격한 차이가 난다.

- "이상적인 교육자는 어떤 사람인가?"라고 묻지 말고 "지금까지 어떤 선생님이 가장 기억에 남았고 그 선생님은 어떠하셨는지"를 질문하는 것이 더 풍성한 답변을 유도한다. 한편 이를 통해 응답자가 어떤 성향의 사람인지도 파악할 수 있다.

- 다음 두 가지 질문에 대한 답변을 적어보길 바란다. ① 당신은 어떠한 호텔을 원하는가? (당신은 어떠한 아파트를 원하는가? 어떤 식당을 원하는가?) ② 호텔 숙박 경험 중 지금까지 최악의 경험은 무엇입니까? (아파트에 살면서 겪었던 불편한 문제들은 어떤 것이 있는가? 최악의 식당은 어떤 것들이었는가?)

'좀 더 나은 질문'은 소비자 개인의 경험에 초점을 맞춘다. 제품이란 객체를 중심으로 협소하게 생각하지 않고, 자신의 개인적 경험, 자기 자신의 이야기를 답변하기에 좀 더 풍성한 답변을 한다.

문제 분석을 할 때도 마찬가지다. 원하는 것(wants)을 질문하면 일반적 답변만 얻지만, 문제(problems)를 물어보면 폭넓은 대답을 얻을 수 있다. 그러므로 소비자에게 질문할 때는 wants가 아닌 problems으로 물어봐야 한다.

1.2 바람직한 결과물 자체에 초점을 맞춘 질문

"지금 제품으로 하려던 것 중에서 가장 힘든 일은 무엇입니까?", "이 제품은 어떤 결과를 얻기 위해 사용합니까?"

소비자(또는 선도 사용자)가 원하는 궁극적인 결과물 자체에 대해 질문하는 것이다. 즉 제품에 바라는 최종 결과(outcomes)나 혜택(benefits)을 질문하는 것이다. 이러한 방식을 통해 혁신적 신제품 아이디어와 서비스 개선 사항에 대한 정보를 얻을 수 있다.

희망 사항(Wants)을 묻는 것이 아니고 바라는 결과(outcomes)를 묻는 것이다. 질문의 차이는 없는 것처럼 생각되기도 할 것이다. 그러나 질문에 따라 응답자 생각의 방향(발상)은 달라지기 때문에 이런 사소한 차이가 커다란 차이로 귀결된다.

맥도날와 스타벅스 같은 패스트푸드점의 드라이브 스루(drive-through) 서비스 제공은 이러한 사고방식을 통해 탄생했다. 패스트푸드점에 바라는 개선점에 초점을 맞춘 것이 아니라 패스트푸드점을 이용하는 이유와 좀 더 빠른 서비스 제공 등 소비자 행동의 결과에 초점을 맞춘 것이다. 차에 탄 채로 제품을 픽업할 수 있도록 도입한 혁신적 서비스가 바로 드라이브 스루 서비스이다.

전술한 바와 같이 Wants 질문은 다음과 같다. "그 제품은 어떻게 개선되면 좋겠는가?" wants만을 물어본다면, 기존의 '특정 제품'을 염두에 두고 '기존 제품의 단점'을 기반으로 답변을 구성하기에 참신한 아이디어가 나오기는 힘들다. 이는 기존 제품의 제한되고 협소한 시각 속에서 지엽적 개선점만을 생각하기 때문이다. 예상 가능한 뻔한 응답으로는 신제품 개발에 큰 도움을 받지 못한다. 혁신의 틀을 깨지 못하는 진부한 답변만 얻으면 모방 제품 또는 개선 제품에 그치게 된다.

당신의 눈이 당신에게 말하는 것들을 믿지 마십시오. 그것들은 한계를 보여줄 뿐입니다. 당신의 이해를 통해 세상을 보십시오. - Richard Bach(소설가, '갈매기의 꿈')

이에 비해 결과물(outcomes)은 제품으로부터 얻고자 하는 최종 혜택에 대한 것이다. 현존하는 특정 제품이나 서비스에 국한하지 않고 자신이 무엇을 원하는지에 대해 특정 제품에 구애받지 않고 생각해 볼 수 있다. 제품 사용을 통해 얻고자 하는 결과물은 결국 제품으로부터 얻는 최종 혜택이다. 이러한 결과물, 또는 최종 혜택은 현존 제품이나 서비스라는 제한된 시각을 벗어나게 해준다. 인식의 제한을 받지 않고 원하는 결과를 중심으로 좀 더 근원적 문제와 목적을 중심으로 응답한다. 그렇기에 "그 제품을 왜 사용하는가? 무엇을 얻고 싶은가? 어떠한 결과를 바라는가?"(최종 혜택에 방점이 찍힌 질문)로 질문하는 것이 '좀 더 나은 질문'이다.

- '제품을 사용할 때 무슨 효과를 기대하고 사용하는가?' 혹은 '그 제품을 사용함으로써 얻고자 하는 혜택은 무엇인가?'라는 질문을 던졌을 때 소비자들은 진정 그들이 원하는 제품에 대한 '필요'와 '요구'를 이야기하기 시작한다.
- 칠판과 분필에 대한 '원하는 바'를 질문하면 다음과 같은 답변이 기대된다. 선명한 칠판, 갈라지지 않는 칠판, 잘 지워지는 칠판, 오래 쓰는 분필, 잘 부러지지 않는 분필, 가루가 덜 날리는 분필 등이다. 이에 비해 칠판과 분필의 불편한 점인 왜 그것을 사용하는지에 대한 점을 질문하면 다음과 같은 답변이 나올 수 있다. 같은 내용을 매번 쓰고 지우는 불편함, 기존 자료에 대한 추가 수정 및 편집의 어려움, 칠판과 분필이 설치되지 않은 공간에서는 강의하기 어려움 등이다. 빔프로젝터와 파워포인트는 이러한 근원적 문제를 해결한 혁신 제품이다. 이러한 혁신 제품은 소비자 불편 및 원하는 결과에서 그 단초를 찾을 수 있다.

소비자 심리와 행동을 면밀히 파악하는 것이 제품 개발의 첫 시작이며 그들이 진정 원하는 해결책을 제공하는 것이 기업의 역할이다.

몇 가지 예를 추가로 제시하면 다음과 같다.

- 휴대폰 충전기: wants 질문에 대한 답변은 "지금보다 충전 속도가 빨랐으면, 케이블이 튼튼했으면, 휴대가 편리했으면 등"과 같이 현재의 충전기 제품을 기준으로 생각하게 된다. 이에 비해 outcomes 질문을 통해 소비자가 원하는 결과물(혜택)을 묻는다면, 선이 필요 없는 무선의 고속 충전(새로운 형태의 충전 방식), 배터리 필요 없는 전화기 등을 생각해볼 수 있다.
- 이어폰: wants로 질문하면 이어폰 음질이 좋았으면, 이어폰 모양과 색상이 예뻤으면, 이어폰의 선 정리가 쉽고 신축성 있게 조절했으면 등과 같은 예상 가능한 답변을 얻게 된다. 이에 비해 outcomes 질문을 통해 소비자가 원하는 결과물(혜택)을 묻는다면, 선 없는 이어폰, 전화를 받거나 음악 설정 등 자제 조작이 가능한 이어폰, 보이지 않게 만든 이어폰, 귀에 넣지 않는 이어폰 등과 같은 혁신적 아이디어를 얻을 수 있다.
- 대학교: "대학이 어떻게 개선되기를 원하는가, 어떤 대학을 원하는가, 어떤 대학에 입학하기를 원하는가?" vs "왜 대학에 들어가려 하는가, 대학 졸업 후 얻고자 하는 목적은 무엇인가?"

소비자들이 진정으로 생각하는 더 나은 'outcome'에 대해 생각하고, 이런 제품을 개발해야 한다. 이를 위해서는 소비자가 제품으로부터 얻고자 하는 최종 혜택에 관한 질문을 던져야 한다.

2 면접 조사에서 이용되는 다양한 기법

응답자의 다양한 생각을 끌어내는 프로빙 기법, 응답자의 감춰진 속마음을 유도하는 래더링 기법, 투사법, 응답자의 경험을 중심으로 분석하는 현상학적 기법 등이 있다.

2.1 프로빙(Probing) 기법

Probe란 무언가를 '철저히 조사하다', '정밀 조사하다'의 뜻을 가진다. 평상시 그리 많은 생각을 하지 않던 제품(예 생수, 건전지, 초콜릿, 샴푸 등)에 대해 응답자들이 다양한 생각을 해볼 수 있도록 이렇게도 저렇게도 질문하면서 생각을 도와줌으로써 응답자 의견을 유도하는 것이다.

몇 가지 방법을 예로 들면 다음과 같다.

- 두 가지 상표에 대한 선호도, 이들 간의 차이점과 유사점을 얘기하도록 한다. 일반적으로 두 가지 비교가 상대적으로 용이하다.
- 세 가지 상표를 제시한 후, 유사 상표 두 개와 다른 상표를 분류하도록 하고, 그 이유에 대한 응답자 의견을 유도한다.

- 응답자에게 가상의 상황을 제시하고 이에 대한 반응을 확인한다(예 스마트폰이 없다면? 샴푸를 사용할 수 없다면? 명품브랜드가 없어진다면?).

2.2 래더링(laddering) 기법

심층 면접 과정에서 어떤 제품이나 브랜드가 제공하는 '속성-편익-가치'가 계층적으로 어떻게 연결되는지를 찾아가는 방법이다.

① 속성: 특정 제품이나 브랜드를 선호하거나 구매하는 이유를 묻는다. 소비자는 제품의 어떤 특정 속성 때문이라고 응답한다.

② 혜택: 왜 그러한 속성이 중요한가, 특정 브랜드를 사용할 때 연상되는 혜택은 무엇인가에 대해 질문한다. 소비자는 앞에서 답변한 제품 속성이 어떤 혜택을 제공하기 때문이라고 한 번 더 깊이 있게 생각한 다음 응답한다.

③ 가치: 앞에서 답변한 혜택에서 궁극적으로 얻는 개인적 가치는 무엇인지를 묻는다. 소비자는 앞에서 언급한 혜택들이 자신이 추구하는 어떤 가치를 충족시키기 때문이라고 조금 더 생각한 다음 응답한다.

이러한 연속적인 질문 방식(꼬리에 꼬리를 무는 방식)을 통해 소비자의 생각(또는 의식의 흐름)을 점진적으로 깊이 있게 밝혀 나간다. 마치 사다리(ladder)를 타고 올라가듯이 구체적, 표출적인 속성에서 고차원적이고 추상적 이유가 되는 가치에 대한 소비자 마음을 파악하는 것이다.

- '보습제 성분'을 함유하기에 □□샴푸를 선택한다[속성]. 보습제 성분은 나의 머릿결을 메마르지 않고 촉촉하게 해준다[혜택]. 촉촉한 머릿결은 내가 건강하고 아름다운 머릿결을 가진 매력적인 사람으로 보여준다[가치].
- '흔들리지 않는 침대': 개별 독립된 스프링[속성]. (독립된 스프링이기에~) 옆 사람의 흔들림에 영향받지 않음[혜택]. (옆 사람의 흔들림에 방해를 받지 않기에~) 편안한 잠, 편안한 삶[가치].

때로 소비자들은 자신의 느낌, 태도, 소망 등을 구체적으로 표현하기 어려워할 때가 많다. 질문 방식의 변화를 통해 응답자들의 생각(또는 저변에 묻혀 있던 생각)을 좀 더 다각적이면서도 원활하게 끌어내는데 도움이 된다.

2.3 현상학적 기법

응답자가 특정 상황(예 점포 방문, 제품 구매나 사용 등)과 관련하여 겪은 경험 과정과 이 과정에서 느꼈던 감정을 체계적으로 파악하기 위해 사용되는 면접 기법이다. 현상학적 분석을 통해 응답자가 '어떤 경험을 했는지(what)', 그리고 '어떻게 특정의 감정을 느끼게 되었는지(how)' 등을 분석한다. 응답자의 경험을 충분히 이야기하도록 한다. 이를 위해, 면접 진행되는 동안에는 이유를 묻거나 분석적 질문을 하지 않는다.

현상학(Phänomenologie)은 에드문트 후설(Edmund Husserl)에 의해서 창시된 철학이다. 신칸트 학파와 같이 대상을 의식 또는 사유에 의해서 구성하는 논리적 구성주의에 서지 않고, 객관적 본질을 진실로 포착하려는 데에 철학의 중심을 두는 것이다.

실제 경험한 것의 시간적 흐름과 각 흐름에 따른 내용을 물어보면서 피면접자의 답변을 풍성하게 이끌어내는 방식이다. 예를 들어, 응답자가 최근 경험한 사건(예 스마트폰 구매, 자동차 수리, 레스토랑 등)을 시간의 흐름에 따라 자세히 기술하도록 하고, 그 과정에서 자신이 느꼈던 주요한 감정을 찾아냄으로써 이를 통해 차별적 마케팅 대안을 도출하는데 활용한다.

Section 03

시장 조사 및 신제품 개발에 대한 몇 가지 제언

여기서는 신제품의 시장 조사 및 신제품 개발 과업에 대해 유념할 점과 제언 사항 등을 몇 가지 언급하겠다.

1 모든 시장 조사에 대한 가감 없는 보존

조사자가 기대하던 방향과 다른 결과가 나왔다 하더라도 이를 임의로 수정하거나 폐기해서는 안 된다.

시장 조사 결과가 기업이 원하던 데이터가 아니라고 해서 조사 결과를 무시해서는 안 된다. 또한 소비자 의견과 제기한 문제를 부정적으로 생각하거나 소홀히 대해서는 안 된다.

신제품 개발 과업은 일상 업무보다 더 많은 실패 위험이 내재한다. 또한 책임 소재에 대한 부담도 크다. 신제품에 대한 최고경영자의 기대도 크기에 시장 조사 결과가 부정적일 때 이를 완화하거나 감추고자 한다. 그러나 숨긴다고 숨겨지거나 시간이 흐른다고 문제가 저절로 해결되는 것은 아니다. 어떤 문제이든 그것은 결국 시장에서 드러나게 되어 있다. 따라서 모든 사실을 있는 그대로 인정하고 거기서부터 시작하는 것이 불편하더라도 현명한 처사이다.

이를 위한 최고경영자 또는 상위경영진의 역할이 중요하다. 나쁜 정보를 알려온 직원에게 '큰 문제를 빨리 발견해줘서 감사하다.'라고 진심으로 말하는 문화가 없다면 직원들은 듣기 좋은 정보만 전달하게 된다.

> 사람들은 나쁜 소식을 전하기를 두려워한다. 하지만 나쁜 소식은 때때로 사업의 성과를 개선하는 데 가장 중요한 정보를 제공한다. 나는 언제나 좋은 소식과 나쁜 소식을 동시에 요구하고 나쁜 소식을 먼저 알려달라고 요청한다. 그리고 그것을 통해 난제를 파악하고 개선해야 할 사항을 토의하는 것을 규칙으로 삼았다. – 제프 레익스(Jeff Raikes, MS 부사장)

2 의사결정에 필요한 정보

다량의 정보가 중요한 것이 아니다. 의사결정에 필요한 정보가 중요한 것이다.

시장 조사를 습관적으로 또는 형식적으로 해서는 안 된다. 또한 다량의 정보를 긁어모으려고만 해서도 안 된다. 기술 발달로, 즉 AI, Big Data, Digital/Mobile technology 등으로 정보는 넘쳐난다. 그러나 "전자 정보는 많지만 진짜 정보는 부족하다"라는 냉소적 표현이 있을 정도로 의사결정에 긴요한 정보가 부족한 경우가 대부분이다. 시장 조사자는 마케팅 의사결정자와의 원활한 의사소통을 통해 정보 욕구를 정확히 이해하고 이를 바탕으로 시장 조사를 수행해야 한다.

3 조사 결과에 대한 정확한 해석

조사를 적절히 수행하는 것도 중요하지만 그 결과를 제대로 해석하는 것 역시 중요하다.

조사 결과를 정확히 해석하기 위해서는 데이터가 산출된 맥락, 시장 현황, 그간의 역사에 대한 폭넓은 지식이 있어야 한다.

이와 관련된 몇 가지 사항은 다음과 같다.

첫째, 본질을 보는 혜안(慧眼)이 필요하다. 우리는 흔히 눈에 보이는 그대로 해석하는 경우가 많다. 그러나 한 번 더 깊이 또는 다른 각도로 생각하면 실제 그렇지 않은 경우도 상당하다. 예를 들어, 아이가 떼를 부리는 이유는 장난감을 사고 싶기보다는 자신의 의견을 존중해 주기를 바라는 것일 수도 있다.

> 지구의 별에서 만난 여우가 어린 왕자에게 이렇게 말한다. "마음으로 보지 않으면 모든 것이 잘 보이지 않는다. 중요한 것은 모두 눈에 보이지 않는단다. 사람들은 이 소중한 것을 잊고 있단다." – 생텍쥐페리의 「어린 왕자」

둘째, 문화적 배경과 맥락을 이해한다. 어떤 지역 사람들의 생활과 문화를 이해하려면 그들이 처한 상황과 맥락에 대한 이해가 필요하다.

- 고속도로 휴게소의 화장실 변기 숫자에 대한 의사결정을 하려면, 남성과 여성의 화장실 사용 행태에 대한 이해가 선행되어야 한다. 이러한 지식이 부족하면 휴게소 방문하는 남성과 여성의 숫자가 비등하다는 데이터를 근거로 남성용, 여성용 변기 숫자를 동일하게 설치하는 우매한 결정을 한다.

- 동전 500원이 떨어져 있다. 동전 위에 개가 오줌을 싼 것을 아는 사람들은 그 동전을 줍지 않았다. 그렇지만 한참 뒤에 그런 사실을 모르는 사람은 떨어져 있는 동전을 줍는다. 문화도 비슷하다. 그 사회에 살지 않으면 그 사회의 내력을 모르기에 낭패를 보기 마련이다.

셋째, 현장을 중시한다. 사무실에 앉아서 시장과 고객을 이해하고 이를 바탕으로 마케팅 계획을 세우는 게으른 마케팅 관리자들이 있다. 물론 대부분 의사결정에 필요한 정보는 2차 자료를 통해 얻을 수 있다. 그러나 현장이 아니면 절대 파악할 수 없는 시장 흐름은 있기 마련이다. 경영자 특히 마케팅을 담당하는 사람들은 현장을 중시해야 한다. 현장을 둘러보지 않고 내린 탁상 위 의사결정은 때로는 어이없는 결과를 초래하기도 한다.

- 창덕궁에는 임금이 직접 농사를 짓던 곳(청의정, 淸義亭)이 있다. 넓지 않은 땅이지만, 백성의 농사 체험을 직접 해보면서 백성의 마음을 헤아릴 수 있었다.
- 젊은 시절에는 호텔 욕실의 세면기 옆에 부착된 면도용 거울에 왜 돋보기 성능이 있는지 잘 몰랐다. 그러나 노안이 온 다음에는 그 거울이 면도할 때 무척 필요하다는 것을 깨달았다. 돋보기를 쓰고 면도할 수는 없지 않은가?

사무실에만 있지 말고 현장을 나가봐야 한다. 제품을 직접 사용하는 사람들 의견에 귀를 기울이고 그들을 관찰해야 한다. 엉덩이를 깔고 앉은 채로 얻은 지식은 결코 발로 직접 밟아가면서 획득한 지식을 이기기 어렵다.

4 의사결정자의 결단

조사 과정을 통해 올바른 정보를 적시에 산출하는 것은 중요하다. 그러나 이러한 정보를 의사결정에 이용하고 실천하는 것은 결국 경영자이다. 좋은 정보가 산출되더라도 의사결정자가 이를 활용하지 못하면 그러한 정보는 무용지물이다. 좋은 정보는 좋은 경영자를 만날 때 비로소 빛을 발하게 된다.

첫째, 조사 결과에 너무 의존해서는 안 된다.

링컨 대통령은 남북전쟁 전에 자신에게 불리한 여론조사 결과를 노고받았다. 그렇지만 링컨은 자료를 이렇게 해석하였다. "이걸 봐서는 대다수 국민이 전쟁을 반대하고 있군. 그렇다면 미연방을 유지하기 위한 전쟁의 필요성에 관한 주장을 더욱 효과적으로 국민에게 홍보해야겠군." 다시 말해 링컨은 다음처럼 생각하지는 않았다. "대다수 국민이 전쟁에 반대하고 있군. 그렇다면 단지 흑인들을 돕기 우한 이 승산 없는 게임에 내 정치 생명을 건다는 것은 어리석은 일이겠군." 바로 이러한 점이 링컨의 위대함을 보여준다.

또한 더 확실한 정보가 산출될 때까지 마냥 주저해서도 안 된다. 과잉 분석은 '분석 과다로 인한 마비(paralysis by analysis)'를 유발한다. 물론 더 나은 의사결정을 위해 시장 조사를 충분히 하는 것은 중요하다. 그러나 어느 순간이 도래하면 의사결정을 내리고 실천해야 한다.

한편 사람이 담당하던 의사결정, 전략적 판단과 같은 지적 영역을 기계가 더 잘하는 세상이 왔다. 그렇지만 이들 기계 역시 사람이 기존에 하던 것을 좀 더 잘하는 것에 불과하다. 다시 말해 '알파고'의 무한한 정보 축적, 지치지 않는 연산 과정 등으로 바둑 고수들을 이기는 것은 가능하지만 '알파고'가 하는 것은 여전히 바둑일 뿐이다. 신제품 개발 과정에 AI, Big Data 등이 도입된다고 하더라도 그 역할은 여전히 기존에 해왔던 상투적 내용이 중심이 된다. 인간의 고유 영역, 즉 상상력, 혁신, 열정, 파격은 여전히 남아있다.

유능한 경영인은 결정이 아무리 힘들고 어렵더라도 절대 미루지 않는다. 실패한 결정 10개 중 8개는 판단을 잘못해서가 아니라 '제때' 결정을 못 내렸기 때문에 실패한 것이다. – James C. Collins의 'Good to Great'

둘째, 사람과 조직 의지가 때로는 현재 상황을 변화시키기도 한다.

여러분은 몇 %의 성공 확률 또는 확신이 섰을 때 행동에 나서는가? 아마도 대부분은 그 일에 대한 확신이 70~80% 이상 섰을 때 행동에 나설 것이다. 어떤 사람들은 거의 100%에 가깝지 않으면 실행에 나서지 않는 극단적 위험 회피 성향을 가지고 있다.

기업의 신제품 개발은 미래 성장 동력이 된다는 점에서 매우 중요하다. 그러나 실패 가능성 또한 매우 높은 과업이다. 따라서 기업은 시장 상황이 좋아질 때까지 이의 추진을 망설이는 경우가 많고 그러다 간혹 실기(失機)하기도 한다. 50%의 성공 확률은 반반이기에 이미 높은 확률이다. 70% 이상의 성공 확률은 이미 다른 기업들도 이의 성공 가능성을 알고 있기에 이미 늦은 경우가 많다. 그렇지만 30%의 성공 확률은 경쟁사들이 머뭇거리는 상태이기에 성공만 한다면 초기 진입자로서의 확고한 이익을 얻을 수 있다. 물론 20% 미만의 성공 확률에서 도전하는 것은 너무 무모하다. 따라서 30% 이상의 성공 확률이면 도전해보는 것이 바람직하다. 남들보다 조금 먼저 과감히 도전했기에 거두는 우선권, 그리고 그로 인한 이익은 상당할 수도 있다.

사실 환경 그 자체는 다분히 중립적이다. 이를 어떻게 해석하고 받아들이는가에 따라 전혀 다른 결과와 성과를 초래하기도 한다. 중립적 성격의 환경은 그것이 기회로 인식되기도 하고 반대로 위협으로 인식되기도 한다. 그러한 경영자의 인식 자체로 인해 실제 그러한 결과가 빚어지기도 한다. 이처럼 외부 현상(시장 상황)은 자신의 의지 및 대응 방식에 따라 실제로 기회 또는 위협으로 변화된다.

- 바람과 파도는 언제나 유능한 뱃사람의 편이다. – Edward Gibbon(18세기 영국 역사학자)
- 마쓰시타 고노스케(파나소닉 창업자)는 자신의 가난, 허약함, 못 배운 것을 하늘로부터 받은 세 가지 은혜라고 했다. 그는 가난했기 때문에 부지런히 일했고, 허약했기 때문에 건강을 돌보며 90세가 넘도록 살았고, 못 배운 탓에 항상 배우려고 노력했다.

세상을 살아가면서 마주치는 사건과 사고는 사람 소관은 아니지만, 이를 어떻게 대응할지는 각자의 몫이다. 결국 기업의 운명을 결정짓는 것은 사건 자체가 아니라 이에 대처하는 경영자의 자세이다.

삼류 기업은 위기에 의해 파괴되고, 이류 기업은 위기를 이겨내며, 일류 기업은 위기 덕분에 발전한다. – Andrew S. Grove(인텔 CEO)

5 만약을 위한 대안 준비

한 가지 대책, 해법, 원형 제품만 있어서는 안 된다. 또 다른 복안(腹案, PLAN-B)이 있어야 한다. 상황은 예측한 데로만 흐르는 것이 아니다. 만약의 경우를 대비한 다른 대안을 적어도 하나 이상 있어야 한다. 그래야 최선의 결과는 아니더라도 차선의 결과를 얻을 수 있다.

피아노 연주자에게 들은 말: 대회를 앞두고 많은 연습을 한다. 연습하다 보면 특히 잘 틀리는 부분이 있다. 물론 그 부분을 좀 더 반복해서 연습한다. 이와 동시에 무대에서 틀리는 경우도 가정하고 이를 어색하지 않게 잘 마무리하는 방법에 대해서도 생각해 둔다.

실수하지 않으려고 조바심 내면 더 실수하게 마련이다. '실수할 수 있다'라는 편한 마음을 가지는 것이 중요하다. 그리고 만약 실수하게 되면 이를 빠르게 회복시킬 나름의 방책을 마련해야 한다.

우리 인생뿐 아니라 기업의 길은 끊임없는 분기점(分岐點)의 연속이다. 아무리 최선을 다하더라도 '원하던 길'로 계속 가지 못할 수 있다. 어쩔 수 없이 '원하지 않던 길'로 들어서는 경우도 있다(이럴 경우, 그 다음 단계에 하려고 미리 생각해 두었던 모든 장밋빛 계획들은 무용지물이 된다). '원하지 않던 길'에 대한 어떠한 대비책도 없다면 상황은 더욱 악화된다.

'배수(背水)의 진(陣)'은 효력이 있다. 그러나 장수는 부하들에게 '다른 방법은 없다'라고 비장하게 얘기하더라도 자신만은 또 다른 PLAN-B가 있어야 한다(expect the unexpected).

기업이 생존하려면 위험하거나 힘들어도 신제품 개발은 계속해서 추진해야 한다. 공격이 최선의 방어이다. '이 정도면 됐다', '이제는 쉬어도 된다'라는 등의 안주하려는 마음이 생기는 순간부터 기업은 기울기 시작한다. 변화하는 환경에서 기업이 존속하고 더 나아가 꾸준히 성장하려면 신제품 개발을 한시라도 소홀히 해서는 안 된다. 이왕 할 거라면 방어적으로 하기보다는 오히려 선제적, 공격적, 주도적으로 하는 것이 더 낫다.

신제품은 기업의 미래 성장 동력일뿐 아니라 조직에도 활력을 불어넣는 근원이다. 신제품 개발은 미지의 세계에 대한 도전이므로 젊고 활기찬 기업들이 더욱 잘한다. 역으로 신제품 개발을 공격적으로 시작하면 기업은 정체된 상태에서 다시 젊고 활기찬 기업으로 변모된다.

신제품 개발 과업은 비록 힘들지만, 기업의 생존과 성장을 위해 너무나도 중요한 과업이다. 성공적 개발을 위해서는 더 많이 알아야 하고 더 많이 시도해야 한다. 이 책이 그러한 여정에 작은 도움이 되기를 희망한다.

집필 후기

고교 시절, 연극의 4요소는 희곡, 배우, 관객, 무대라고 배웠다. 연극에서 희곡, 배우, 무대가 필요한 점은 쉽게 수긍이 갔지만 아무 것도 하지 않고 가만히 자리에 앉아서 구경만 하는 관객이 왜 필수 요소에 포함되는지 쉽게 수긍 가지 않았다. 그런데 삶의 연륜이 쌓이다 보니 관객은 무엇보다 중요한 요소라는 것을 깨닫게 되었다. 관객이 없다면 희곡, 배우, 무대는 무의미하다. 기업 세계도 마찬가지이다. 소비자가 없다면 제품, 기술, 공장, 점포 등은 존재 의미가 사라진다.

"세월이 지날수록, 반복할수록, 새로운 걸 자꾸 발견하고... 이게 이런 말이구나, 이게 이런 뜻이구나 하는 걸 이해하게 됐으니 이제 비교적 원작에 가깝게 표현할 수 있지 않겠나." – 연기인생 60년을 맞이한 이순재(SBS 뉴스, 2016년 12월 25일).

책도 마찬가지이다. 독자가 가장 중요하다. 독자들이 찾지 않거나 읽지 않는 책은 무의미하다. 그래서 책을 쓰면서 독자를 가장 염두에 두었다. 과연 읽어줄 독자층은 존재하는지, 그들이 끝까지 읽을 정도로 유용하면서도 흥미로운 내용이 담겨 있는지는 집필 내내 머릿속을 떠나지 않았다.

누구도 저자에게 이 책을 쓰라고 강요한 사람은 없었다. 그러나 쓰지 않으면 안된다는 어떤 의무감은 오랜 동안 가지고 있었다. 학위 종합시험을 통과해서 신제품 분야로 박사학위 논문을 준비할 당시(1988년) '언젠가' 이 분야를 정리한 책을 써서 이 분야 발전에 기여하겠다는 당찬 생각을 한 적이 있다. 그런데 그 '언젠가'가 이렇게 오랜 시간이 걸릴 줄 당시에는 예상하지 못했다. 돌이켜보니 책을 출간하기까지 정말 많은 세월이 흘렀다. 시간이 흐른 만큼 책의 내용이 비례해서 좋아진 것은 아니다. 지금의 결실도 국내외 여러 학자들의 신제품 교재에 비하면 볼품없다. 그렇지만 이나마라도 정리해서 출간하지 않으면 무언가 숙제를 하지 않은 기분이기에 이렇게 감히 출간한다.

젊었을 때는 아직 많은 시간이 남았다는 여유로운 생각과 더불어 최신 내용을 담으려고 머뭇거리다 보니 집필이 차일피일 미뤄졌다. 그런데 이제 정년이 얼마 남지 않다 보니 잘 쓰겠다는 욕심보다는 완성하겠다는 생각이 절실했다. 마감시간이 코 앞에 닥치니 헛된 욕심을 버리고 무작정 앉아서 책을 썼다. 말은 이렇게 담담히 하지만 실상은 '종료 시간을 앞두고 허둥대며 답안지 채우는 수험생'과 같은 심정이었다.

여기 담긴 내용 중 일부는 1993년부터 인연을 맺은 David L. Wilemon(1937~2019)과의 공동 연구가 바탕이 되었다. 학자로서 그리고 인생 선배로서 훌륭한 귀감을 보여주신 Wilemon 교수에게 이 자리를 빌어 깊은 감사를 표하고 싶다.

David L. Wilemon과 저자(1999년, Syracuse 대학의 미팅룸)

참신한 상상, 새로운 고민을 독자들 스스로 해보게끔 영감, 자극, 문제 의식을 주는 책이길 바란다. 또한 이 책이 우리 기업의 신제품 개발 향상에 작은 디딤돌이 된다면 그 이상의 보람은 없겠다.

오랜 시간 신제품을 접하면서 알게된 이론과 기법, 수집한 자료와 사례를 책에 담았다. 그래도 아직 먼지 수북한 자료들이 연구실에 남아있다. [2판]에서는 이를 좀 더 활용하고 새롭게 등장한 최신 자료도 추가하겠다. 그리고 더 나은 생각을 전달할 수 있도록 고민하겠다.

[질문] "당신의 최고 작품은 무엇입니까?

[구로사와 아키라(黑澤明) 영화감독의 답변] "다음 작품입니다."

2022년의 늦은 봄, 김종배

INDEX

INDEX